普通高等教育"十一五"国家级规划教材

网 络 金 融

岳意定　吴庆田　李明清　编著

东南大学出版社
·南京·

内 容 提 要

本书论述了网络金融产生的必要性及其具体表现,系统地介绍了电子货币、网络银行、网络证券、网络保险、网络金融市场、网络金融风险与监管以及金融网络系统安全等网络金融学核心内容的基本原理、主要业务流程及其最新发展趋势。全书结合相关知识背景、实例以说明问题,注重理论性与实践性的结合。

图书在版编目(CIP)数据

网络金融/岳意定,吴庆田,李明清编著.—2 版.—南京:东南大学出版社,2010.10(2019.8 重印)
 ISBN 978-7-5641-2452-6

Ⅰ.①网… Ⅱ.①岳…②吴…③李… Ⅲ.①计算机网络-应用-金融 Ⅳ.①F830.49

中国版本图书馆 CIP 数据核字(2010)第 195079 号

网络金融

出版发行:	东南大学出版社
社　　址:	南京四牌楼 2 号　邮编:210096
出 版 人:	江建中
网　　址:	http://press.seu.edu.cn
电子邮件:	press@seu.edu.cn
经　　销:	全国各地新华书店
印　　刷:	江苏徐州新华印刷厂
开　　本:	787mm×1092mm　1/16
印　　张:	17
字　　数:	511 千字
版　　次:	2010 年 10 月第 2 版
印　　次:	2019 年 8 月第 5 次印刷
书　　号:	ISBN 978-7-5641-2452-6
印　　数:	8501—10000 册
定　　价:	30.00 元

本社图书若有印装质量问题,请直接与读者服务部联系。电话(传真):025-83792328
本书有配套 PPT,选用该教材的教师请联系 wqt001@163.com

第二版前言

本书第一版于2005年8月出版以来，深受广大读者欢迎，已由国家教育部列入普通高等教育"十一五"国家级教材规划，被许多高校选作经管类、信息类专业教材，也被国内大多数图书馆收藏。为了适时反映网络经济变化发展的现实情况和网络金融学科最新发展动态，以及更好地适应相关院校教学和广大读者阅读参考的需要，我们特根据所掌握的国内外最新资料，对原书在结构、内容和文字上作了大量的修改、补充或重写，形成了这个修订本。

本次修订在结构方面的主要变动是将原书第八章"网络金融Call Center"提出来，删改后放在修订版第五章的第一节"网络银行的主要业务与基本流程"中，将第十章"网上个人理财"删改后放在修订版第八章的第二节"网络金融投资"中，这样能更好地体现各章节的内容归属，避免章节内容的重复和累赘；同时，将原书第九章和第十章合并为一章，删除了原书中理论上并不是很成熟的部分，确保教材基本原理的稳定性和观点的成熟性。在内容上的主要变动为，增加了网络金融的主要业务和基本流程，包括网络银行、网络证券和网络保险的业务与基本流程，分别在修订版的第五章、第六章和第七章。此外，其他各章节的内容和文字，也都有不同程度的修改和补充。

为了进一步体现本教材修订本的实践创新性特点，便于阅读者自学和参考，本书每章开头有本章学习要点和本章基本概念、重点、难点；每个章节中根据需要穿插了便于理解和扩充知识的背景知识、专栏介绍或案例实证；每章结尾提供了能力训练题或网络资源与阅读书目，充分体现了本书理论与实践相结合的特点。

本书由教育部直属、国家"211工程"和"985工程"重点大学——中南大学担任主编单位，湖南大学、石家庄经济学院、湖南商学院为参编单位，中南大学商学院岳意定教授和吴庆田副教授、李明清老师共同担任主编。修订版由岳意定教授负责总体设计，吴庆田副教授负责修订，王雄博士负责审稿，最后由岳意定教授对全书统一加工整理，总纂定稿。中南大学商学院金融学硕士生张瑛琦、武蔷薇、陈湘玲、范舟、周永康参加了资料搜集工作和校稿工作。

本书修订是在东南大学出版社顾金亮和刘庆楚编审以及南京航空航天大学徐强教授的鼎力支持与精心组织下完成的。同时，本书修订还得到了中南大学教务处和商学院各位领导的关心和支持，在此一并向他们表示衷心的感谢。

本书修订时参考并吸收了大量国内外相关文献和数据资料成果，其中大部分以参考文献的形式在书后作了列示，或在引用时直接在书中作了标注，在此特向原作者致谢，少数因为出处不详等原因无法列示或标注，敬请作者谅解。由于编者们水平有限，修订时间又十分仓促，仍难免有疏漏不妥之处，敬祈阅读、使用和参考本书的各位专家、师生和其他读者能提出宝贵意见。

编者

2010年8月

目 录

第一章 网络金融概述 (1)
- 第一节 网络经济与网络金融的兴起 (1)
- 第二节 网络金融的概念、内容与特性 (8)
- 第三节 网络金融的影响和作用 (11)
- 第四节 国内外网络金融发展概况 (14)

第二章 电子货币概述 (25)
- 第一节 电子货币的产生及特点 (25)
- 第二节 电子货币的种类 (28)
- 第三节 电子货币的属性与职能 (35)

第三章 电子货币的作用和影响 (41)
- 第一节 电子货币的作用 (41)
- 第二节 电子货币对支付体系的影响 (43)
- 第三节 电子货币对中央银行地位的影响 (55)
- 第四节 电子货币对货币政策的影响 (61)

第四章 网络银行概论 (68)
- 第一节 网络银行的产生 (68)
- 第二节 网络银行的特征与功能 (74)
- 第三节 网络银行的发展对传统银行的影响 (81)
- 第四节 网络银行的发展模式和组织结构 (85)

第五章 网络银行的业务与管理 (92)
- 第一节 网络银行的主要业务与基本流程 (92)
- 第二节 网络银行的管理 (101)

第六章 网络证券 (112)
- 第一节 网络证券概述 (112)
- 第二节 网络证券业务 (114)
- 第三节 网络证券对证券市场的影响 (127)

第七章 网络保险 (136)
- 第一节 网络保险概述 (136)

  第二节 网络保险业务 ………………………………………………(145)
  第三节 网络保险的管理 ……………………………………………(150)

第八章 网络金融市场 …………………………………………………(163)
  第一节 网络金融市场的产生和特征 ……………………………(163)
  第二节 网络金融投资 ………………………………………………(166)
  第三节 网络国际资本流动 …………………………………………(175)

第九章 网络金融的风险及其监管 …………………………………(185)
  第一节 网络金融风险 ………………………………………………(185)
  第二节 网络金融监管 ………………………………………………(193)

第十章 金融网络系统与网络金融安全 ……………………………(206)
  第一节 主要金融网络系统简介 ……………………………………(206)
  第二节 金融网络系统的信息安全 …………………………………(215)

附件一 电子货币发行与清算办法(征求意见稿) …………………(234)
附件二 《中华人民共和国电子签名法》 …………………………(241)
附件三 电子银行业务管理办法 ……………………………………(245)
附件四 电子银行安全评估指引(2006年1月26日) ………………(256)
**附件五 中国银行业监督管理委员会关于做好网上银行风险管理和服
    务的通知(银监办发[2007]134号)** ……………………(262)
附件六 商务部关于网上交易的指导意见(暂行) ………………(264)

第一章 网络金融概述

【本章要点】 本章从网络经济及其特征谈起,回顾了传统金融在经济中的地位、功能及运作特点,分析了网络金融产生的必然性和网络金融的具体表现,进而引出了网络金融的基本概念以及网络金融的特性,在此基础上对网络金融对现代化金融发展作出的贡献进行了分析和评价。通过比较国内外网络金融的发展历史和现状,引发对我国网络金融发展不足的思考。

【本章重点与难点】 本章重点在于网络金融的表现形式,网络金融的特性,网络金融的作用和影响。其中,网络金融的作用和影响也是本章难点。

【基本概念】 网络经济　信息经济　服务经济　网络金融　梅特卡夫法则　电子货币　网络银行　"三A"服务

第一节　网络经济与网络金融的兴起

在20世纪90年代以前,由于缺乏网络技术的支撑,金融服务业中消费者的消费方式是烦琐的,金融企业的经营方式和管理模式是低效率的,买卖双方的交易成本却是高昂的。随着通信技术的广泛应用和经济全球化的迅速发展,以信息产业和新兴服务业为主导的网络经济的兴起,互联网以前所未有的速度渗透到各个角落,冲击着传统的生产、分配、交换及消费方式,影响着微观经济主体的思维理念、行为模式、行为准则和相互联系方式。作为现代经济核心的金融业和社会资金运动中枢的银行业与其他行业有所不同,它是资本密集型的服务性行业,所开展的业务一般只涉及资金和信息的流动,而几乎不牵扯到所谓物质流动的瓶颈问题。因此,金融服务业开展网上运作或实现网络金融具有其他行业所不具备的先天优势:一方面,由于网络是信息快速且广泛传播的工具,作为金融全球化运作的技术平台,其与金融的美妙结合,能产生全新的网络金融服务;另一方面,金融业为迎合网络经济的要求,也不断拓展出新的金融天地,激发金融变革,形成新的金融产业组织形式,引领全球经济发展的新境界。正因为这样,金融业在网络经济发展中所受到的冲击和影响是至为显著和程度最深的。

一、网络经济的含义与特征

目前全球都在谈论网络经济,但是,正如全球的经济学家对经济学的定义一直争论不休一样,网络经济这个词汇也还没有一个公认的概念。网络经济正在形成和发展过程中,是一个动态的概念,它的许多特性还没有得到充分体现,它的实质还没有被充分认识,因此,要全面把握它的真正内涵存在一定困难。

（一）网络经济的含义

网络经济作为一种新的经济形态,不仅仅指以计算机网络为核心的一种新行业经济,或因此而派生的一些相关行业,还是指以经济全球化为背景,以现代电子信息技术为基础,以国际互联网为载体,以电子商务为主导,以中介服务为保障,以人力资源为核心,以不断创新为特点,实现信息、资金和物资的流动,促进整个经济持续增长的全新的社会经济活动和社会经济发展形态。

网络经济的核心资源是信息,而网络正是信息成为核心经济资源的基础设施。计算机网络在时间上和空间上的无限性和自由性为信息的获取、加工和传递提供了最大的便利,从这一角度来看,网络经济是信息经济。而网络经济的关键运作是服务,包括金融服务。所以网络经济当前的主导行业是信息产业和服务业,包括金融业。随着网络的发展,它将渗透到各个行业,最终或许找不到一个与网络没有关系的行业。因此,网络经济是信息经济和服务经济两者的合一。

（二）网络经济的特征

网络经济作为一种全新的经济形态,正在形成过程之中,目前来说还是一种趋势经济,还没有成为现实世界的主流经济。但从网络经济的发展现状来看,网络经济的一些特征已显现出来,主要表现为：

1. 范围经济性

网络经济具有范围经济性的根本原因是信息、知识等软要素的共享性。对于许多不同的生产过程,信息作为生产要素,可以低成本地从一种生产过程转用到另一种生产过程。信息网络越发达,软要素在生产中的投入比重越大,这种经济性就越明显。正如同资本专用性推动规模经济的产生和发展一样,软要素的共享性推动范围经济的产生和发展。网络经济的主体可以降低信息成本、采购成本、减少库存、缩短周期时间、降低营销成本等等。

2. 外部性

一般的市场交易是买卖双方根据各自独立的决策缔约的一种契约,这种契约只对缔约双方有约束而不涉及其他的市场主体,但是在很多地方契约履行的后果却往往会影响到缔约双方以外的经济实体,这些与契约无关却受到影响的经济实体就是外部,他们受到的影响就是外部效应。外部效应分外部正效应和外部负效应。一般说工业经济的外部效应是负效应,而网络经济中的外部正效应却十分明显。网络外部性的根本原因在于网络自身的系统性、网络内部信息流的交换性和网络基础建设的长期垄断性。网络规模越大,外部效应越明显;而且梅特卡夫法则(网络价值以用户数量的平方的速度增长)的作用使得网络规模超过一定的规模时外部效应会急剧增加,即网络的外部性随着网络用户的增加呈指数增加。

3. 新的分工和专业化

随着网络经济的发展,企业之间信息传输的效率增强,分工合作进一步加剧,同时企业的内部劳动组织更加紧密,一些跨国公司通过企业内部网络真正实现集团化的企业运作。同时获取信息的方便性使企业内部的分工减少,从而使得企业专业化的机会增多。

4. 数字化和标准化

网络经济是无形的数字化经济，其传播都是通过电缆或光纤，以数字形式进行的，这大大加速了从物质到数字的转换，越来越多的产品用数字存储，这是提高存储和传输效率的要求。HTML、XML 或 Internet Explorer，如果只有一个用户使用，那它们的价值就是零；只有更多人的认可和使用，一项技术的价值才能得到更大程度的体现。造就"多"的最好的方法就是符合"标准"，所以网络经济的运行是标准化的。

5. 累积增值传递性（即规模经济性）

信息通过积累和处理可以变换，使得其内容和形式发生变化，以适应特定市场需要，从而实现其价值增值。信息网络可以将分散的无序的信息按照用户的要求进行加工、分析、处理，形成有序的高质量的信息。另外，一条信息可以以任意的规模在生产中加以应用，也就是在信息的边际成本几近为零的情况下，信息的使用规模不断扩大，可以使得收益不断增加，所以边际收益递增。在企业的运行中，具体表现在网络经济上，就是资金、客户都向"第一"靠拢。

6. 创新效应

创新在网络经济中的作用是网络经济时代区别于以往的最显著的特征之一。包括两个层面，一个是物质层面，即技术创新的层面，指网络化、信息化、经济全球化和金融资本化，比如在金融资本上，投资、融资都更容易和快捷了；另一个是制度层面，强调通过制度创新，在经济中营造一个能够不断鼓励人们投入劳动，进行发现和发明的工作环境，促进新技术的不断涌现，并共享信息的激励机制。创新企业从种子期到创立期再到扩展期，最后到成熟期，其成长周期大大浓缩，变短，这就是网络经济时代区别于以往的最显著的特征。

7. 知识竞争

网络是以信息、知识构成的体系，资本在其发展中的重要性趋于降低，逐渐成为知识的一种功能，知识将支配资本。网络经济的主要职能是"知识和信息的生产与分配，而不再是物质的生产与分配"。据统计，美国每年用于知识的生产及传播的开支已占其国内生产总值的 25%，其中教育占 10%，培训和在职教育占 10%，研究和开发占 5% 以上。越来越多的经济附加知识由智力而非体力创造出来的，80% 的新职业是由知识密集型部门创造的。

8. 风险经济

由于网络经济基于最新、最先进的信息技术以及软件的应用，具有很大的不确定性，另外充分竞争导致网络企业生产周期短、淘汰率高，因而网络经济是高风险经济。

9. 全球化

由于在网络经济中信息的搜寻、传递是低成本的，因而将大大降低不同经济主体之间的信息不对称程度，网络经济能做到全球性的资源优化配置、资产优化重组，并将竞争扩展到全球范围。

从以上网络经济的特征可以看出，网络经济的实质是通过不断进步的技术创新手段，连接全球的生产、分配、交换和消费网络，改变生产要素的组合方式，降低交易成本，促进结构调整和生产率提高,逐步实现以信息科技进步为主要推动力的经济增长方式。要实现这个目的,以市场开放和体制改革为核心的经济治理就变得十分重要。而作为现代经济核心的金融业和社会资金运动中枢的银行业是国家的综合性管理部门,是政府实施宏观调控职能的重要执行和传递部门,因此,在网络经济条件下金融治理就显得更为重要。

二、网络金融兴起的必然性

网络金融是传统金融与现代信息网络技术紧密结合而形成的一种新的金融形态,是网络技术革命推动下所发生的最重要的经济变革之一。概括而言,网络金融是借助于计算机网络进行的全球范围的各种金融活动的总称。在信息网络技术高速发展的条件下,网络金融兴起有其客观必然性。

(1) 计算机和网络通信技术的不断发展与日益成熟为金融网络化提供了物质技术条件和良好的外在运行环境。

(2) 网络经济是以现代网络技术为核心的信息产业的全面发展为标志,而信息产业是高投入、高风险的产业,它的风险资本的融资需要有能够承担风险的金融业的配合与支持。

(3) 网络经济条件下的电子商务活动中,金融业务的重要性日益增强,需要金融业全面的配合与支持。

(4) 金融业激烈的竞争,迫使各金融机构改革,以引进先进的技术设备为客户提供全方位的、完备的、高质量的金融服务作为竞争制胜的法宝。

(5) 与其他经济部门相比,金融产业和服务基本上不需要物质的转移,金融活动更容易信息化,更适合借助于计算机网络进行。而金融业作为一个资本密集型的行业,也比其他行业更有经济实力满足信息网络技术设施对大规模资金的要求。因此,无论在经济发达地区还是落后地区,金融业都是计算机和网络技术最早和最大的应用者,是最适应于网络经济时代的产业之一。图1-1显示了有金融业在互联网商务演进中的位置。从互联网商务机会及顾客在线购买舒适度来看,金融服务业被认为是最具吸引力的行业。

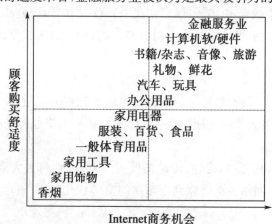

图1-1 不同零售业的互联网机会

资料来源:Morgan Stanley Dean Witter Research

所以,网络技术在金融业的各个方面,如银行、证券、保险、结算等方面有了集中而快速的应用,从而促使金融业成为受信息网络技术影响最深、与之结合最为紧密的经济部门之一。可以说,金融业的大力发展为信息产业的迅速崛起提供了充足、灵活的网络投资资金;而信息产业的发展也为金融业创造了更多更好的投资机会,使金融市场的运行机制得到了改善,趋向更为全面、有效、合理,也使金融业在经济运行中发挥了更大程度的中枢作用。正是这种紧密而高效的结合促进了金融业的大发展,使得金融业告别了传统金融时期而走向了网络金融的新时代。

三、网络金融兴起的具体表现形式

事实上,目前在发达国家,网络证券交易已占据市场份额的1/3以上,在个别国家(如韩国等)网上交易取代了传统交易;而全球数以亿计的消费者正在使用网络银行的产品和服务,网络保险也在蓬勃发展。网络货币、网络金融机构、网络证券交易在投资基金和证券化的配合下,正在改变着传统金融形式,涌现出全新的网络金融形式。

(一)交易和货币的电子化、网络化

随着网络经济这一新的经济形态的出现,电子商务这一刚刚兴起的最先进的商品贸易形式迅速地融入人类社会经济生活的各个方面,与之相随的在线支付系统和电子化结算工具的需要也变得越来越迫切,而正是在这种条件下,交易和货币出现了电子化和网络化的发展趋势——电子货币应运而生。电子货币的出现满足了网络经济和电子商务对支付手段和结算工具的需要,它抛弃了传统币材的实物形态,取而代之以无形的数字标识,这种数字形式的货币更容易与其他资产相互转换,提高了资产的流动性,降低了转换成本与持有成本,企业和个人可以减少手持现金比例,增加储蓄和投资的比例而获利更高。这种非实物形态的电子货币在支付时能任意分割,自动进行不同币种的换算,免除了兑换的麻烦,大大方便了跨国消费,使得货币在传输与转移上的优越性远远超过了传统的纸币。

(二)金融产业组织的演变——网络化

现代网络信息技术的迅速发展促进了金融机构及其服务提供形式的创新,网络金融机构及其虚拟金融服务开始出现,并日益成为传统金融机构及金融服务的最主要的挑战力量。

1. 金融机构的主体——银行的网络化发展

任何商务活动都离不开银行,买卖双方需要通过它来完成货币的支付和清算。因此,随着网络经济的出现和发展,电子商务风起云涌,世界上许多银行都已开始提供电脑互联网服务,出现了传统银行的网络化;同时,网络虚拟银行也开始纷纷建立并营运起来。银行网络化的最终目标在于推出全方位的金融服务,即存、取、贷、汇兑以及代收等业务都可通过互联网进行。它使得客户可以不受银行营业地点和时间的限制,从而形成一个融外延银行账户和银行自身于一体的全开放银行体系,它可以将网络与传统银行业务有机地结合起来,形成互为补充的一个整体,构建具有核心(分支机构柜台)、外延(电子服务)、互联网(网络银行)多层次服务的现代化银行组织形式,促使社会金融体系向无现金、无支票方向发展。1995年10月8日,世界上第一家网络银行——安全第一网络银行在美国亚特兰大开业,这是银行服务从传统到现代的一次重大变革,标志着网络银行阶段的真正开始。

2. 网络技术的发展和应用推动着世界范围内的银行等金融机构的改组、兼并、合并和收购浪潮,大型或复合型金融机构迅速增加

网络银行的出现,使其客户能够通过网络信息系统取得金融服务,原中小银行贴近消费者的优势逐渐不复存在,分支机构和人员也不再需要那么多。这样,网络的发展推动着业务相近的银行合并,从而削减分支机构和所雇人员,促使组织结构更趋精干合理。同时,由于装备电子计算机系统耗资巨大,只有大银行才有能力独立操作,小银行只能联合起来或依附于大银行,所以,自20世纪90年代以来银行业并购浪潮席卷全球并愈演愈烈。在许多国家都发生过为适应这一形势的新型兼并活动。作为全球资产规模最大的银行——瑞士银行,在经过1993年和1997年两次重量级的"大象联姻",即1993年瑞士信贷银行与民族银行合并、1997年瑞士联合银行与瑞士银行公司合并,而一跃成为世界顶级银行。1998年4月,美国的花旗公司(Citicorp)同旅行家集团合并为花旗集团(Citigroup),新形成的集团的业务范围包含了商业银行、投资银行和保险业等几乎所有的金融领域,并成为当时全球第一家业务范围涵盖最广的国际金融服务集团。2005年6月,意大利最大的银行——联合信贷银行并购德国第二大银行——裕宝联合银行,成为欧洲第9大银行。2009年6月24日,英国《银行家》杂志公布世界1 000家大银行最新排行榜,按照资金实力(即一级资本数额)排名,美国摩根大通位居首位,主要原因是成功收购贝尔斯登和华盛顿互惠集团;美国银行也凭借成功收购美林证券而稳坐第二。

3. 保险公司及其他金融机构的网络化发展

与银行业的网络化发展一样,保险公司及其他金融机构在信息技术快速发展和广泛应用的条件下,也出现了网络化的趋势。揭开保险公司业网络时代序幕的是90年代初期在西方渐成气候的电话投保。同证券业的电话委托一样,投保人通过电话向保险公司的服务中心咨询保险费并签订保险合同,这与传统的上门推销或坐等客户上门相比较,已是一大进步了。但随着互联网的普及,保险公司发现网上投保具有明显的优势。由于互联网具有"无限耐性",是一个"不知疲倦的推销员",正如比尔·盖茨所说的一样,这种"无摩擦"特性使网络投保对客户具有其他任何方式都无法比拟的吸引力。

(三) 金融市场的网络化发展

网络经济下的电子商务、电子货币和网络银行已使金融市场原有的自然疆界的界限日益模糊,它们所具有的技术水平和能力也为地区间和全球化的市场融合提供了坚实的基础。网络金融交易开始替代传统的集中竞价交易,全球全天候可利用的交易场所不断增加,主要国际金融中心已联为一体。1998年3月,德国、法国、瑞士宣布将电子交易系统联网。1999年,纳斯达克更是积极开拓东京、新加坡、香港、伦敦市场,形成一个真正意义的24小时连续交易的全球股票交易所。2000年5月欧洲最大股市伦敦证券交易所与第二大股市德国证券交易所宣布合并,成为欧洲最大的股票市场。而在这之前的2个月,巴黎、阿姆斯特丹和布鲁塞尔证券交易所才宣布三者合并组成单一股市——Euronext(泛欧交易所)。2006年1月31日,泛欧证券交易所内交易的资产市值达到2.9万亿美元,成为世界上第5大交易所。2006年6月,纽约证券交易所(NYSE Group)击败德国交易所,将泛欧交易所收入旗下,正式合并成 NYSE Euronext——第一个全球证券交易所,是目前全球规模最大、最具流动性的证券交易所集团。

1. 金融市场基础设施的网络化

传统金融市场以银行和各种交易所为中心,只能实行柜台交易和分散的场外交易。网络经济的发展及其技术的应用,使金融市场交易通过网络进行,客户只需通过电脑终端与市场连接,便可以了解市场信息、自动交易和清算。金融机构和交易所正朝虚拟化的方向发展,金融交易手段也被虚拟化。

2. 金融市场组织形式的网络化

传统的金融市场以在固定场所进行有组织的集中交易为主,辅以少量的店头市场方式和场外交易方式。随着电子通讯技术和网络技术在金融市场的广泛应用,传统金融市场公开叫卖方式被网上交易取代,一系列新的交易方式和交易工具开始出现,金融交易既没有固定场所,也不需要交易双方直接接触,投资者直接利用网络资源,获取国内外各交易所的及时报价,查找国内外各类与之相关的经济金融信息,分析市场行情,并通过互联网进行网上委托下单,实现实时交易,其交易过程可用图1-2表示。这样,传统金融市场将逐渐被无交易大厅的全球高自动化的网络金融市场所取代。

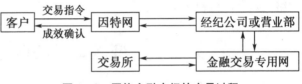

图1-2 网络金融市场的交易过程

3. 全球金融市场资本流动的变化

计算机网络和信息通讯技术在金融领域中的广泛应用形成了全球金融网络,使得跨国银行、证券公司和其他金融机构,可在全球范围内调配资金,一切信息、交易等可以加入开放性环球网络,开拓了一系列崭新的投资渠道,如全球性的股票、外汇、债券、商品等等。资本日益依赖网络对全球信息的收集、处理和预测的能力,并被直接运用于金融市场,使国际资本流动转化为网络资本运动,不仅为加速国际资本流动和资本全球化奠定了物质基础,而且还使国际资本的流动有了新的载体,呈现出新的特征。

国际资本以网络国际资本的新形态参与全球贸易与投资活动,并在资本市场上推波助澜,深刻地影响着世界经济的发展过程和趋势。

(四)金融危机的网络化发展

信息网络技术的发展和应用不仅对金融产业组织进行了大的改组,而且带来了一系列新的投资工具,如股票、外汇、债券等。这些金融交易工具流动性强,交易成本低,易于拥有"头寸",在方便全球资本流动的同时,也使得网上无国界金融实体迅速形成。这些网上无国界金融实体最典型的代表,当首推把借贷和投资合二为一的各种"套利基金"和"对冲基金",他们在全球网络国际资本市场上如鱼得水、兴风作浪、推波助澜,导致一国金融危机的爆发,并迅速传递到整个区域,甚至向全世界蔓延,深刻地影响着世界经济的发展过程和趋势,并最终导致网络国际金融危机。20世纪90年代以来的几次金融危机纵然有深层次的经济原因,但是国际大投机家的套利基金也是引发危机的重要因素。乔治·索罗斯就是一个大投机家,1992年,他利用欧盟各国之间在统一货币问题上的矛盾,大力"做空"意大利里拉和英镑,造成欧洲汇率危机,进而迫使里拉和英镑退出欧洲货币机制。1994年底,索罗斯又猛攻墨西哥比索,导致比索贬值50%,引发墨西哥金融危机。1997年的东南亚金融危机中,索罗斯的套利基金又敛财数十亿美元之巨。近年来,大量对冲基金以信用为支持,购买次级贷款衍生产品,再通过信用互换进行对冲,促使美国次贷危机的爆发,并在短时间内通过互联网向全世界迅速扩散,最终导致了2008年全球金融危机。而在这次金融危机中,正当全世界因为金融危机而哀鸿遍野之时,也有人却赚了个盆满钵满。索罗斯、普尔逊、西蒙斯、法尔科内及格里芬这5位美国著名的基金巨头,因沽空次贷或金融机构股份而获取巨大利润,2008年他们的收入均超过了10亿美元。

由此可以看出,这些金融危机都是在世界经济一体化进程加快、网络金融覆盖全球、套利基金兴风作浪的情况下爆发的,网上无国界经济实体的实力大到难以约束。所以,针对网络经济、网络金融的飞速发展,建立网络金融新秩序是各国必须关注的问题。

总之,网络金融的发展形势和特征主要体现在电子货币、网络银行、网络金融市场、网络国际金融危机等方面。

第二节 网络金融的概念、内容与特性

一、网络金融的概念

网络金融是借助于计算机网络进行的全球范围的各种金融活动的总称,是虚拟的存在形态、网络化的运行方式,包括网络银行、网络证券、网络保险、电子货币、网上支付与结算等。

网络金融是传统金融与现代信息网络技术紧密结合而形成的一种新的金融形态,是网络技术革命推动下所发生的最重要的经济变革之一。

二、网络金融的内容

网络金融的内容是网络金融活动所涉及的业务和涵盖的领域,从其所包含的范围来看,可以分为狭义的和广义的网络金融。

从狭义上来说,网络金融是金融与网络技术相结合的产物,包括网络银行、网络保险、网络证券、网上支付与结算等相关的金融业务内容,如图1-3所示。

从广义上来说,网络金融就是以网络技术为支撑,在全球范围内的所有金融活动的总称,它不

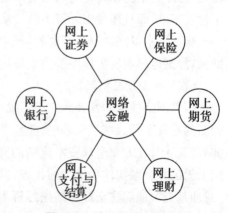

图1-3 狭义网络金融示意

仅包括狭义的内容,还包括网络金融安全、网络金融监管等诸多方面。网络经济时代对金融服务的要求可以简单概括为:在任何时间、任何地点、以任何方式提供全方位的金融服务。显然,这种要求只能在网络上实现,而且这种服务需求也迫使传统金融业的大规模调整,主要表现在更大范围内、更高程度上运用和依托网络拓展金融业务,而且这种金融业务必须是全方位的,覆盖银行、证券、保险、理财等各个领域的"大金融"服务。具体来看,网络金融活动有:

(1) 网上金融服务,包括网上银行服务、网上支付、个人财务管理、会计财务管理
(2) 网上保险业,包括保险代理服务、网上报价、理财管理
(3) 网上投资理财业,包括网络证券交易、委托投资、网上投资、财产管理
(4) 网上金融信息服务业,包括网上发布与统计信息,咨询、评估与论证管理

三、网络金融的特性

与传统金融相比,网络金融的特性表现为网络金融的经济性、科技性、信息性、风险性、全球性、高效性和创新性等七个方面。

(一) 网络金融的经济性

网络金融的经济性是指网络金融活动与传统金融活动相比,效益显著,投入少而产出高,这是网络经济本身的特点决定的。网络技术应用于金融企业后,采用了开放技术和共享软件,极大地降低了金融产品的开发费用和金融系统的维护费用,经营成本较传统金融企业降低许多。同时网络金融企业能够提供更灵活、更多样的服务,极大地提高了金融的服务质量。还有,金融的网络化扩大了金融服务的范围和品种,加快了资本在全世界的运转,最终降低了经营成本。

(二) 网络金融的科技性和信息性

网络金融的科技性是指现代信息技术快速、广泛运用于金融业的实践,并对现代金融业产生深远的影响。信息技术革命带来的信息传递和资源共享突破了原有的时间概念和空间界限,将原来的二维市场变为没有地理约束和空间限制的三维市场。在这种情况下,金融机构无论大小,只需花费极低的成本,就可以通过互联网构建自己的全球经营网,成为市场全球化的跨国金融帝国。此外,信息技术的运用使金融产品的开发与市场水平迈上了一个新台阶;改变了传统的金融经营理念和管理组织模式,使金融服务更贴近市场,更为方便快捷;有效提高了金融业务的信息处理速度,进而增强了金融企业的决策能力。金融电子化、网络化既是现代科技发展的结果,也是金融业"e"化的象征。

网络金融的信息性是指网络金融是金融信息收集、整理、加工、传输、反馈的载体,同时也是金融信息化的产物。金融业作为非物质生产部门,是典型的信息交流和服务生产价值的领域。货币流通、资金清算、股市行情、保险、投资信托等金融信息的产生和变化都直接影响国民经济的发展。

(三) 网络金融的风险性

网络金融除了传统金融具有的金融风险外,还存在着基于虚拟金融而形成的操作风

险以及基于网络运行所形成的技术风险。在网络金融活动中,舞弊和犯罪活动将变得更加隐蔽。美国各银行监管机构和巴塞尔银行监管委员会普遍认为,网络银行不仅仅要面临传统银行的所有风险,包括流动性风险、市场风险、操作风险、信用风险、法律风险等,与此同时,由于网络金融基于因特网环境的基础技术支撑环境具有开放性、跨时空性,开发运行方式具有特殊性(可能采取外包方式),使其面临的技术风险更加突出。这些风险如果不加以严格的防范和管理,会引发严重的金融风险,甚至对国家金融和经济安全造成威胁。同时,也会对银行业的正常运行和消费者对银行的信心产生巨大的影响。比如,非法入侵金融机构的网络系统,攻击金融组织的数据库,通过网络改动数据盗取他人钱财的行为将使金融系统面临巨大的潜在风险。关于网络金融的风险及监管将在本书第九章讨论。

(四)网络金融的全球性

网络银行基于 Internet 开展业务,其显著特点之一就是打破了国别和地理上的限制,缩短了不同区域人与人之间的距离,使远程交易等经济活动成为可能。互联网的全球化与跨国界性,使得网络银行业务具有无国界性,通过计算机与网络,网络银行可以在瞬间将巨额资金从地球的这一端传送到地球的另一端。目前,国际金融市场已经形成一个密切联系的整体市场,在全球各地的任何一个主要市场上都可以通过网络进行相同品种的金融交易,并且由于时差的原因,由伦敦、纽约、东京、新加坡、香港、上海以及台湾等国际金融中心组成的市场可以实现 24 小时不间断的金融交易,世界上任何一个局部市场的波动都可能马上传递到全球的其他市场上,这就是网络金融的全球化。全球交易执行系统(Globex)全天候配置全球经济资源,网络不再满足于对金融机构进行大的改组,同时还开辟了一系列新的投资渠道。美国早在 20 世纪 60 年代便出现电子证券挂牌交易的所谓"第三市场"。到 70 年代以后,利用直接联机、绕开金融中介的所谓"第四市场"也已经声势显赫。众所周知,网络金融不仅仅交易流动性强,更吸引人的是低廉的交易成本。所以,网络金融在方便全球网络上的各种套利基金如鱼得水发展的时候,也大大提升了全球资本流动性。现有的金融体系较之原来的金融体系而言,有着重大的改进和不断的完善。

(五)网络金融的高效性

高效性是指与传统金融相比,传统的金融活动受到时间、空间的较大限制,一般都得在限定的时间和空间内进行,比如上班时间、营业时间、办公地点、营业场所等等,其特征是时间和空间相对固定不变,网络技术的应用使得金融信息和业务处理的方式更加先进,系统化和自动化程度大大提高,不受时间和空间的限制,可提供全天候、全方位的时时服务,即"3A"(Anywhen,Anywhere,Anyhow)服务:从时间上讲,它可以是 24 小时全天候的营业;从空间上讲,它可以不受现实地理、空间、大小、远近等的限制,其活动范围可以随着因特网的延伸而延伸;从形式上讲,它能为客户提供更丰富多样、自主灵活、方便快捷的金融服务,具有很高的效率。

(六)网络金融的创新性

网络金融是网络经济这种全新经济形态和范式的主要内容之一,必然是在传统金融

基础上的发展和创新,网络金融的创新性表现在三个方面:

1. 业务创新

为了满足网络经济条件下客户新的需求,增强其竞争实力,网络金融必须进行业务创新。网络金融的这种创新在金融的各个领域都会发生。

2. 管理创新

网络金融条件下,传统的金融组织被网络金融机构所取代,与之相适应,网络金融机构的内部管理也必然实行管理创新,走向网络化管理,传统商业模式下的垂直官僚式管理模式被一种网络化的扁平化的组织结构所取代;传统金融条件下金融机构依靠单个机构的实力去拓展业务、争夺市场的战略管理思想已不再可行,网络金融机构必须调整其战略管理思想,重视与其他金融机构、信息技术服务商、资讯服务提供商、电子商务网站等的业务合作,以实现"多赢"的目的。

3. 监管制度创新

网络金融条件下,金融监管必然走自由化与国际合作和协调的道路。一方面,分业经营与防止垄断的传统监管政策被市场开放、业务融合和机构集团化的新模式所取代;另一方面,网上跨国金融交易的扩大,国际金融监管合作成了网络金融时代监管的新特征。

第三节 网络金融的影响和作用

网络金融的产生和发展,改变了传统金融的组织形式和运作模式,对整个金融业产生了极为深刻的影响和作用。

一、网络金融改变了传统金融机构的结构和运作模式

由于网络开放性的特点,客户可以随时随地进入到网络金融机构的网络系统中去,通过网络平台与金融机构发生业务联系,这改变了传统上依靠柜台交易办理业务的结构,网络金融机构不再需要大量的分支机构和营业网点,各金融机构之间因规模不同而产生的差异大大缩小。

由于网络的虚拟性,网络金融机构可以不受时间的限制,能够做到在任何时间,以任何方式提供全天候、全方位的实时金融服务。

二、网络金融极大地降低了金融交易成本

网络金融机构不同于传统金融机构,不需要建立庞大的办公场所,遍地开设分支机构,雇用众多的职员,从而大大降低了投资成本、营业费用和管理费用。

据统计资料显示,开办一家网络银行的成本大约100万美元,而传统银行设立一分行的成本是150万美元至2 000万美元,外加每年的附加经营成本为35万美元至50万美元。而银行通过不同服务手段完成每笔交易所花费的费用也相差甚远:营业点1.07美元,电话银行为0.54美元,ATM为0.27美元,PC为0.015美元,Internet为0.01美

元,这表明网络银行的业务成本较传统银行大大降低了,其经营成本只占经营收入的15%～20%,相比之下,传统银行的经营成本则占收入的60%左右。同时,在全球化的背景下,网络更容易实行不同语言之间的转换,为网络金融机构拓展跨国业务提供了条件,使得网络金融服务能够接触的客户群更大,打破了传统金融业的分支机构的地域限制,能够在更大范围内实现规模经济,一旦一家网络金融机构顺利完成了规模庞大的信息技术投资,就能够以相当低的成本,大批量地迅速处理大量的金融服务,从而降低运营的成本,实现更大范围的规模收益。

三、网络金融业能够提供便利的多样化的服务,金融服务效率显著提高

网络银行能够提供比电话银行、ATM和早期的企业终端服务更生动、灵活、多样的服务。与传统金融机构的营业网点相比,网络银行提供的服务更加标准化和规范化,避免了由于个人情绪及业务水平不同而带来的服务质量的差别,可以更好地提高银行的服务质量。客户只要接入Internet,便可使用银行服务,真正实现了跨越地理和时间限制的客户服务。网络银行可以直接在网上实现广告、宣传材料及公共信息的发布,如发布银行的业务种类、处理流程、最新通知和年报等信息;网络银行还可以实现客户在银行各类账户信息的查询,及时反映客户的财务状况,实现客户安全交易,包括转账、信贷、股票买卖等。再如,信用卡业务是一项与计算机及网络系统紧密相连的银行业务。对于信用卡申办人,若其能够上网,则可通过网络提出申办意向,这样可大大方便客户,缩短从申办到领卡的时间。持卡人也可以通过网络查询自己的账户余额和用卡明细,这一功能可替换当前的电话系统,并且比电话银行系统更加直观和快捷。对于那些有E-mail地址的客户,银行每月可向他们提供对账单,这就提高了工作效率、节约了纸张成本;另一方面,客户也可更快地收到信息。同时,银行在网上还可以对特约商户进行信用卡业务授权、清算、传送黑名单及紧急止付名单等。

四、金融机构的信息获取和传递能力日益突出

网络经济本身就是信息经济,各经济主体的信息获取和传递能力将直接影响到它自身的发展和其他经济主体对它的评价。金融业是一个高度信息化的产业,在网络金融条件下,金融机构的信息获取和传递能力在很大程度上决定了其信用水平,因此,可以说网络金融条件下金融信息的重要性日益突出。

五、金融安全问题更显重要

网络金融赖以生存的载体是虚拟化的网络技术及其设备,所运载的是网络化的资金流和信息流,电子货币的安全已经不是传统的保险箱或保安人员所能保障的。网络金融面临技术安全、设备运行安全、操作安全和黑客攻击等问题,网络金融机构必须更加重视其经营的安全性,从新的角度确保资金流和信息流的安全。

六、网络金融使不同金融机构之间、金融机构和非金融机构之间的界限趋于模糊,金融非中介化加剧

网络经济的发展使得金融机构能够快速地处理和传递大规模的信息,原来体制下严格的专业分工将经受强烈的冲击,各种金融机构提供的服务日趋类似,同时,非金融机构同样也有实力提供高效便捷的金融服务。一些实力雄厚的大公司或专业网络公司如Yahoo、AOL以及微软等,纷纷借助已有的资金优势或网络优势,进入到金融领域中来,蚕食传统的金融业务并挖掘新的金融业务,金融与非金融的差别日益模糊,从而出现所谓的"脱媒"现象。

七、网络金融使传统的金融监管制度面临挑战

网络经济和网络金融业务发展在提高金融运行效率的同时,也促进了金融一体化的形成,增大了金融市场运行的不确定性,加剧了市场风险的程度,对传统的金融监管制度提出了严峻挑战。

(一)网络金融促进了金融监管体制的转型

网络经济条件下,金融业务出现综合化的发展趋势,网络金融的创新、金融服务的信息化和多元化,使金融业从"专业化"向"综合化"转变,传统的按业务标准将金融业划分为银行业、证券业、信托业和保险业的做法已失去时代意义,与之相适应,传统的"分业经营,分业监管"制度被"混业经营、混业监管"的制度所替代,金融监管体制必然由"机构监管型"体制向"功能监管型"体制转型。

(二)适应网络金融监管的法规体系尚待重构

传统金融监管法律法规没有考虑到网络经济的特殊性,因而在网络金融条件下的有效性已大大降低,迫切需要重新构建适应于网络经济条件下网络金融发展的金融监管法规体系。随着《电子签名法》于2005年4月1日的正式实施和《支付清算组织管理办法》的不断完善,我国网络金融监管的法规体系得以初步建立,但相对于网络金融面临的问题却还是远远不够的,仍需不断完善发展。

(三)网络金融增加了金融监管的难度

网络经济条件下金融业对网络技术、信息技术的应用,增强了金融机构的实力,改变了金融监管部门与金融机构的力量对比,也给金融机构通过技术规避金融监管创造了条件,进一步加剧了金融市场的不稳定性,从而使金融监管的难度大大增加。

(四)网络金融增强了金融监管的滞后性

网络金融是网络经济这一新的经济形态的重要内容之一,网络经济发展加快了金融创新的步伐,金融监管的法律法规和监管手段有可能越来越跟不上网络金融创新与发展的步伐,层出不穷的金融创新常常使金融监管部门措手不及,金融监管部门在界定金融新业务的合法性方面常常遇到法律障碍。

(五)网络金融削弱了国家金融监管的独立性

网络经济条件下金融业的无国界发展,大大便利了金融业的国际避税行为,加大了国际金融市场的不确定性,加快了金融风险的国际传递速度,使各国中央银行对金融市场的单一监管的有效性大大减低,金融监管当中国家主权化之间的矛盾日益加深。因此,加强各国金融监管当局间的合作并建立起新的监管协调机制是网络经济条件下各国中央银行监管共同面临的新课题。

第四节 国内外网络金融发展概况

美国于1971年创立的Nasdaq系统,标志着网络金融这一全新的经营方式从构想进入到实际运营。1995年10月18日美国3家银行(Area Bank股份有限公司、Wachovia银行公司和Huntington Bank股份有限公司)联合在互联网上成立了全球第一家无任何分支机构的纯网络银行"安全第一网上银行"(Security First Network Bank,简称SFNB),预示着网络金融进入了迅速发展的新阶段。

一、网络银行发展概况

进入20世纪90年代后,随着因特网的快速发展和电子商务的兴起,万维网(Web)技术引入银行,银行开始通过开放性的因特网提供网络银行服务。网络银行服务和其他电子银行系统的发展,使银行的支付服务和信息服务,深入到社会的各个领域,电子银行进入下一个全新的发展阶段,即网络银行服务阶段。

(一)国外网络银行发展概况

美国是网络技术发展最早和最快的国家,是网络经济的发源地,也是全球第一家网络银行的诞生地。目前,网络银行在发达国家发展的较好,本书主要介绍部分发达国家网络银行发展的概况。

1. 美国网络银行发展概况

20世纪90年代,美国颁布了《数字签名法》、《统一电子交易法》等法律,解决了电子签名和电子支付的合法性问题,为网络银行的发展铺平了道路。自首家纯网络银行SFNB成立以来,传统商业银行、投资银行、股票经纪公司纷纷建立网络银行系统,网络银行在数目、资产和客户规模方面都迅速增长。从1995年到2002年末,美国在Internet上设立网站的银行数目从130家发展到3 800家,占所有联邦保险的储蓄机构和商业银行的37%。2005年,美国网络银行的利润占全部银行利润的35%,业务量接近50%。Iresearch(艾瑞咨询)根据eMarketer的资料整理显示,美国不同渠道的零售银行业务中,网络银行业务交易量的增长速度很快,2006年交易量为118亿美元,在各种渠道交易量中最少,但预计到了2010年交易量将快速增长到310亿美元,这个增长速度远高于ATM、银行网点、电话银行等渠道业务的增长,如表1-1所示。美国在2000年6月成年网络银行用户规模仅只有18%,到2007年9月,其用户规模高达53%。尽管目前面临金融危机,美国网络银行用户量却仍然在不断地增加。

表1-1 美国前10名网络银行用户量的变化

Active Online Banking Customers at Top 10 Online Banks Source: Comscore Online Bank Benchmarker

Time Period		Number of Online Banking Customers(000)	Sequential Percent Growth vs. Prior Quarter
2007			
	Q1	45 358	3.7%
	Q2	47 349	4.4%
	Q3	46 912	−0.9%
	Q4	47 311	0.9%
2008			
	Q1	48 178	1.8%
	Q2	48 598	0.9%
	Q3	50 907	4.8%
	Q4	51 372	0.9%

资料来源:www.comscore.cn

2. 欧洲网络银行发展概况

欧洲的网络银行起步比较慢,但发展却相当迅速。据巴黎一家国际市场咨询机构"蓝天"(BLUE SKY)的统计,从1998年11月到1999年6月的短短几个月时间,欧洲8国拥有Internet银行网址的银行,就从863家增加至1 845家。2000年7月3日,西班牙Uno-E公司同爱尔兰互联网银行"第一集团"正式签约,组建业务范围覆盖全球的第一家互联网金融服务企业Uno First Group。两家公司跨洋重组的最终目标是建立全球最大的网络金融服务体系,合并资产总值达到15.8亿欧元。欧洲网络银行发展得最好的是瑞典,其在开办网络银行和电子商务方面,在欧洲各银行中名列第一,在世界居第二,仅次于美国,瑞典的在线银行业务占有份额约为50%;在欧洲网络银行发展比较好的还有瑞士和德国,两者在线银行业务占有份额分别是36%和25%。英国通过2000年5月施行的《电子通信法案》,确定了电子签名和电子证书的法律地位,为网络金融的发展扫清了障碍。英国市场研究组织APACS调查显示,英国成年网络银行用户从2000年的少于350万人上升到了2007年的2 100万人,在七年的时间里增长了505%。而截止到2009年2月,荷兰网络银行用户的覆盖率高达52.9%,法国网络银行用户的覆盖率达到49.9%,欧洲1/3的储蓄都在Internet上进行。

3. 亚洲地区网络银行发展概况

相对于欧美,亚洲网络银行的起步缓慢,但也得到了较好的发展。其中日本和韩国网络银行发展较快。日本樱花银行与日本电脑商富士通于1999年宣布,双方进行合作,成立日本第一家网络银行(Japan Net Bank),这项合资计划金额高达200亿日元(合1.71亿美元),樱花银行占90%股权,富士通占其余10%,网络银行于2000年11月1日投入服务,提供存款、定期存款、外资、小额贷放和电子结算"EZP@Y"服务。仅仅半年后,就拥有25万个户头,到2007年9月已拥有147万个用户。2001年7月,日本网络银行ebank成立,其主要股东为日本雅虎、日本电讯以及伊藤忠集团,主要是通过其全资的附属公司向日本投资人提供资产证券交易建议、研究服务、投资管理服务,并向这些用户提供管理通过网络供应的互惠资金的相关服务。2006年,ebank已经拥有175万开立账户。2008年,ebank首次被批准在美国设立办事处,其综合资产达到61亿美元。最新的数据表明,韩国2008年网络银行的交易量超过100 000 000亿韩元,其国内19家网络银行的业务比重已经超过30%,超过了传统柜面服务。

目前国际金融界的发展状况表明,尽管不同的银行有其不同的发展战略,目前正处在不同的发展阶段,但有一点是肯定的,即随着Internet的不断发展,随着金融业的不断创新,网络银行必将包含银行所有的业务,成为银行主要的业务手段。

(二) 国内网络银行发展概况

我国网络银行发展比较不平衡,与内地相比较,港台地区的网络银行发展较早,但近几年,由于内地网络和金融电子化的稳定发展,内地的网络银行也处于迅速发展的阶段。

1. 中国港台地区网络银行发展概况

1998年11月,花旗银行在香港率先推出首家网络银行服务。1999年初,永隆及浙江第一银行亦推出"永隆网上银行"及"CF Web Banking"服务,相关费用全免,超过前者只提供一些基本网上理财服务、网上投资理财及提供资讯等服务,主要目的是提高银行的形象,吸纳一些年轻及专业客户。其后,汇丰、恒生、永亨、道亨、运通、渣打、东亚、美洲银行等也相继推出类似服务,或将原有电脑联线银行服务加入多项灵活的网络银行服务功能。一项调查显示,截至2006年,香港约有380万个人网络银行账户,较2003年的220万增加了72.7%;而工商企业网络银行账户达234 000个,增加了3.49倍。为确保网络银行的运作环境安全,香港是先进金融市场中率先规定经网络银行进行的高风险交易须双重认证的地区之一。自2005年5月推出双重认证,仅仅一年的时间,就有30家认可机构采用这种功能,并有约140万名客户(较2005年底增加了49%)登记使用这类服务。在台湾,网络银行业务快速发展,客户可以通过网络办理查询、转账和进行各种电子交易,客户可以直接上网申请贷款或购买基金。银行可以通过专属网络、增值网络及Internet提供各项金融服务,其范围包括查询、转账、电子交易、一般通信及金融资信服务等。

2. 中国内地网络银行发展概况

我国内地网络银行的发展起步较晚,相对于发达国家,我国网络银行的技术水平、市场规模和营销都处于落后的水平,差距比较大。目前为止,我国尚未出现纯网络银行。尽管如此,我国内地也有着发展网络银行的有利条件:首先我国Internet建设进步巨大,随着Internet各项设施的完善,我国的网络信息服务和电子商务迅速发展,网络用户数目快速上升,美国电信市场研究与咨询公司Dittberner Associates公布研究报告显示,2008年第一季度中国固定宽带用户同比增长28%,达到7 160万;其次中国金融电子化的稳步发展给网络银行的建立奠定了坚实的物质基础;再者国家的政策支持和国外网络银行成功运作提供的宝贵经验都是中国发展网络银行的有利条件。下面分阶段对中国内地网络银行发展状况进行介绍：

1996—1997年　网络银行的萌芽期：1996年，中国银行投入网络银行的开发，1997年，建立自己的网页，正式搭建"网络银行服务系统"；1997年，中国招商银行开通招商银行网站；1997年12月，中国工商银行开办自己的网站。

1998—2002年　网络银行的起步期：在这个时期，各个银行都纷纷推出网络银行服务，1998年4月，招商银行在深圳率先推出网络银行品牌"一网通"，因而成为国内第一家上网银行；1998年，中国银行开始提供网络银行服务，并于1998年3月成功交易了第一笔中国Internet网上电子交易；2002年底，国有银行和股份制银行全部建立了网络银行，开展交易型网络银行业务的商业银行达21家。2001年颁布的《网上银行业务管理暂行办法》具有里程碑的意义，它标志着中国对网络银行的安全性管理已经做到了有法可依。

2003年至今　网络银行快速发展期：这个时期内，网络银行品牌建设加强，产品和服务改善成为重点；重点业务发展带动各大网络银行业务快速发展，2003年，工行推出"金融@家"个人网络银行；2005年，交行创立"金融快线"品牌；2006年，农行推出"金e顺"电子银行品牌。据艾瑞市场咨询网《2005年中国网上银行用户研究报告》表明，工行的"金融@家"的品牌知名度在网络银行用户中最高，达53.8%，其次为工行的"金融e通道"，达51.8%，招行的"一网通"品牌知名度也达到了51.1%，建行的"e路通"品牌知名度稍低，为30.4%。一些网络银行服务已经赢得国际声誉，如在美国《环球金融》2008年网络银行评选中，工行一举获得了"中国最佳个人网上银行"、"中国最佳企业网上银行"、"亚洲最佳投资管理个人网上银行"、"亚洲最佳投资管理企业网上银行"四项大奖，并且连续第六年荣获"中国最佳个人网上银行"。2005年颁布的《电子签名法》为中国电子商务的发展铺平了道路，2006年颁布的《电子支付指引》及《电子银行业务管理办法》等法规意见稿都为进一步规范和管理中国的网络银行市场奠定了良好的基础。2008年至今，网银产品、服务持续升级，各银行在客户管理、网银收费等方面积极探索，招商银行全新推出个人财务管理型网络银行和网上企业银行品牌U-BANK。目前，U-BANK用户企业总数已近10万家，年网上交易金额超过20万亿；交通银行在2009年2月推出境外人民币网上支付业务，并且免收货币转换费。

艾瑞市场咨询网的数据表明：随着网络银行在中国的发展，中国网络银行交易额由2002年12月底的5万亿元，发展到2008年的320.9亿元，增长了64倍多，预计到2012年，网络银行交易额规模将达1 480万亿元。2007年网络银行新增比例突破20%，2008年仍有16.7%的新增比例。2008年底个人网络银行用户覆盖数达到了6 474.5万，同比增长33.7%，至2009年2月，网络银行覆盖率为33.9%。目前，全国银行业金融机构网络银行个人客户为14 814.63万户，较年初增加5 119.74万户，增长率为52.81%；网络银行企业客户为414.36万户，较年初增加223.63万户，增长了117.25%。

与此同时，国内的外资银行也纷纷进入网络银行领域。

总的来说，中国的商业银行正在非常积极地拓展网络银行业务，设立网站或开展交易性网络银行业务的银行数量增加，外资银行也陆续进入网络银行领域，网络银行业务量在迅速增加，网络银行业务种类、服务品种迅速增多，网络银行服务开始赢得国际声誉。

专栏1-1

中外个人网银业务范围对比总结

艾瑞对比国内外个人网银业务的种类发现,国内银行的个人网络银行业务具有以下特点:

基本业务相对成熟

与国外银行相比,中国的个人网络银行在账户管理、转账汇款等基本的银行业务方面做得已经相对成熟。国内网银大多依托于传统的柜台服务发展起来,传统柜台服务在转账等基本业务方面累积的需求和经验,成为网络银行产品设计的基础。

以工行为例,从账户的余额、明细查询,到挂失、注销等基本信息管理;从行内外、跨地区跨国的转账汇款、到信用卡转账等多种服务的个性化设置,国内银行的产品和服务已经比较全面和丰富。除了因国家金融政策把控而无法实现的一些业务,如网上储蓄产品,现有的基本业务可以说已经发展较成熟。

网上支付业务逐渐兴起

近年来发展火热的电子商务和电子支付市场,从一定程度上也带动了网络银行的发展。从主要的几个银行个人网银缴费支付业务范围可以看出,电子商务、网上商城、网上支付等都成为主要功能之一。包括网络购物和B2B电子商务在内,中国电子商务2007年获得了高速增长,交易额规模达2.18万亿元,同比增长97.4%。尽管这一数据与银行基本业务相比,比重还很小,但电子商务和电子支付无疑是未来发展的趋势。银行作为同时拥有优质客户资源和良好的安全及信誉保证的一方,在发展电子商务业务上有明显的优势。艾瑞访谈也了解到,目前主要商业银行均开通了自身网上商城,各行的重视程度都比较高。

投资理财业务升温

2006~2007年,在中国股市走势整体高涨的带动下,个人投资理财市场异常火热,普通网民对基金、证券等的关注程度大幅度提升。在大的市场背景下,主要商业银行纷纷发力投资理财业务,网上基金、债券等理财产品不断升级。以基金为例,2007年网上基金业务快速发展,占据个别银行网银业务交易额的比重高达60%以上。进入2008年,随着股市的调整,网民的投资行为将更趋于理性,而理性的投资行为则意味着网民将摆脱简单被动的投资,掌握时机多线操作,这反而会提升用户对网银的使用黏性。

新兴业务发展相对滞后

同国外银行业务相比,国内银行在网络保险、贷款抵押、较高层次理财服务和理财规划、投资咨询等新兴业务方面明显投入力度和发展程度都相对滞后。国内网银的业务范围重点仍集中在基本业务层面,大的商业银行个人网银交易额主要仍集中在账户汇款等服务方面。

艾瑞认为,造成这种现象的原因是多方面的。一方面受中国宏观金融政策监管的政策限制,国内银行在网络银行产品及服务开拓方面无法取得突破性进展,各家银行基本业务大同小异。另一方面,中国社会的信用体制及理财和消费观念同国外用户相比,毕竟还相差很远。多方面原因导致新兴业务暂时还无法在国内市场中获得突破性的进展。

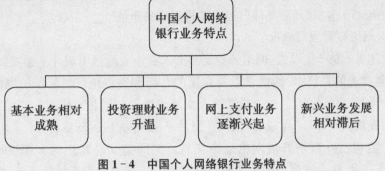

图1-4 中国个人网络银行业务特点

资料来源:2007—2008年中国网络银行行业发展简版报告.www.iresearch.com.cn

二、网络证券发展概况

20世纪90年代以来因特网的发展大大推动了全球电子商务和网络证券业务的发展,世界各国券商纷纷借助因特网这种便捷、高效、低成本的手段开展网络证券业务。美国国际证券业信息中心的数据显示,2006年全球网络证券用户增加到10 620万户,用户数比2003年的5 850万户增加了4 770万户,其增长比例为81.5%。2006年全球网络证券交易量从2005年的41 025亿美元增长到了64 040亿美元,实现了56.1%的增长,预计到2009年底,全球网络证券交易量能达到184 569亿美元。据赛迪顾问预测,全球网络证券用户的年均增长率将达到33%,到2010年几乎所有的证券投资者都会通过网络进行证券交易。

(一)国外网络证券发展概况

1. 美国网络证券发展概况

美国是全球网络证券交易发展最早、也是最发达的国家。美国的网络证券交易开始于20世纪70年代,最早导入网络证券业务的应该是NASDAQ。80年代后网络证券业务的开展应归功于券商的推动。1995年8月,随着证券经纪服务改善的需要,全美最早提供互联网经纪的券商之一摩根斯坦利添惠(Morgan Stanley Dean Witter)控股的Discover Brokerage Direct公司开始了网络证券服务的业务,网络证券的大规模运作从此开始。1997年初,嘉信理财(Charles Schwab Fidelity)推出了网络证券服务系统。1999年12月,美林(Merrill Lynch)全面推出冠以"无限利益"的因特网经纪业务。目前,美国网络证券交易可谓如日中天,网络证券交易的规模正以每季度30%—35%的速度增长。

1994年美国网上交易者不到10万人,而到现在,已经超过了500万人。全美约25%的散户交易量是通过网上交易实现的。2002年,美国网上券商完成的资产交易价值达6 880万美元,利用互联网进行证券交易的人数有1 500万人,已接近美国所有投资者的半数;到2003年,美国家庭上网投资者人数已达到2 000万,美国网上交易的资产总额将上升到3万亿美元,相当于当时全国个人投资总额的1/5。据美国证券经纪委员会(SEC)估计,目前全美约有45%的散户经纪量通过互联网经纪来完成。美国提供网络交易服务的虚拟证券商有170多家,其交易额已经占零售型交易量的30%左右。

2. 韩国网络证券发展概况

除了美国外,1997年以后,网络证券交易方式在亚太地区出现并迅速发展起来,韩国一马当先,紧接着的是日本、新加坡以及我国的台湾和香港地区。韩国的网络证券交易渗透率在全世界是最高的,其成交量和网上交易渗透率的增长速度非常明显。韩国网络证券交易的发展始于1997年政府对《证券交易条例》相关内容的修订,1997年5月,韩国几家券商开始利用互联网开展网络证券交易。但网上交易真正的大幅度增长发生在1999年4月以后,曾一度观望的大型证券公司,如人信、大宇和三星等证券公司,在1999年5月大幅下调了网上交易手续费,使得全国市场网上交易手续费平均下调至0.13%左右,相当于现场交易手续费1/4的水平,韩国的网上交易市场从而得到迅速发展。目前,韩国网络证券的总交易额(包括股票、期货和期权)猛增,2000年网上交易量占到总交易量的46.6%,2007年韩国网上交易额占整个市场交易额的比重更是高达80%,居全球之首。其二板市场KOSDAQ网上交易比例高达90.8%,而且KOSDAQ的个人投资者交易量占总交易量的95%。并且,其二板市场的交易量早在2000年就已经超过主板市场,创下二板市场超越主板市场速度最快的世界纪录,成为全球网络证券交易最红火的市场。2004年8月份,网络证券账户数量为3 467 814,占证券账户总数的38.6%,仅仅三年的时间,韩国就已经拥有大约500万的网上开户数,占整个证券开户数的67.7%。在韩国,网络证券交易的市场极为集中,在20多家从事网络证券交易的证券公司中,三星、大宇、LG、现代等前五家最大的公司占了90%以上的市场份额。从目前发展趋势来看,韩国还会继续保持在网络证券交易方面的世界领先地位。

(二)国内网络证券发展概况

国际上网络证券交易的蓬勃开展表明世界证券市场已经迎来了一个网络证券交易的全新时代,这对于刚刚开始步入规范发展阶段的中国证券行业来说,无论从交易方式还是从交易技术方面都有很大的示范作用。我国网络证券交易的发展历程,大体可以分为四个阶段:

1996年底至1997年底 网络证券萌芽阶段:部分证券公司和IT公司开始了基本的合作。随着1996年底我国最早的证券类网站和讯(Homeway)的亮相,1997年证券之星(Stockstar)、盛润、天府热线的道博咨询等相继登场。最早开展网上交易的券商是中国华融信托投资公司湛江营业部,1997年3月推出了"视聆听"网上交易系统。但是由于诸多基础设施不完善,导致了只有极少数营业部为极少数用户提供交易服务。而且,网上交易系统所能提供的服务也是十分有限的,一般只能提供简单的行情浏览和股票交易。

1998年至1999年　网络证券起步阶段：在著名的5.19行情和2.14行情中，采用网上交易的证券公司增加了盈利能力，使其他证券公司看到了网络证券所带来的巨大利润，也意识到网上交易变成了证券公司扩展业务的有效手段，于是大量的证券公司开始将网络证券交易作为发展的重点。这段时间内，全国就有200多家证券营业部建立了自己的主页。

2000年至2001年　网络证券初步发展阶段：2000年中国证监会颁布了《网络证券委托暂行管理办法》，表明了市场对网上交易的认同。此后，大量的券商投入资金来发展网络证券交易。同时，随着信息技术的发展，这个阶段更加注重交易数据的安全性，部分证券公司已开始采用数字证书进行身份认证，加快了网上交易的速度，增加了其安全性和稳定性，为后来网络证券的迅速发展奠定了技术基础。2001年，网上交易量为3 578亿元，网上交易量占深沪总交易量的4.38%，网上交易开户数为332万户。

2002年至今　网络证券高速发展阶段：2002年，网上交易量就比2001年增加46.1%，达到5 230亿元，网上交易占深沪总交易量的8.99%，新开176.1万户，经过五年时间的发展，到2007年，网上交易占深沪总交易量的30%，网上交易额为138 166.87亿元，网上交易开户数640万户，占总开户人数的23%。到2005年底，开展网络证券交易的券商有121家，开展网络证券交易的营业部有1 324户。2009年6月推出的《证券公司网络证券信息系统技术指引》，更是意味着网络证券交易由此开始走上一条有"据"可依的规范之路。可以预期，随着网上交易的进一步发展，LOF、ETF等新交易品种的推出，机构客户的比重和金融产品的营销能力将成为决定券商经纪业务市场地位的关键因素，券商经纪业务的竞争内涵也将进一步深化。

但从我国目前情况来讲，网络证券交易还有很大的潜力可挖。截至2006年6月，网上委托的客户开户数达627.20万户，仅占沪、深交易所开户总数3 763.01万户的16%，可见网络证券交易渗透率与韩国相比还有很大的差距。中国网络证券业务的发展还有很长的路要走。

三、网络保险发展概况

网络保险这一全新的经营理念和商业模式，其中所蕴含的商机被越来越多的保险公司认识到，随着保险业和互联网的高速发展，网络保险营销逐渐被人们所接受，近年来在互联网上提供保险咨询和销售保单的网站大量涌现。美国保险行业协会的统计数据显示，2006年全球保险电子业务达到1 375亿美元。2007年，在全球保险电子商务2 085.4亿元的收入中，西欧占36.2%，北美占35%，日本占13.9%，中国只占1.4%。

（一）国外网络保险的发展

网络保险业务的崛起和发展首推美国为最。由于在网络用户量、普及率等方面有着明显的优势，美国成为发展网络保险的先驱者。2000年，美国Quicken保险公司与电子金融服务协会(EFSC)合作进行的有关网络保险市场的调查结果显示：美国全国上网家庭中的25%都有意愿在购入保险商品时利用互联网。互联网上的客户可以通过保险公司的网站来浏览保险信息和购买保险,并可以通过一些新型的保险网站来购买保险。2001年,美国通过网络保险获得的保险费达11亿美元。在美国,几乎所有的保险公司都已上网经营,更有不少网络公司将各大保险公司的各种保险产品集合起来,用户可以在反复比较后轻松地作出自己的选择。因此,网络保险得到了广大用户的青睐。另据Cyber Dialogue 的一项调查表明,目前美国约有700万消费者通过国际互联网选购保险产品,其中有30%是通过在线保险市场保险公司设立的网站进行的,近70%在非保险公司网站进行。据麦肯锡研究显示,在美国,电销、网销的保费收入已超过总保费的20%,大约有35%的个人客户通过电话和网络购买保险。最突出的是汽车保险电子商务,其保费收入占全部以电子商务形式保费收入的比重已超过50%。

而在欧洲,世界第二大再保险公司——瑞士再保险公司则宣布,网络保险帮助该公司每年节约7.5亿瑞士法郎。意大利RAS保险公司用微软公司的技术,斥资110万美元,建立了一个网络保险营销服务系统,在网上提供最新报价、信息咨询和网上投保服务。英国于2002年建立的"屏幕交易"网址提供了7家本国保险商的产品,用户数量激增。据估计,英国网络保险市场到2005年底达31亿美元。日本索尼损害保险公司在1999年9月底开通了电话及Internet销售汽车保险业务,仅9个月,其保单销售数量就突破了10 000份大关。据美国安德信咨询公司对全球213个寿险公司银行证券经纪人资产管理师和因特网用户的调查,在近5年内,全球寿险新保单16%~19%要通过因特网来销售。

Cyber Dialogue 的财务策略专家认为,互联网的独特优势在于为消费者提供了一个比较保险产品价格的最佳途径。因此,通过有力的推广和行销手段,各种网站能够在这个分散的市场上攫取较大的份额。据预测,到2010年,个人险种的37%、企业险种的31%将通过网络完成。由此可见,网络保险将在保险销售和服务市场上占有重要地位。

(二)国内网络保险发展概况

我国1997年11月,"中国保险信息网"(www.chinainsurance.com)面向公众开通运行,同年12月,由中国保险信息网为新华人寿公司促成了国内第一份网络保险单,标志着我国保险业迈入网络保险的大门。2000年3月,国内推出首家电子商务保险网站(网险),真正实现了网络投保。2001年3月,太平洋保险北京分公司与朗络开始合作,开始了保险网上营销。当月保费达到99万元,让业界看到了保险业网上营销的巨大魅力。2005年4月初,国内首张全流程电子保单在北京正式问世。据了解,部分涉足电子商务领域较早的保险公司,已经开发出几十种用于在线销售的网络保险产品,保费收入连续多年保持100%以上的增长速度,如:中国人保、太平洋保险、泰康人寿等。不仅保险公司在大力开拓电子商务市场,近年来一些金融网站也都参与其中,如:慧择网、保网等。尽管我国的保险行业电子商务业务保持着高速的发展态势,我国的网络保险却仍处于初步的摸索和发展阶段。不过近几年,我国保险业已经通过加大对IT行业的投入来不断地开发网络保险,预计到2010年,中国保险行业IT投入将达到近80亿元。种种数字表明,我国的保险业IT投入已进入高速增长期。由于2008年中国保险业IT投入仅占当年保费收入的5.6‰,比例很小,因而金融危机传递到险商信息化的影响会非常微弱,到

2008年6月我国通过网络购买保险的人数占总上网人数的14.7%。近日,泰康人寿和新浪网联手推出了在线保险销售平台——新浪保险超市,销售产品涵盖了意外保险、旅游保险、健康保险、少儿保险、养老保险、投资保险等各个品种,成为国内第一家销售保险种类最全的网络保险超市。总体来看,中国保险业信息化水平相对较低,而行业正处于快速发展的阶段,信息化应用空间巨大。

【能力训练】

1. 试分析网络金融的影响和作用。
2. 请查阅资料,对中外网络金融发展现状作简单比较。
3. 案例分析:

据美国联邦存款保险公司统计,1993年至1999年间,美国传统银行的资产年增长率为8%,而同期美国网上银行的资产年递增率达53%。美国目前资产最大的网上银行Telebanc的资产总值由1993年的2.2亿美元发展到1999年的32亿美元,存款增长了14倍。至1999年6月,美国网上业务排名前20位的银行和经纪行共拥有370万个网上往来账户和530万个网上股票投资账户。

而我国的情况却是完全不同,我国商业银行在起初虽然电子商务发展迅速,相继已有20多家银行的数百个分支机构开展此类业务,但综合水平仍然较低。我国银行业电子商务的现有和潜在目标客户群较为狭小,业务品种不够丰富,盈利能力较低,并且我国大多数居民倾向于信赖传统的银行分支机构办理业务模式,据有关调查统计数字显示,我国86%的人表示不会以任何方式进行网上金融交易,全国用卡支付的消费额仅占全部消费额的2.7%。我国现在开展的银行电子商务主要集中于电子支付业务和网络银行两方面,距国际上通常意义所指的银行业电子商务尚有很大距离。

通过此案例,结合已学知识,试分析我国网络银行发展的制约因素?

【答案解析】

我国网络银行的发展没有形成气候,与国际金融界相比明显滞后,分析其原因主要是发展中存在的制约因素较多,当前主要是面临着五大难题:

一是法规不完善。网络银行是在开放式网络环境中提供资金结算、使用电子货币的电子化结算服务,因此在有关服务承担者的资格、交易规则、交易合同的有效成立与否、交易双方当事人权责明晰及消费者权益保护等方面,与传统银行相比更加复杂难以界定,必须通过法制的手段来解决。我国在这方面的政策法规建设上明显滞后,目前我国在网络银行方面采用的规则多是协议方式,而无专门的政策法律法规,特别是在公平电子交易、交易操作规程、银行与客户的关系、网上交易权利与义务的规定等方面目前均无法可依,而且缺乏相应的网络消费者权益保护管理规则,这些都直接影响着网络银行业务的发展。因此,建立健全有关网络银行业务发展,特别是电子资金结算等方面的政策法规已势在必行。在立法的价值取向上，应重点体现出法律对公平竞争及效率的追求，尤其是注重对消费者权益的保护，这既有助于提高网络银行的服务效益，同时也有助于降低电子交易的风险。

二是战略规划差。当前一方面要积极鼓励网络银行业务在我国的发展，另一方面也要站在促进整个金融业发展的高度，加强对网络银行发展的统一规划和管理，在市场准入、安全技术、产品开发、业务创新、经营管理等各个方面都要进行总体规划，统一规范和完善。当务之急是要有计划、有组织地加强对网络银行的设立、管理、具体业务功能的实现以及硬件和软件系统的应用进行研究，统一制定一套网络银行业务结算、电子设备使用等规划标准，建立全国统一的认证体系。

三是技术风险大。网络银行业务的高技术性、无纸化和瞬时性的特点，决定了其经营风险要高于实体银行业务的风险，而技术风险又是网络银行风险的核心内容，也是金融机构和广大客户最为关注的问题，它主要包括交易主体的身份识别、交易过程的商业秘密、电子通讯的安全、交易和其他记录的保存和管理，特别是未经授权的中途拦截和篡改等，以及一些主观方面造成的安全技术隐患。这些问题如果不能有效的解决好，必然会造成损失，影响信用。

四是业务监管难。目前我国对传统银行业务的监管，主要实行的分业经营基础上的多元化分业监管体制，但对网络银行业务的监管缺乏有效的制度。目前，许多发达国家和地区大都针对网络银行业务制定了系统的监管法规和条例，如美国在1997年12月发布了《网络信息安全最佳实务指引》等。我国目前对网络银行业务的监管，仅停留在审批环节，因此有必要完善现有监管法规的基础上，制定网络银行业务的监管条例，从而降低网络银行的经营风险。

五是产品创新少。随着我国网络银行业务的发展，金融产品更有必要不断创新，向全能型、组合化发展，这也是网络银行的发展方向。

【推荐阅读】

张卓其，史明坤编. 网上支付与网上金融服务. 东北财经大学出版社，2002

王维安，张建国，马敏等编. 网络金融. 高等教育出版社，2002

张福德. 电子商务与网络银行. 中国城市出版社，2001

张福斌，关敏等. 网络金融与风险投资. 中国国际广播出版社，2001

第二章 电子货币概述

【本章要点】现阶段的电子货币是以既有的实体货币(现钞或存款)为基础而存在的,因而它既具有信用货币的特点,又具有其基于信息网络技术方面的独有特点。目前已经基本成形且在国际上流行的电子货币有四种类型:储值卡型、信用卡应用型、存款利用型和现金模拟型。电子货币与信用货币不同的属性表现在:电子货币是多家发行机制,是各发行机构自行开发设计的带有个性特征的产品,在匿名性、境域限制和防伪性上都不同于传统通货。目前电子货币能够完全执行价值尺度和储藏手段职能,但不能完全执行支付手段和流通手段的职能。

【本章重点与难点】本章重点在于电子货币的概念、特点、种类、属性和职能。难点在于如何理解电子货币的发行机制,几种主要的电子货币支付系统的特点。

【基本概念】电子货币 储值卡型电子货币 信用卡应用型电子货币 存款利用型电子货币 现金模拟型电子货币

第一节 电子货币的产生及特点

在人类历史上,货币存在已有几千年历史。但是,自从亚当·斯密创立古典经济学以来,直到当今的西方经济学家弗里德曼的货币主义和哈耶克新自由主义的"货币非国家化"理论,各种货币理论中对货币的起源和本质认识得最深刻,对货币的职能分析得最透彻的当属马克思的货币学说。新制度经济学也为研究货币制度演变提供了理论框架和研究方法,它将货币和相应的货币制度视为商品交换和资金流通过程中内生的一个变量,将货币形式的演变视为降低费用的一种支付媒介的选择过程,将货币制度的演变视为降低交易费用的一种制度变迁过程。电子货币的产生和使用在不同程度上印证了上述理论观点。

一、货币形式的发展与电子货币的产生

马克思从社会分工不断深化所推动下的市场范围扩大的历史进程中来分析货币起源:首先分析了简单或偶然的价值形式,然后从总和或扩大的价值关系入手阐明一种商品的价值可以用其他一系列起等价作用的商品来作为物质载体。随着市场交换范围的进一步扩大,扩大的价值形成发展为一般价值形式,所有参加交易的商品价值都统一地表现在某一种交换频率较高的特定商品上,这种商品就作为一般等价物从其他商品中分离出来,成为其他商品价值的唯一物质载体。一般等价物的职能最后固定以黄金、白银等贵金属作为物质载体;货币形式与一般价值形式并没有什么本质区别,不同之处就是

贵金属固定地充当一般等价物;金银之所以能淘汰其他商品地固定充分当一般等价物,是因为其充当货币具有降低货币交易费用的自然属性。

金属货币先后采取了金属条块和金属铸币的形式,金银铸币在长期流通过程中逐渐磨损,变成了不足值的铸币,但仍然可以与足值铸币一样流通使用,从而演变成为一种价值符号和一种商业信息。后来国家发行纸币这样一种强制使用的价值符号来执行流通手段的职能,此时这种商业信用就演变成为国家信用。纸币的出现是货币形式发生的第一次标志性变革。另一方面,赊购销商品交易方式的产生为在缺乏现金的条件下进行商品交易活动和形成信用货币提供了可能。银行券是一种主要的信用货币形式,持券人可以随时到发行银行去兑换金银。第一次世界大战以后,西方发达国家相继放弃了金本位制,银行券停止兑换金银,成为国家认可的不兑现的信用货币即纸币。纸币的根本特点是由中央银行通过法定信用程序垄断发行。货币的统一发行和票据清算需要建立一个客观、公正、权威的机构,这样中央银行便产生了。自20世纪60年代开始,科学技术突飞猛进,特别是上世纪末随着全球计算机、信息产业和网络技术的广泛应用,网络经济这一新的经济形态出现,电子商务这一刚刚兴起的最先进的商品贸易形式迅速地融入了人类社会经济生活的各个方面,与之相随的在线支付系统和电子化结算工具的需要也变得越来越迫切,而正是在这种条件下,一种新型的货币形式——电子货币应运而生。电子货币的出现满足了网络经济和电子商务对支付手段和结算工具的需要,它抛弃了传统币材的实物形态,取而代之以无形的数字标识,这种数字形式的货币更容易与其他资产相互转换,提高了资产的流动性,降低了转换成本与持有成本,企业和个人可以减少手持现金比例,增加储蓄和投资比例而获利更高。这种非实物形态的电子货币在支付时能任意分割,自动进行不同币种的换算,免除了兑换的麻烦,大大方便了跨国消费,使得货币在传输与转移上的优越性远远超过了传统的纸币。

从实物货币、金属货币到纸币和中央银行的出现,再到电子货币,是适应商品经济发展,提高货币流通效率,降低货币流通费用,从而降低商品交易费用的货币制度安排的变迁过程。在整个变迁过程中,货币形式经历了两次标志性的变革。第一次是纸币取代金铸币,打破了国家作为货币供给单一主体的格局,逐步形成了以中央银行为核心的银行货币创造体系。第二次变革就是电子货币的出现。这一变革是信息技术和网络经济发展的内在要求和必然结果,它对现有银行货币体系提出了挑战,并对中央银行的地位、货币政策及传统金融监管都将产生直接或间接的影响。

二、电子货币的定义

关于电子货币有多种定义,目前国际上公认的较为完整和准确的定义当属巴塞尔银行监管委员会的定义:电子货币是指在零售支付机制中,通过销售终端、不同的电子设备之间以及在公开网络(如因特网)上执行支付的"储值"和预付支付机制。所谓"储值"是指保存在物理介质(硬件或卡介质)中可用来支付的价值,如智能卡、多功能信用卡等。这种介质亦称为"电子钱包",它类似于常用的普通的钱包,当其储存的价值被使用后,可以通过特定设备向其追储价值。而"预付支付机制"则是指存在于特定软件或网络中的一组可以传输并可用于支付的电子数据,通常被称为"数字现金",也有人将其称为"代币",通常由一组组二进制数据和数字签名组成,可以直接在网络上使用。这一定义包含了电子货币中的在线交易和离线交易。

中国人民银行2009年起草的《电子货币发行与清算办法(征求意见稿)》(见本书附件一)的第三条中规定:"本办法所称电子货币是指存储在客户拥有的电子介质上、作为支付手段使用的预付价值。根据存储介质不同,电子货币分为卡基电子货币和网基电子货币。卡基电子货币是指存储在芯片卡中的电子货币。网基电子货币是指存储在软件中的电子货币。仅在单位内部作为支付手段使用的预付价值,不属于本办法所称电子货币。"这一定义与巴塞尔银行监管委员会的定义基本一致。

三、电子货币的特点

就现阶段而言,大多数电子货币是以既有的实体货币(现钞或存款)为基础而存在的,与实体货币之间以1比1的比率交换。因此,电子货币的特点可以从两个方面得以体现:

(一)电子货币作为信用货币的特点

1. 电子货币是一种价值符号

电子货币是以信用货币为基础的,它本身没有价值,因而和信用货币一样,是一种直接代表商品价值的符号。一单位电子货币所代表的价值可以这样推算:

设 $C_1, C_2, \cdots, C_n$ 分别代表信用货币可与之交换的各种商品的价值,$P_1, P_2, \cdots, P_n$ 则代表各种商品的价格,$Q_1, Q_2, \cdots, Q_n$ 代表各种商品的数量,M 为电子货币的数量,v 为货币流通速度,U 为单位信用货币代表的价值,则可以推算出,每单位电子货币所代表的价值就是商品总价值(CQ)除以商品总价格所得的(PQ)值,而由于商品总价格也可以由 MV 来表示,则我们可以进一步推出:每单位电子货币所代表的价值量是变化的,在商品总价值一定的条件下,U 与该时期的货币流通速度及电子货币的数量成反比。

根据以上推算,信用货币的"价值符号"性质说明了:如果保持币值不变,在商品总价值一定的情况下,货币流通速度的增加将会引起电子货币数量的减少,这实际上和信用货币的原理是一致的。

2. 电子货币具有可兑换性

这里所讲的货币的可兑换性是指某种货币兑换成价值物的能力。电子货币是基于真实汇票或债权开出的凭证,它和信用货币一样,都是以真实交易关系和债权关系为基础,都具有可兑换性。

电子货币可兑换性的实现有两种途径:一种是机构兑换,顾客要求其发行人兑换,将电子货币转变为现金、银行存款,最终结果是使电子货币回到出发点,网上商店同顾客之间的债权债务关系转移或消失,电子货币完成使命并退出流通领域。一种是社会兑现:顾客充分相信电子货币,利用电子货币购买商品,直接实现对价值物的占有。这样电子货币就停留在流通领域,成为商品交换的媒介。电子货币的信用等级越强,社会兑现(购买商品、支付债务等)的可能性越大,相反,机构兑换的可能性越大。

3. 电子货币发行具有限制性

如信用货币一样,尽管电子货币的发行并不实行100%的发行准备制度,但是,电子货币只是一种价值符号,本身并没有价值或价值相对较小,而电子货币还具备信用货币所不同的多家发行机制,这就必然要求一国金融当局对电子货币的发行和机构进行必要的约束,控制货币发行者提供信用的规模,以维持电子货币的稳定性;同时,多家发行机制下会出现不同的发行者的电子货币的信用等级不一样,各发行者赎回等值传统货币的能力也不同。当某些因素触发了人们对某一电子货币系统的信心危机,就会出现发行者不能等值赎回其发行的电子货币的问题。因此,在网络经济条件下,有必要对电子货币的发行者进行约束,规定发行机构的资格条件、发行准备金制度、电子货币的自由兑换等,以保证电子货币发行的可控性以及电子货币的稳定性。

(二)电子货币作为全新货币形式的主要特点

1. 以计算机技术为依托,进行储存、支付和流通,没有传统货币的大小、重量和印记。
2. 不借助有形实体而通过密码等方式来确认交易,保护数据的真实与完整。
3. 无须实体交换,从而简化异地支付手续,节省了流通费用,特别是节省了处理现金,支票的人力和物力。
4. 从现行开发的多数方案中,电子货币一经收益人接收即不再基于同一交易而转让。

第二节　电子货币的种类

与纸币取代金铸币后,各类银行券不断兴起的情况相似,电子货币基本上是各个发行者自行设计与开发的产品,其种类较多。在我国出现的比如腾讯Q币、新浪U币、盛大元宝、网易POPO币等虚拟货币。以腾讯Q币为代表的虚拟货币,其实就是用于计算用户使用腾讯等网站各种增值服务的种类、数量或时间等的一种统计代码,用户可以通过Q币等使用相关增值服务。但几乎所有推出"网络虚拟货币"的厂商,都不提供"虚拟货币"兑回现金的服务。

就电子货币目前的发展来看,按照支付方式的不同,已经基本成形并在国际上流行的有四种类型的电子货币,即储值卡型电子货币、信用卡应用型电子货币、存款利用型电子货币和现金模拟型电子货币。

一、储值卡型电子货币

这种电子货币一般以磁卡或IC卡的形式出现,在一个封闭的系统内使用,其发行主体有商业银行、电信部门(普通电话卡、IP电话卡)、商业零售企业、IT企业、政府机关、学校等等。发行主体在预收客户资金后发行等值储值卡,是独立于银行存款之外的新的"存款账户"。在客户消费时以扣减的方式支付费用,相当于存款账户支出货币。这部分存于储值卡中的存款目前尚未列入中央银行存款准备金的征存对象中。储值卡可使现金和活期存款减少。也有人认为这种在封闭的系统内使用的储值卡并不是真正意义上的电子货币,如我国《电子货币发行与清算办法(征求意见稿)》(见本书附件一)的第三条中规定:"仅在单位内部作为支付手段使用的预付价值,不属于本办法所称电子货币。"

二、信用卡应用型电子货币

信用卡应用型电子货币是商业银行、信用卡公司发行的贷记卡或准贷记卡。可在发行主体规定的信用额度之内贷款消费,之后在规定的时间内与银行结算并归还本息。信用卡的普及使用可扩大消费信贷,影响货币供给量。这种电子货币有非现金支付和现金支付两种支付系统。

(一)非现金支付系统

1. 银行POS(Point Of Sales,销售点)系统

POS系统是商业零售者设置在零售店或饮食店内的配有条码或光字符阅读器,并具有现金出纳功能的POS终端,与网络中心主机连接,对销售点的商品零售进行实时管理的系统,主要是对商品交易提供数据服务和管理功能。银行POS是将流通商业的POS系统与银行的计算机电子资金移动系统联网,通过使用信用卡转账结算以支付款项的非现金消费系统,也是将两者结合起来的电子资金支付系统,实际上就是消费者刷卡消费。

银行POS作为小额支付使用的新型支付工具,有逐步代替现金、支票等的可能性。

银行POS虽然也是计算机网络系统,但不是基于因特网网络虚拟空间的支付系统,所以只能作为电子货币的初级阶段。

2. 第一虚拟因特网支付系统(First Virtual Internet Payment System,Http://www.fv.com)

第一虚拟因特网支付系统是从1994年5月开始试运行,10月开始正式营业,只要是因特网用户均可享受该系统提供的服务,是因特网上最早开展结算服务的系统。该系统已经设置了Internet通信的环境,并持有维萨卡或万事达卡,即可将自己的信用卡号和电子邮件的地址等用电话或传真通知第一虚拟并登录,接着第一虚拟便发送一个称为"虚拟个人识别码"的ID号给每一位顾客。顾客在因特网上购物时,无需信用卡号,只需将自己的ID号提供给商家。

背景知识

银行卡已超20亿张

截至2009年末,我国银行卡发卡总量约为20.7亿张,较2008年末增加2.7亿张;其中,借记卡发卡量为18.8亿张,信用卡发卡量为1.9亿张。各类银行结算账户共计28.1亿户,较2008年末增长17.2%;其中,个人银行结算账户27.9亿户,单位银行结算账户2191万户。

2009年全国使用非现金支付工具办理支付业务约214.3亿笔,金额716万亿元,同

比分别增长16.9%和13.1%。其中,银行卡业务197亿笔,金额166万亿元,同比分别增长18.1%和30.5%;银行卡消费额占同期社会商品零售总额的比重32%,同比提高7.8个百分点。

摘自:央行拟出台电子货币业务办法 研究银行卡EMV迁移,
http://www.ce.cn/macro/more/201002/09/t20100209_20942401.shtml

(二)现金支付系统——计算机现金安全因特网支付服务

计算机现金支付系统于1994年8月创立,1995年4月开始提供服务。计算机现金支付系统几乎已成为网上结算方法的代名词,知名度不断上升。

Cybercash一直致力于提供一种让消费者方便使用信用卡进行交易的系统,也允许进行电子现金交易。Cybercash系统的基础是由RSA提供的加密算法和数字化签名,使用信用卡进行结算。Cybercash系统软件可以在PC机上Windows环境下运行,也可以在Macintosh和UNIX平台上运行。客户可以在Cybercash中建立能够用来网上支付的现金账户,交易过程并不复杂,客户用密码签署后,Cybercash就会转移电子现金,并递交给客户一份已完成交易的电子收据。

计算机现金的基本特点是使用功能强大的加密软件,在Internet上直接传递信用卡有关信息,并在Internet上实时处理一系列手续,由富有经验的人员操作。

三、存款利用型电子货币

这是一种电子化支付方法,其主要特点是通过计算机通信网络安全移动存款货币以完成支取现金、转账结算、划拨资金等。移动存款的电子结算方法根据使用的计算机网络不同,可分为封闭式网络的转账结算和Internet开放式网络的转账结算两种。

(一)封闭式网络(即专用网络)的转账结算

金融机构通过自己的专用网络、设备、软件及一套完整的用户识别、标准报文、数据验证等规范化协议完成数据传输,从而控制安全性的电子资金清算系统。目前国际上主要有三种电子资金清算系统:

1. SWIFT系统

SWIFT系统即环球银行金融通信系统,是环球银行金融通信协会(Society for Worldwide Interbank Financial Telecommunication)组织建设和管理的全球金融通信网络系统,是为实现国际银行间金融业务处理自动化而开发的。它是一个国际银行同业非营利性的国际组织,总部设在比利时首都布鲁塞尔。

SWIFT系统的服务内容有:全世界金融数据传输;文件传输;STP(Straight Through Process);撮合、清算和净额支付服务;操作信息服务;软件服务;认证技术服务;客户培训和24小时技术支持。

关于SWIFT系统的其他内容,请参看本书第十章。

2. Fedwire电子资金转账系统

Fedwire是由美国联邦储备委员会管理与担保的资金转账服务系统,主要用于国内交易的资金转账支付。它是一个实时的交叉清算系统,由高速的全国性传输网络FED-

NET连接金融机构和拥护,所有交易记录、基金管理均实现了计算机化管理。

关于Fedwire系统的其它内容,请参看本书第十章。

3. CHIPS系统

CHIPS(the Clearing House Interbank Payments System)是美国主要的大额电子支付系统之一,由纽约清算系统协会拥有并管理。其成员来自30多个国家在纽约设立了分支机构的200多家银行,包括美国国内银行在纽约设立的机构。如果一个非参与单位要通过CHIPS传输资金,它必须委托一家参与机构进行传输活动。

CHIPS的清算方式为"轧差清算"。目前,全世界银行同业间的美元清算的98%以上通过CHIPS进行。

关于CHIPS系统的其他内容,请参看本书第十章。

(二)Internet开放式网络的转账结算

以上介绍的电子资金清算系统均是银行相互之间,或者是银行与专用终端之间,在封闭式网络中的电子资金移动,尚不属于通过金融机构通过Internet开放式网络授受银行间转账指令的虚拟空间的结算。另外,还有一些电子资金清算系统是建立在Internet开放式网络基础上的。

1. SFNB(Security First Network Bank 安全第一网络银行)的资金结算账户服务

SFNB采用的是顾客在Internet上直接对银行发出转账指令,然后移动存款的结算方式。

2. FSTC(Financial Service Technology Consortium,金融服务技术国际财团)的电子支票系统

由金融服务技术国际财团实施的电子支票项目。其基本内容是使用密码技术将支票内容加密后,用电子邮件授信进行结算。

四、现金模拟型电子货币

现金模拟型电子货币具备现金的匿名性、可用于个人间支付、并可多次转手等特性,是以代替实体现金为目的而开发的。是网上电子货币的新型种类,它是真正意义上的网络货币。目前典型的代表有两种,一是基于Internet网络环境使用的,且将代表货币价值的二进制数据保管在微机终端硬盘内的电子现金,是数字方式的现金文件。二是将货币价值保管在IC卡内,并可脱离银行支付系统流通的电子钱包或智能卡形式的支付卡。

现金模拟型电子货币是适用于因特网支付和清算的以数字化形式存在的现金货币,其支付有一定的特殊性,目前已有三种实用系统开始使用:

(一)e现金Digicash

e现金是一种无条件匿名电子现金支付系统。是由荷兰的企业求索现金(DIGCASH BV/INC.)研究开发并于1994年10月开始提供服务的电子货币。Digicash也是一种电子支付系统,以真正的数字化货币结算买卖双方之间的交易。它把货币从几分钱到几元钱货币单位的电子信息,分别以一个个的数据块的形式,保存在计算机硬盘中,在需要流通时,便把这些电子信息通过因特网等联机网络,实现从银行到消费者,或从消费

者到零售商店的及时移动。美国密苏里州的 Marktwain 于 1995 年 10 月开始提供的 e 现金与实际的通货之间的兑换业务。

Digicash 的使用过程是这样的：客户在 Digicash 银行存有数字化现金，他从网上选择一件商品准备购买，而且该商店也收数字化现金。该客户就可以向 Digicash 银行发去一封有电子签名的邮件，银行收到后，经检验确认并签名批准，把数字现金发给客户。随后客户就可以把数字现金发给商店，当商店收到客户发来的有银行签名的数字化现金后，即发货给客户。

e 现金的特点表现在：一是无条件匿名，通过数字记录现金，集中控制和管理现金，是一种足够安全的电子交易系统。二是既可用于虚拟商店的支付，又可以用于个人之间的支付。

（二）Netcash

它是一种可记录的匿名电子现金支付系统。主要特点是设置分级货币服务器来验证和管理电子现金，其中电子交易的安全性得到保证。

（三）Mondex

Mondex 是由英国企业 Mondex UK 研究开发的电子货币。它是以 IC 卡为基础的电子货币。与现钞一样，在个人、商店之间移动，可无限次换手，具备与现金货币极其相似的特征。可以应用于多种用途，具有信息存储、电子钱包、安全密码锁等功能，但因脱离了银行监控，容易发生伪造事件，而且难以发现伪造行为，这是 Mondex 存在的突出问题。

从以上三种现金模拟型电子货币使用系统可知，现金模拟型电子货币可以在网络中方便地使用，给买卖双方提供匿名性，使交易无法被追踪。但其最大的一个弱点是需要一个庞大的数据库来记录使用过的电子现金序号账户。但是，不论现在的电子现金遇到了什么困难，这些数字化货币是将来网络货币的雏形，它比信用卡更能体现电子货币的特征。可以这么认为，这些数字化货币就是网络货币，只是目前还没有被普遍接受，还不能充当全球一体化经济的交易媒介而已。

除了以上几种主要的电子货币，许多国家仍在进行着这样或那样的试验，新的电子货币种类还在不断出现。正是在这种情况下，国际金融机构和各国货币当局尚无法在法律上对电子货币做出严格的界定。

此外，还有的学者按照载体的不同将电子货币分为"卡基"（card-based）电子货币和"数基"（soft-based）电子货币。

"卡基"电子货币的载体是各种物理卡片，包括智能卡、电话卡、礼金卡等等。消费者在使用这种电子货币时，必须携带特定的卡介质，电子货币的金额需要预先储存在卡中。卡基是目前电子货币的主要形式，发行卡基电子货币的机构包括银行、信用卡公司、大型商户和各类俱乐部等。

"数基"电子货币完全基于数字的特殊编排，不需特殊的物理介质，只依赖软件的识别与传递。只要接入网络，电子货币的持有者就可以随时随地通过特定的数字指令完成支付。

专栏 2-1

银行信用卡和电子资金传输系统是电子货币赖以生存的基础。随着无现金、无凭证结算的实现,电子货币才得以面世。

在1996年的夏天,当全世界都注视着亚特兰大的奥运健儿在赛场上拼搏时,众多的金融家却将目光投向运动员的日常生活,因为那里正进行着有史以来最大规模的使用电子货币的试验。由三家美国银行(First Union,Nations Bank and Wachovia)以及维萨信用卡组建的联合体在亚特兰大组建了一个完善的系统,并给运动员们每人一张智能卡,作为他们的"电子钱包"。这张卡能完全代表现金,购买到他们所需的商品与服务。最终结果是系统运行良好,"电子钱包"得到运动员的认可和欢迎。而这些银行家们也获得了一定意义上的金牌:奥运会上的成功将给他们发行电子货币带来巨大的广告效应。

亚特兰大试验只是众多试验中的一个,许多金融机构和非金融机构已经意识到,电子货币作为一种更高效便捷的货币,在未来网络化社会中有着巨大的需求,于是竞相发行电子货币。这种电子货币是通过电子终端、电信网络、磁介质以及其他电子设备来执行价值储藏和交易支付的一个机制。它是以电子信号为载体的信用货币。货币在发展过程中不断更换载体,从实物到金银,从金银到金银的纸质副本。今天,数字信号正逐步取代纸张,成为货币的新载体。这看上去好像很不可思议,但实际上电子货币离我们的生活并不遥远。例如,邮局发行的IC卡,持卡人可以在任何一台IC卡电话机上打电话,而支付电话费时并不需要使用现金或进行银行转账,机器会自动修改储存在IC卡芯片中的数据资料。这实际上就可以看作是一种电子货币,只不过是单一用途的电子货币,不能作为其他商品的交换媒介。信用卡是我们接触到的一种更严格意义上的电子货币,它能用于大多数商品的购买,消费者在购物时不需要使用纸币,只需通过刷卡来完成预结算,事后再通过银行的结算系统进行转账。通过这两个例子,我们可以简单地将电子货币分为两种类型:一类是以芯片及各种介质为基础的,采取直接扣除方式结算的电子货币,又称卡式电子货币;另一类是以账户系统为基础的,采取转账方式结算的电子货币,又称软件式电子货币。如果根据其充当等价物的能力,又可以分为单一用途的电子货币和多用途的电子货币。

摘自:张劲松主编.网络金融.浙江大学出版社,2003.34~35

英国 Mondex 电子货币试验

Mondex是由英国最大的西敏银行(National West Minster Bank)和米德兰银行

(Midland Bank)为主开发和倡议使用的电子货币系统。1995年7月,他们在伦敦以西120公里、有着18万市民的斯温登小城开始了此项试验。当年10月份发表的一份阶段性报告表明,该城有近800家店铺和约8 000名市民参加了这一试验,凡参加试验的人一律不用现金,不论到饭店用餐,还是购物、乘车,均用一种内置有微处理器的类似于信用卡那样的卡片,人们称它为Mondex电子货币,简称e-money。Mondex卡的使用费,头6个月由于带有推销宣传性质,所以是免费的,以后每月定期交纳1.5英镑,支付时不收取手续费,并且使用次数也不受限制。

这种卡不同于普通信用卡,用它付账时,既不要在收据单上签字,也不要等待用计算机或电话来核准支付的金额,人们可以很方便地把存放在卡里的"电子现金"从一张卡转到另一张卡,从一个账户转到另一个账户。持卡人可以使用5种不同的货币,但使用Mondex卡需要一套电子设备,包括一部Mondex兼容电话和一台可随身携带的微型显示器。Mondex兼容电话有一个专门插入卡片的接口。显示器用来显示Mondex卡内"电子现金"的存储数额。人们还可以用Mondex卡作为一种"家庭银行"使用,用它来进行各种形式的交易。为了便于顾客用该卡支付,斯温登各个商店和服务性公司都专门安装了电子收款机。

那么,持卡人是怎样向Mondex卡中存款的呢?首先要把Mondex卡插到规定的电话接口里,然后拨通本人的开户银行,输入卡片密码和要存入卡中的现金数额。试验用的每张Mondex卡存款数额最多不超过500英镑,以后可随时按规定向Mondex卡中存款。据该卡的倡导者估计,此次为期两年的试验,参加者达4万人、1 000家商店和服务公司。

英国电信公司为此在斯温登安装了300部Mondex卡兼容电话,各参与试验的商店和超级市场也安装了1 000部,后来还投放了一部分有"电子现金"接口的移动电话。通过两年的试验,参与试验的商家和市民肯定了电子货币的优点:既节省时间、简化手续,又不用核对。与支票和信用卡不同,人们可以把电子货币直接存在自己的户头上,避免了在兑换或者找钱时可能出现的差错。

为了扩大电子货币试点面,西敏银行和米德兰银行准备在Mondex项目上投资5 000万英镑,并同英国电信公司合作建造使用Mondex卡所需的电子基础设施。英国电信公司的杰夫·芬奇盛赞Mondex卡是"货币和电信发展史上具有革命意义的事件"。

有些银行和电信公司还另将在加拿大的小城圭尔夫(位于多伦多西南90公里,有10万人口)进行第二次Mondex试验。米德兰银行的所有者汇丰银行,已获得了在印度、新加坡、中国等14个亚洲国家经营Mondex卡的许可。如果Mondex电子货币能在加拿大再次经受住考验,它很快就会风靡全球。

摘自:中国计算机报,1998年10月8日

第三节 电子货币的属性与职能

一、电子货币的属性

电子货币的作用非常类似于通货。在使用范围上,它与通货基本一样,主要用于小额的交易。在商品交易支付中,它也一样具有交易行为的自主性、交易条件的一致性、交易方式的独立性和交易过程的可持续性等通货应具有的特征。同样电子货币也可被分割、易于携带。与传统通货相比电子货币有以下几个方面的属性:

(一)电子货币的发行机制与通货有所不同

纸币都由中央银行或特定机构垄断发行,中央银行承担发行的成本,享受铸币税收入、行使基本职能和保持相对独立性,而电子货币的发行机制有所不同。[1] 从目前的情况看,电子货币的发行者既有中央银行,也有一般金融机构,甚至非金融机构,而且更多的是后者。电子货币的发行与应用需要多个机构介入。一般而言,电子货币的发行和应用包括四类机构[2]:

一是电子货币的发起人或储值人(originator)——负责设计电子货币,并为电子货币赋值,形成电子货币的"储值",对外出售。电子货币所"储存"的价值,构成发起人的负债。

二是电子货币的发行人(issuers)——负责发行和销售电子货币。发行人可以是发起人,也可以是其他的专业化机构。如果是后者,发行人向发起人购买电子货币,然后零售给消费者,发起人向发行人支付一定的费用。

三是电子货币的硬件和软件供应商——负责提供生产电子货币所需的软、硬件技术支持。

四是电子货币的清算人——负责电子货币的清算。清算人也可以是发起人或发行人,但通常情况下委托银行和其他金融机构承担。

(二)电子货币的个性化

目前的电子货币大部分是不同的机构自行开发设计的带有个性特征的产品,其担保主要依赖于各个发行者自身的信誉和资产,风险并不一致。其使用范围也受到设备条件、相关协议等的限制。如果缺乏必要的物理设备,即使是中央银行代表国家发行的电子货币,也不可能强制人们接受。而传统通货是以中央银行和国家信誉为担保的法币,是标准产品,由各个货币当局设计、管理和更换,被强制接受和广泛使用。

(三)匿名性与非匿名性明显

一般来说,电子货币要么是非匿名的,可以详细记录交易、甚至交易者的情况;要么是匿名的,几乎不可能追踪到其使用者的个人信息。而通货既不是完全匿名的,也不可

---

[1] 叶蔚,袁清文.网络金融概论.北京大学出版社,2006.24
[2] 尹龙.网络金融理论初论——网络银行与电子货币的发展及其影响.西南财经大学出版社,2003.51

能做到完全非匿名,交易方或多或少地可以了解到使用者的一些个人情况,如性别、相貌等。

(四)电子货币打破了境域的限制

电子货币只要商家愿意接受,消费者可以较容易地获得和使用多国货币。而在欧元未出现以前,货币的使用具有严格的地域限定,一国货币一般都是在本国被强制使用的唯一货币。

(五)防伪技术要求高

电子货币的防伪只能采取技术上的加密算法或认证系统来实现,而传统货币的防伪可依赖于物理设置。

二、电子货币的职能

货币的职能是货币本质的具体表现,一般认为,货币具有价值尺度、流通手段、储藏手段和支付手段的职能。就现阶段的电子货币来说,它是以既有实体信用货币为基础而存在的"二次货币"。因此,要能够完全执行货币的职能必须达到一定的条件。

(一)电子货币完全执行货币职能的条件

1. 电子货币在任何时候都能与既有的实体货币之间以 1 比 1 的比率交换

只有当电子货币在任何时候都能与既有的实体货币之间以 1 比 1 的比率进行交换时,电子货币才可完全作为现金和存款的代表物,它除了发行者将货币的价值电子信息化之外,与实体货币之间没有什么不同。这是电子货币能够完全执行价值尺度和储藏手段职能的必要条件。

2. 电子货币可用于包括个人之间支付的所有结算,而且任何人都愿意接受并持有到下一次支付

具备这一条件,表明电子货币可以广泛地普及在所有结算和支付过程中。而且电子货币被用来进行支付时,当其通过网络以数据信息形式从交易一方转移到另一方时,钱货两讫,交易应随即宣告完成。电子货币的获得者因交易的发生收到货币后,不必到电子货币的发行机构去兑换成传统信用货币,就能完成对款项的回收。同时所有持有电子货币的经济主体,都愿意一直持有电子货币到下一次交易,而不用兑换成实体货币。这是电子货币能够完全执行支付手段和流通手段职能的必要条件。

(二)电子货币的职能

1. 价值尺度

货币充当价值尺度的职能时,体现为以观念的或想象的货币来衡量和表现商品的价值,并用价格的形式表现出来。电子货币是建立在纸币或存款账户基础上的,作为更抽象的数字化货币,具有计量商品价格的能力。因此,当以上条件具备时,电子货币能充当货币价值尺度的职能。

2. 流通手段

当商品流通买和卖两个阶段的完成以电子货币充当交换媒介时,电子货币就发挥流通手段职能。作为流通手段的电子货币具有以下特点:

(1) 资金汇划快捷。可以使用电话、个人电脑或借助互联网,向国内外汇划电子货币,在几分钟或几秒钟之内就可以使资金转往目的地账户。

(2) 携带方便。可以使用电子钱包完成各种交易支付,免去了携带现金的麻烦和不安全。

(3) 方便交互。可以随时利用电话或网络,通过画面、声音传递信息,并选择付款方式。

(4) 兑换快捷方便。可以在电子线路上直接兑换货币,汇率立即可知。

(5) 便于管理。由于电子货币在充当交易媒介时留下了数字记载,可以随时记录消费的时间、地点等资料,有利于家庭、个人有计划地设计消费方式和时间;便于银行适时分析、识别确切的资金流,从而了结国民经济动向,对地下经济和黑钱交易形成一定的约束。

3. 支付手段

当电子货币实行价值单方面的转移时,就发挥了支付手段的职能。如单位以银行卡的方式发放工资奖金、缴纳税收,银行通过发放银行卡的形式吸收存款,办理其他代收代付业务(代收电话费、水电费等),消费者使用信用卡进行的交易,在电子货币存款不足时购买商品,银行履行付款责任,同时消费者和银行形成借贷关系,等等。

4. 储藏手段

当人们以电子货币的形态储藏货币,使货币退出流通领域时,电子货币就充当了储藏手段的职能。

专栏 2-2

关于电子货币储藏手段的职能

电子货币的储存是以数字化形式存在的,所有者依靠密码掌握其支配权。即实际的数字化现金的传输过程要经过公钥或私钥加密系统以保证只有真正的所有者才可以便用这笔现金。电子货币的储存费用最低,它只是电脑数据库中的一个记载。黄金和某些硬通货的"储藏"可以独立完成,但是电子货币的"储存"是所有者无法独立完成的,必须依靠中介机构才能完成。另外,电子货币的储存容易受到外界的影响,如不法分子利用计算机犯罪,网络运行是否正常,等等。电子货币的储存和积累不仅表现在持有人账户的保证金、备用金上,也反映在各种结算收款上,当客户的电子货币账户同普通存款账户(主要是活期存款)能够实现自动转账时,这种储存手段范围将更为扩大。

摘自:张劲松主编. 网络金融. 浙江大学出版社,2003.39

就现阶段而言,由于电子货币的发行量有限,其发行者更多地集中在一些实力较强的商业银行。因为其有较强的兑现能力,发行者能够保证电子货币在任何时候都能与实体货币之间以1比1的比率交换。至今为止还没有出现发行者不能等值赎回其发行的电子货币的案例,因而人们还没有意识到电子货币系统会产生信用危机这样的问题。由此,目前电子货币能够完全执行价值尺度和储藏手段职能,只是这种职能的实现要以传统货币为基础。但是,由于目前大多数电子货币只能在一些特定商店、宾馆等特约单位用于支付,并不能在个人之间甚至是在所有交易者之间进行支付与结算;同时,由于目前被认可程度不同和行业间的限制,电子货币在支付中并不被普遍接受。很多时候,只有将其同比例兑换为传统货币才能满足交易需求,人们还不能做到一直持有电子货币到下一次交易。因此,单用电子货币本身并不能完全执行支付手段和流通手段的职能,它只能作为一种辅助性的支付手段和流通手段。

【能力训练】

1. 你是如何理解电子货币的发行机制的?
2. 试举出你生活中出现或曾使用过的电子货币,分析它有哪些特点和属性?
3. 为什么说单用电子货币本身并不能完全执行支付手段和流通手段的职能?

【案例分析】

阅读以下材料,试分析在我国网上支付高速发展的背景下,电子货币发挥了什么作用?你认为未来我国网上支付市场中,哪种形式的电子货币将以何种优势主导市场?

根据艾瑞咨询发布的《2009年第三季度中国网上支付市场监测报告》研究显示,2009年第三季度网上支付市场交易额规模达1560亿元,环比上涨26.2%,同比上涨117.3%。艾瑞分析认为,网上支付顺势高增受益于中国经济的回暖和电子商务的不断推进。考虑到09Q4网购旺季的到来,网上支付全年交易规模有望达到5700亿元。

交易规模环比上涨26.2%,经济回暖助益增速提高

艾瑞数据显示,09Q3网上支付市场交易规模达1560亿元,环比09Q2的1236亿元上涨26.2%,同比08Q3的718亿元上涨117.3%。相比09Q2网上支付市场12.8%的环比增速,市场规模呈现加速上扬态势。

艾瑞分析认为,经济回暖极大助益网上支付市场交易规模的提升。暑假和国庆使得航空客票、网络游戏、旅游酒店成为09Q3最大的增长引擎。与此同时,第三方支付企业还积极为B2B支付结算需求提供服务,企业集团资金管理、传统线下收付款解决方案也成为季度业务亮点。

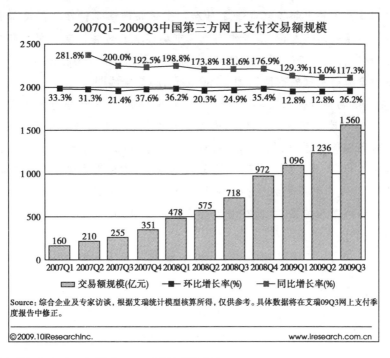

市场格局较为稳定,支付宝49.6%份额领军

艾瑞咨询数据显示,支付宝09Q3交易规模达到773.1亿元。市场份额为49.6%,相比09Q2提升1.7个百分点。巨大的用户规模依然是支付宝发展的强势基础,公司创新和拓展保持稳健、活跃。

09Q3财付通发展势头不减。除在航空客票、网络游戏和电子商务B2B端继续发力外,一些针对个人用户服务的完善和拓展,如"分账户"的微支付创新,都值得业界关注。

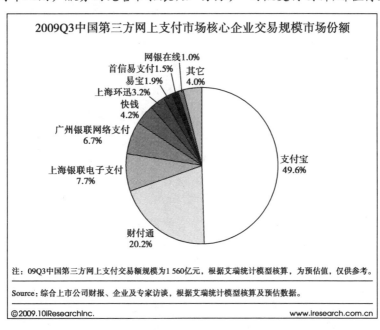

中国银联体系下的上海银联电子支付和广州银联网络支付在该季度都有不错的表现。特别是广州银联网络支付,随着华南地区市场环境的好转以及公司内部对重点行业的深入挖掘,该季其交易额达到 105 亿元,市场份额上涨 0.3 个百分点。

网上支付全年交易规模有望达到 5 700 亿元,超艾瑞预期

09Q4 是网络购物传统旺季,艾瑞预计在网络购物的拉动下,该季网上支付交易规模保持环比 20% 的增速难度不大。据此,全年中国网上支付市场交易规模将超过 5 700 亿元,相比 2008 年增速超过 100%。这一规模也超出艾瑞此前 4 900 亿元的预期。

艾瑞分析认为,虽然手机支付是目前最热的话题,但该形式依然停留在技术探索的概念阶段,离网上支付的成熟程度和普及程度还有较大的差距。第三方支付企业依然需要在电子商务领域深入挖掘,帮助有潜力的商户在互联网上完成交易,并进一步完善用户体验,向更多的潜在用户拓展。

摘自:艾瑞网 http://news.iresearch.cn/viewpoints/103735.shtml

第三章 电子货币的作用和影响

【本章要点】电子货币的作用体现在宏观和微观两个层面。电子货币对中央银行地位的影响主要集中在中央银行的货币发行权、铸币税收入和独立性、资产规模及资产能力几个方面。电子货币模糊了不同货币层次之间的界限,将消除货币供给的层次,使货币流通规律理论失去它的基础和前提条件。电子货币削弱了货币政策中介目标的可控性,降低了货币中介指标的可测性,削弱了中介目标与最终目标的相关性。电子货币减弱了法定存款准备金的作用力,缩小了其影响范围,使再贴现政策作用收窄且更加敏感,使公开市场操作的作用变得更加复杂。电子货币改变了中央银行货币政策传导机制,增加了货币政策传导时滞的不确定性,并将最终影响货币政策本身的有效性。

【本章重点与难点】本章重点在于了解电子货币在宏观和微观两个层面的作用;电子货币对支付系统的影响;电子货币对中央银行地位及其货币政策的影响。难点在于掌握电子货币对支付系统的影响和电子货币对中央银行货币政策工具的影响过程。

【基本概念】电子货币作用　电子货币影响　现代支付体系框架

第一节　电子货币的作用

电子货币的作用可以从宏观和微观两个层面体现。

一、电子货币微观层面的作用

(一)降低了交易成本,提高了效率,方便用户使用

现代市场经济条件下,商品的交易在很大程度上必须通过资金的支付和货币的转移才能完成。电子货币出现以前,交易的货币支付是商家与客户或商家授权的银行与客户面对面的人工处理,或借助于邮政、电信部门的委托传递进行。这种货币支付速度慢、成本高、效率低。电子货币出现后,通过电子货币,采用先进的数字签名等安全防护技术,商家或客户不必出门,不需要开支票,不必贴邮票发信件,只需轻松敲键盘,便能经由网络迅速完成款项支付或资金调拨,从而减少了在途资金占用,缩短了支付指令传递时间,提高了资金运营效率。

(二)加剧了企业的竞争,提高了产品和服务的质量

在以电子货币为基础的电子商务环境下,不同企业面临同样的网络平台和支付系统,不同产品的生产和销售企业之间的传统界限日益模糊,传统的经营模式和业务领域不断突破,使各企业间的产品、服务品种的差异日益缩小,从而加剧了企业间的竞争。各

类商家为了争夺更多的客户,不得不千方百计提高产品和服务质量,为客户提供质优价廉的产品和服务。

(三) 促进了企业商务活动的创新

随着世界各国对电子货币试验和使用的不断推进,电子货币应用环境不断完善,电子货币对贸易的影响不断深化,从而促进商务活动在各方面的创新。

1. 促进了营销结构的创新

电子货币的使用,使那些直接通过网络就能实现产品和服务传递的行业和企业,特别是信息、软件销售商和金融业这些只需要信息流和资金流就能在网上实现现货或现金交易的行业,比用传统的营销方式实现商品和服务流通要方便、快捷、节省得多,甚至是接近于零成本交易,从而为销售商降低销售成本,增加信息、软件商品的销售提供了条件,促使这些行业选择电子商务的营销,实现营销结构的创新。这种营销结构的创新又进一步促进了信息、软件、金融商品和服务需求的扩大。

2. 促进了营销方式的创新

如上所述,电子货币的使用,促使信息、软件、金融业更多地采用网上营销方式,从而实现营销方式的创新。

营销方式的创新的另一方面表现为:电子货币的流通促进了对信息内容细分化的营销新方式。传统的营销方式下,信息、软件销售商必须对信息商品进行适当的汇总、综合之后,以批量成套出售,否则细分小量销售利润微薄,其制作和流通成本难以回收;对于买方来说,若信息过于分散,按传统的信息检索方式获取信息,则费时费力,因而有必要一次性购入批量的信息以备后用。若以电子货币在网上进行信息的检索和购入,则商家的流通成本和买家的检索成本均会大大降低,从而为零售信息的细分化和计价单位的小额化创造了条件,出现了对信息营销细分化的新方式。例如,目前已经出现了以一页书、一篇文章、一则消息、一首歌、一幅画为单位的细分化营销方式。

3. 促进了商务结算方式的创新

电子货币的快捷、低成本和无限细分的优点,在促进营销方式创新的同时,也促进了结算方式的创新。网上细分化营销方式的出现,需要提供的最小单位往往不足1元或数元,如果仍用传统的现金、汇兑、转账等结算方式,顾客支付的手续费可能大大超过其实际购买商品的价款,而商家回收货款所花费的代价可能使其得不偿失,这样无论是买者还是卖者,其参与电子商务的积极性必然会减弱。因此,过于微小的结算单位只能用电子货币结算,也就是说,电子货币的使用促进了结算方式由传统的结算方式向网上小额结算方式的创新。

(四) 提供了商机,繁荣了商业

随着电子货币在日常生活领域的普及和流通范围的不断扩大,网上电子商务必然蓬勃发展,零售商可以减轻对实物基础设施的依赖,在因特网上以极低的成本投入,在24小时不分时区的商业运作,向无限扩大的潜在顾客推销自己的产品,换取更多的商业机会。企业还可以将节省的开支部分转让给消费者,提高企业竞争活力。因此,电子货币为企业特别是商业零售业扩大了销售渠道,提供了新的经营契机,有利于商业的繁荣。

二、电子货币宏观层面的作用

（一）刺激消费，扩大需求

电子货币在网上支付，可以在极短的时间内完成货款的转移，商家可以以很低的成本快速地收回货款，顾客可以省略繁琐的支付手续，特别是信用卡的使用，可以在不需要办理繁琐的贷款手续的基础上，快捷地实现信用消费。因此，电子货币的使用刺激了人们的消费欲望，有利于扩大社会总需求。

（二）电子货币的发展有利于促进经济活动更加虚拟化

电子货币的使用为在计算机网络虚拟空间开展经济活动提供了配套金融服务，创造了在虚拟空间从事商业活动的金融环境。因此，可以认为，电子货币的使用和发展有利于促进经济活动的虚拟化，使目前的实物经济活动向虚拟化经济活动发展，并最终形成虚拟社会和虚拟经济。

（三）电子货币的应用和发展推动了世界经济一体化和金融全球化

电子货币与网络技术结合，以光和电作为物质载体，接近于光速在因特网上高速流通，使经济活动和贸易活动在时间、空间概念上都发生了根本变化，能够大大地加快速度，缩短距离，使跨国交易变得非常简单，从而能够极大地推动世界经济一体化和金融全球化的进程。

第二节 电子货币对支付体系的影响

一、支付体系电子化

货币支付是指经济行为人之间由于商品交易和劳务关系所引起的债权债务关系的清偿，以及资产所有人对资产所有权及资产保存方式的转变。不同的市场主体依照有关制度的安排，自主或通过中介机构，运用不同的支付工具，采取特定的方式，完成资金转移清偿的整个过程，构成了一个完整的支付清算系统，而支付清算系统又构成了市场经济的核心基础。[①]

1985年，电子数据交换技术（EDI, Electronic Data Interchange）日渐成熟，并逐渐扩展到银行与银行之间的支付结算中，支付方式从电子化开始向数字化过渡。支付体系电子化、数字化的过程，必然促进支付工具的电子化和数字化。支付工具的电子化是支付体系电子化的重要标志，也构成了电子支付运行的基础。

（一）现金与 ATM

现金天生是一种非电子支付方式，但是，近年来现金的使用显然已经受到自动柜员机（ATM）的支撑，至少是支持。ATM 本身并不是一种支付类型，而只是存取现金的一

---

① 尹龙.网络金融理论初论——网络银行与电子货币的发展及其影响.西南财经大学出版社，2003.59

种便利的电子手段。ATM交易的参与者包括四个方面：消费者、发卡银行、ATM机所有者和网络系统。表面上，ATM交易迅速无缝，实际上它包含了一系列复杂、实在及相互关联的处理步骤。

以美国为例，现金（纸币和硬币）在美国的总交易数量中所占份额在50%以上，1999年近110亿美元。虽然有迹象表明ATM的数量可能已到顶点，但实际上却仍在继续增长，在过去的10年里，ATM机的总数翻了三番，达到了23万台左右。现在美国50%以上的便利店、加油站和商场都安置了ATM机。

（二）支票与电子支付提交（ECP）

世界上支票使用最广泛的国家是美国。支票是美国最主要的纸介质支付方式。1997年美国共开出了660亿张支票，交易量占非现金交易总额的72%，但由于电子支付方式的增加，其交易量呈下降的趋势（1993年为79%）。信用卡、借记卡、自动清算所交易和电信交易的增长速度都快于支票，其交易总份额已由1993年的21%上升到1997年的28%。其主要原因是支票的支付清算过程费用较高，据估计是电子支付的2~3倍。

有鉴于此，美国交换所协会、联储和银行业近几年来一直致力于在支票收集的各个环节实现电子化。这一努力被称为电子支票提交（ECP），它是指将纸质支票本身的常规信息和支付信息分类处理，通过电子化手段传输至支付银行。ECP方式，缩短了传输时间，节省了费用，提高了效率。在1999年的头七个月，联储处理的支票总数中，有18%是通过电子提交的。目前联储的一些机构正在提出一个指导程序，旨在通过互联网将简化后的支票的数据图像提交给ECP的消费者。

目前，大部分国家都建立起了类似的电子支付体系。电子支付体系已经成为现代经济和金融的核心基础设施之一，对经济和金融的发展起着至关重要的作用。

背景知识

支付宝等第三方支付平台在我国的发展现状

一、第三方网上支付平台概述

第三方网上支付是以支付公司为信用中介，以互联网为基础，通过整合多种银行卡等卡基支付工具，或者借助新兴的第三方网上支付工具（虚拟账户、虚拟货币），为买卖双方进行交易资金的代管，支付指令的转换，并提供增值服务的网络支付中介渠道。

（一）第三方支付平台的政策环境

为建立健全支付结算法规制度和支付体系监督管理机制，引导和推动商业银行电子支付业务健康发展，我国先后于2005年4月颁布《中华人民共和国电子签名法》、2005年10月颁布《电子支付指引（第1号）》，并将启动《票据管理实施办法》、《支付结算办法》等的修改工作，《支付清算组织管理办法》也将发布。从现阶段已经出台和即将出台的相关法规来看，虽然我国支付体系正在趋于完善，但第三方网上支付仍然没有得到充分重视，目前针对这一领域的法律法规还是空白。

（二）第三方支付平台的规模

国内第一家第三方支付公司出现于1998年,到2004年中国第三方支付平台市场规模已经达到23亿元,年均复合增长率为143.1%,占整个网上支付市场的比例为30.8%。2007年中国电子支付产业进入爆发性成长期,2008年第三方支付平台市场规模将突破1 000亿元,2010年则可望达2 800亿元,年复合增长率将超过60%。

（三）第三方支付平台的现状

目前,在第三方互联网支付市场上,支付宝、Chinapay和财付通位列交易额的前三位,三家公司竞争异常激烈。由于财付通来自腾讯,数量众多的QQ用户成为财付通的使用者,而支付宝则依托淘宝网拓展市场份额,并提出"全额赔付"以吸引客户。2007年8月2日,第三方支付公司之争愈演愈烈,已经拥有30万家企业用户和4 400万会员的支付宝,不再满足于仅仅提供支付服务,而将目标定位在行业标准和认证服务上,致力于将"支付宝认可"五个字打造成为网络B2B交易安全的代名词,支付宝给自己的这一计划取名为"互联网信任计划",凡是拥有良好电子交易信用记录的商家,都可向其申请"互联网信任标识",获得支付宝的"担保"。

二、第三方支付平台的特点

（一）第三方支付平台的盈利模式

目前大多数第三方支付平台通过收取手续费获得利润,这一模式本身就存在一定弊端,随着商业银行对电子支付市场的介入,第三方支付平台的生存空间将更为狭小。在严峻的市场环境下,第三方支付公司应尝试把触角延伸到电子商务领域之外。让用户更放心、更方便地进行电子支付,成为第三方支付平台与商业银行等传统收费平台竞争的重点。

（二）第三方支付平台的安全性

安全性是制约电子支付发展的主要因素之一。纵观当前电子支付现状,银行已经采取了多种安全措施,从技术上确保电子支付的安全,用户的支付指令经过双重加密后通过第三方支付平台传递到银行支付网关,再由银行内部信息系统执行支付指令,完成支付与结算的相关操作,第三方支付平台所涉及的只是支付指令在传递和保存过程中的安全问题。但由于现阶段还没有出台针对第三方支付平台的监管政策,第三方支付平台的安全问题还没有得到社会大众的认可。

摘自:慕宁.电子支付在银行业务中的应用.中国信用卡,2008(10)

二、现代支付体系框架

电子信息技术的发展、支付工具的电子化,使现代支付体系已经完全演变成为依靠电子信息技术支撑的系统。电子货币的出现,促使现代支付体系发生了质的变化,向完全电子化演进已成为未来发展的趋势。

从目前的情况来看,未来的支付体系将主要由四个部分构成。

（一）大额资金支付系统(HVPS或LVPS)

大额资金支付系统是一个国家支付系统的主动脉。大额资金支付系统能够把各个地方经济和金融中心联结起来,形成全国统一的市场,同时为重要的跨国市场提供多种货币交易的最终结算服务。大额资金支付系统的设计和运行是决策者和银行家关心的主要问题,大额资金支付系统不仅能满足社会经济对支付服务的需求,而且能支持正在形成的金融市场,为中央银行采用市场手段实施货币政策创造条件。

大额支付系统的特点表现在它处理支付业务的范围上和资金的额度上。大额支付系统可以安全、可靠、有效、及时地处理金额巨大、时间紧迫的业务,比如跨行市场、证券市场或批发市场所发生的支付。美国联邦储备体系 Fedwire 大额资金转账系统每笔支付平均金额为 300 万美元,日本中央银行的 BOJNET 系统每笔支付平均为 3 300 万美元。统计数据表明,在美国,如果把 Fedwire 和 CHIPS 合在一起,3~4 个营业日处理的支付金额就等于美国的年 GDP。在日本,需要 2~8 个营业日;在瑞士则需 2~6 个营业日。中国的电子联行系统在 1995 年处理的支付总金额为 3 000 亿元,平均每笔支付金额为 100 万元(1995 年中国 GDP 为 57 000 亿元)。另外,大额支付业务量(笔数)在总业务量中只占很小的比例,如 BOJNET 系统只处理了总支付业务量的 0.1%。

由于大额支付的特点和特殊重要性,通常大额支付系统,都是由中央银行建立、拥有和运行的。发达国家的大额支付系统正朝着实时全额结算(RTGS)的模式发展。这是由于 RTGS 比净额结算系统有着十分明显的优越性,它使支付风险透明可见、可以度量,因而使支付风险成为可控的。在发达国家,大额支付系统已经成为中央银行货币政策的重要传导机制。

一般来说,只有那些在中央银行开设储备金账户的金融机构才能参加大额支付系统,一些小的银行机构可以在代理关系基础上间接使用大额支付系统提供的支付服务。

(二)批量电子支付系统(Bulk Electronic Payment System)

批量电子支付系统是满足个人消费者和商业(包括企业)部门在经济交往中一般性支付需要的支付服务系统(亦称小额零售支付系统)。跟大额转账系统相比,小额支付系统处理的支付交易金额较小,但支付业务量很大(占总支付业务的 80%~90%)。所以这类系统必须具有极大的处理能力,才能支持经济社会中发生的大量支付交易。

大额支付系统对数量较少的专业化市场的参加者提供支付服务,而小额支付业务系统实际上对经济活动中每一个参加者提供支付服务。因此,小额支付系统服务的市场很大,产品千差万别。一般小额支付系统的自动化程度不如大额支付系统那样高。即使在发达国家,这类支付系统(多以 ACH 方式出现)仍然接受磁介质交换支付数据的方式。采用数据通信代替磁介质数据交换是提高电子小额支付系统自动化程度的措施之一。由于支付金额较少,时间紧急性较弱,所以这类系统都采用批量处理、净额结算转账资金的方式。

如果说在大额支付系统中政策和安全是头等重要的事情,在这类小额电子支付系统中,处理效率则应当成为第一个要考虑的因素。数量上的比较更有助于说明这个问题:日本的主要小额支付系统——全银(Zengi)的系统处理的支付业务量是大额支付系统 BOJNET 的 260 倍,但全银系统处理金额只有 BOJNET 系统的 5%。由于小额电子支付系统直接服务于广大消费者和商业(包括企业)单位,这类系统提供服务的质量极大地影响着人们对一个国家金融体制的信心。

（三）联机(On-line)小额支付系统

信用卡、ATM 和 POS 网络对小额零售支付提供通信、交易授权和跨行资金清算和结算。从概念上，这类支付系统应划为小额电子支付范畴，但由于这类系统具有的自身特点，一般都单列为一类，即联机的小额支付系统。因为这类支付系统的客户一般使用各种类型的支付卡作为访问系统服务的工具，所以又可称作银行卡支付系统。这类系统，其电子授信要实时进行，因而它比电子批量支付系统要求较高的处理速度（联机授信处理），但不要求大额支付系统中那种成本昂贵的控制和安全措施。这些联机的小额支付系统一般提供两种功能。

1. 验证付款人所持卡的有效性、持卡人身份真实性和持卡人账户资金的充足性。
2. 在网络的各参与者之间传递支付指令。

这类支付系统中的资金清算和结算一般都采用批处理、净额结算的方式。这类支付系统的另一个特点是支付过程完全自动化。支付卡正在由传统的磁条卡向 IC 卡过渡。IC 卡的普遍采用必将大大降低这类支付系统中的欺诈性风险。

（四）电子货币(Electronic Money)

电子货币作为一种新型的支付系统，对未来支付体系的影响现在很难估量。近几年的发展趋势表明，电子货币一旦被广泛接受，就可能不再局限于小额和零售支付。电子货币提供的便利和对交易费用大幅度的节约，使它有可能成为未来社会支付体系中的一个重要系统。

专栏 3-1

中国电子支付的现状

在我国电子支付中，银行卡支付和网上支付已经成为主流。截至 2008 年上半年，我国银行卡的发卡数量超过 16 亿张，环比增长 2.2%，同比增长 25.4%，是 2006 年同期的 1.6 倍。银行卡消费初步实现从"借记卡消费"向"信用卡消费"的延伸。银行卡消费金额（剔除房地产、大宗批发等交易）占社会消费品总额的 23.4%，其在人们日常生活中的重要作用日益突出。

特别值得关注的是，我国农村地区银行卡业务也得到迅速发展，农民工银行卡特色服务成果显著。截至 2008 年上半年，共有 17 个省（市、自治区）4.5 万个农村合作金融机构网点以及 1.5 万个农村地区邮政储蓄银行网点开通农民工银行卡特色服务。农民工银行卡特色服务的迅速发展必将推动广大农村地区银行卡等非现金支付工具的使用。

近年来，我国网上支付也进入快速发展阶段。2008 年二季度，网上支付业务超过 5.9 亿笔，金额逾 75 万亿元，同比增长 43.9% 和 58%。每笔网上支付的平均金额超过 12.7 万元。与票据相比，网上支付在交易笔数、交易金额两个方面都已经明显超越（2008 年二季度，票据业务 2.1 亿笔，金额 60 多万亿元，每笔平均金额近 30 万元）。这些数据不仅反映了银行业将传统的现金管理业务通过因特网延伸到客户的办公室所取得的成绩,也反映了银行业与第三方支付服务机构的合作成果。

就我国支付体系发展全局来说,我国电子支付尚有巨大的发展空间。从我国宏观经济发展战略部署看,扩大消费在国民经济中的比重也会拉动支付服务市场的快速发展。因此,电子支付的快速发展必将成为我国支付服务市场改革与发展进程中的重要组成部分。摘自:欧阳卫民.中国电子支付的趋势与未来展望.会计金融,2009(2)

专栏 3-2

发展与展望:中国进入电子货币支付时代

"由于这几年网上银行、电子支付、电子货币的发展,我们完全可以自豪地说,中国整个社会进入了非现金支付时代!"日前,中国银行支付结算司司长欧阳卫民作客中欧陆家嘴国际金融研究院,在第25期中欧陆家嘴金融家沙龙上如是说。

欧阳卫民表示,从上世纪90年代开始到现在,20年时间里,整个社会的支付量每年都在成倍增加。然而,社会流通当中的现钞量几乎没有增加,一直稳定在3万亿元左右。去年,全国的支付量是1130万亿元,其中,700万亿元是大额支付系统完成的电子支付。300万亿元是各大银行完成的交易,也是通过各家商业银行的电子支付完成的。127万亿元是我们中国银联的银行卡系统完成,剩下3万亿元就是现钞。如果没有现代化支付系统的建设,我们恐怕要多建造100个印钞厂,成千上万的印刷工人在那里印钞票。

实际上,从成本上看,中央财政为人民币的印刷、保管、运输、销毁所花的成本非常大。据欧阳卫民介绍,光是中国人民银行在各地建的金库,这些投资算下来,可以再建一个陆家嘴。目前,我们还有很多押钞运钞公司,运输也是成本。不仅如此,现在的货币一定要保证七八成新,一旦旧了之后就要进行销毁。统计显示,现在零售交易上使用的现金,其成本大概是1.7%左右,而电子货币是0.6%左右。所以,电子货币的使用,对整个社会节省开支是非常有效的。

不过,电子货币的发行,也对货币政策的实施带来了新的问题。比如,传统经济学按照变现能力,将货币分为几个层次,比如M_0表示现金,拥有最强的流动性。而M_1表示M_0加上活期存款,M_2表示M_1加上定期存款,M_3表示M_2加上证券和资产。实际上,有了电子货币、电子支付,有丰富的金融市场,使货币层次划分一下子模糊了。原本认为不容易变现的资产,转眼就可以变为现金。因此,这对货币政策会带来一定影响。

从欧洲经验来看,他们规定,电子货币的发行主体只能是金融机构,也就是说只允许有正规牌照的机构或者银行来发行。欧洲人将各类机构的电子货币视为存款,只有银行才可以发行电子货币。但是美国却规定,只有实体企业而不是储蓄机构才能发行电子货币。美国人就认为银行不能干,只有非银行才能干。国内目前也是非银行机构充当电子货币的发行主体。统计显示,目前中国银行卡的发卡机构为196家,其中消费和转账金额达到61.45万亿元。有100多家非金融机构也在从事网上支付业务,包括支付宝、上海环迅等企业,这些网上银行业务,去年交易金额是263.9万亿元,其中非金融机构不到0.3万亿元。此外,还有各类电子货币发行机构306家,主要是非金融机构,包括公交卡发行机构等。众多的电子货币方便了百姓的生活,也需要有序监管。

摘自:艾瑞网 http://news.iresearch.cn/0200/20091005/102434.shtml

三、电子货币对支付体系安全性的影响

电子货币支付虽然没有改变支付服务的本质和参与支付过程各主体的角色,但改变了完成支付的方法和途径,因而会对传统支付制度的安全性产生一定的影响。研究和实践表明,电子货币所带来的最首要的问题是电子货币可能对传统的零售支付制度的安全性有潜在的冲击。由于电子货币的支付与结算是在计算机、信息网络技术发展的条件下为了克服传统支付制度的缺陷而产生的,因此,它自产生开始在支付制度安全性方面就是一把"双刃剑",具有"安全性"与"不安全性"并存的两个方面。

(一)电子货币支付的"安全性"的表现

1. 电子货币具有防伪功能,可避免欺诈行为的发生

电子货币采用了极为复杂的加密算法、数字签名、数字证书和身份认证等技术手段,可以防止伪造,能有效地避免假币的产生;可以保护交易双方不被非法支付和抵赖,也可以避免双方被冒名顶替的欺诈行为发生。

2. 电子信息技术在一定程度上降低了人为错误的概率

电子货币支付是在专用的电子网络上传输,通过POS、ATM机器、因特网进行处理。信息技术的采用使手工支付作业流程化、连续化、自动化,也使电子支付更加简单、直接;系统的合理设计与构造,以及系统的交互协调与扩展,减少了人工操作过程中所固有的人为错误的概率。

此外,电子货币支付还可以使人们不再携带大量现金,从而保证了人身和财产安全。

(二)电子货币支付的"不安全性"的表现

据AC尼尔森公司在2003年3~4月做的一个调查表明,目前安全性是网上购物者用信用卡支付的主要顾虑。安全问题已成为电子货币支付发展面临的重要挑战。具体来讲,电子货币支付的"不安全性"表现在以下几个方面:

1. 电子货币的发行者本身的健全性及其支付系统本身的安全可能给支付制度带来系统性风险

由于发行电子货币所收到的资金,其性质与银行存款有很大共性,而且电子货币所转移的资金扮演支付活动中的最后媒介,因此电子货币的发行者本身的健全性及其支付系统本身的安全,将在很大程度上影响到传统零售支付制度的安全性,一旦其中的某个或某些环节出现问题,或电子货币的发行者倒闭,可能对零售支付制度带来系统性风险。特别是某一电子货币系统失败,将威胁到其他电子货币系统的生存,并最终因为信心导致整个支付制度崩溃。

2. 电子货币支付制度存在电子货币被盗和遗失而发生损失的问题

电子货币的匿名性、虚拟性,改变了参与支付过程的主体之间的联系手段,隐身主体的出现加剧了安全问题的严重性,使电子货币在支付使用时,一旦安全性被破坏,容易产生丢失、被盗、被非法支付等涉及支付安全的问题,从而给消费者带来损失,造成银行的责任。例如,在网络中,有可能会发生消费者支付电子货币时,所有付款资讯可能未经本人同意而由第三方通过网络搜集获知后,冒用或其他不利于消费者的使用。

3. 电子货币支付存在发生断线、操作失误等问题

消费者会在电子货币支付过程中,尽管账面有钱,但因线路中断、厂商拒收、操作失误,或其他因素在一定时间、区域内完成特定金额交易的困扰,可能会产生参与支付过程的主体的财务损失。

4. 非金融机构发行和使用电子货币存在金融监管缺位问题

由于电子货币的多家发行机制,不管是金融机构还是非金融机构,都有可能发行电子货币,传统发行付款支付工具的金融机构都会受到有关金融监管与检查,但发行电子货币的电子支付活动的厂商却不一定是金融机构,也不一定在某国金融主管的监管范围内,因而消费者会面临厂商业绩不良的风险,使从事电子货币支付的交易活动受到如同现实中的企业无款可付的现象。

5. 电子货币支付制度下会带来新的犯罪行为

电子货币支付制度下,由于电子货币不具有真实的物理形态,而是虚拟化的工具,电子货币伪造的低成本性、规模的无限性和无法鉴别性等,容易造成新的犯罪行为。如各种病毒层出不穷、盗版软件屡禁不止、黑客攻击乐此不疲;电子支付工具被犯罪者作为洗钱、逃税或赌博的工具;伪币流通等等。

专栏 3-3

黑客攻击导致美国信用卡资料外泄

中新网 6 月 19 日电 据香港媒体综合外电报道,美国发生历年来最大宗信用卡资料外泄案,信用卡结算公司的电脑系统被黑客入侵,"万事达卡国际组织"宣布,约有 4 千万客户的资料可能被盗,受影响人数较加州人口还要多。据悉,现已出现使用盗窃资料作案的情况,美国联邦调查局已介入调查,暂未知香港客户有否受影响。

据"万事达卡国际组织"透露,一名未经授权的人士闯入 Card Systems Solutions Inc. 的信用卡客户资料库,该公司负责处理信用卡客户和商户的账目往来,其电脑系统被恶性程式入侵,令信用卡资料外泄,黑客可能借资料进行诈骗。万事达表示,所有信用卡品牌均受到影响,约 1390 万名万事达信用卡用户受影响。

针对美国信用卡资料外泄波及中国持卡人事件,中国人民银行表示高度关注。支付结算司负责人接受采访表示,已要求相关的万事达、Visa 等信用卡组织妥善处理中国持卡人信用卡信息泄露问题。

负责管理银行和信用卡交易的美国信用卡系统公司有至少 15 年的历史,负责 11.5 万家中小型企业的金融交易,每年的交易金额达 150 亿美元。据悉,部分外泄数据已经被发现刊登在一个俄文网站上。

对此,计算机安全专家约翰·华特斯说:"我们周末看到俄文聊天室,很多网友谈论这是某些人的一大胜利,你知道就是所谓的电子犯罪集团。"

对于黑客们来说,这是一笔稳赚不赔的生意,一张普通卡的数据,值美金 42 元,一张白金卡则高达 70 美元。据了解,被窃取的信用卡数据,已经贩卖到所谓的黑市,成为全球性的跨国金融犯罪事件。而一个俄文网站上,则被发现登载了其中部分客户的数据,显然信用卡数据外泄,已经成了全球性跨国的经济犯罪。

信用卡的安全问题着实让人担忧,此次事件恐怕会让信用卡公司失去部分顾客对其的信任。除了不可避免的来自客户的不满和抱怨外,分析家同时指出今次外泄事件的原因———"这些资料没有被看管好"。

摘自:中国新闻网、上海青年报,2005 年 6 月 22 日

四、提高电子货币支付安全性的措施

电子货币对支付制度安全性的影响,是电子货币支付面临的首要问题,也是全球各界共同关心的焦点问题之一,因为它直接关系到交易各方的利益,引致的是人们对电子支付的态度,从而影响到各国网络经济、电子商务和网络金融的发展。所以,我们必须高度重视并努力解决这一问题。考虑到电子货币及其赖以存储和流转的计算机、网络设施、电子设备等的特殊性,可以采取以下措施确保电子支付的安全性。

(一)限制发行电子货币从业者的资格

限制发行电子支付工具从业者的资格,使之能为各国有关银行或金融相关法律所规范。条件成熟时,可对电子货币的发行者均实行与存款性的金融机构相同的管制规定。目前国际上对电子货币发行主体的范围界定看法不一。目前对于这一问题,在美国,对于电子货币结算服务提供者的范围,是以联邦 EFT 法有关确保交易公平性的规定,以及州法律有关财务健全性的规定为基础,在实施一定限制的条件下,允许广泛的参与者加入电子货币发行主体的行列,希望以此扩大使用者的选择范围,提高使用的便利性。在欧盟成员各国,各中央银行已达成共识,以加强监管为目的,电子货币的发行主体原则上

限定在只有受到金融监管部门完全监管而且行为规范的机构。

（二）建立适应电子货币支付的法律法规

法律能为解决各类安全问题提供最终途径，完善的法律是保证电子支付安全的前提。为保证电子货币支付的安全性，需要通过法律的形式加以规范。由此，需要建立能够支持电子货币安全运行、防范犯罪和网络入侵的法律安全框架：从法律上确认使用密码认证客户合法性和电子签名的有效性；充分保证对等资金的安全和正当使用；明确电子货币支付有关各方的权利、应承担的法律责任和义务；保护消费者的权益；并建立适当的解决争端的机制。具体来讲，有关电子货币支付的法律框架应包括：支付系统安全法、隐私权法、计算机犯罪法、反洗钱法、电子签名法等等。

（三）建立有一定技术标准的电子货币基础设施

完备的电子货币基础设施是电子货币支付所赖以运行的基础。这些设施包括商业银行内部建立的电子银行体系、电子资金转移系统、银行间电子支付系统、网络安全新人保障机构和全社会网络基础设施，它们是电子货币支付的重要物理基础。电子货币支付系统由是以信息技术、网络技术、互联网技术为基础的业务应用系统，必然要求有足够的技术力量。由此，需要建立适应电子货币安全运行的基础设施和技术标准。加强客户认证、数字签名、数据加密等技术措施和不易更改的装置的应用，同时增强加密的强度，提高盗用账号的难度，保证电子账户操作的安全性，确保电子货币结算系统信息处理的有效性和系统运行的稳定性能，保证数据的完整性，防止截获者在文件中加入其他信息，对数据和信息的来源进行保证，以确保发件人的身份等等。例如 Visa 信用卡最近为了增进其信用卡在电子交易中的安全性，推出了"Verify by Visa"的服务，增加了一个密码，交易时用户除了输入卡号外，还要输入密码。

（四）金融监管当局应积极监控电子货币的发展对支付制度的可能冲击

作为监管部门，应当对从事电子货币发行的机构进行评价，考察它们提供的有关服务可能引发的相关风险，评价对应的风险管理措施是否与顾客私人信息及其他重要数据的安全要求相适应；随时监控电子货币的发行商，确保他们现有的信息安全政策和程序对以后扩大的电子货币体系也足以适用，否则，就要求他们必须给予相应修订；监督发行者积极研究和采用适用的密码和安全技术，以及采用周期性撤销和替代的办法作为预防、侦查和抑制诈骗的手段，以增强公众对电子货币体系安全性的信心，消除对安全问题的恐惧。

监管网外延　电子货币必须实名化

没有金融机构身份的300家支付企业将纳入有关部门的监管视线内。

近期，央行起草了《电子货币发行与清算办法（征求意见稿）》（下称《办法》），正在咨询修改意见。由此，酝酿数年且牵涉面甚广的电子货币监管框架逐步露出水面，央行的监管范围扩张到网络时代的电子货币。

据本报记者独家获得的《办法》文本显示,这份共计八十条的文件对电子货币发行资格、回收、清算和责任等进行详细规范。

广东银联一知情人士表示,目前,央行有关电子支付的调研和咨询接近尾声,业内普遍预测《办法》可能将在明年初正式发布,而相关的牌照发放将顺延半年左右。在登记在案的300余家企业中,获得牌照的相信会多于之前传闻的十家。不过,竞争依然激烈。

11月5日,多次参与央行座谈的深圳某中型网络支付企业总经理称,与2005年酝酿的支付清算办法不同,此次制度设计还包含了规范电子货币发行的内容。

除确定发放支付清算牌照准入外,文件还扩充了电子货币的外延且准备实名制管理,不仅包括网络支付、手机支付的内容,还涉及公交车充值卡等预付消费的卡基电子货币,几乎涵盖了所有非现金支付领域。

对上述讨论内容,央行官方渠道尚没有做出政策信息披露。

监管电子货币

网络时代,货币的概念已经突破原本的定义,电子货币应运而生。

11月3日,艾瑞咨询集团提供数据,2009年第三季度网上支付市场交易额规模达1560亿元,环比上涨26.2%,同比上涨117.3%。

艾瑞分析认为,受益于中国经济的回暖和电子商务的不断推进,考虑到网购旺季的到来,网上支付全年交易规模有望达到5700亿元。而这些交易使用的电子货币游离于传统监管目标之外,电子货币的日渐增多给货币政策的制定和执行带来了越来越多的变数。

作为货币发行和监管法定机构的央行自然责无旁贷。就在7月底,各地人行要求支付清算企业进行登记备案。

前述深圳支付企业人士还称,9月前后,以央行支付结算司风险监督管理处处长潘松等人组成的调研组,陆续在广东、上海、北京和吉林等地组织支付企业进行多次座谈,倾听业内意见。

在《办法》中,电子货币被定义为是指存储在客户拥有的电子介质上、作为支付手段使用的预付价值。其中又分为卡基(存储在芯片卡中的电子货币)和网基(存储在软件中的电子货币)两种。

艾瑞咨询分析师蒋李鑫认为,此次央行定义更为精确,除网络支付外,还将芯片卡囊括进来,诸如公交储值卡、手机卡等均属于卡基的范围。实际上,近年来,公交卡、手机已经逐步扩展有购物的功能,因此将它们纳入电子货币监管亦在情理之中。

此次《办法》征求意见后,央行将行业分为支付清算、电子货币发行两级监管的思路逐渐清晰。

前述广东银联人士称,支付企业首先要取得支付清算业务许可证,才能升级到电子货币发行。

而按照2005年的《支付清算组织管理办法(征求意见稿)》中规定:设立全国性支付清算组织的注册资本最低限额为1亿元人民币;设立区域性支付清算组织的注册资本最低限额为5000万元;设立地方性支付清算组织的注册资本最低限额为1000万元。

目前,除支付宝、银联支付等少数大型企业外,大部分支付企业的注册资本均在千万左右,如此,意味着数百家支付企业取得牌照将首先面对资本瓶颈,行业重新整合在所难免。

同时,获得电子货币发行还需要满足:流动资产不少于待偿电子货币总额的10%和自有资金不少于待偿电子货币总额的8%等条件。

这是发行和清算电子货币的硬性标准。

沉淀资金可投资

另外,《办法》定下了基调,电子货币必须实行实名制。

依照《办法》规定,除了适用于对单一商品和服务进行支付的卡基电子货币可不记名发行外,其余所有电子货币均需实名发行。换言之,只有诸如公交卡、购物储值卡等才能豁免实名登记。

艾瑞分析师蒋李鑫认为,如此全面实行实名,可能成本会非常高,尤其是个人客户。以支付宝为例,在7月份其注册账户已经超过2亿,剔除重名账户注册人数也可能在1亿人左右,如何接纳资料和审核将是难点。

除实名制外,对于金额,《办法》也设置了上限,如记名电子货币金额不得超过10 000元人民币;不记名电子货币金额不得超过1 000元人民币。

《办法》规定,钱账对应的办法防止电子货币的套现行为。

在相关交易中,央行界定,如购买人最近一次使用现金方式购买电子货币的,发行机构应当支付现金;购买人最近一次使用转账方式购买电子货币的,发行机构应当将资金转入购买人使用的银行结算账户。对于特约商户,则要求全部实行转账不得支付现金。

中信信用卡风险人士分析,如此,从账户套现的可能性降低,同时将单笔额度控制在较低的范围,大大增加比如洗钱等非法目的的难度。

另外,对于电子支付产生的沉淀资金的定位和处理问题,《办法》首次突破性允许发行机构利用托管资金进行有限投资。

近年来,如支付宝、财付通等网络购物支付由于时间差产生少则数千万,多则十多亿的沉淀资金,其定性和收益归属问题也一直备受关注。

《办法》规定,发行电子货币而得的资金仅能用于电子货币回收和规定的投资项目,而投资项目包括银行定期存款、信用风险加权系数为零且流动性充足的金融票据和资产项目。不过,投资总额不得超过自有资金的5倍。

长期研究电子支付领域的中国社科院教授潘可辛认为,即使如此,可供选择的项目并不多,除存款外,央行票据是为数不多的风险系数为零的票据项目。

值得关注的是,投资收益首次明确归于发行机构所有。

资料来源:梁柯志.监管网外延:电子货币必须实名化.21世纪经济报道,2009年11月6日
http://www.21cbh.com/HTML/2009-11-9/153013_3.html

第三节　电子货币对中央银行地位的影响

中央银行自产生以来,就有着独一无二的地位与权威,但在网络经济条件下,货币形态发生了自中世纪纸币取代铸币的第二次变革,电子货币在全球迅速成长,正在使中央银行的地位和职能面临严峻挑战。

电子货币对中央银行地位的影响,是目前各国中央银行关注的焦点。这种影响源于电子货币独有的发行机制和其可能对现有通货的替代程度。其影响主要集中在中央银行的货币发行权、铸币税收入和独立性、资产规模及资产能力几个方面。

一、电子货币对中央银行货币发行垄断权的影响

如第二章所述,在不兑现信用货币流通条件下,中央银行在提供金融流通的公共法律秩序方面具有降低交易费用的比较优势。但是,依据科斯、诺斯的新制度经济学,在网络经济条件下,由于所有微观经济主体的在线电子支付、结算方面所汇集而成的金融信息流对于电子货币的流通规律、流通速度以及电子货币的币值有最主要的影响,因此在电子货币发行和流通过程中降低金融支付和结算的交易费用的比较优势将由中央银行转到微观经济主体方面来。尽管中央银行仍然拥有电子货币发行资格的认定权,但是由于微观经济主体对电子货币流通速度这一市场内生的变量起决定性影响,因此中央银行对电子货币发行权加以垄断的经济基础已不复存在。由中央银行及一些实力雄厚、信誉卓著的商业银行、其他金融机构共同来发行竞争性的"自由电子货币",是一种比中央银行垄断电子货币发行权更有效率的降低电子货币流通费用的制度安排。也就是说,在网络经济冲击下,电子货币的应运而生及广泛流通,使商业银行和其他金融企业、非金融企业拥有电子货币的发行权。例如,由 Cybercash 公司推出的簿记式电子货币——赛博硬币(Cybercoin),实际上是一个在线电子支付交易系统,反映了客户、Cyber 银行与 Cyber 电子清算所之间在差额结清前的一种债权债务关系。因此,可以说 Cybercash 公司在很大程度上拥有了中央银行的部分货币发行职能。

在这里很有必要介绍一下 1974 年诺贝尔经济学奖获得者,现代奥地利学派的旗手哈耶克关于"自由铸币"的新自由主义的货币理论观点和政策主张(即"货币非国有化理论")。

哈耶克认为市场机制要充分发挥作用以及资源配置达到最优化的重要前提是必须建立微观经济主体有权自由发行货币的货币制度。按照哈耶克的观点,微观经济主体将会按照商品流通过程对货币的实际需求向经济运行提供货币,只有这样才能消除失业和货币动荡危机。[①] 哈耶克认为正是国家对货币发行权的垄断导致了市场经济不可避免地受到国家货币发行权的限制,从而使市场机制运行受到损害;微观经济主体的投资行为因受到国家货币政策的干扰而导致了极大的外部效应,从而使失业增加;在政府财政职

---

① 哈耶克通向奴役的道路. 中国社会科学出版社,1997

能与货币发行职能相互没有独立时,如果统治者和政府官僚从维护自身统治地位和追求税收最大化的角度出发来制定货币政策,则政府发行货币的权力有可能变成一种向公民进行征税甚至抢劫的手段。一方面,哈耶克认为凯恩斯主义运用扩张性财政货币政策来刺激有效需求的增加,并不是解决就业的出路;另一方面,哈耶克认为弗里德曼货币主义学派提出的控制货币发行量的政策主张也存在问题,因为通过控制货币发行的数量解决不了问题,而且将货币发行权委托给国家也不是最优选择,货币不是通过控制其数量就能得到一定的可预见性结果的政府工具。哈耶克认为,健全的货币制度设计的激励源泉只能来自微观企业主体的自身利益,实行"货币的非国有化"和"自由铸币"是解决失业和实现经济稳定增长的根本出路。所谓"货币的非国有化"是指哈耶克针对发达国家现行货币制度的弊端提出的货币政策主张,其基本思想是废除国家对货币发行的垄断权,用商业银行发行的竞争性"自由货币"取代国家发行的法定货币;在哈耶克看来,"自由货币"的发行更有利于币值的稳定和经济稳定,从而促进就业水平的提高和政府税收的增加。①

哈耶克在工业经济时期预感到以"货币的非国有化"和"自由货币"为核心的市场机制的运行的根本特征:人类社会只是刚刚开始理解一个先进的工业社会的运行基于一个多么微妙的"通信系统"——称之为"市场"的一个"通信系统",才刚刚发现"市场"这个"通信系统"是一个比人类有意识设计的任何机制更有效地消化分散信息的机制。② 哈耶克将市场作为传递、反馈和消化分散的经济信息的一种组织机制,是一种精辟的思想观点。但是,在哈耶克提出"自由货币"学说的工业经济时代,由于市场被分割、市场交换关系受到制约、商务信息流在各个被分割的市场之间的流动必然受到阻滞,因此由市场来决定货币流通量和币值的制度安排的交易费用就比较高,而由政府来集中决定货币发行量的制度安排所发生的交易费用就比较低。在工业经济时代哈耶克的"自由货币"学说和"货币的非国家化"政策主张之所以难以被经济理论界和政府所接受的原因就在于此。

但是,信息技术创新推动网上电子商务和资金流通日益走向一体化,电子货币的流通规模已经不是由电子货币的发行量来体现,而是由一体化的网络金融市场内生的电子货币的流通速度来体现;由网络金融市场来自由地调节电子货币流通,由有信誉、有实力的网上金融实体来发行电子货币的制度安排所导致的交易费用较低。而由政府垄断电子货币发行的制度安排所导致的交易费用反而会更高,由网上商业银行来主导电子货币的发行权是信息技术创新推动下必然出现的网络金融制度创新。哈耶克在"自由货币"和"货币的非国家化"方面的理论创新在当年似乎有些不合时宜,但在信息技术创新推动下的电子商务和电子货币兴起时,哈耶克的预言即将成为现实。

当然由于电子货币的发行尚处在试验阶段,并且电子货币对纸币的取代是一个渐进的历史过程,在此过程中尚且存在"双轨制"——电子货币与纸币的同时流通,通过电子货币对纸币的部分替代逐步地走向完全替代,电子货币流通对中央银行货币发行权方面

---

① 哈耶克.货币非国有化.1976年英文版,第75—100页。
② 哈耶克.诺贝尔经济学奖金获得者讲演集(上).中国社会科学出版社,1997:229

的挑战将逐渐显现。竞争性的发行机制得以确立,势必侵蚀中央银行货币发行的垄断地位。

二、电子货币对中央银行铸币税收入和独立性的影响

(一)中央银行铸币税收入和独立性的关系

铸币税收入是指当通货(包括纸币和硬币)基本由中央银行垄断发行时,中央银行发行无利息负债(基础货币)所换取的利息性资产的收益。也就是说,作为中央银行主要收入来源的铸币税是以中央银行作为货币发行者的独有地位为保障的。从中央银行资产负债表来看,主要负债项目是不支付利息的通货,而资产方则由附有利息要求的各种债权组成。因此中央银行可以从资产与负债的利息差中获利。这种利润一般称为中央银行的"铸币税收入"。它是中央银行收入的主要渠道之一。

中央银行的独立性除依赖法律框架的保障外,在很大程度上还依赖其职能实施所必需的收入来源渠道。就多数国家而言,其中央银行运作成本的主要收入来源是铸币税,一旦中央银行铸币税收入难以甚至无法支付其运作成本时,中央银行将不得不寻求其他支持如政府帮助,这必然影响中央银行的独立性。因此,可以说央行的独立性在很大程度上取决于其运作成本的高低及其成本对铸币税收入的依赖程度。

(二)电子货币对中央银行铸币税收入和独立性的影响

由以上分析可知,作为中央银行主要收入来源的铸币税是以中央银行作为货币发行者的独有地位为保障的。然而,在信息技术创新推动网上电子商务和资金流通日益走向一体化的进程中,将由网上金融市场自由地调节电子货币的发行,电子货币的竞争性发行机制显然会使中央银行铸币税收入受到影响,且其受影响程度与中央银行在发行竞争中的地位和通货的使用范围相关。就目前来看,由于我们对公众使用通货的行为了解仍十分有限,电子货币对消费者和商店的吸引力情况缺乏具体数据,我们还很难估计电子货币对通货需求的长期冲击,以及铸币税收入可能由此而减少的数额。

有金融专家通过不同的方式来估计电子货币发展对中央银行铸币税收入可能的影响大小。其中,Bos J. W. D. (1993)[1]在对欧盟国家进行研究后指出,一旦电子货币在小额交易中被完全接受,则纸币流通值的减少将占纸币流通值总值的比率约为18%,硬币流通值的减少,占硬币流通值的比率则高达88%。Boeschoten and Hebbinl[2] 利用三种不同方法,来分别估计电子货币对通货需求的影响,并进而简单地利用长期政府债券的收益率乘以通货发行额减少的价值,来推算出主要国家铸币税收入减少的数额。第一种方法是,假定预期使用的电子货币价值将完全取代等额通货的使用,结果平均每一个人持有电子货币的价值乘以一国的总人口数为铸币税的减少额;第二种方法是,假定电子货币将替代低面额的通货的使用,因设定可被替代的最高面额的通货,该面额以下通货

---

[1] Bos J W D. Effects of Prepaid on Note and Coin Circulation in the EC Countries. De Nederlandsche Bank,1993

[2] Boeschoten and Hibbing. Electronic Money, Currency and the Seignorage Loss in the G10 Countries. De Nederlandsche Bank,DNS-Staff Reports,May 1996

的价值为铸币税减少额;第三种方法是,假定电子货币将替代实际支付过程中低交易金融通货的使用,根据统计部门对消费者支付行为的调查资料,得出通货支付的概率分布(Frequency Distribution),并以此最终计量出铸币税的损失。这三种不同方法的估计结果见表3-1。从表3-1列举的各国铸币税收入及中央银行操作成本占GDP的比重可以看出,如果电子货币只是取代了小额的交易,则铸币税的减少对不同国家的冲击程度不同,但总的来看,在大多数国家铸币税收入的减少情况并不严重,大约占GDP的0.1%左右。这里,假定表中第一项铸币税占GDP的百分比为a,央行运作成本占GDP百分比为b,运作成本b等于铸币税收入a时,为临界点c,那么:$a-b$表示央行铸币税收入在弥补成本后的余额,也就是央行维持基本运作的条件下铸币税的下降空间,用相对数$c'\left(c'=\dfrac{a-b}{c}\right)$表示更贴切。表3-1说明在达到运作成本$b$等于铸币税收入的临界点之前,各国铸币税收入尚有很大的下降空间,且不同国家离临界点的距离不同。法国和比利时离临界点最近,分别为54%和62%,美国离临界点最远,为93%。这就是说,在法国和比利时如果铸币税收入分别减少54%和62%,其中央银行就不得不依赖其他资金来源支撑其运作,从而使本国中央银行的独立性受到影响,而美国央行的独立性所受影响要相对少些。对发展中国家来说,由于其现金使用的范围较广(如表3-2),央行管理成本较高,在电子货币逐渐取代通货的过程中,其央行的独立性影响程度会更大。

表3-1 铸币税与中央银行的费用比较(1994)

国家	铸币税收入（占GDP的百分比）	中央银行运作成本占GDP的百分比	在达到临界点之前铸币税下降的百分比	电子货币导致铸币税收入的减少（占GDP的百分比）		
				方法1	方法2	方法3
比利时	0.44		62	0.03	0.05	0.05
加拿大	0.31	0.03	91	0.05	0.15	0.13
法 国	0.28	0.03	54	0.03	0.08	0.07
德 国	0.52	0.07	86	0.03	0.06	0.06
意大利	9.65	0.06	91	0.06	0.07	0.09
日 本	0.42	0.06	85	0.01	0.06	0.04
荷 兰	0.46	0.06	87	0.03	0.06	0.05
瑞 典	0.48	0.04	92	0.04	0.10	0.16
瑞 士	0.45	0.05	88	0.01	0.05	0.05
英 国	0.28	0.03	89	0.05	0.14	0.10
美 国	0.43	0.03	93	0.03	0.14	0.09

资料来源：Bank For International Settlements(BIS). Implications for Central Banks of Electronic Money. October 1996,P8

表 3-2 纸币与硬币的流通(1994)

国　家	占 GDP 的百分比	占中央银行负债的百分比	占存款的百分比
美　国	5.2	84.1	44.7
加拿大	3.5	86.7	78.9
日　本	8.8	84.5	37.0
意大利	5.9	27.9	19.1
澳大利亚	4.4	54.5	30.3
英　国	2.8	69.8	4.8
德　国	6.8	63.4	42.0
中　国	16.8	41.4	58.8
印　度	10.0	52.3	133.4
波　兰	5.8	23.2	80.9
俄罗斯	5.6	23.8	105.8

资料来源：the "Red Book" and "Blue Book" Published by the EMI, IMF International Financial Statistics

此外，有人担心利率的下降趋势会使中央银行的铸币税进一步减少，表 3-3 讨论了考虑利率因素后中央银行铸币税和运作费用的相对状况。考虑了利率因素之后，各国与临界点的距离仅发生了微小变化，这说明，即使利率具有下降的趋势，中央银行的铸币税收入与运作费用的相对状况并不会发生太大的变化。也就是说，即使在利率降低的趋势下电子货币也不会威胁到央行的独立性。但是，我们可以预见，当电子货币的竞争性发行机制得以确立，随着电子货币被广泛地作为小额交易的支付工具，中央银行所发行的通货被明显取代，中央银行的"铸币税收入"将大幅减少，即使电子货币对通货的替代是逐渐的，对于有庞大预算赤字国家的中央银行而言，也会形成相当程度的压力，从而使其货币政策的独立性受到影响。

表 3-3 利率下降趋势下的央行铸币税与运作费用的比较

国　家	长期利率		通货	央行运作费用	可支付央行运作费用的通货水平	
	1994	1996	1994	1994	1994	1996
比利时	7.8	6.0	5.7	0.17	2.1(−62%)	2.8(−50%)
加拿大	8.6	6.1	3.6	0.03	0.3(−91%)	0.5(−86%)
法　国	7.2	5.8	3.9	0.13	1.8(−54%)	2.2(−43%)
德　国	6.8	5.9	7.6	0.07	1.1(−86%)	1.2(−84%)
意大利	10.5	7.7	6.2	0.06	0.6(−91%)	0.8(−87%)
日　本	4.2	2.6	9.9	0.06	1.5(−85%)	2.4(−77%)
荷　兰	6.9	5.8	6.7	0.06	1.5(−85%)	2.4(−77%)

续表

国家	长期利率		通货	央行运作费用	可支付央行运作费用的通货水平	
	1994	1996	1994	1994	1994	1996
瑞典	9.6	7.2	5.0	0.04	0.4(-92%)	0.6(-89%)
瑞士	5.0	3.9	9.9	0.05	1.1(-88%)	1.4(-86%)
英国	8.0	7.6	3.5	0.03	0.4(-89%)	0.4(-89%)
美国	7.1	6.2	5.3	0.03	0.4(-93%)	0.4(-91%)

资料来源：Hans Groeneveid and Advisser. Seigniorage,Eiectronic Money and Financial Independence of Central Banks. Amsterdam,De Nederandsche Bank,P55

三、电子货币对中央银行资产及能力的影响

大多数国家央行的主要资产是通货。电子货币对通货的大规模取代势必使央行资产负债规模大为缩减，不能进行大规模的货币吞吐操作，而央行之所以能实施其职能，在很大程度上正是由于其有足够的资产，满足其大规模的货币吞吐操作能力。表3-4显示了主要国家央行总负债（等于总资产）与通货之间的比例关系。假定电子货币完全取代了通货，则美国、德国、比利时和法国中央银行资产将分别缩小87%、70%、44%和40%。经济越发达，缩减程度越严重，很难想象在资产缩减成如此程度时，央行还有足够的能力实现其职能。

表3-4 中央银行总负债与通货之间的比例关系

国家	总负债	通货	通货与负债比
美国	412 606 000	359 698 000	0.87
比利时	845 716 598	412 189 699	0.44
德国	354 447 470	266 659 000	0.70
法国	668 846 000	248 363 466	0.40

资料来源：Moody's International Manual

综上所述，在网络经济条件下，电子货币的出现与推广使中央银行失去了货币发行垄断权，削弱了其独立性，使其资产负债规模缩减，从而使央行失去大部分权威。正如本杰明·弗里德曼所讲的基础货币发行的垄断地位的丧失，电子货币对实物货币的取代，人们对银行存款持有的减少甚至不再持有银行存款，而是将资产交由受托公司管理以用于清算时，中央银行就再不能控制短期利率。因而他提出央行已经过时，甚至在一定时期将会消失的论点。虽然这种论点并未得到广泛的认可，甚至引来了许多反驳，但这种争论本身已表明，在网络经济条件下，央行的地位与作用需要我们重新审视。

以上电子货币对央行地位影响的几个方面是一种累计性的影响，其影响程度依赖于电子货币的数量和使用范围。目前由于电子货币数量有限，其影响十分有限。

第四节　电子货币对货币政策的影响

市场经济下规则性的货币政策最终目标的实现依赖于适宜的政策中介目标和有效的政策工具与传导机制。在网络经济条件下，由于电子货币与传统纸币的种类、规模、结构不同，使得市场利率更为复杂多样，货币流通变得扑朔迷离，货币的稳定性有所下降，因而，货币政策的变化也较明显。而且，由于互联网突破了传统时空界限，网上电子货币将用于国际支付，这将可能加剧通货膨胀和通货紧缩的国际传递，一国货币政策的实施将对他国产生直接的影响，使各国央行在测定电子货币量与执行货币政策时不得不面临国际协调问题。

一、电子货币对货币供给层次和货币流通规律的影响

（一）电子货币对货币供给层次划分的影响

货币层次的划分和计量，是货币理论研究的基础。传统经济学的货币银行理论关于货币流通层次的划分如下：将流通中的现金作为最窄口径上的货币，用 M_0 来表示；把流通中的现金、在银行可能转账的支票存款以及转账信用卡上的存款加起来，就可以得到比 M_0 口径更宽的货币概念，即 M_1；进一步在 M_1 基础上将储蓄存款、定期存款等包括进来，就得到一个更为宽泛的货币概念 M_2，在 M_2 口径上的货币概念既反映了现实的购买力，又反映了潜在的购买力；在 M_2 的基础上将将储蓄债券、短期政府债券、银行承兑汇票、商业票据等其他短期流动资产再包括进来，就构成一个更加宽泛的货币概念 M_3。由此我们可以看出，货币层次是根据可以转化为现金的金融资产的流动性，即根据不同类型的金融资产转化为现金速度的快慢来划分的，是纸币流通条件下的产物。但是，在电子货币取代纸币流通的条件下，并不存在货币层次的划分。因为电子货币取代纸币的条件下，客户拿到贷款以后无论将这笔贷款存入哪家银行，都不存在客户从银行提取现金的问题，电子货币是唯一的货币形式，也就是说单一的电子货币层次、实时的在线电子支付将消除产生纸币条件下四个货币层次划分必要性的时间差，模糊了不同货币层次之间的界限。因此，电子货币取代传统货币后将消除货币供给层次。

（二）电子货币对货币流通规律的影响

从马克思的货币流通规律理论看，金属货币或纸币流通条件下的货币流通规律可以简单表示为：

$$M = \frac{PQ}{V}$$

其中 M 表示一定时期的货币必要量，P 表示物价水平，Q 表示待实现的商品总量，V 表示同期同名货币流通速度。假定 PQ 在一定条件下是基本稳定的，那么一定时期货币必要量 M 主要由 V 决定。马克思这一货币流量规律理论是建立在传统经济条件下，货币流通速度相对稳定且具有可测性。而在网络经济条件下，电子货币的流通速度是与整个网上信息流的流量、流速相联系的。由于比特形态的电子货币以光和电作为物质载

体,以接近于光速在因特网上高速流通,因而具有很强的随机性(即可测性较差),这导致短期货币流通速度难以预测,从而使预测的准确性受到影响。因此,电子货币的出现使货币流通规律理论失去了它的基础和前提条件,货币流通必要量的规定性有待重新探讨。

二、电子货币对货币政策中介目标的影响

由于货币政策的最终目标是一个长期的、非数量化的目标,无法为中央银行提供现实的数量依据,因此中央银行一般确定一些短期的、数量化的、容易把握的过渡性指标作为其货币政策的中介或桥梁。一个合适的货币政策中介目标的指标必须具备可测性、可控性、相关性三个条件。目前多数国家中央银行选择利率或货币供应量作为其货币政策中介目标。

(一)电子货币对选择利率作为中央银行货币政策中介目标的影响

在网络经济和电子货币发展的条件下,利率作为货币政策中介目标,从理论上讲,所受的影响可能不会很大。这是因为:

1. 出于对中央银行的信心,回避信用风险和商家变现需求等因素的考虑,央行货币将继续用于银行间结算。

2. 中央银行可通过自身积极行为影响金融市场,如规定电子货币发行的法定准备金率;发行负债证明或没收银行间市场的存款。

(二)电子货币对选择货币供应量作为中央银行货币政策中介目标的影响

以货币供应量作为货币政策中介目标的多数国家在可测性、可控性以及与最终目标的相关性等三个方面都会受到较大的影响。

1. 电子货币削弱了货币政策中介目标的可控性

网络经济条件下,通过扩大货币供应主体,加快货币流通速度,加大货币乘数等对现实货币产生决定性影响,致使充当货币政策中介目标的金融变量受经济变量、金融机构、企业、居民行为等内生因素的支配性大大增强,而与货币政策工具的联系却变得日益松散和不稳定。以最常用的中介目标——货币供应量为例,中央银行将控制货币供应量作为货币政策中介目标的两个必备前提条件:

(1)货币乘数 m 必须是足够稳定的、收敛的。但随着电子货币数量和使用范围不断扩大,货币乘数 m 变动的随机性增强,预测货币乘数将变得更加困难,中央银行通过控制基础货币来控制货币供给总量的难度加大,传统的货币政策机理面临考验。

(2)货币流通速度是基本稳定的或有规律的变化,即是可预测的。只有这样,才能在此基础上确定一个与最终目标相一致的货币总量类中介目标,才能确定对该目标控制的规模和程度。而电子货币将使这一理论前提不再成立,它使货币流通速度难以预测或预测的准确性受到严重影响,从而很难在事前甚至事中对货币总量进行适当的控制。这种情况下,即使中央银行掌握了足够的货币发行控制能力,也会导致货币政策最终目标出现较大的偏差。

此外,电子货币的广泛使用,使中央银行法定存款准备金率覆盖面缩小、作用降低,

再贴现率的被动性增强、作用范围越少,这就使央行对货币供应量的可控性大为削弱。

2. 电子货币降低了货币中介指标的可测性

在网络经济中,一方面,资金供需双方和相应的金融业务都被整合到同一个电子交易平台上,加快了货币流通速度。另一方面,由于电子货币发行的分散,过程的连续,加之电子货币使得通货与活期、定期储蓄甚至证券买卖等各种货币层次之间的转移能够便捷、迅速地进行,金融资产之间的替代性加大,各层次货币的含义和计量变得十分困难和复杂,要准确测量某一层次的货币总量几乎不再可能,即使可能,其所需成本也足以使其丧失任何现实意义。

3. 电子货币削弱了央行货币政策中介目标与最终目标的相关性

在电子货币广泛流通的条件下,由于货币发行主体的分散性,货币乘数的不稳定性,使得基础货币难以控制;即使控制了基础货币也不见得控制得住货币总量;由于货币需求不稳定,货币供应即使达到中介目标也不一定能实现稳定币值的最终目标;同时由于货币构成的复杂性和流通速度的变动性,中央银行无法确切地解释货币量变化的真正含义;电子商务的国际性使得总需求和总供给的统计和计量也存在一些困难。因此,电子货币大大削弱了中央银行货币政策中介目标与最终目标的相关性。

从以上分析可知,电子货币的出现,对中央银行货币政策中介目标的可控性、可测性以及与最终目标的相关性等三个方面都产生较大的影响。因此,可以认为,在网络经济条件下,网络经济和电子货币的发展,正在使以 M_1、M_2 为代表的总量性目标丧失作为中介目标的合理性和科学性,中央银行货币政策中介目标的范围在缩小。

三、电子货币对货币政策工具的影响

(一)减弱了法定存款准备金的作用力,缩小了其影响范围

1. 网络经济下,大量资产从银行流向非存款性金融机构和金融市场,绕开了存款准备金的约束;特别是电子货币可能替代应提存款准备金的存款,同时银行还能够减少对清算支付的存款准备金的需求。因此,网络经济下的金融机构特别是网络银行涉及存款准备金问题的资产负债业务的比重不断下降。据统计,在纯网络银行中这一比重已接近50%。

2. 各国出于鼓励创新,争取金融技术方面先发优势的考虑,不断改革准备金制度,降低存款准备金率和其他形式的货币税已是大势所趋。

3. 由于网络银行的迁移并不会像传统银行那样造成原有客户的流失,转移经营场所的费用也相对较低,从而为网络银行规避一国或地区较为苛刻的准备金要求提供了条件,形成了准备金层面的国际竞争。

4. 传统货币理论阐述法定存款准备金作用机理的基本前提是银行超额存款准备金率不变,于是增加或减少法定存款准备金率可以起到数倍收缩或扩张银行货币创造能力的作用。而电子货币的发行和流通恰恰破坏了这一基本前提,因而削弱了法定存款准备金政策的作用。

(二)使公开市场操作的作用变得更加复杂

1. 网络经济加快了金融市场一体化的进程和信息的传播速度,为金融创新提供了便

利的物质技术条件和市场空间,金融创新层出不穷。同时投资者面临的投资领域更广、投资机会更多,市场上微小的变化都有可能形成逐级增强的投资结构的变化。这有利于中央银行货币总量和资产价格的调节。

2. 电子货币发行的分散,又会使中央银行资产负债大量缩减,这有可能使中央银行因缺乏足够的资产负债而不能适时地进行大规模的货币吞吐操作,减弱了公开市场操作的时效性和灵活性。特别是在大量"电子热钱"涌入或外汇市场急剧变动的非正常情况下,中央银行可能无法进行"对冲"操作,使本国货币汇率和利率受到较大影响。当电子货币进入全面普及阶段,由于准备金率趋于稳定,货币乘数主要受现金漏损率降低的影响而变大。这样,中央银行的货币政策不能以调控现金量来调节货币总供给,公开市场业务政策的有效性大大降低。

(三) 再贴现政策作用收窄但更加敏感

在利率自由化的国家,当商业银行能够自行发行电子货币时,发行电子货币所产生的发行收益将会使发行市场处于充分竞争的状态,商业银行即使其流动性不存在问题也会扩大发行,最终形成电子货币发行净收益为零的均衡。同时,网络银行低廉的运营费用一般都导致了在利率方面更加残酷的竞争,市场的长期均衡利率将会不断下降而维持在一个较低的水平上。因而再贴现率对调整电子货币的供需几乎不再起作用。不过,由于电子货币仍需依赖传统货币来保证其货币价值,当发行者面临赎回压力需要向中央银行借款时,再贴现率仍能调整其借款成本。

总的来说,电子货币使中央银行货币政策的作用减弱,这就要求中央银行及时转变货币调控方式。电子货币时代,中央银行可通过基准利率的操作,导致支付系统清算资金(商业银行在中央银行账户上的主要资金)供求变化,进而影响以利率水平为主的短期货币政策目标,以达到稳定经济的最终目标。如下调基准利率,商业银行将在中央银行保持更少的头寸,将资金投放市场,致使货币供应增加,市场利率下降。反之,上调基准利率,商业银行将在中央银行保持更多的头寸,使货币供应减少,市场利率上升。因此,中央银行货币政策传导的主要渠道应由商业银行的货币创造模式转变为支付系统清算资金成本约束机制。

四、电子货币对货币政策传导机制的影响

(一) 电子货币改变了中央银行货币政策传导机制

在传统的传导机制理论中,商业银行充当重要的导体角色。中央银行的意图主要通过商业银行达到经济社会。网络经济的出现,电子货币的发行和流通,传统银行以存款、贷款和结算业务为主的资金信用中介和结算中介的功能逐渐弱化。因为新的在线电子支付手段的更新将不断削弱银行在结算方面降低货币流通和商品流通过程交易费用的比较优势,削弱了商业银行在金融中的地位和作用,商业银行为了在激烈的竞争中求得生存和发展,被迫向"非中介化"方向发展。表外业务、理财咨询、金融信息增值服务等服务性业务的比重不断加大,这无形中削弱了商业银行作为货币政策导体的重要性及功能。

（二）电子货币增加了货币政策传导时滞的不确定性

随着网络经济的发展，电子货币和网络银行不断涌现，改变了金融机构和社会公众的行为，使货币供求和金融资产的结构处于复杂多变的状态，从而加重了传导时滞的不确定性，使货币改变的传导时滞在时间上难以把握，传导过程的易变性很高。这表现在货币政策的传导过程中。一方面，网络银行更容易捕捉到新的信息和变化，其先进的技术手段也可以使其作出迅捷的反应。当这种信息和变化在中央银行制定政策时未被预见到时，就有可能使货币政策最终目标的误差加大。另一方面，如果货币政策有较好的适应性，网络银行也有可能使货币政策的传导更加有效，它可以缩短政策传导过程中的时滞，更快地导致经济总量指标的变化。

总的来说，电子货币肯定会使货币政策的操作更加复杂，电子货币种类和结构的不同，各国货币政策现行操作方式的不同，会使电子货币的影响表现的方面和侧重点亦不相同。因而各国货币当局结合本国情况，对这一问题的研究和关注的角度和力度也不应相同。

五、电子货币对国内外货币政策协调的影响

由于电子货币的跨国使用要远较传统货币方便，消费者既可以使用由本国机构发行的电子货币进行国外产品（如旅游、网络产品等）的购买支付，也可能接受国外电子货币的发行机构以外币或本币发行的电子货币直接用于消费，还可能出现居民利用 Internet 网络为国外厂商提供智力服务，并将其所得或收益转成电子货币在国内外使用。随着网络技术的发展，这种情况难以限制。另外，许多国家的电子货币都是在国外已有的先进技术和软件基础上开发的。如果这些现象在本国较为普遍，中央银行在测定电子货币量和执行货币政策时将不得不与相关国家进行相关政策的协调。这些协调起码包括：电子货币流动管理与报告制度、电子货币产品与系统资料交换方式、相互影响说明等。

【能力训练】

1. 如何理解电子货币对微观层面的作用？结合你的学习和生活的变化谈谈你的感受。
2. 现代支付清算体系有哪些主要组成部分及功能？
3. 你认为现阶段我国央行制定货币政策时需要考虑电子货币么？为什么？
4. 结合所学的知识，搜集相关的资料分析2008年金融危机对我国电子支付体系有何影响？

【案例分析】

阅读下面的文章，请分析文中的观点与本书观点有何不同？你赞同哪种观点？为什么？

电子货币对中央银行货币政策的影响

国外有观点认为,电子货币的发展大量减少公众对央行基础货币的需求,从而减小了央行的资产负债规模,使得"未来的央行将成为只有信号兵的军队,它只能向私人部门指出货币政策的发展前景,却无法干预私人部门的政策预期和行为选择"。这样一来,央行执行货币政策的能力就被削弱了;而且,电子货币的发展会取代对央行货币的需求,甚至是央行提供的支付结算服务和最后贷款人的作用,在这样的情况下,"货币政策就将失去稳定经济的作用,央行也只能相应淡出货币政策的舞台"。

(一)央行在经济中的地位不会被取代

首先,央行在货币发行方面的地位还无法被取代,这在上面的论述中已经提到。其次,就目前社会信用发展状况来看,企业或私人信用还远未达到国家信用的高度。所以商业银行利用私人部门的系统进行支付结算的风险还很高,成本也很大,选择央行进行支付结算服务相对而言仍是经济的;与此相似,央行最后贷款人的地位也还无人能撼。

(二)央行货币政策的效果不会被削弱

在短期内,电子货币的影响不仅不会削弱、相反可能会增强货币政策的效果。一般来说,央行基础货币的变动是通过货币乘数来控制货币供给量,从而影响利率乃至总需求和实际产出,电子货币的发展首先导致货币乘数的扩大。根据以下的货币乘数公式,

$$m_1 = \frac{1+k}{r_r + r_e + k}$$

其中 r_r、r_e 和 k 分别是法定准备、超额准备和现金漏损率。电子货币的发展使得公众少用现金,对商业银行来说,也就是现金漏损率的下降。同时,商业银行也将其超额准备降到最低限度,因为电脑化可以使他们精确地计算每日所需的准备头寸。如果央行再取消法定准备金制度,则此三变量都大为缩小,货币乘数将相应扩大。此时,基础货币供给小有变动,则整个货币供给就会大为增加,所以货币政策效果不是被削弱、而是因为"四两拨千斤"的效应大为增强了。

在长期,一旦人们根本就不需要央行的基础货币进行日常交易、办理结算等,货币供给量变动因此难以调控利率,那么上述货币政策的效果势必大为削弱。

但是,以往的利率调控主要通过货币供给量的变动来实现,密歇尔·伍德福特根据新西兰的经验,提出在基本不改变货币供给量的条件下,通过对准备金存款的付息,可以实现对隔夜拆借利率的调节。

该控制机制表现在下图中,其中 BR 表示央行贷款给商业银行的利率,TR 是央行控制隔夜拆借利率的目标,SCR 是央行付给商业银行准备金存款的利率,D_1 和 D_2 分别是纸币和电子货币条件下,商业银行的基础货币需求曲线,D_1 比 D_2 平坦是因为在同样的利率水平上,电子货币条件下的基础货币需求比纸币条件下大为减少了。BR 利率上的水平直线表明央行按既定利率满足所有的借款需求。SCR 利率上的水平线表示对商业银行在央行存款付息的轨迹。央行的基础货币供给,表现在曲线的垂直部分,也就是在横轴的 M 上,央行决定的基础货币供给相对于市场日交易量较小,并且基本保持不变。

在这个利率决定机制中,央行作为最后贷款人,可以既定利率提供任意数量的基础货币,这个贷款利率(BR)高于央行欲控制的隔夜拆借利率(TR),央行对准备金存款支付的利息(SCR)则低于隔夜拆借利率。商业银行满足流动性需求后,将多余的资金按存款利率(SCR)存在央行账户上。(新西兰央行贷款利率高于隔夜拆借利率 25 个百分点,存

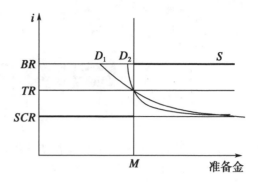

款利率低于隔夜拆借利率也是 25 个百分点。)因为当隔夜拆借利率位于贷款利率与借款利率的中间,就没有银行愿意以高于央行贷款的利率,从拆借市场上拆入资金,也没有银行愿意以低于央行存款的利率,将资金拆借出到拆借市场,它们势必在这个利率范围内,互相拆借资金,而不是把多余资金存入央行。"因为商业银行的交易规模很大,央行就没有必要再亲自参与交易"(Brookes and Hampton 2000)。这就是说,央行不必变动货币供给量,只要调节存贷款利率,就能将隔夜拆借利率控制在期望的水平上。

如下图所示,这个利率控制机制在新西兰、澳大利亚等国的实践中相当成功。可以看出,长期中,尽管电子货币对央行基础货币供给和需求的影响都很显著,但是,它还无法改变这样的利率控制机制,这就是说,在可以预期的未来时间中,只要适时调整操作方法,央行的货币政策仍将继续发挥稳定币值和经济的作用。当然,这个论断的前提是,电子货币发展不能危及金融机构对央行结算服务和最后贷款人作用的需求。

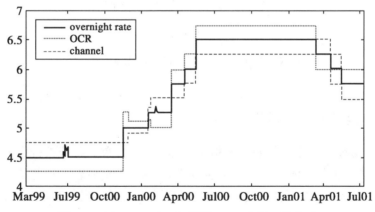

The overnight rate under the OCR system in New Zealand.

摘自:贾德奎.电子货币及其对货币政策效果的影响. http://www.hbtkj.com

【阅读推荐】

艾瑞网:http://news.iresearch.cn/Zt/89076.shtml

第四章 网络银行概论

【本章要点】网络经济的发展对传统银行业的影响,网络银行的含义及其产生的原因,网络银行的特征与功能,网络银行的发展对传统商业银行的影响,网络银行的发展模式及其组织结构。

【本章重点与难点】本章学习的重点主要是全面、准确地把握网络银行含义,网络银行产生的原因,网络银行的特征与功能,及其对传统商业银行的影响。本章学习的难点在于网络银行的发展模式与组织结构。

【基本概念】网络银行 纯网络银行 信用卡支付系统 数字现金支付系统 电子支票支付系统 网络银行分销模式 网络银行发展模式 延伸模式 购并模式 目标集聚战略模式 全方位发展模式 特色化发展模式

网络银行及其虚拟的金融服务是网络经济中的重要内容。与传统银行相比,网络银行是一种全新的银行服务手段和全新的金融企业组织形式,具有新的特征和重要功能。它的产生与发展给银行业注入了新的活力,代表未来银行的发展方向,也对传统银行业产生了巨大的影响。

第一节 网络银行的产生

一、网络经济的发展对传统银行的影响

随着网络技术突飞猛进的发展,网络经济随之迅速发展。传统银行作为社会经济的"中枢",发挥着金融中介的职能,其业务也越来越依托于网络技术,这些基本的特征决定了网络经济的发展必然会对传统的银行业产生深远的影响。具体来讲,表现在以下几个方面:

(一) 使传统银行的地位面临侵蚀和动摇

传统银行在货币信用创造、资产转换、风险管理和评估监督等银行业务方面具有较强的垄断性。随着网络经济和电子商务时代的来临,商业银行不仅面临传统的资本性"脱媒",业务市场竞争更加激烈;而且还面临着网络技术的发展带来的技术性"脱媒"。这表现在:

1. 传统银行货币信用创造职能的垄断地位被电子货币的竞争发行机制所打破,传统银行的银行业务不再被银行垄断,而必须与网上商户、网络贷款商、折扣商等协作与共

享。目前,来自网络贷款公司①的竞争压力就已经不小,E-Loan 仅 1998 年的信贷额就已经达到 10 亿美元。

2. 一些 IT 企业开始介入社会支付服务领域,挑战传统银行在社会支付体系中的垄断地位。例如,美国通用、日本索尼等老牌制造商已将触角伸向了银行支付领域。微观也曾试图通过收购财务软件公司的方式实现其进军个人理财支付体系的雄心。由于 IT 企业提供的网上支付服务与银行提供的网上支付服务基本上是同质的、无差异的,而且在某种程度上更便利、高效,所以客户对传统银行的"忠诚度"大大降低。在这种情况下,传统银行社会支付体系主体地位的维持,客户群和市场份额的巩固与提升,都面临着严峻的挑战。

(二) 改变了传统商业银行的职能

商业银行的基本职能主要有两项,即资金媒介职能和支付服务职能。就前者而言,20 世纪 30 年代以来,随着非银行金融机构的迅猛发展、金融创新浪潮的加剧和资本市场的扩展,该项功能的萎缩之势有增无减,商业银行及其存贷活动已从融通社会资金的媒介体系中的主体蜕变为各类现代金融媒介和金融工具中居于次要地位的一种;相反,向社会提供替代现金的各种支付手段却转变为现代商业银行业务中最突出的一个领域。能否提供支付服务并参加支付体系已经成为区分"银行"和"非银行金融机构"的一个重要标准。20 世纪 90 年代以来,随着经济金融的全球化和网络技术的发展,银行提供支付服务的手段和技术更为先进多样,速度也更加快捷,银行作为社会支付体系的功能不断得到加强。然而,由于网络的开放性和社会需求的个性化,电子商务的发展使得社会和客户对支付服务的层次和要求越来越高,这就对传统银行提出了新的挑战,要求银行适应电子商务发展的要求,建立起相应的支付体系和信用体系。比如,电子商务采用 B2B、B2C、C2C、B2G 等方式进行,与这些交易方式相适应,支付体系必须跳出"银行对银行"的传统框架,借助四通八达的互联网将银行支付系统的接口铺设到政府、企业、家庭和个人的电脑终端上。再如,电子商务具有实时交易的功能,这就要求银行提供高效率的支付服务,甚至实现零时差的实时资金清算。另外,网络经济超越了空间的限制,国际互联网的触角几乎伸向了世界每一个角落,电子商务王国的版图将不再有国界和距离的概念,如何安全、高效地实现跨国界的资金划拨和清算将是网络经济时代传统银行面临的一大挑战。

此外,要在竞争中生存,除了原有的职能外,银行业还必须担当起新的角色和职能:银行要成为金融平台的创建者,为经济运行和市场主体提供金融交易的基础设施服务;与其他组织合作,建设更有效的资金转移体系;通过交易程序的重新设计,改进公司客户的商业模式;帮助消费者完善自我服务等。

(三) 削弱了传统银行的信息优势

商业银行自 15 世纪诞生以来,一直是资金余缺双方有效沟通的桥梁。银行之所以能担任起这样的角色,是因为具有信息方面的优势:它能以更经济的方式获得信息(规模

---

① 网络贷款公司主要由有贷款执照的房屋贷款经纪商、综合网站、拍卖商组成。

优势);更专业的方式处理信息(专业技术优势);更有效的方式输出信息(监督和效益优势)。

网络信息技术的迅猛发展,改变了信息搜寻、传播和处理的方式与成本,大大改善了消费者的信息结构。市场个体利用互联网,可以在全球范围内快速地找到他们所需要的信息。网上金融专家提供的专业化服务和不断升级的智能化软件,使相关信息的分析处理变得日益简单。虽然在获得和处理这些信息时,需要支付一定的费用(如上网费、会员费、软件费等),但与过去相比,其费用之低,甚至可以抽出经济分析的框架之外。这种状况,大大改善了市场个体的信息结构,增强了其信息优势,扩大了市场的边界。因此,那种建立在物理网点、人员数量上的竞争优势已不那么重要,传统银行建立在分支机构组织基础上的信息规模优势,正在被网络经济无限延伸的信息扩展效应所侵蚀。

(四)为传统银行开辟了更为广阔的发展空间

电子商务作为网络经济时代一种全新的经济运行模式,是信息流、资金流与物流的有机统一,而网络经济时代的银行不仅是社会资金运动的中心,同时也是信息发布中心、商品交易中心和报价中心。银行既是货币流的载体,更是引导信息流和物流的基本平台,在电子商务中发挥着主导性作用。银行集中各种经济金融信息,然后向社会发布商品(劳务)供求信号,供求信号调动社会的商品运动和资金运动,是电子商务的基本机理模式。在这种模式中,银行始终处于主动和主导的地位。对于传统银行仅处于被动的社会支付中介来讲,这既意味着功能的转变,更意味着发展空间的拓展。同时,电子商务时代的银行不仅充当商品交易条件下的电子支付中介,而且银行自身的交易活动也是电子商务最集中、最典型的体现,是通过互联网解决系统化信息传递问题的主渠道。就目前而言,电子商务无疑是互联网最有价值的应用领域,而在电子商务的应用领域中,最重要、最广泛的是金融业。我们甚至可以认为:网络技术、虚拟经济仿佛是为金融业量身订做的。因此,电子商务为传统银行开辟了更为广阔的发展空间,网络经济作为最适合金融业发展的沃土对传统银行的转型和发展具有划时代的意义。

(五)网络经济为银行业提供了巨大的市场和全新的竞争规则

网络经济时代,信息技术革命使数以亿计的市场交易主体通过互联网连接起来,这为传统银行展现了一个全球性的巨大市场。基于互联网的全球性、开放性和信息充分性程度的提高,电子商务不仅赋予了银行业一种全新的营销方式,提升了银行经营的国际化程度,而且重新构架起全新的银行竞争规则:银行业的竞争不再是传统的同业竞争、国内竞争、服务质量和价格竞争,而是一个金融业与非金融业、国内与国外、网络银行与传统银行等多元竞争格局;所有银行无论实力雄厚,还是规模弱小,也无论是历史悠久的"老字号",还是处于成长期的"新生代",在竞争的起点上是一致的:中小银行如果能把握住信息技术带来的机遇,就完全可以与大银行并驾齐驱,在全球化的市场上公平竞争,从而改变了大银行与小银行不平等的市场竞争格局;不同类型的银行可以在同一网络平台上公平竞争,缩小了新兴银行与古老银行的百年历史距离。可见,网络经济条件下,银行的竞争将由表面走向深层,由一元化走向多元化。这意味着,在网络经济时代,决定银行竞争优势和实力的关键因素是信息技术水平,而不是规模的大小,更不是历史的长短。

（六）为传统银行个性化创新能力的提高奠定了基础

随着网络经济的纵深发展，传统银行在网络技术的支持下，金融产品和金融服务的供给能力将趋于过剩。面对极大的金融商品选择空间和余地，客户将表现出日益强烈的"个性化"需求特征。在这种时代背景下，银行的金融创新只能以客户为导向，借助于网络技术，根据客户的个性化需求为之"量身度造"，扩大以高效、个性化为主体的新金融产品和金融服务的供给，满足市场和客户对多样化、个性化金融产品和金融服务的需求。

（七）为金融业务"一体化"发展提供了技术平台

从银行的经营范围看，在网络经济时代，网络技术打破了传统金融业的专业分工，模糊了银行业、证券业和保险业之间的界限，银行不仅提供储蓄、存款、贷款和结算等传统银行业务，而且提供投资、保险、咨询、金融衍生业务等综合性、全方位的金融业务。尤其是，根据市场和客户的需要，银行可以为客户提供超越时空的"AAA"式服务。这样，网络技术既克服了传统银行在时间和空间上的限制，又可以实现银行业务、证券业务、保险业务的"交叉销售"，为银行的全能化经营和金融业务的"一体化"发展提供了一个发展"平台"。在这种格局下，银行的服务范围和服务效率不仅会大大提高，而且收入结构将得到优化。传统银行以利差收入为主体的收入结构，将逐渐向利差收入与中间业务收入并存的新的收入结构转移，银行利润来源的扩大拥有了坚实基础。

（八）加速了传统银行组织体系、管理体制和运作模式的整合、再造与变革步伐

英特尔首席执行官贝瑞特认为："网络经济已经迫使全世界的企业改变经营模式，公司能否生存，取决于其能否迅速地适应新的经营模式，未来所有的商务都将变为电子商务，对各行各业来说，今后10年，输赢将取决于谁能最有效地利用电子商务。"显然，这意味着传统银行必须主动利用互联网，积极投身到电子商务中去，运作网络技术、信息技术对现有的企业制度、管理体制和经营机制进行整合、再造与革新。

1. 由于网络经济时代银行业务的扩展不再主要依赖物理分支机构，而是主要借助于互联网，因此传统银行的组织体系将适应电子商务的要求由垂直向扁平式、由物理化的砖瓦实体向虚拟化电子空间重构。

2. 传统银行可以利用网络技术使银行业务流程与网络赋予的强大优势完美结合，与每个员工、每个部门、每个业务伙伴、每个策略同盟甚至每个客户都连接起来，使银行进化为从内到外浑然天成、无懈可击的网络有机体。

3. 传统银行可以利用网络技术加强对资产和负债的风险控制与管理，实现风险管理由分散到集中、由定性到定量、由主观判断到客观分析的转变。

4. 传统银行借助网络技术可以实现传统财务向网络财务的转变，实现会计核算、数据处理和财务管理的自动化、系统化和网络化。此外，通过网络技术，也可以使传统银行的营销模式、人力资源配置和创新能力得到彻底革新。

（九）提高了银行的经营效率与效益

传统银行组织体系、管理体制和运作模式的整合、再造与变革，最终必然体现为银行营运成本的降低、服务效率与质量的提升和经济效益的提高。这里需要指出的是，由于目前世界上大多数网络银行还处于成本大于收益状态，亏损现象比较普遍，所以人们对

网络银行的经济合理性及其发展前景产生了怀疑。对于这种怀疑是可理解的。但需要强调的是,与传统银行相比,网络银行的成本一定更低,而不是更高;效率一定更高,而不是更低。目前世界各地的网络银行的成本之所以大于收益,主要有两个方面的原因:一是在网络银行发展初期,通常是以高投入为前提的,初始成本和投入的消化和补偿需要一个过程,目前网络银行都处于这一过程中;二是网络银行收益包括直接收益和间接收益两部分,其中大部分的收益是间接的,分散体现在银行的各种业务之中,要想从量上将之划分清楚既困难,又没有意义。

二、网络银行的定义

网络银行又称网上银行。由于网络银行的发展速度很快,且其标准、发展模式等都还处于演变之中,目前我们很难给网络银行下一个规范的定义。不过,从欧美现有的一些定义和实际模式来看,网络银行可以分为广义和狭义两种。

(一)广义的网络银行

广义的网络银行是指在网络中拥有独立的网站,并为客户提供一定服务的银行。这种服务可以是:① 一般的信息和通讯服务;② 简单的银行交易;③ 所有银行业务。广义的网络银行几乎涵盖了所有在互联网上拥有网页的银行,尽管这种网页有可能仅仅是一种信息介绍,而不涉及具体的银行业务。

英美、亚太一些国家的金融当局普遍接受这种定义,如美联邦(FRS)对网络银行的定义为:网络银行是指利用互联网作为其产品、服务和信息的业务渠道,向其零售和公司客户提供服务的银行。美国货币监理署(OCC)认为,网络银行是指一些系统,利用这些系统,银行客户通过个人电脑或其他的智能化装置,进入银行账户,获得一般银行产品和服务。英国金融服务局(FSA)的定义是:网络银行是指通过网络设备和其他电子手段为客户提供产品和服务的银行。

(二)狭义的网络银行

狭义的网络银行是指在互联网上开展一类或几类银行实质性业务的银行,这些业务包括上述②、③,但不包括①。狭义的网络银行一般都执行了传统银行的部分基本职能。

国际金融机构、欧洲央行倾向于采用这种定义。如巴塞尔银行监督管理委员会(BCBS)的定义为,那些通过电子通道,提供零售与小额产品和服务的银行。这些产品和服务包括:存贷、账户管理、金融顾问、电子账务支付,以及其他一些诸如电子货币等电子支付的产品与服务。欧洲银行标准委员会(ECBS)将网络银行定义为:那些利用网络为通过计算机、网络电视、机顶盒及其他一些个人数字设备连接上网的消费者,提供银行产品或服务的银行。

按照美国《在线银行报告》的标准,只有利用银行的网站,客户可以查询账户余额、划拨资金和支付账单,才能算是标准的网络银行。按照这个标准,即使是美国最大的100家银行,也只有24家算得上是标准的网络银行,多数银行的网站仅仅是提供银行信息、业务宣传的功能。

我国的金融监管机构也采用了狭义的网络银行定义：网络银行是指在互联网上建立网站，通过互联网向客户提供信息查询、对账、网上支付、资金转账、信贷、投资理财等金融服务的银行。

三、网络银行的产生

（一）网络银行产生的原因

网络银行是计算机网络技术和银行业务相互融合产生的新型银行服务模式，是20世纪90年代中期以来发展速度最快的金融创新。

如前所述，网络经济的发展，给传统银行带来了前所未有的挑战和发展机遇，促使网络银行产生和迅猛发展。由此看来，网络银行作为网络经济时代的新生事物，它是计算机网络技术发展的必然结果，是电子商务发展的需要，也是自身发展并取得竞争优势的需要。

1. 计算机网络、电子通讯技术发展的必然结果

信息网络技术的蓬勃发展，从各个方面对人们的生活产生深刻的影响，成为当前发展最快和最有生命力的技术之一，从而使网上出现了巨大的商机，为网络银行的出现及其发展提供了技术基础和市场需求条件。

一方面，网络高速接入技术不断发展和成熟，通过电话线方式接入因特网的技术，通过微波无线网接入因特网的技术，通过卫星向Web进行直播的技术等，大大提高了信息传输速率，可低成本地实现对边远山区的数字信息传输和建立统一的全球卫星通信网络。这些技术为网络银行的产生和发展铺平了道路。

另一方面，因特网的安全保密技术，以及行业内部专用网络与公共网络接口安全技术等网络安全技术不断完善，一些IT企业研制开发出一系列加密软件和控制协议标准，为网络银行的产生和发展提供了安全保障。

2. 电子商务发展的需要

电子商务是伴随着因特网的普及而产生的新型贸易方式，是当代信息技术和网络技术在商务领域广泛应用的结果。电子商务的最终目的是实现网上物流、信息流和货币流的三位一体，从而形成低成本、高效率的商品及服务交易活动。银行既是整个社会货币流的载体，更是引导信息流和物流的基本平台，因而必然要求它在电子商务中发挥主导性的作用。银行集中各种经济金融信息，然后向社会发布供求信号，供求信号调动社会的商品运动和资金运动，构成电子商务模式的内在机理。在电子商务中，无论网上购物还是网上交易，既要求商业银行为之提供相配套的网上支付系统，也要求网络银行提供与之相互适应的虚拟金融服务。从一定意义上讲，所有网上交易都由两个环节组成，一是交易环节，二是支付环节。前者在客户与销售商之间完成，后者需要通过银行网络来完成。显然，没有银行专业网络的支持，没有安全、平稳、高效的网上支付系统运作的支撑，就不可能实现真正意义上的电子商务。也就是说，商业银行能否有效地实现支付手段的电子化和网络化是电子商务成败的关键。因此，网络银行是电子商务发展的需要和必然产物，它直接关系到电子商务的发展前景。当然，电子商务的发展也给银行业带

来了千载难逢的发展机遇和无限商机。

3. 网络银行自身发展的需要

在全球经济一体化、金融全球化的条件下,金融创新日新月异,商业银行面临激烈的竞争市场,银行风险不断增加,迫切需要增强自身的竞争能力。为了提高自身的竞争能力,突出竞争优势,商业银行纷纷引进现代先进的信息网络技术,以此来提高服务质量,降低经营成本,为顾客提供方便,并借助网络设备推出更多的金融服务产品来满足客户的需求。正因为这样,全球范围内的银行网络化趋势相当明显,具体表现为:银行电子化服务的工具发展很快;面向普通消费者的银行设备在不断更新和发展;各种现代化的银行金融支付与清算系统等得到广泛应用;网上金融信息服务迅速发展;现代金融计算机系统发展很快并得到广泛应用;商业银行迅速走向全能化和国际化。

(二)网络银行的产生过程

网络银行的产生必然要经历一定的发展过程,它由新生走向发展,并不断完善。网络银行产生大致经历了三个发展阶段:

1. 计算机辅助银行管理阶段

20世纪50年代至20世纪80年代中后期,最初银行应用计算机的主要目的是解决手工记账速度慢、提高财务处理能力等问题。在早期的网络信息技术上主要是采取简单的计算机银行数据处理和事务处理。在60年代兴起的资金转账EFT技术及应用,为网络银行的发展奠定了技术基础。这就是网络银行发展的雏形。

2. 银行电子化或金融信息化阶段

随着PC的普及,商业银行的重点也发生了转变,从电话银行调整为PC银行,即以PC为基础的电子银行业务。形成了不同国家银行之间的电子信息网络,进而形成了全球金融服务系统。这些发展都极大地丰富了网络银行的发展。随着银行电子化的发展,电子货币转账成为银行服务中的主要业务形式。中国的网络银行仍处于这样的一种模式。

3. 网络银行阶段

始于20世纪90年代中期,Internet在各行各业的应用越来越广,也为网络银行带来了新的生机。它的基本功能大大满足人们对现实生活的需要,并且以更方便、更快捷的优势不断对传统模式产生冲击。

第二节 网络银行的特征与功能

一、网络银行的基本特征

网络银行是在网络技术和网络经济迅速发展的基础之上产生、发展的,与传统银行相比,它有以下一些基本的特征:

(一)网络银行依托迅猛发展的计算机和互联网技术

这是网络银行与传统银行的根本区别所在。虽然传统意义的银行也利用计算机和网络技术,但一般都是封闭的,旨在改进银行内部所业务管理的单机系统、局域网系统以及专用的广域网系统。网络银行则以开放性和全球连通性互联网为技术基础,这使得网络银行能够轻而易举地接近其潜在客户。

(二)低成本、高效率运作

尽管网络银行也不得不支付相当的费用在因特网上做广告,但网络银行在费用方面还是拥有优势。这是因为:

1. 开办网络银行成本低

一个 Internet 银行,所需的成本由于只是硬件、软件和少量的智能资本,且软件大多是现成的,可以节省大量营业网点、自动柜员机及其他银行机具所需的购建、维护、管理费用,同时还可节省大量人力、物力,而传统银行开办则需要大量土地、资产、人力和建筑。所以相比之下开办一个网络银行成本低得多。有关资料显示:开办一家网络银行的成本大约只有100万美元,而传统银行设立一家分行的成本是1 500万至2 000万美元,外加每年的附加经营成本35万美元至50万美元。所以建立一家网络银行所需费用相当于开立一家传统分行所需费用的5%左右。

2. 网络银行经营成本低、效率高

网络银行借助因特网连接全球各个角落,具有信息传递快捷的特点,可将资金在途时间压缩为零,提交运营效率,降低银行经营成本。例如,在美国,通过邮寄账单收费的平均成本为1美元,而网络银行的电子账单平均成本仅为10美分。据统计,全球100家最大银行的柜面平均交易成本为1.07美元,电话银行是52美分,ATM机是27美分,而网络银行仅为10美分。网络银行的综合成本占经营收入的15%～20%,而传统银行则高达60%。网络几乎把成本一下子降到了极限,成本的降低使网络银行有足够的实力向顾客让利。再如,花旗银行一年定期存款的利息为4.8%,网络银行则为6%,花旗银行的储户必须在活期存款账户上留有6万美元的余额,才能获得1%的年息,而美国亚特兰大网络银行规定的最低限额只需100美元,且年息为4%。此外网络银行可在网上实行主动、及时和交互的宣传策略,树立良好的银行形象。

3. 网络银行规模效应更加明显

随着因特网等社会公共网络和数据库系统管理的日益健全,在市场推广宣传、市场调研、客户追踪、特种业务服务和资产管理等领域,网络银行日益显示出比传统商业银行具有较为明显的规模优势。网络银行开展的虚拟服务调查、客户追踪等活动,成为对这些金融服务领域传统方式的一种服务补足品,有利于商业银行建立全方位的市场品牌战略。

(三)服务更加快捷、多样化

网络经济条件下的银行突破了传统的经营和服务模式,出现了网络银行、自助银行、无人银行、电话银行、信息服务中心等,以此来实现以客户为中心,提供全功能、个性化的服务模式。现代银行由原来的储蓄、信贷基本业务,向储蓄、信贷、投资、咨询、中间业务等多方面发展,且不受时间、地点和业务的限制,客户可以随时随地在不同的计算机终端上网去申请办理银行业务。它的功能和优势远远超出了电话银行,也无需自助银行和无人银行的固定场所。可以说,网络银行新的服务模式为客户提供超越时空的"AAA"式服务,即在任何时候(Anytime)、任何地方(Anywhere)以任何方式(Anyhow)为客户提供每年365天,每天24小时的全天候金融服务。这些服务包括以快捷、简便的方式提供市场信息、金融产品信息,并以良好的交互性向顾客提供自动式服务、个人化家庭理财、跨国金融服务、无实体金融服务等。

同时,基于传统业务基础上的网络银行服务对客户需求的满足,将大大超过单纯提供传统金融业务的商业银行对客户需求的满足。一般地,银行客户主要需要五类金融服务产品,它们是交易、信贷、投资、保险和财务计划。传统银行通常只能同时满足一至两项服务,而网络银行则可以同时向客户提供这五类金融服务产品,强化了网络银行竞争优势中的差异性基础,提高了客户对商业银行的信心和对其服务质量的信任。

(四)以电子货币作为主要流通的货币

信息技术使货币的形式发生了本质的变化。传统银行流通的货币形式以现金和支票为主,而网络银行流通的货币将以电子货币为主。如前所述,电子货币不仅能够使商业银行节约使用现金的业务成本,而且可以减少资金的滞留和沉淀,加速社会资金的周转,提高资本运营的效益。同时,基于网络运行的电子货币还可以给政府税收部门和统计部门提供准确的金融信息。

(五)全新的运作模式

网络经济时代,随着以计算机网络信息技术为代表的高科技迅猛发展,银行业的运作模式趋向虚拟化、智能化,不再需要在各地区遍设物理分支机构来扩展业务,而只需连入因特网的终端即可将银行业务伸向世界任一角落。而银行客户只需将自己的电脑连入Internet,就可以随时随地享受网络银行所提供的服务,因而网络银行的分销渠道发生了重大变化,企业组织结构和人力资源构成与传统银行迥然相异。传统银行主要借助物质资本和人力资本向客户提供服务,而网络银行主要借助智能资本,靠少数智力劳动者提供服务。如原美国安全第一网络银行只有15名员工,便可为顾客提供全功能服务。

(六)网络银行信用的重要性更加突出

网络银行作为虚拟银行,在开展业务的过程中,比传统银行更为重视信用。通过网络进行的业务,客户面对的实体不再是有形的银行,只是通过虚拟的系统和账号与密码进行业务操作。这不仅需要基于对银行本身的信任,还要加上对这个银行开放的网络系统的信任。信息传递、系统的稳定性,对信息处理的准确性都直接影响着银行的信用。因此,信用的重要性更加突出,评估银行信用的标准也必然发生改变,银行技术系统的优劣将是评价信用的一个重要标准。

二、网络银行的功能

从金融服务的角度来讲,网络银行一般具有以下几个方面的功能:

(一)信息发布与展示功能

网络银行是信息革命在世纪之交贡献给金融电子化领域的最新创意。它依托迅猛发展的计算机和计算机网络与通讯技术,利用渗透到全球各个角落的因特网,摒弃了银行由店堂前台承接业务的传统服务流程。网络银行通过因特网发布的信息包括公共信息和客户私有信息两部分。

1. 公共信息发布与展示

网络银行发布的公共信息一般包括银行的历史背景、经营范围、机构设置、网点分布、业务品种和流程、经营理念、利率和外汇牌价、金融法规政策、经营状况以及国内外金融经济新闻等。通过公共信息的发布,网络银行向客户充分展示本银行的基本状况和优势,提供有价值的金融信息,起到很好的广告宣传作用;客户可以很方便地认识银行,了解银行的业务品种情况以及业务运行规则,为客户进一步办理各项业务提供了方便。

2. 客户私有信息发布

网络银行还可以利用因特网门对门服务的特点,向客户传送私有信息。如向企事业单位和个人客户提供其账号状况、账户余额、账户一段期间内的交易明细清单等事项的查询功能。这类服务的特点主要是客户通过点击查询网络终端便可获得银行账户的信息,以及与银行业务直接有关的信息,而不涉及客户的资金交易或账户变动。

(二) 网上支付功能

网络银行的网上支付功能主要是向客户提供互联网上的资金实时结算功能,是保证电子商务正常开展的关键性的基础功能,也是网上银行的一个标志性功能,没有网上支付的银行站点,充其量只能算作一个金融信息网站,或称作上网银行。网络银行的网上支付按交易双方客户的性质分为 B to B(Business to Business), B to C(Business to Consumer)两种交易模式,目前由于从法律环境和技术安全性方面的考虑,在 B to C 功能的提供上各家银行比较一致,B to B 交易功能的提供尚处在不断摸索和完善之中。

1. 网络银行的网上支付内容

(1) 内部转账

客户可以在自己名下的各个账户之间进行资金划转,一般表现为定期转活期、活期转定期、汇兑、外汇买卖等不同币种、不同期限资金之间的转换,主要目的是为了方便客户对所属资金的灵活运用和账户管理。

(2) 转账和支付中介业务

客户可以根据自身需要,在网上银行办理网上转账、网上汇款等资金实时划转业务,该业务为网上各项交易的实现提供了支付平台。客户可以办理转账结算、缴纳公共收费(煤、水、电、房、电话、收视费等)、发放工资、银证转账、证券资金清算等以及包括商户对顾客(B to C)商务模式下的购物、订票、证券买卖等零售交易,也包括商户对商户(B to B)商务模式下的网上采购等批发交易,这类服务真正地实现了不同客户之间的资金收付划转功能。

2. 网上支付系统

按照所依赖的支付工具的不同,可把目前网络银行的网上支付系统划分为三种,即信用卡支付系统、数字现金支付系统和电子支票支付系统。

(1) 信用卡支付系统

信用卡是网络经济条件下人们进行日产消费的一种常用支付工具,因而也就自然成

为网络银行开发网上支付系统的首选工具。目前有三种信用卡网上支付模式:

第一种适用于小额支付的通过第三方代理人的信用卡网上支付系统,其支付流程如图 4-1。

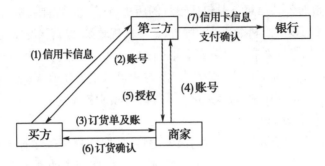

图 4-1　通过三方代理人的信用卡网上支付

第二种是适用于大额支付的简单加密信用卡网上支付系统,其支付流程如图 4-2。

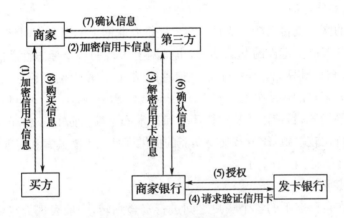

图 4-2　简单加密信用卡支付

第三种是针对 B2C 电子商务并发挥 CA(Certificate Authority)作用的基于 SET(Security Electronic Transaction 安全电子交易)协议的信用卡支付系统,其支付流程图如 4-3。

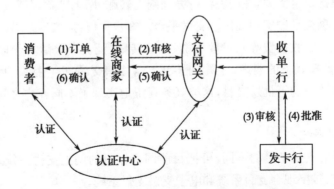

图 4-3　SET 协议下支付流程图

(2) 数字现金支付系统

数字现金(E-Cash)是一种表示现金的加密序列数,它可以用来表示现实中各种金额的币值。消费者利用数字现金进行购买和支付的流程如图4-4。

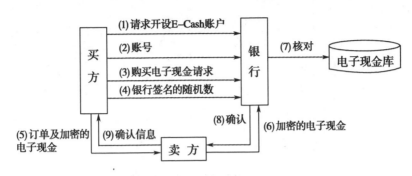

图4-4 利用数字现金进行购买和支付

(3) 电子支票支付系统

与前两种网上支付方式相比,电子支票的出现和开发较晚。电子支票使得买方不必使用写在纸上的支票,而是写在屏幕上的支票进行支付活动。电子支票几乎有着和纸质支票同样的功能。一个账户的开户人可以在网络上生成一个电子支票,其中包含支付人姓名、支付人金融机构名称、支付人账户名、被支付人姓名、支票金额。像纸质支票一样,电子支票需要经过数字签名,被支付出人数字签名背书,使用数字凭证确认支付者/被支付者身份、支付银行以及账户,金融机构就可以使用签过名和认证过的电子支票进行账户存储了。利用电子支票进行网上支付的流程如图4-5。

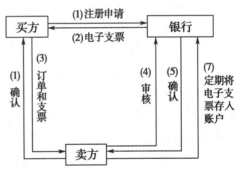

图4-5 利用电子支票进行支付

专栏 4-1

支 付 宝

支付宝是当前网络支付中一种典型的独立第三方支付平台,由阿里巴巴集团于2004年创办,致力于为中国电子商务提供"简单、安全、快速"的在线支付解决方案。通过支付宝购物付款,买家需要先在支付宝网站注册一个账户,同时需开通至少一家网上银行业务。当买方需要购买物品时,先通过网络向卖家订货,同时通过网上银行对支付宝账户充值,支付宝公司确认买家有足够的支付能力之后,向卖家发出发货通知,最后,支付宝公司在得到买家收到货物后的支付确认之后,向卖家付款,如图4-6。

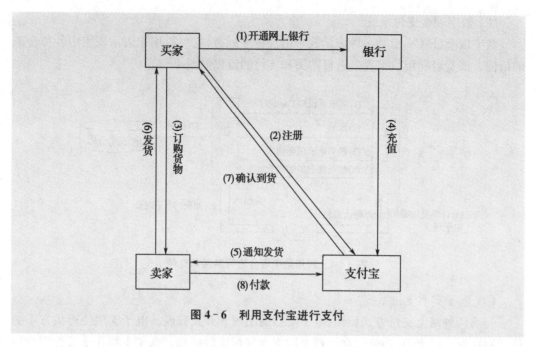

图 4-6 利用支付宝进行支付

(三) 网上金融综合服务功能

网络银行是在传统银行的基础上引入计算机和互联网技术的创新结果。它通过因特网的国际互联为客户提供超越时空限制的各种零售和批发的全方位综合银行业务,服务质量与银行专门派设客户经理没有差别,甚至更好。

目前网络银行所提供的网络金融服务品种既存在共性,也存在差异性,其共性在于商业银行纷纷将传统银行服务领域最具有竞争力的金融资产推向网络世界,差异性在于不同的商业银行对网络银行服务品种的理解不同,这种不同的理解多来自传统银行业务的基础和市场规模之间的千差万别,也来自不同国家和地区银行业政策监管上的差异。因此,我们可以看到国内外商业银行所推出的网络银行服务产品存在共同的规律,又会发现它们之间存在着由以上各种因素所导致的差异。

网络银行提供的服务可分为衍生网上服务和基础网上服务两大类。衍生网上服务是利用互联网的优势为客户提供大量基于因特网的全新的金融服务品种,主要包括网上支付服务、网上信用卡业务、网络理财服务、网上金融信息咨询服务、网上消费贷款业务,以及通过网络向客户提供传统上由其他金融机构所提供的金融产品和服务等等;基础网上服务是传统银行服务在网上的简单复制和延伸,如银行零售和批发服务、资金转账等服务。

(四) 管理信息功能

网络银行的管理信息功能是网络银行利用计算机、信息技术的信息处理功能,实现相关的银行管理目的。具体来说包括以下几个方面:

1. 信息自动化处理功能

网络银行自动化处理系统可以按规定格式自动生成统计分析信息;用网络联机查询数据库和智能化信息分析替代传统的逐级定期报表制度,达到业务统计和信息反馈同一来源、统一口径、自动化处理和信息共享，以排除人为的差错和干扰，保证管理信息的客观性、完整性、准确性、时效性和透明度。

2. 信息化银行管理功能

网络银行的信息化银行管理包括以资产负债管理为主体的业务经营管理（资产负债管理、资本与财务管理、资金管理、贷款管理、国际业务管理和投资业务等各项业务管理）；客户关系管理（用户管理、市场调研和产品开发管理、公共关系管理、产品营销和计划管理）等。

3. 银行运行支持管理

网络银行的运行支持管理包括人力资源、不动产采购、固定资产、机关财务的管理和以在线交易/在线分析技术支持的综合信息应用智能管理。

4. 办公自动化功能

网络银行在全行信息共享的基础上，支持了为提高办公效率的工作流程优化、管理程序化、自动化和无线化办公。

5. 决策支持功能

网络银行以实时查询和报表的形式，及时向决策层提供必要的信息数据，以典型案例、智能化和专家化方法提供决策信息。

6. 数据管理功能

网络银行以原始数据、业务数据和主题数据仓库三层结构构成全行数据体系。网络银行按照统一的标准建立全局性原始数据、业务数据和主题仓库，保证银行信息系统的客观性、完整性、准确性和时效性，统一支持网络银行的财务核算、业务管理、风险监控和稽核审查等。

第三节 网络银行的发展对传统银行的影响

一、网络银行改变了商业银行的经营理念

传统的经营观念注重地理位置、资产数量、分行和营业点（办事处）的数量，而网络银行的经营理念在于如何获取信息并最好地利用这些信息为客户提供多角度、全方位的金融服务，有利于体现"银行服务以人为本"的金融服务宗旨。因此，网络银行使商业银行的经营理念从以物（资金）为中心逐渐转向以人为中心。网络银行带来的经营理念的改变，将为传统商业银行创造出新的竞争优势。

二、网络银行使商业银行信息资产成为一种具有独立意义的银行资产

网络银行给商业银行带来了一项重要的银行资产——经过网络技术整合的银行信息资产或金融信息资源资本。银行信息资产既包括银行拥有的各种电子设备、通讯网络等有形资产，也包括银行管理信息系统、决策支持系统、数据库、客户信息资源、电子设备使用能力，以及信息资源管理能力等无形资产。银行信息资产虽然在网络银行之前就已

经存在了,只是到了网络银行发展阶段,商业银行信息资产成为一种具有独立意义的银行资产,网络技术对这种资产的整合,使其成为与银行其他资产相并列的金融资产。

三、网络银行使商业银行获得经济效益的方式发生根本改变

传统银行获得规模经济的基本途径是不断追加投入,多设网点,从而获得服务的规模经济效益。网络银行改变了这一基本的规模扩张模式,它主要是通过对技术的重复使用或对技术的不断创新带来高效益。首先,网络银行的流程使原本繁杂的商业银行业务大大简化。例如,每月营业额近10亿美元的太平洋贝尔电话公司,在传统商业银行流程操作下每天需要运出数卡车的付款单。然而,在网络银行环境下这些程序都被电子数据流取代了,只要将付款项转到贝尔电话公司的账户上即可。其次,网络银行的流程有效地降低了商业银行的经营成本。

四、网络银行改变了传统银行的分销模式

(一)传统的非电子化商业银行分销模式

由于传统银行普遍采用非电子化业务操作,商业银行通常通过增设网点来占领市场,所以,总分行制下非电子化的商业银行分销金融服务基本采取以总行为中心的金字塔形模型(如图4-7所示)。

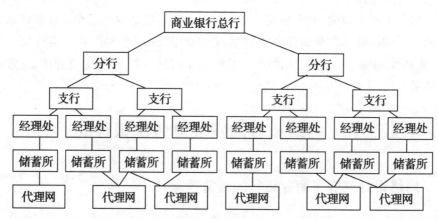

图 4-7 非电子化商业银行分销模式

这种分销模式的基础是从总行到低端的储蓄或代办处,形成结构层层叠加、下层网点之间横向信息相互屏蔽的纵向信息流结构。非电子化商业银行最前端的代理网点和储蓄所是整个商业银行的一线服务平台。这种信息结构的优点,是易于形成服务的规模经济效益。

但是,由于信息横向屏蔽,平行组织之间信息交流较为困难,且结构过于庞大,人员冗多,分销前端的经营成本居高不下。

(二)电子化商业银行分销模式

在20世纪80年代,随着金融电子化的发展,自动取款机(ATM)网和银行信用支付

系统(POS)被引入各级分销机构处理终端,其作用正逐步超过传统的存取款分支网络,成为提供商品化服务的有效工具。银行内部实现电子网络信息管理,总行和分行、分行和分行、分行和分理处等分销层次之间实现电子联网而形成全行业电子数据流的闭环系统。银行各自形成庞大的信息流,提高了信息交流处理速度和工作效率(如图4-8所示)。

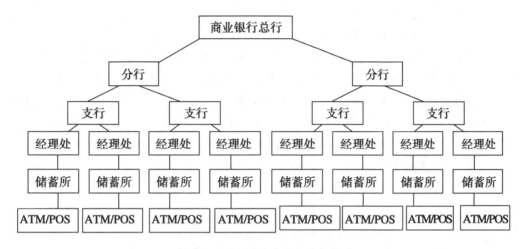

图4-8 电子化商业银行分销模式

这种分销模式,实际上是建立在原有商业银行模式基础上实现电子化改造的结果。主要进步在于改进商业银行金融服务分销的信息效率和提高终端及客户端信息处理效率,提高金融服务质量,形成有利于银行服务品牌的整体形象。但是,由于电子化商业银行只是在原有商业银行服务分销框架基础上改良,虽然便捷了内部信息的纵向交流,但未能使客户和银行电子化信息互通,仍需保留分行、支行、代理处和储蓄所等分销组织机构。因此,无论在劳动力成本上,还是在机构管理成本上,或在客户交易成本上,都没有形成明显的分销成本的替代效应。

电子化商业银行的另外一种分销模式是以PC银行的方式建立分销网络。这种分销方式是银行向客户提供专用软件,由客户安装在个人PC机上,通过调制解调器拨号上网,以连接电子银行的主要服务器,享受PC银行提供的金融服务(如图4-9所示)。

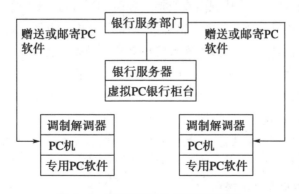

图4-9 PC银行服务分销模式简图

PC银行分销模式省却了传统商业银行的中间分销层,通过信息技术对中间管理及分销层形成替代效应,对商业银行形成直接的交易成本替代作用。但是,由于PC银行的分销模式是建立在为客户PC机提供专用软件的基础上,免费赠送、邮寄软件,或由客户在零售店购买软件等增加了交易双方的成本。因而,这种分销模式正在逐步由被不需要增加这部分交易成本的网络银行的分销模式所取代。

（三）网络银行分销模式

1. 国外网络银行分销模式

现阶段,网络银行正日益成为全球金融市场上一种全新的银行经营交易方式,它改变着传统银行的分销模式。在发表国家,网络银行的基本分销模式是在银行主服务器提供虚拟金融服务柜台,客户通过PC机或其他终端方式连接因特网进入主页,以银行主页为平台进行各种金融交易。因此,网络银行与传统银行分销模式的最大区别,在于完全省却了中间分销网络。最后,通过客户平面的中介功能,形成对最终客户群的分销。这个最终客户群是建立在信用卡平台上的客户群(如图4-10所示)。

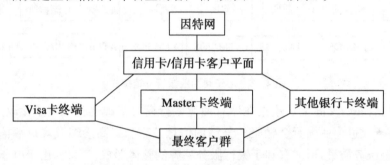

图4-10 网络银行基本分销模式简图

网络银行的客户平面是网络银行分销的关键环节,也是网络银行对传统商业银行分销模式构成成本型竞争优势之所在。例如,网络银行为汽车代理商提供这样的服务:允许汽车代理商将其客户购买汽车需要获得什么样利息的汽车贷款的需求挂在网络银行的主页下,网络银行在限定时间内为代理商提供符合最终客户(消费者)要求的金融服务品种,网络银行为保险经纪人提供其服务品种的宣传和推介网上栏目,再通过其客户平面上的其他代理商,如房地产代理商或股票代理商,来获得投保人的需求信息,在限定时间内为保险经纪人提供他所要的需求信息,网络银行从中获得佣金收入。

与传统银行相比,网络银行分销模式的显著特点是完全省却了中间分销环节。分销网点多意味着职员众多、机构复杂、运作成本高。在网络银行条件下,无需再设定大量分销网点,其中的沉淀资本可得到节约,网点约束已不再成为银行服务发展的制约条件。传统银行拥有的众多网点可能成为与网络银行竞争的包袱或管理负担。信息技术正成为网络银行发展的第一推动力。充分利用网络与客户沟通,利用网络直接促销,从以产品为导向转为以客户为导向,并根据客户要求去设计具有个性化的金融产品。

2. 中国网上银行的分销模式

1999年3月,招商银行推出"一卡通"网上服务;中行与建行分别于1999年6月和8

月在北京推出网上银行服务。但是,中国内地的网络银行形成模式,不是完全建立在因特网上的纯网络银行,而是将现在商业银行提供的金融服务扩展到因特网上,建立虚拟服务柜台形成分销渠道的模式,其最终客户群是建立在银行卡平台上的客户群(如图4-11所示)。

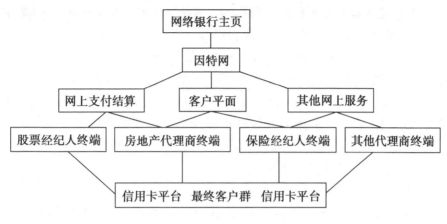

图4-11 中国网络银行分销模式简图

五、网络银行使商业银行的人力资源管理战略和技能培训发生改变

商业银行人才培养和培训的方向从基于单纯的业务技能培训,转变为基于综合商业服务理念和全面服务素质培训。网络银行需要大量的复合型人才,他们既熟悉银行业务的各种规范和作业流程,又能够熟练掌握和应用信息技术。

此外,网络银行还给商业银行带来了新的风险。这一点将在本书第九章详细介绍。

第四节 网络银行的发展模式和组织结构

一、网络银行的发展模式

目前,网络银行的发展模式可以粗略地划分为三类:一是依附于传统银行的网络银行模式;二是依附于非银行的金融机构或非金融机构的网络银行模式;三是纯粹虚拟的网络银行模式。

(一)依附于传统银行的模式

对于传统的商业银行而言,网络银行通常是一个独立的事业部或者是由大银行控股的子公司,成为其发展新客户、稳定老客户的手段。从发展战略上划分,依附于传统银行的模式又有三种具体的类型:一是将银行传统的柜台业务延伸到网上,形成传统银行的网络银行模式,主要手段是通过建立传统银行的网站形成网络金融服务市场,以降低成本和提供多元化的金融服务,树立银行的科技形象;二是通过收购现有的纯虚拟的网络银行,迅速建立起网络银行模式;三是采用目标集聚战略,专注于一个狭小的目标市场的网络银行发展模式,如专注于房地产按揭市场,或专注于社区银行市场的网络银行等。

1. 延伸模式

通过建立银行网站,提供相应的金融业务和相关信息,将传统的柜台业务延伸到网上的做法,是绝大多数商业银行采取的网络银行发展模式。这也是传统大银行最乐于接受的网络银行发展模式。从网络银行实践来看,定期活期存款、支付、账户查询和转账是传统业务中四种最为常见的网上银行延伸业务,其他传统柜台业务延伸到网上的还包括网上投资、网上股票买卖、网上保险和网上按揭等。

这种模式的典型代表有美国德威尔士·法戈银行(Wells Fargo)。这个位于加利福尼亚州的银行,是美国最大的银行之一,在10个州拥有营业机构,管理着1 009亿美元的资产。早在1992年,威尔士·法戈银行就开始建设其自己的以网络银行服务为核心的信息系统。实际上,威尔士·法戈银行真正的网络银行开业要比安全第一网络银行(SFNB)要早几个月,而至1997年12月,威尔士·法戈银行的网络交易客户就已超过43万,远远多于安全第一网络银行(SFNB)。

2. 购并模式

在发展网络银行的竞争中,西方大银行往往不如中小银行那样积极和富有创造性,更多地采取观望或等待策略,等到对总体形势有所判断后,才根据自身的核心业务采取相应的竞争战略。其中,购并现有网络银行中的先锋网站或虚拟银行,是一种常见的竞争模式。

这种模式的典型代表有加拿大皇家银行(Royal Bank of Canada,RBC)。它是加拿大规模最大、盈利能力最好的银行之一。在超过一个世纪的时间里,加拿大皇家银行在美国只从事金融批发业务。1998年10月,加拿大皇家银行以2 000万美元收购了美国安全第一网络银行(简称SFNB)除技术部门以外的所有部分,收购时SFNB的客户户头有1万个,但其发展已经出现了停滞的迹象。加拿大皇家银行收购SFNB的战略目的在于:第一,为了扩大其在美国金融市场的业务和份额,以收购SFNB的方式步入美国金融零售业务市场,利用SFNB吸收的存款投资于加拿大的中小企业,获取投资收益;第二,也是最重要的目的,就是利用这次收购,以较低的成本,将业务拓展至一个新兴的、飞速发展的网络银行领域。当时,RBC要在美国设立一家传统型分行需200万美元,而维持安全第一网络银行这样一个10多人的机构的费用要远远低于任何一家传统分行,这次收购,完全是一次低成本、高效益兼并的典范,使加拿大皇家银行立即站在了网络银行发展的最前沿。

在收购之后,为了吸引更多的客户,加拿大皇家银行利用自身雄厚的资金实力,在市场营销方面采取了两种策略。首先,提高了支票账户的存款利息。他们许诺最先申请网络银行账户的10 000名客户可以在年底之前享受6%的优惠利率。在信息公布后的前六个星期,账户的申请者已经达到了6 500人;第二,购买了超级服务器(fat server),使客户可以在瞬时传输电子数据和检查账户目前以及历史情况。

3. 目标集聚战略模式

即使是金融百货式的大金融集团,也不可能在网络金融服务市场上完全独霸市场,更何况中小银行。面对金融市场上的激烈竞争,中小商业银行往往采取"集中兵力打歼灭战"的战略,或者采取迈克尔·波特教授所概括的"目标集聚战略"——不寻求全面市场上的竞争优势,而是寻求某一个狭小市场上的竞争优势,占领某个独特的网络金融服务市场。

这种模式的典型代表有美国的信托银行(Intrust Bank),信托银行是位于美国堪萨斯州的一家社区银行。信托银行建立网络银行的战略目的是为了与美洲银行(Bank of America)等大银行在竞争中维持均衡态势,起到战略防御作用,并将网络银行视为其防止当地客户流失的一种手段。信托银行作为一家社区银行,一直将目标客户市场定义为当地的客户。当新兴的网络银行出现,并对以地理位置确定目标客户市场的策略产生强大冲击时,发展自己的网络银行以保证在目标客户市场中的份额,是信托银行最好的选择。

(二)依附于非银行机构的模式

随着因特网的普及,非银行金融机构甚至是跨金融行业的企业开始进入传统金融行业竞技场,成为传统银行网络金融服务的新的竞争者。例如,英国最大的人寿保险公司成立名为EB的网络银行,作为其分支机构之一。目前,像这样依附于非银行的金融机构的网络银行正在成为传统银行网络金融服务市场的强有力的竞争者。其中,保险公司、证券公司等机构将成为传统银行的第一层竞争者,像邮政局、水电公司和电信公司等具有网络性质的企业将成为传统银行的第二层竞争者。这些新的竞争者正通过它们介入网络银行业务的广度和深度,改变传统金融服务市场的规则,或者使传统金融服务市场的规则向着符合信息技术(特别是因特网技术)的竞技规则方向转变。

(三)纯虚拟网络银行模式

所谓纯虚拟的网络银行就是没有实际的物理柜台作为业务支持,而是单纯地依靠金融网络和其他银行的金融服务终端提供金融服务的网络银行,是狭义的网络银行,又称纯网络银行。世界上第一家网络银行SFNB就是一家典型的纯网络银行,它的经营当初就得到了政府监管机构的认可,并且加入了美国联邦储蓄保险公司(FDIC)。

对于纯网络银行的发展模式而言,有两种不同的经营理念。一种是以美国印第安纳州第一网络银行(First Internet Bank of Indiana,FIBI)为代表的全方位发展模式;另一种是以休斯敦的康普银行(Compu Bank)为代表的特色化发展模式。

1. 全方位发展模式

采用全方位发展模式的网络银行提供传统银行的所有柜台式服务项目,他们并不认为纯网络银行具有局限性。他们认为因特网或信息技术能够给银行提供全面的虚拟服务平台,随着科技的发展和网络的进一步完善,纯网络银行完全可以取代传统银行。这些纯网络银行一直致力于开发新的电子金融服务,以满足客户的多样化需要。为了吸引客户和中小企业,纯网络银行必须提供传统型银行所提供的一切金融服务。

2. 特色化发展模式

采用特色化发展模式的网络银行侧重于发展适应网络金融技术的特色业务。持有这种观点的纯网络银行也许更多一些。他们承认纯网络银行具有局限性,与传统型银行相比,纯网络银行提供的服务要少得多。例如,因为缺乏分支机构,他们无法为小企业提供现金管理服务;也不能为客户提供安全保管箱。纯网络银行若想在竞争中获取生存必须提供特色化的服务。这类银行的代表有美国的康普银行。康普银行是位于美国休斯敦的一家纯网络银行,它只提供在线存款服务。在康普银行的高级管理人员看来,纯网络银行应该专注于具有核心竞争力的业务发展,至于其他的业务可以让客户在别的银行获得。他们认为,客户可以在互联网上发现想要的一切,如果一家银行想将客户局限在自己提供的业务中是绝对错误的。

除这种极端的情况以外,其他纯网络银行的特色化发展模式也很具有借鉴价值。如美国德耐特银行(Net·B@nt)是一家仅次于安全第一网络银行的纯网络银行,在 SFNB 被收购以后,它成为纯网络银行业的领头羊。他们的服务特色在于以较高的利息吸引更多的客户。其最高执行官葛利姆斯(G. R. Grimes)认为,每一个纯网络银行的客户都是从其他银行吸引过来的,所以吸引客户在纯网络银行的战略中应是第一位的,而利息则是吸引客户的最佳手段。

由于纯虚拟网络银行的客户基本来自其他银行的客户群,而不是从潜在客户中形成自身的客户,因此,在网络金融业务品种的设计上,非常注重具有明显的差异性,将吸引其他银行的客户作为竞争的首要战略,这类网络银行的竞争手段主要是通过较高的利息来吸引客户。纯虚拟网络银行与其他银行争夺客户的另外一个主要手段,就是向客户收取与其他银行的网上金融业务相比更低的服务费,或者免费向客户提供种种在线服务。以康普银行为例,其网络银行策略就是采用低价以吸引其他银行的客户;该行大部分的服务都是低收费或免费,这也是康普银行弥补服务品种的不足、服务质量不高等缺陷的一种重要的营销方式。与其他传统银行的网络银行业务相比,康普银行的特点决定了其不能完全提供传统银行所有的业务,只能专注于部分业务。

二、网络银行的组织结构

与网络银行及其发展模式相适应,网络银行的组织结构也分为传统商业银行中的网络银行部组织结构和纯网络银行的组织结构

(一) 传统商业银行中的网络银行部组织结构。

传统商业银行发展网络银行业务一般都会设立专门的"网络银行部"负责实际操作和管理。传统商业银行网络银行部的设立一般有三种基本的方式:一是专门创立新的网络银行部;二是从银行原有的信息技术部演变而来;三是对原有的信息技术部或科技发展部、银行卡/信用卡部和服务咨询部等若干个部门的相关业务人员进行整合而形成。

在传统商业银行的组织结构中,信息技术部曾经由银行会计部门管理,后又变化为由业务部门管理,可见信息技术部的地位不高。网络银行部的业务目标与信息技术部不同,因而网络银行部的设置必然不同于纯粹的信息技术部,两者在商业银行中的地位也必然不一样。无论网络银行部以哪一种方式设立,在组织结构上都体现了一定的差别。但从总体来看,目前商业银行中较为完整的网络银行部一般由市场推广部(也称为市场部)、客户服务部(也称客户部、信用卡/银行卡部)、信息技术部(也称为科技部或技术

部)、财务部和后勤部(见图4-12)等五个基本部门组成。各个部门的主管称为部门经理。

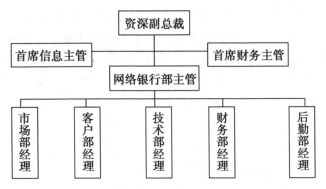

图4-12 较为完整的网络银行部组织结构

网络银行部的市场部主要从事网络金融品种及虚拟服务市场的开拓和发展,不断对网络金融品种及服务进行创新,形成适合于网络经济的各种金融服务营销方式和理念。网络银行部的客户服务部负责对网络银行的网络客户提供技术支持和服务咨询,密切银行与客户的联系,通过对信用卡/银行卡的流通统计,把握客户对金融服务需求的变化趋势。网络银行部的技术部负责对网络银行的系统和硬件设备进行维护,对银行内部和外部非网络银行领域的信息技术管理提供服务和技术支持。网络银行部的财务部负责对网络银行的硬件、系统和软件的投资、服务资金、成本和收益等财务指标进行控制。网络银行部的后勤部负责对网络银行服务活动过程中的各种后勤需求提供支持。

(二) 纯网络银行的组织结构——以 SFNB 为例

SFNB 的高层组织结构如图4-13所示(截止到2001年3月):

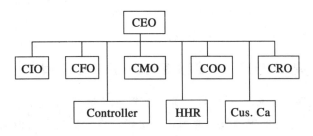

图4-13 SFNB 的高层组织结构

资料来源:马敏.电子金融概论.中国财政经济出版社,2001:91.

SFNB 处于最顶层的首席执行官(Chief Executive Officer, CEO)全面掌管公司的管理工作,对于公司现在及未来的成长负有全面责任。首席执行官(CEO)下设首席信息官(Chief Information Officer, CIO)、首席营销官(Chief Marketing Officer, CMO)、财务控制主任(Controller)、首席财务官(Chief Financial Officer, CFO)、人力资源主任(Head of Human Resources, HHR)、首席风险控制官(Chief Risk Officer, CRO)、首席运营官(Chief Operations Officer, COO)和客户服务主任(Customer Care, Cus. Ca)。

首席信息官CIO对内负责建立和维护公司的技术基础设施,管理公司内部的网络运行中心,对外负责与所需的软、硬件供应商的联系。具体包括:带领属下进行客户程序的开发,系统的分析、设计和实施,相关外包合同的洽谈和签订,不定期的系统测试,视频会议的准备,以及员工的IT技术培训。首席营销官CMO的职责是公司产品和服务的开发、广告策略策划、市场调查等工作,对公司产品和服务的成功开发、公司整体营销战略的实施、推动公司的盈利,负有终极责任。财务控制主任Controller主管公司财务和会计工作,为公司战略性的商业计划提供财务支持。首席财务官CFO对内统管公司的财务、会计工作和法律事务,对外则寻求战略同盟和合作伙伴。人力资源主任HHR负责构建公司的人力资源基础,吸引和稳定高级管理人才,提供人力资源管理和开发的策略性指导。也就是说,人力资源主任应带领下属完成公司招聘人才、学习能力开发、员工关系协调、津贴和奖金的预算和发放、公司文化建设、促进公司内部人员的交流和沟通等工作。首席风险控制官CRO负责公司的风险管理工作,具体包括决策分析、冲突消解、稽核、欺诈防范等方面的工作。首席运营官COO负责整个网络银行各类计划的制定、实施和控制,涉及网络银行的储蓄业务、贷款业务、账户处理业务和分销业务,还涉及项目管理、与供应商的沟通、计划和过程实施、设备管理等方面的工作。客户服务主任Cus.Ca负责为客户提供技术支持和服务咨询工作。

【思考及应用】

1. 网络银行的特征与功能,以及网络银行的发展对传统的商业银行的影响。
2. 简述网络银行的发展模式,你认为未来中国的网络银行适合采取哪种发展模式?
3. 你认为网络银行的两种组织结构模式是否合理?请说明理由。
4. 阅读下面的材料,并提出你的看法。

调查报告显示中国网络银行的发展正面临五大瓶颈

据中国电子商务协会近日公布的一份调查报告显示,网络银行技术、CA认证、社会征信体系、安全问题等这些曾经被视为困扰网络银行在中国发展的旧问题依然没有在技术上得到突破,国内网络银行的发展正面临五大瓶颈。

一是网络经济市场需求不足,交易规模小,效益差。中国的许多传统产业如家电、纺织、化工、汽车、石油、房地产等都已开始引入电子商务,但规模和效益还微不足道。

二是市场文化尚不适应,网上交易的观念和习惯还有相当差距。网络经济存在的问题同时也是网络银行的问题。首先,货币、交易场所、交易手段以及交易对象的虚拟化是网络经济的优点,但同时也是弱点。客户对网上交易是否货真价实心存疑虑,数字化、虚拟化交易要让人们从心理上接受还需要一个过程。其次,居民总体收入偏低、上网费用较高等导致网上客户层面较为狭窄,数量较少。第三,人们的观念及素质还跟不上网络技术的发展。网上交易不仅需要网络终端设备的普及,还需要参与者对电子商务及网络技术的熟练掌握和运用,而这几方面中国都存在相当的差距。第四,由于各方面条件还很不成熟,使投入在短期内不可能带来回报。因此,一些商业银行抱着等待、观望的态度。

三是信用机制不健全,市场环境不完善。个人信用联合征信制度在西方国家已有150年的历史,而中国才刚在上海进行试点。中国的信用体系发育程度低,许多企业不愿采取客户提出的信用结算交易方式,而是向现金交易、以货易货等更原始的方式退化发展。互联网具有充分开放、管理松散和不设防护等特点,网上交易、支付的双方互不见面,交易的真实性不容易考察和验证,对社会信用的高要求迫使中国应尽快建立和完善社会信用体系,以支持网络经济的健康发展。其次,在网络经济中,获取信息的速度和对信息的优化配置将成为银行信用的一个重要方面。目前商业银行网上支付系统各自为政,企业及个人客户资信零散不全,有关信息资源不能共享,其整体优势没有显现出来。最后,海关、税务、交通等电子支付相关部门的网络化水平未能与银行网络化配套,制约了网上银行业务的发展。

四是金融业的网络建设缺乏整体规划。就目前国内网上银行业务的基础环境来看,由于基础设施落后造成资金在线支付的滞后,部分客户在网上交易时仍不得不采用"网上订购,网下支付"的办法。虽然工、农、中、建四大商业银行都建立起自己的网站,但在网站的构架和服务内容上,仍然离电子商务和网络经济的要求有很大的距离。资金、人员等方面的投入严重不足,银行与高新技术产业结合不紧密,造成网络金融市场规模小、技术水平低,覆盖面小,基本上还停留在传统业务的电脑化上。同时,商业银行乃至整个金融业的网络建设缺乏整体规划,使用的软、硬件缺乏统一的标准,更谈不上拥有完整、综合的网上信息系统。

五是网上认证系统不完善不统一。同银行信用卡的情况相似,中国金融认证中心颁发的电子证书仍然有各自为政、交叉混乱的缺陷,身份认证系统不完善不统一,认证作用只是保证一对一的网上交易安全可信,而不能保证多家统一联网交易的便利。在支付安全系统方面,招商银行网上交易中的货币支付是通过该行"一网通"网络支付系统实现的,该支付系统采用业务及网上通讯协议即 SSL 技术双重安全机制;建设银行采用给客户发放认证卡的方式;中国银行在个人支付方面采用 SET 协议进行安全控制,而在对企业认证方面则采用 SSL 协议。商业银行之间使用的安全协议各不相同,既造成劳动的重复低效以及人力物力的浪费,也影响网上银行的服务效率。

摘自:蒋裕.调查报告显示中国网络银行的发展正面临五大瓶颈.中国新闻网,2004年10月10日

第五章 网络银行的业务与管理

【本章要点】 本章主要介绍网络银行的主要业务品种，网络银行的 CRM 系统，网络银行的开发管理、营销管理与风险管理。网络银行开展的主要业务可分为三类，即公共信息服务、个人客户业务和企业客户业务，后两个业务又可分为批零业务的网络化和在线支付业务；网络银行的营销管理包括产品策略、定价策略、分销策略和促销策略；网络银行主要包含流动性风险、利率风险、信用风险、战略风险、网络系统风险、声誉风险、内部控制风险、法律风险，必须从内部、外部两个方面来同时防范各种风险。

【本章重点与难点】 本章学习的重点在于对网络银行的业务及其基本流程的了解，网络银行 Call Center 含义、业务功能及其优势的理解，网络银行的产品开发以及营销策略分析。其中难点在于对网络银行开发模式的掌握，网络银行存在的多种风险，以及防范风险的策略和措施。

【基本概念】 B to C 在线支付　网上结算　B to B 在线支付　电子回执　Call Center　CRM　网络银行扩张策略　网络银行分销策略　网络银行附属产品　伊阿诺斯产品　捆绑式销售价格　网络银行促销　网络银行广告　网络银行营业推广　网络银行公共关系　策略风险　操作风险

第一节　网络银行的主要业务与基本流程

网络银行的发展模式是由网络银行开发者自身条件决定的，但是网络银行的业务品种开发却是一致性和差异性共存。一方面，网络银行之间往来结算和客户需求的同质化要求网络银行必须提供一致性业务，如存贷款业务、汇兑业务、投资、支付业务等等；另一方面，竞争的需要和谋求产品差异以寻找利润空间的需要也使得网络银行必须开发个性化服务。因为只有差异化、个性化才可能创造出满意的利润空间，而那些同质化的服务业务由于竞争激烈，往往只能接受市场化的价格。

随着网络技术的不断发展和提升，以及网络银行对业务品种的开发技术的日益成熟，网络银行提供的业务品种也越来越丰富、越来越完善。一般说来，网络银行的业务大致可分为三类：公共信息服务业务、个人客户业务、企业客户业务。其中公共信息服务业务对所有在线访问者开放，但是后两类业务仅对注册客户开放。

一、公共信息服务业务

网络银行的公共信息指网络银行对一般客户和注册客户平等提供的公开信息。

（一）公共信息的类型

网络银行提供的公共信息分为两类：

1. 网络银行自身的公共信息

网络银行自身的公共信息是网络银行公开提供的有关自身经营规模、网点布局和基本业务等的信息，如品牌形象、银行营业点及 ATM 分布点、业务品种及其特征、操作规程、决策咨询、最新通知、客户信箱等等。

2. 金融市场交易的公共信息

金融市场交易的公共信息是网络银行提供的有关金融市场交易工具、实时行情和政策法律宣传等方面的信息，如最新经济快递、利率水平、证券交易行情、外汇交易行情、国债信息、政策和相关法律宣传等。

（二）网络银行提供公共信息的目的

1. 通过自身形象的包装和宣传，树立网络银行在客户公众中的良好形象，为开拓客户资源打造基础；

2. 加强同客户的及时联系，弱化以至消除客户与网络银行之间关于银行信息的不对称，为客户办理业务提供在线指导；

3. 构建网络银行与客户互动的网络平台，稳定和巩固现有客户资源，挖掘和开发潜在客户并将潜在客户提升客户级别，从而扩大银行的注册客户资源，发挥网络银行的规模经济效应。

公共信息服务平台的建设是实现个性化服务的一个重要领域，与那些需要联网实现交易的具体业务不同，公共信息服务平台完全是展示网络银行个性化的独立舞台。如何让自己的公共信息服务平台更好地为开展业务服务，树立良好的品牌形象，是关系到网络银行能否在争夺客户资源的竞争中胜出可以想象，在网络银行发展的初期，网络银行尚未形成一个颇有影响的行业，其客户资源的竞争对手是传统商业银行，由于网络银行与传统商业银行相比而言，其成本优势和规模经济优势都十分明显，因而这种竞争实际上是对传统商业银行客户资源的一种掠夺。但是随着网络银行业的不断发展壮大，网络银行业内竞争将会取代与传统商业银行的竞争，而传统商业银行则最终将被网络银行彻底替代。网络银行之间的竞争将促使其丰富和发展公共信息服务业务，这是显而易见的合理推测。

二、个人客户业务

网络银行个人客户业务包括商业银行零售业务电子化、B to C 在线支付等基础性业务，也包括客户的账务信息查询、信用卡申请、个人理财等增值性业务。具体而言，个人客户业务主要包括以下几种：

（一）账务信息查询

客户通过网络银行，登录自己的账户查询存款余额、存取明细、网上购物明细等，了解自己的账务状况的业务。所查询内容可以下载打印，作为依据保存。

（二）转账

网络银行转账业务包括卡账户转账和银证转账。卡账户转账是指通过网络银行系统实现客户自己的卡账户之间资金互转及向其他客户卡账户的资金划转。银证转账是通过网络银行系统实现同名客户的储蓄存款账户或信用卡账户与在证券公司的资金账户的资金互转。银证转账为客户灵活调度资金,实现证券交易提供了极大方便。

(三)证券业务

网络银行证券业务包括银证通、基金业务、外汇业务、国债业务。网络银行开办的银证通是由网络银行与证券公司共同合作开发的证券业务平台,汇集证券开户、资金存取与委托交易于一体,实现了银行储蓄与股票投资的双重功能,为银行储户提供了一个便捷安全的网上理财方式。后三项业务是指客户可以通过网络银行系统在线进行基金、外汇、记账式国债的交易与信息查询。

(四)B to C 在线支付

B to C 的全称是 Business to Customer。B to C 在线支付指企业与个人客户进行电子商务活动,由网络银行提供的一种网上资金结算服务。其业务流程简介如下:

个人客户在网络银行特约网站选择商品,根据提示或链接,去网上收银台付款。订单则加密传递到网络银行网站且不可更改,客户按提示输入登录卡号和密码,确认后提交。B to C 在线支付的流程示意见图 5-1。

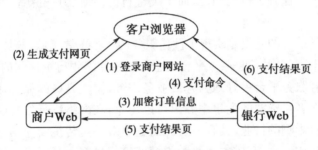

图 5-1 B to C 网上支付业务

(五)异地汇款

客户通过网络银行系统实现向异地的同行注册账户支付款项。在线异地汇款比传统商业银行的异地汇款更快捷也更安全。

(六)代缴费用

客户在线向与网络银行签订协议的收款单位缴纳各种费用,如学费、税金、其他管理费用和服务费用。

(七)个人质押贷款

客户在线申请个人质押贷款一般仅限于小额贷款。客户在线填写自己的经营业绩、财务状况、不动产信息,银行则通过在线查询、审核、评估客户资信度和偿还能力,并一一储存。经审核合格,网络银行将以客户在网络银行的定期一本通等存款资产作质押发放贷款。如台湾的玉山银行自 1996 年 7 月起就对在线申请 60 万台币以下的贷款实行这种模式,开办以来,颇受欢迎。

（八）个人理财

个人理财主要指网络银行为客户个人理财提供各种便利，如客户可以在线查询预约服务、签订和查询理财协议等等。

（九）信用卡申请

客户的在线信用卡申请需要在线填写个人财务和收入信息，提交网络银行进行审核。网络银行则利用管理信息系统对信用卡申请进行选择和处理，以平衡其中可能出现的风险。

（十）客户服务

网络银行包括账户挂失与客户信息修改。在线账户挂失能迅速有效地保护客户账户安全。客户信息修改包括登录密码、信用卡信息及在线银行客户信息的修改。

三、企业客户业务

企业客户业务包括商业银行批发业务的电子化、B to B 在线支付等基础性业务，也包括信息查询、集团理财、转账结算等增值性业务。具体而言，企业客户业务主要包括以下几种：

（一）信息查询

网络银行企业信息查询如查询企业账户余额明细、账户交易明细、分公司或子公司的账务状况，方便进行财务监控；查询企业借款借据的清理和债务偿还情况，了解企业信用水平；查询网络银行提供的银行信息和定期存款到期通知、贷款到期通知，以便企业提前进行财务安排等等。

（二）财务管理

网络银行企业财务管理包括集团公司与子公司之间账务往来及统筹管理，也包括企业财务代理，如为企业代发工资、代报销、办理企业内部各账户之间的资金划转及定活期存款互转。

（三）网上结算

网络银行企业客户通过发出电子付款指令，实现与其他客户之间的资金结算。

（四）B to B 在线支付

B to B 的全称是 Business to Business。B to B 在线支付是企业与企业进行电子商务活动，由网络银行提供的一种网上资金结算服务。B to B 在线支付不同于一般的网上结算，它是建立在电子商务基础上的资金结算行为，其业务流程简介如下：

网络银行客户在网站提交订货单并确认，通过链接，使用客户证书通过 S-Agent 安全代理，进入网上支付程序，订单则加密传递到网站，客户确认无误后选择付款账号，进行电子签名，提交支付指令。具体支付流程见 B to C 在线支付流程图。

（五）收费

企业借助网络银行的网络系统向缴费客户进行主动在线收费，如水费、电费、电话费等公共收费，以及企业因提供其他服务而应收取的服务费用。收费业务要求缴费客户的银行账号必须进入网络银行系统。

（六）电子回执

回执作为交易记录，是企业据以在日后查询的主要依据。电子回执是指企业可以在线查询并逐笔打印的当日明细、历史明细的电子回单。加盖银行印章的电子回执可以到开户行领取。

（七）证券业务

网络银行证券业务包括基金业务和国债业务等，即企业通过网络银行系统进行基金申购、认购和信息查询、债券交易与查询等。

（八）票据业务

集团企业总公司通过网络银行系统可获得办理票据业务需提交的资料、业务办理程序等信息。

从网络银行的发展历程来看，客户对网络银行服务的要求越来越多元化、细致化和个性化，网络银行能否充分利用先进的网络技术来一方面及时满足客户的这些需求，另一方面加强安全建设，保障客户账户安全，这是网络银行能否在日趋激烈的同行业竞争中取胜的关键。

专栏 5-1

国内四大银行的网上银行比较

目前国内四大商业银行——中国银行、中国建设银行、中国工商银行、中国农业银行都开设了网上银行的业务。下面是关于四大银行网上银行的比较：

中国银行网上服务功能：账户服务，投资服务，信用卡服务，网上支付，资讯服务等；其中账户服务有账户信息查询、个人账户转账、代缴费、个人账户管理等。中国银行个人网上银行提供从信息查询到个人账户转账等全面的账户服务，可以掌握最新的财务状况；投资服务包括外汇宝、银证转账、银券通、开放式基金等功能，个人网上银行还有外汇宝、银证转账、银券通、开放式基金等多种自助投资服务，可以实现在家就能进行各银行账号的互相转换和投资等。除此之外，中国银行网上银行在进入时设置了开户地，可以让用户能快速地进行交易，还有长城国际卡和中银信用卡，据了解，国有银行中只有中行才有网上信用卡服务。这是它与其他银行最大的不同之处！

中国工商银行网上银行包括：个人网上银行，企业网上银行，手机银行自助注册等服务。办理网上支付，网上查询，入账，转账，结算，还有一些外汇和股市行情，证书的申请等。工行安全性能比较高，在用户进入个人账户时要先安装补丁和了解安全知识。包含了三大银行的基本功能，而且还提供了动态的演示，使人有一种安全感。中国工商银行和中国建设一样开通了手机银行服务。

中国农业银行网上银行范围包括：个人客户，企业客户和公共客户。公共客户无需申请个人客户证书，但只能享受网上银行信息及账户查询等一般性的服务，个人客户和企业客户就需要客户证书，可以享受农业银行网上银行提供的全面服务。提供给个人客户、企业客户和公共客户的功能都有余额查询、交易查询、密码修改、银行卡临时挂失、网上注册申请等功能。不同的是对企业用户提供了外汇实盘买卖、开放式基金、国债买卖等业务。而在安全方面,农业银行设置有图形验证码和密码软盘。

中国建设银行网上银行服务功能:除了个人网上银行和简版企业银行外,中国建设银行还开设了网上支付商行。简版企业银行和网上支付商行在进行登录时要进行身份验证,而个人网上银行则要输入附加码。这有点不同于其他银行。中国建设银行建立了全球最大的网上商城,无论是在国内还是在国外都可以随时进行交易。建行的网上银行还推出了个人理财DIY服务。用户在网上输入个人资料、风险和财务资产状况等信息后,系统就分析测算用户的投资风格,给出投资组合的建议,供用户参考。

摘自:[1] Katrainy 博客,http://Katrainy.blogchina.com,2005-4-20
[2] qing315qing 博客,http://qing315qing.blogchina.com,2005-3-13

四、网络银行 Call Center 的核心——CRM

Call Center 中文直译为"呼叫中心",又称"客户服务中心"或"电话服务中心","Call"是一种接入方式,指客户通过电话呼叫的方式与企业或政府的某些特定服务部门(如公安、消防等等)的专门服务中心取得联系。它是一种新兴的信息服务形式,是一种基于 CTI(Computer Telephone Integration,计算机电话集成)技术,充分利用通信网络和计算机网络的多项功能集成,与企业连为一体的一个完整的综合信息服务系统。通过 Call Center 系统,客户只要拨打"一个号码,一次电话",就可以获得所需要的全部服务。网络银行 Call Center 的最核心部分是指其客户关系管理系统(CRM)。

CRM 是一种旨在改善企业与客户之间关系的新型管理机制,应用于企业市场营销,销售、服务与技术支持等企业外部资源整合的领域。其目标是一方面通过提供快速和周到的优质服务吸引和保持更多的客户,另一方面通过对业务流程的全面管理降低企业的成本。CRM 的出现使企业真正可全面观察其外部的客户资源,使企业的管理全面走向信息化。

银行要向客户提供更加个性化和高效化的服务,就必须建立面向客户的服务体系,实现真正的客户关系管理。尤其是对于网上银行、Call Center 等银行新型服务渠道来讲,由于提供给客户的是一套崭新的虚拟服务系统,无论是从安全性、可操作性还是从客户化方面考虑,CRM 更成为 Call Center 系统实现促进客户服务质量目标的核心理念。

1. CRM 的功能

CRM 既是一种概念,也是一套管理软件和技术,利用 CRM 系统,企业可以搜集、追踪和分析每一个客户的信息,从而知道他们是谁,现在需要什么,还可能需要什么,并把客户想要的送到他们手中,及时跟客户联络,得到他们的潜在需求的反馈,以开拓新的业务,从而实现外部资源(客户)的循环优化管理。CRM 的出现体现了三个重要的管理趋势的转变。

(1) 企业从以产品为中心的模式向以客户为中心的模式转移

这一转移有着深刻的时代背景,那就是随着各种现代生产管理和现代生产技术的发展,产品的差别越来越难以区分,产品同质化的趋势越来越明显,因此,通过产品差别来细分市场从而创造企业的竞争优势也就变得越来越困难。

(2) 卖方市场向买方市场转变

当今市场,无论从全球形势还是从我国的市场态势来看,卖方市场向买方市场转变的趋势不可逆转,客户越来越成熟,期望也越来越高,研究客户的需求和提高对客户的服务水平变得异常重要。尤其是互联网等通信手段的发展,更加夸大了客户的重要性。

(3) 企业管理的视角从"内视型"向"外视型"转换

传统企业管理的着眼点在后台,即在企业内部负责生产的那一环节,而对于前台,也就是直接面对客户的那一环节,尚缺乏科学的管理。Internet 及其他各种现代交通、通讯工具的出现和发展使全球成为一个"地球村",企业与企业之间的竞争几乎变成面对面的竞争,技术的进步降低了各种企业进入市场壁垒的风险和费用,这些使得企业面临的竞争态势更加复杂和严峻,企业必须转换自己的视角,从"外视型"整合自己的资源。

2. CRM 的实现

要真正做到以客户为中心,使自己的 CRM"善解人意",满足对客户的服务,从而提高企业的竞争能力。

(1) CRM 的根本要求

建立与客户之间的学习关系,即从与客户的接触中了解他们在使用产品时遇到的问题及对产品的意见和建议,并帮助他们加以解决,同时了解他们的姓名、通讯地址、个人喜好以及购买习惯,并在此基础上进行一对一的个性化服务,甚至拓展新的市场需求。

(2) CRM 的构成

CRM 由触发中心和挖掘中心两部分构成:

触发中心是指客户和 CRM 通过电话、传真、Web、E-mail 等多种方式"触发"进行沟通;

挖掘中心是指 CRM 记录交流沟通的信息和进行智能分析并随时调入供 CRM 服务人员查阅。

(3) CRM 解决方案的要素

① 畅通有效的客户交流渠道(触发中心)。在通信手段极为丰富的今天,能否支持电话、Web、传真、E-mail 等各种触发手段进行交流,无疑是十分关键的。

② 对所获信息的有效分析(挖掘中心)和 CRM 必须能与 ERP 很好地集成。作为企业管理的前台,CRM 的销售、市场和服务的信息必须能及时传达到后台的财务、生产等部门,这是企业能否有效运营的关键。

(4) CRM 的实现过程

由于 CRM 由触发中心和挖掘中心两部分构成,因此,CRM 的实现过程也包括触发中心和挖掘中心两个环节,具体说来,它包含三方面的工作:

① 客户服务与支持,即通过控制服务品质以赢得顾客的忠诚度,比如对客户快速准确的技术支持、对客户投诉的快速反应、对客户提供的产品查询等,这项业务主要是提供服务的成本中心。

② 客户群维系,即通过与顾客的交流实现新的销售,比如通过交流赢得失去的客户

等,这可以成为一个利润中心。

③ 商机管理,即利用数据库开展销售,比如利用现有客户数据库做新产品推广测试,通过电话进行促销调查,确定目标客户群等,可以看出,这又可以成为一个利润中心。因此 CRM 完全可以实现"利润—服务/支持—利润"的循环,实现成本中心和利润中心的功能。

专栏 5-2

网上呼叫中心 Web Call Center 简介

系统概述

网上呼叫中心(Web Call Center),是以 Web 方式实现呼叫中心。网上呼叫中心仍然遵循传统呼叫中心的运作方式,但是最大的不同是可以完全不依靠电话系统,客户和坐席都是通过计算机和计算机网络进行工作。网上呼叫中心的另一个重要特点是为坐席提供多样的交互手段,一改传统呼叫中心单纯依靠语音的局面。这些交互手段包括双方和多方谈话(Chat)、共享白板、共享程序、发送网页和视频、音频等,而客户和坐席可以选择适合的手段进行交互。

系统功能

1. 客户注册

客户通过 Web 网页填写注册信息并提交后成为系统的正式用户,可以使用网上呼叫中心的在线支持功能,企业可以使用这些信息分析客户情况。

2. 客户排队机制

排队机制是呼叫中心的显著特点之一,是为了解决有众多用户时的服务顺序问题。

本系统遵照传统的排队原则,实现了多队列情况下的排队机制,一个坐席可以同时为多个队列提供服务。

3. 定制业务队列

本系统根据企业的实际需求,实现了两种队列:公共队列和私人队列。公共队列对应企业的业务,企业可以根据业务定制队列,对某业务存在问题的用户,在进行咨询时进入的是该业务的队列。

4. 坐席私人队列

与公共队列相对应的是私人队列,私人队列是坐席个人的队列,用户如果想就某问题咨询特定的坐席,就可以直接进入该坐席的私人队列。

5. 客户问题单和坐席工作单

客户在接受在线服务之前,需要填写要咨询问题的简单描述,这样,坐席在开始在线支持前,查询该问题单,了解客户的大致需求。工作单是坐席完成工作后填写的工作过程记录。工作单记录了一次支持过程的时间、内容和最终结果数据。

6. 交互手段

网上呼叫中心的最大特点是为咨询过程提供了多种多样的交互手段,包括谈话、白板、程序共享、视频和音频等。

7. 离线功能

在无坐席提供在线服务的情况下,客户仍然可以进行注册,成为系统正式用户。并且可以填写问题单,问题单在提交后将保存在系统中等待坐席答复,客户可以查询其问题单是否已被答复。

8. 统计功能

统计功能主要是通过对客户问题单和坐席工作单的统计来实现的。通过处理存储在系统中的客户问题单,企业可以了解客户存在的主要问题,分析客户的需求,从而有针对性地提供相应的服务或者更适合用户需要的产品。通过对坐席工作单的统计,企业可以了解坐席的工作状况,获得坐席工作效率等方面的量化指标,作为改善管理的依据。

9. 信息发布功能

企业用户可以通过本系统发布信息和常见问题,信息录入的过程中,用户可以定制到实时系统的链接。这样,客户在阅读这些信息或者问题时,可以随时转到实时系统就这些问题寻求支持。

系统优势

- 系统的使用模拟传统呼叫中心,简单易用;无需安装客户端程序,使用Web浏览器作为客户端;
- Web应用,不受地理环境和时间的限制,只要能上网,坐席就能提供支持服务,客户就能提出服务要求;
- 系统基于企业级应用平台软件Domino和Sametime,安全、可靠、可扩展;
- 通过少量投资,就能建立功能较完善的呼叫中心。相对于建立传统的电话呼叫中心,建立网上呼叫中心的投资要少得多;
- 运营费用低,可以节省大量电话费,尤其是昂贵的长途话费;
- 交互手段齐全,可以提高坐席工作效率,缩短解决问题的时间;
- 完备的统计功能,有助于企业了解客户需求,有助于加强对坐席服务质量的管理。

目标客户

网上呼叫中心主要定位于两种客户:

1. 为IT企业建立呼叫中心;

本系统很适合IT企业。用户可以网上呼叫中心中多样的交互手段为客户提供更好的服务,如远程问题解决。

2. 作为传统大型呼叫中心的补充手段。

对于大型呼叫中心来讲,已经存在完整的电话语音服务系统,如果结合网上呼叫中心,可以改变单纯依靠语音进行服务的局面,丰富坐席的交互手段,提高坐席的工作效率。

摘自:http://www.weeking.com,2003年6月5日

第二节　网络银行的管理

一、网络银行的开发管理

由于网络银行服务形式完全不同于传统银行,因此它的开发也就是一场革命性的思维突破和观念更新。虽然网络银行可以由IT厂商开发,或者由有技术能力和资金能力的传统银行开发,但是这种开发首先要摆脱传统银行业经营模式和经营理念的约束,当然这并不意味着要彻底否定传统银行的成就,关键是开发出适合于进行网上交易的银行服务形式。

（一）网络银行的开发策略

1. 总体规划制定与方案实施

银行业者在制定网络银行发展的总体规划时,需要有明确的战略思想:在开发目的方面,究竟是为了降低经营管理成本,还是扩大自身的影响力以吸引更多客户?是为了创新、推介新产品,还是通过外购实现新产品新业务的导入与利用,或者是利用网络银行技术构建旧有服务内容的网络化分销渠道?在服务对象方面,究竟应该面向怎样的客户群?在这个阶段,银行业者需要完成客户调研,总结同行业先行者的成功经验,制定自己的发展规划。一般来说,网络银行开办的初期,竞争的压力主要来自源于与传统商业银行客户的争夺,借鉴成熟的服务模式和产品模式,是开发客户资源和进行新产品开发的捷径。

2. 服务需求分析与设计

在明确了开发网络银行的目的、锁定客户群及其需求意愿之后,接下来就是产品和服务方式的设计与推介。新的服务形式和产品品种的设计包括服务或产品的内容、交易方式、交易规则、交易费用、风险防范的设计和策划。这种设计应当是严谨的,不存在缺陷与漏洞,避免引起争议和不必要的操作风险。设计完成,经报请决策层批准后向外推介,这又需要制定新服务、新产品的展示、客户培训和市场营销计划,以保证新服务、新产品的推广能够顺利进行。在这一阶段,可以充分利用信息技术和金融技术相结合的优势,调整银行的业务结构,开发新的服务内容,开发的技术越成熟、越完善,其运转节约成本的功能就越强大,竞争优势也就越明显。

3. 商业策略拟定

网络银行的商业策略是依靠Internet作为分销渠道,构建网络化的服务平台。这一服务平台如何构建,构建之后如何提供服务,这都是商业银行需要解决的问题。尤其是网络银行服务作为一种新的服务形式,它的出现和推广,需要开发者主动地引导购买,创造客户。因此,通过加强宣传、制定各种激励措施、建立商业联盟,甚至请求修订、完善商业银行法,鼓励和引导客户改变其交易行为与商业习惯,接受网络银行提供的各种服务和产品,这是网络银行向外推销的有效方式。如我国商业银行在推销其网络化服务时,常常采取广告宣传、积分抽奖等活动来吸引和激励客户。

(二) 网络银行的开发

1. 开发模式

目前网络银行的开发大致是沿着两种模式进行的,一种是通过与 IT 厂商建立战略联盟,利用 IT 厂商开发的软件包开展网络银行业务;另一种是主要依靠自己的技术力量,在 IT 厂商的帮助下单独开发。

(1) 战略联盟模式

战略联盟模式的典型代表是 Wells Fargo 网络银行的建立。Wells Fargo 本来是一家成立于 1852 年的传统商业银行,在美国银行中排名第七位。截止 2002 年它在全美 10 个州拥有 5 925 个营业机构,资产总值达 1 009 亿美元,资产收益率高达 34%。为了适应客户变化了的交易偏好和降低经营成本,Wells Fargo 于 1995 年与微软货币(Microsoft Money)、直觉(Intuit)、快迅(Quicken)建立战略联盟,利用它们开发的软件包开展网络银行服务。据 Wells Fargo 自己的测算,网络银行业务的开展使其平均每笔交易节约了 7.5 美元。

这种模式开发周期短、成本低,适合于那些自身开发能力弱、规模小又急于开展网络化服务的银行。通过这种模式开发网络银行业务,把技术开发和技术升级的压力转移到 IT 厂商,可以大大降低开发成本和系统维护成本。缺陷在于网络银行对 IT 厂商的技术依赖可能会制约网络银行自身的发展。一方面,IT 厂商的软件包可以多次销售,这可能导致多家网络银行建立的网上交易平台是雷同的,个性化服务无法体现出优势;同时,客户视网络银行为完全替代品,对网络银行的"忠诚度"下降,不利于客户资源的稳定;此外,雷同的网络平台还不利于风险防范,一旦同一软件包被解密,所有应用该软件包的网络银行都可能受到侵害。另一方面,网络银行的技术升级、对客户需求变化做出迅速反应的能力都被 IT 厂商控制,这使网络银行无法发挥自己的经营特色,无法建立自己的品牌,也无法按照自己的意愿增加、开发新产品。

这种模式存在的缺陷实质就是 IT 厂商对网络银行实行了"捆绑",这种"捆绑"可能成为制约网络银行发展的瓶颈。所以,很多银行不惜耗费巨资,坚持在 IT 厂商的指导下,依靠自己的技术力量开发网络银行系统。

(2) 单独开发模式

单独开发模式的开发周期长、成本较高,适合于自身技术力量强、经营规模大的银行。如纯网络银行 SFNB 的网上业务开发就是按这个模式进行的。SFNB 是由美国的 Huntington Bancshares 会同其他两家商业银行,并联合 Secure Ware(安全解决方案开发公司)和 Five Space(互联网银行软件开发公司)于 1995 年 10 月成立的。1996 年的 5 月和 11 月,SFNB 先后收购了 Five Space 和 Secure Ware,组成了安全第一技术公司(SI),从此将建立世界上第一家纯网络银行的各方力量正式结合在一起。这种通过对 IT 厂商进行收购来加强自身技术开发能力的做法,正是第二种模式的体现。

按照这种模式开发的系统具有较强的灵活性和安全性,网络银行能够做到对客户需求的改变快速反应,并且系统升级和改造都很便利,缺点在于开发成本高昂,非一般银行敢企及。

2. 开发的基本思路

网络银行的开发实际是网络银行软件包的开发和设计,开发的基本思路是系统分析—设计—调试及运行。

(1) 系统分析

系统分析包括可行性分析和可行性评估。

可行性分析需要对客户做细致的调查,这是确定开发方案的前期工作,其目的在于了解软件用户的基本情况、用户的外部环境、用户关于软件系统的构想和目标、用户的技术能力和设备状况。调查完成,写出调查报告,调查人员根据调查结果提出软件设计的初步设想。可行性评估是指从技术、经济、实施环境等方面对软件包开发的可行性进行论证,包括技术可行性分析和经济可行性分析。技术可行性分析在于分析用户的硬件环境能否适应软件运行需要,用户设想是否合理可行,用户的技术力量能否保证对软件、硬件和系统环境的维护、用户的操作人员能否掌握软件的操作、系统的运行能否和配套环境做到合理衔接等等。经济可行性分析则是评估软件开发的成本和经济效益。成本包括软、硬件购置、安装费用、开发费用、运行费用和维护费用。经济效益指系统运行后由于提高效率、降低成本带来的经济效益,也包括客户资源增加带来的经济效益。另外,对用户在系统运行后的品牌价值重估也应计算在内。

(2) 提出系统设计方案

完成系统分析后,就要构造系统逻辑,提出系统设计方案。方案得到用户认可,就可进入设计阶段。设计的内容主要是网络银行的后台业务处理系统。后台业务处理系统涉及网络银行提供服务的能力和安全防范能力,它与前台业务处理系统的关系相当于传统商业银行的内部业务处理流程与柜台服务的关系。柜台直接面向客户,客户向柜台发出的业务办理请求要经过银行内部业务处理流程的运行,才能将结果反馈给客户。图5-2反映了网络银行前台业务处理系统与后台业务处理系统的关系。

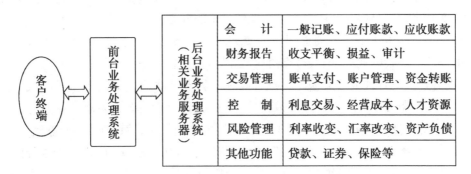

图5-2 网络银行的前台业务和后台业务的关系

设计首先要进行总体构思,将系统分解为若干功能模块,这些模块都是具有基本功能的独立单元,模块又可以分为小模块,如此反复分解,直到不可分为止。这种划分使软件设计的思路变得清晰,有利于设计人员分工合作,完成设计。

(3) 调试及运行

设计完成后,还要经过调试。调试一般分为三个环节,首先是对模块进行测试,检查每个模块能否正常运行;其次是组装调试,将若干功能相关的模块组合成单元,测试各单元之间的协调性和通讯接口,检查各单元之间衔接是否良好;最后是总体测试,即将系统组装完毕,对整个系统进行调试。对系统的测试证明可以实现系统设计的功能,才能投入试运行。在运行过程中,还需要加强对硬件、软件、数据的维护。

二、网络银行的营销管理

网络银行开展营销活动和其他工商企业一样,要树立市场营销观念,重视市场营销对产品销售的重大意义。为此,需要研究网络银行的营销规律,研究如何根据市场供求变化,确定市场营销机会,制定营销战略战术,在提供和改善网上服务服务、产品以满足客户需要的基础上,实现以提高经济效益为目的的多种目标。

网络银行的营销管理包括产品策略、价格确定、分销渠道、促销谋略等基本内容。

(一)网络银行的产品策略

网络银行的金融产品是网络银行通过网络在线向金融市场提供的引人注意、可能获取且可以使用或消费的一切产品和服务。

网络银行的营销活动能否取得成功,产品和服务的设计包装是十分重要的决定因素。随着网络银行业的不断发展壮大,从业银行会越来越多,同质化产品和服务由于竞争激烈,只能得到市场价格,要想保持利润,只能从降低成本方面和扩大客户群方面着手。因此,创造、保持产品的差异化,实现特色服务,是网络银行吸引客户、提升利润的有效手段。

一般说来,网络银行的产品策略基于差异化考虑,应该坚持三个策略思想,即扩张策略、分解策略、附属产品和"伊阿诺斯(Janus)"[①]产品策略。

1. 扩张策略

扩张策略即扩充以增长交叉销售额为核心目标的主要金融服务系列提供的服务,这一策略实际上使网络银行变成一个多功能的金融服务中心。

网络银行除了保留传统商业银行的资产负债业务以外,更多的是提供中间业务服务,如证券业务、转账业务、个人与集团理财等等,在这些业务中,网络银行只是作为中介人,帮助客户实现各种金融交易。客户可能并不具备足够的金融服务知识,但是他却需要大量的专家服务,如需要中介帮助处理与住房、健康、汽车保险、寿险等业务与账户、投资经纪人、资产选择管理、不动产代理商及评估师、推销员、旅游代理人等打交道。

在信息技术越来越成熟、越来越发达的现在,许多从事服务的机构都建立起了网络化的分销渠道,这使得网络银行提供上述中介服务远比传统商业银行更加有效、更加快捷。因此,网络银行更容易成为金融服务中心,这种发展趋势不仅使传统商业银行越来越处于竞争劣势,也促使银行纷纷开展网络化服务。在美国,随着 SFNB 的出现及 Wells Fargo 网络银行业务的开展,许多银行机构也纷纷开展网络化服务,一些社区银行也迫不

---

① 伊阿诺斯(Janus)是古罗马的双面神。此处指一方面面对核心账户持有人,另一方面强调保有市场。

得已开展网络银行业务。

2. 分解策略

网络化服务面向的客户群是没有地域限制的,这在一定程度上激化了银行业者间的竞争,如果实行无差别的产品谋划,客户在网络银行提供的产品和服务中就找不到区别,这既不利于客户对网络银行的识别,导致客户"忠诚度"低下,也不利于银行的利润创造。

分解策略的意图就是要创造产品差异,树立品牌形象,通过吸引、稳定目标客户群,创造利润。产品差异化需要以被选定的市场为目标进行产品开发。这里所谓的市场不是指按地域划分的有形市场,而是根据客户的年龄、职业、工作性质、收入水平等等设定的无形市场。这种策略要求网络银行把与被选定市场特别相关的产品中的主要部分选出来组成一套产品,这套产品构成一个自然关联,特色突出,能让客户立即识别的体系。受到简化了的产品吸引而注册开户的客户们就可能会介入到网络银行的全方位服务。

在金融业缺乏版权和专利保护的竞争环境中,分解策略对于网络银行而言非常适用。它使网络银行的产品设计避免撒胡椒面式的广泛布控,将产品定位于特殊市场,这种实际性和灵活性有助于网络银行创造品牌、创造利润。

3. 附属产品和"伊阿诺斯(Janus)"产品策略

附属产品指不依附于主要金融产品的独立产品,其销售目的在于产品对非注册用户的销售额,并不要求他们转移或设立账户。"伊阿诺斯"产品是特殊的附属产品,这种产品既可以以独立的产品形式对非注册用户销售,也可以向注册用户销售。

附属产品开发的目的在于增加对非账户持有人的销售额而不用克服在账户转移方面固有的惯性心理。例如英国的巴克莱(Barclays)银行开发的信用卡——巴克莱卡(Barclaycard)就是这种产品。一方面,该卡是所有人都能购买的独立产品,无论持有人选择注册的是哪家银行,他们可以用该卡去支付经常费用、通知单或在巴克莱卡银行的自动取款机上取现金。另一方面,巴克莱卡又是巴克莱银行注册用户服务中必不可少的一部分,有超过80%的注册用户拥有巴克莱卡。用这种方法,"伊阿诺斯"产品可以把竞争者的销售额吸引过来,却并不需要客户真正转移他们的账户。这种产品策略着眼于客户资源争夺,和分解策略一样,它可以吸引客户并引导他们介入到提供该服务的网络银行的其他业务中去。

(二) 网络银行的定价策略

网络银行业是立足于网络化服务的全新服务形式,目前尚处于扩张和挤压传统商业银行市场份额的快速发展期,它所推出的产品还处于开发潜在市场阶段,所以网络银行的定价要利用 Internet 提供的低成本交易优势,考虑如何最大限度地通过不断增加供给来扩展需求。一般认为,网络银行定价策略主要有三个,即免费、优惠价格、捆绑式销售价格。

1. 免费

网络银行提供免费价格的理由有三点,首先,网络银行提供服务的边际成本是随着客户的增加而递减的,网络银行存在扩充客户的冲动;其次,网络银行发展初期,面临着一个不确定的市场,几乎所有的客户都需要从传统商业银行市场中去挖掘,免费或象征性收费可以成为有效的促销手段。特别地,在网络银行发展初期,电子商务也正处在发展时期,银行可以提供的网上服务品种并不丰富,因而客户对网络银行产品的购买意愿不够强烈,网络银行要扩大注册客户量,只能在价格上做出较大让步;再者,即使网络银行业已经十分发达,注册用户对其产品的边际需求仍然不会提高,因为可供选择的网络银行很多,客户只需要完成一次选择就可以享受网络银行业的服务了,不会对网络银行服务产生重复需求。所以,基于拓展和稳定客户的共同需求会导致所有的网络银行实行价格上的让利行为。适当拿出一部分产品提供免费服务,这是一种必然选择。免费服务所产生的竞争力使网络银行有可能通过其他产品的收费来弥补免费所做的让利。因此,免费服务不仅是网络银行创业初期的定价策略,也是在以后任何时期都需要引起重视的定价策略之一。

2. 优惠价格

网络银行可以利用其在通过网络化技术处理业务节省的巨额管理费用和运营成本(如传统商业银行设立分行或储蓄所的场租费、管理费、人员费用等)为在线客户提供带折扣的优惠服务。这种优惠定价的思维并不是网络银行的独创,而是来源于电子商务。美国的亚马逊公司与美国最大的图书连锁店 Barnes Noble 公司都是从事出版物销售的企业,所不同的是亚马逊公司早在 1995 年就建立了电子商务系统,在业务处理中节约了大量的费用。亚马逊将这种节约成本的好处带给了消费者。据统计,1998 年亚马逊提供的所有书籍最高折扣率达到 40%,特价图书折扣率更是高达 85%,而 Barnes & Noble 公司只对精装书籍进行折扣出售,其中精装畅销书折扣率为 30%,一般精装书折扣率仅为 10%。电子商务的优势由此可见一斑。亚马逊公司这种优惠定价的目的是利用网络化服务节约成本的优势和价格优势与传统的出版物销售商争夺市场份额。

网络银行争夺市场份额也需要采取这种带折扣的优惠价格方式。对于一些趋于同质化的服务品种,经营的价值不高,但又必须保留,则可以实行优惠定价,以图稳定客户,并引导其介入本行提供的其他服务。

3. 捆绑式销售价格

捆绑式销售是指将若干相互关联的产品打包销售,客户购买这样一个产品包,就等于同时买了几个产品,在信息产品销售中应用得较普遍。

网络银行是否有必要实行捆绑式销售呢?由于网络银行的经营管理存在外部性,它所提供的产品基本属于互补性产品,这为网络银行实行捆绑式销售提供了依据。捆绑式销售有利于降低销售成本,提高效益。一般说来,在网络银行的业务中,可以实行捆绑式销售的产品包括各种软件、银行卡、信用卡、IC 卡、电话卡、免费上网机时、一卡通、质押贷款等等。

在这种销售方式中,存在两种定价策略:一种是稳定服务的基本价格,降低被捆绑品的价格;另一种是稳定被捆绑品的价格,降低服务价格。一般采用前一种策略。

无论是以上哪种定价策略,其出发点都是一样的,那就是网络银行具有规模经济特征,它只有通过改善、优化产品的供给结构,刺激、扩大市场需求,才能形成大规模的利润基础,也即网络银行服务的普及性比稀缺性更有价值。这就是网络银行定价的基本指导思想。

（三）网络银行的分销策略

网络银行的分销渠道是以网络系统为基础，以银行客户服务平台（银行主页）为中心所构建的。网络银行依靠前台服务系统/Web服务器接收或发出交易请求，并在后台完成各种交易的内部处理，包括支付、清算等活动。客户则通过在线访问网络银行的客户服务平台，在这里完成与网络银行的交易。这一分销模式见本书第四章，在这一分销模式下，网络银行的分销渠道完全简单化了，见图5-3。

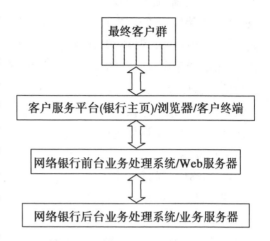

图5-3 网络银行分销模式下的分销渠道

这种分销模式和渠道完全省掉了传统银行的中间分销渠道，直接形成对最终客户群的分销。其优势是大幅降低了由于维持中间分销渠道所需要的大量沉没成本，提高了分销活动的效率。

根据网络银行发展的实际经验，构建网络银行分销渠道主要是通过两种方式，一种是建立全新的网络银行分销系统，另一种是在传统银行内部通过技术开发建立其网络分销渠道。

全新的网络银行分销系统是依靠网络系统发展起来的、没有分支机构的网上交易平台。客户无论置身何处，只要能上网，就可以完成存款、转账、付款等交易活动。美国安全第一网络银行(SFNB)就是按照这种模式产生的纯网络银行。这种全新的网络分销系统的优势是十分明显。据调查，网络银行的经营成本相当于经营收入的15%～20%，而传统银行的经营成本需占经营收入的60%。在传统银行内部通过技术开发建立网络分销渠道，就是实现银行服务的网上交易，开设新的电子服务窗口，即所谓传统业务的外挂电子银行系统。到目前为止，我国开办的网络银行业务都属于这一种。

两种模式各有优劣势，纯网络银行的运行更加方便灵活，不存在与母体银行复杂的关联，但是它的客户资源开发是一件十分艰巨的工作。而网上分支机构可以依靠母体银行的客户群来开拓业务，但受到母体银行现有体制框架、技术框架的限制。

（四）网络银行的促销策略

网络银行的促销，是指通过信息传递，刺激客户的兴趣与购买欲望，并产生对网络银行产品的购买行为或对其服务产生好感的活动。网络银行的促销方式主要包括广告、营业推广和公共关系等三种。

1. 网络银行的广告促销

广告是企业通过特定媒体向外传递信息以促进销售的手段。广告内容可以是具体的产品，也可以是企业形象。网络银行的广告和一般工商企业的广告相比具有一些不同的特征。首先，网络银行提供的产品有许多是无形的服务；其次，网络银行产品的销售依赖于 Internet,接收广告信息的客体必须熟悉、掌握 Internet 操作方法;再次,网络银行作为一个在线金融服务中心,几乎所有产品都是有关联的,对某项产品的广告具有外部效应。所以网络银行的广告宜以整体形象广告或独特性产品广告为主。广告的特点在于大众性、渗透性、表现性和非人格化。大众性是指广告是一种高度大众化的信息传递方式,比较适合于供应大众的标准化产品的宣传推广;渗透性是指广告是一种有着广泛渗透性的信息传递方式,企业可以多次重复同一信息,使购买者容易接受和进行比较;表现性是指广告通过对印刷品、声音以及色彩等艺术化的运用,富有表现力地为增强企业及其产品的宣传效果提供机会;非人格化指广告是单向的信息交流,接收广告的客体不能进行信息反馈。

2. 网络银行的营业推广

营业推广也叫销售促进,即企业通过在营业活动中采取某些策划,以促进销售的活动。对于网络银行而言,新客户有三个可能的来源:第一种是尚未购买产品的潜在客户;第二种是其他网络银行同类产品的客户;第三种是尝试者。营销推广要根据客户的来源的和特征制定策略,价格折扣、买送结合、售后服务等等都是可以采取的方法。营销推广只是一种促销战术,其目的在于短期内达到效果,所以往往着眼于解决一些具体的促销问题。

营业推广的特点是非规则性和灵活多样性、诱导性、短期效果。非规则性和灵活多样性是指营业推广往往是用于短期、额外性、补充性的促销工作,存在非规则性的表现,可以灵活多样。诱导性是指营业推广一般都融合了让利、诱惑等手段,诱导客户进行交易。短期效果是指营业推广中采取的手段只在短期内有效。

根据美国在线(AOL)公司的调查,目前美国网络银行客户群的年龄主要集中在 26～45 岁之间,这类客户有较高的收入,对电脑和网络比较熟悉,大约占银行总客户的 10%,但他们给银行带来的利润却占银行总利润的 80%左右。网络银行的早期客户多半都是受过良好教育、精通电脑的年轻人。这个调查结论对于网络银行确定广告宣传的传播指向和进行营销推广时的针对客体很有参考价值。

3. 网络银行的公共关系

公共关系指企业在从事营销活动中正确处理与社会公众的关系,树立自身的良好形象,以促进产品销售的活动,是一种间接的促销方式,它通过增进企业与社会公众的联系、了解与合作,强化企业形象宣传,创造良性的营业环境。参加公益事业、赞助活动、新闻报道、专访等都是建立公共关系的有效手段。公共关系的特点在于可信度高、传达力强,具有间接性和持久性。公共关系没有直接涉及产品宣传,也不直接产生经济效益,但是对企业形象进行传播的影响却是十分深远的。

三、网络银行的风险管理

银行业的发展面临各种风险,对风险的认识和管理是银行管理的一个重要方面。网络银行除了有与传统银行共有的风险外,还有其特有的风险。我们在发展网上银行,享受其给予我们的方便、快捷的同时,要认识其可能存在的风险,化解其面临的风险,将风险控制在一定的范围之内,在收益和风险之间慎重权衡,争取目标价值最大化。依照巴塞尔委员会《有效银行监管的核心原则》的要求,对网络银行风险应当采取适度审慎原则和持续监控原则。

一般来说,网上银行面临风险主要有：流动性风险、利率风险、信用风险、战略风险、网络系统风险、声誉风险、内部控制风险、法律风险等。

更多的网络银行风险以及其管理请参考本书第九章。

【思考及应用】

1. 网络银行主要开展哪些业务？与传统商业银行相比,有哪些优势？
2. CRM有哪些优势？CRM对传统商业银行带来了哪些转变？
3. 阅读下面的材料,分析中国农业银行深圳市分行的网络银行系统是采用何种模式开发的？这种模式有何优缺点？

中国农业银行深圳市分行网络银行系统

神州数码(中国)有限公司是国内最大的系统集成商之一,在银行信息系统建设领域具有丰富的经验和先进的解决方案,并积极融入电子商务等新兴技术及业务领域的发展,研发出一套适应Internet潮流的新兴金融业务解决方案,网络银行便是其一。

深圳农行成立于1979年,伴随着深圳特区各项建设事业的飞速发展不断成长起来,树立了信誉卓著、实力雄厚、功能完善、金融产品齐全的国有商业银行形象。目前,全行126个分支机构遍布特区内外,本外币各项存款规模超过250亿元,可为客户提供储蓄、贷款、代理、结算等种类齐全的服务。香港作为农业银行最大的分行之一,地处深圳特区,毗邻世界性金融中心,因此深圳农行非常重视金融电子化工作,行内的金融电子化水平在农行系统乃至全国银行业都处于领先地位。

为了进一步开拓新的业务领域,在未来电子商务中获得先机,深圳农行与神州数码(中国)有限公司合作,以建设一套先进的网络银行系统。

一、系统需求

深圳农行对网络银行系统提出了如下需求：

1. 安全交易

由于网络银行涉及客户个人隐私和银行金融机密,因此,网络银行的安全性是系统建设首先要考虑的问题。

2. 支持银行传统业务,支持新业务扩展,实现在线交易。

3. 网络银行系统作为综合业务系统的前置业务系统,能够与综合业务系统方便集成,支持多种主机、数据库和通讯协议,可以和其他的前置业务系统共享主机业务服务器的交易处理。

4. 支持7×24小时全天候服务,充分利用系统和设备的能力,既可为银行带来丰厚的利润,又能为客户带来真正的便利。

5. 界面友好,使用方便。

6. 安装和维护方便。

7. 具备高性能、高扩展性和可伸缩性。

二、方案设计

针对深圳农行的需求,我们进行了方案设计。

1. 系统结构

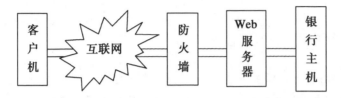

网络银行的 Web 服务器通过专线连入 Internet,客户使用浏览器通过 Internet 访问 Web 服务器,主机接收通过 Web 服务器传送上来的交易请求及相关数据,进行联机事务处理并保存有关交易数据,有关信息通过 Web 服务器传送给浏览器端的客户。

2. 安全性

(1) 客户合法性检验

建立客户合法性检验机制,客户在操作其账户时,必须提供客户号和相应的密码,密码只有客户知道,也只有客户能进行修改。对公客户的身份认证由 IC 卡实现。

(2) 安全的数据传输

采用 SSL 协议实现重要信息在 Internet 上的传输安全控制,提供如下安全保证:

- 传输数据的保密性:在 Internet 上传输的客户资料和账户信息是经过加密的。
- 传送数据的完整性:保证数据在传输过程中不被偶然或恶意的更改。
- 交易双方的身份认证:客户和银行能够互相确认对方的身份。
- 交易的不可否认性:客户和银行都不能对达成的交易矢口否认。

(3) 银行内部网络的安全

- 在 Web 服务器和 Internet 之间设置防火墙系统,将银行内部网和 Internet 进行有效隔离。
- 采用网络安全管理软件。
- 制定有效的网络安全管理措施。

在对深圳农行网络银行进行安全规划时,神州数码(中国)有限公司和农行在系统所要达到的安全性、使用的便利性和所需的成本三者之间进行了权衡,制定出符合深圳农行和客户双方利益的安全策略。

三、功能实现

深圳农行网络银行支持的银行业务主要有三类:

第一类:深圳农行的广告、宣传资料及公共信息的发布,如农行的业务种类、处理流程、网点介绍、最新通知、年报、金融信息、操作指南等信息。

第二类:支持个人客户和企业客户在农行各类账户信息的查询,及时反映客户财务状况。

第三类：实现个人客户和企业客户的理财交易，包括转账、信贷、股票买卖等。

深圳农行网络银行具体实现的功能有：公共信息查询、账户查询、资金转账、凭证挂失、修改密码、各种中介代理业务、在线申请、客户服务、金融理财等。

特别值得一提的是，深圳农行网络银行系统为平安保险公司推出了平安保险客户终端系统，实现了平安保险公司与农行的资金统一结算，使平安保险公司能够更加及时、准确、全面地监控全公司的资金流动状况，方便公司中央结算系统的管理，充分盘活资金，提高资金收益率。该系统的实现过程是：

由平安保险公司与农总行签订总协议，委托深圳农行代办平安保险公司在农行系统的所有资金结算业务。

由平安保险公司全国各分支机构在当地的农行分支行处开立保费收入专户，所有保费收入专户资金全部通过深圳农行网络银行上划到平安保险总公司在深圳农行的结算专户。

平安保险公司分支机构可从深圳农行网络银行企业理财系统进行查询对账。

所有从农行分支行上划的平安保险公司保费资金至深圳农行结算专户后，平安保险总公司可通过深圳农行网络银行企业理财系统进行查询对账，并可下载每笔上划资金信息，转接至平安保险公司结算中心内部账务处理系统。

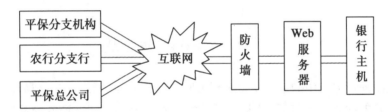

Web服务器：RS/6000
Web Server：Netscape Enterprise Server
CA Server：Netscape Certificate Server
主机系统：ES/9000
通信协议：SNALU 6.2

第六章 网络证券

【本章要点】 本章着重介绍了网络证券的概念、特点，强调了网络证券较之传统证券的优势所在；分别介绍了有关网络证券发行业务、交易业务以及结算业务的相关知识点，并分析了在各自领域与其传统业务比较的优势；探讨了网络证券对证券市场发展的积极作用及所带来的挑战。

【本章重点与难点】 本章重点在于网络证券的概念、特点及其优势；网络证券发行业务、交易业务、结算业务的内涵、流程及优势；网络证券对证券市场的影响。本章难点是网络证券业务及网络证券交易系统的类型。

【基本概念】 网络证券　网络证券发行　网络证券交易　网络证券结算　新股推介　网上路演　网上累计投标询价发行　独立电子交易系统　网络虚拟证券交易所　交易撮合　银证通　网络证券支付系统　银证联网

第一节　网络证券概述

网络金融在证券业中的应用主要表现为网络证券交易，网络证券交易具有传统证券交易无法企及的优势。目前，世界上已有不少国家大力推广网络证券交易，从而推动网络证券交易以前所未有的速度迅猛发展，显示出蓬勃的生命力。

一、网络证券的概念

所谓网络证券通常是指网络证券业务，即投资者利用网络资源，包括公用因特网、局域网、专用网、无线因特网等各种电子方式，传送交易信息和数据资料并进行与证券交易相关的活动，包括网络证券发行、提供证券实时行情、网上委托交易、相关市场资讯和投资咨询等一系列服务。

网络证券是 Internet 时代的产物，是电子商务条件下证券业务的创新。从证券类别上讲，它是网络股票、网络基金、网络债券的总称；从服务内容上讲，网络证券包括有偿证券投资资讯、网络证券投资顾问、网络证券发行、网络证券买卖、网络证券推介等多种投资理财服务活动。网络证券有两种基本形式：一是传统证券机构在因特网上设立网站，提供网上服务；二是网络虚拟证券交易系统（包括独立电子交易系统和网络虚拟证券交易所）直接为客户提供服务。

二、网络证券的特点

美国证券交易委员会在一份有关网上交易的报告中曾指出：网上交易是自电话发明以后个人投资者与证券公司之间关系的一场最重大的转变。由于网络本身所具有的开放性、全球性、低成本、高效率等内在本质特征，必然使以互联网络为媒介的网络证券交易与传统的柜台委托交易、自助委托交易、电话委托交易等证券交易方式相比，具有其自身的特点。

（一）多品种、全方位

多品种是指网上业务涵盖网络证券发行、证券交易、资金清算等多项服务业务种类，网上交易的证券品种涵盖市场上所有的证券品种，利用网络为客户提供资信、行情、理财等多种服务手段，实现全方位、全天24小时不间断委托服务交易、咨询服务等。

（二）一个入口、通买通卖

系统通过券商的业务网网关接口访问全国的所有营业部，客户只需登录交易网站，而不用选择再去开户的营业部便可快捷交易。

（三）无差异的基础服务

网上交易系统充分体现安全、快速、便捷的委托交易功能，为网上客户提供完善全面的行情浏览和委托手段，首先保证网上交易客户能享受到与现场客户无差异服务（如操作界面相似，响应速度快，服务产品全），同时还能提供网络证券委托等服务。

（四）个性化的增值服务

交易网站的基本项目是网上交易，其附加值体现在网络咨询上，网络咨询要能为客户提供以下服务：基本咨询的网络快递（投资快讯、研究报告、投资组合等）；由公司内外组合专家组成的投资顾问团提供每日的专家网上咨询；由开户预约、个股诊疗、预约调研和投资组合方案组成的预约服务系统；每日卫星电视股评、股评报告会、行业研究报告会；营业部经纪人和经理的网上接待等服务；开设投资俱乐部，提供新用户注册、模拟炒股、股市沙龙等。

三、网络证券业务与传统证券业务的比较

网络证券具有传统证券无法比拟的功能与服务优势，有自己独特严谨而有序的业务系统和复杂而庞大的技术系统。

（一）新股推介方式方面

传统推介方式是举办推介会，规模庞大，投入的人手多，成本高，而且传统推介仅局限于某些地点，宣传效果颇受限制。网上路演则在很大程度上克服了传统推介方式的缺陷，它只需要少数核心人员，在网上面向广大投资者进行推介，成本较低。而且，网上路演能够在网上与广大投资者进行直接沟通，双方互动性强，宣传效果好。

（二）发行业务方面

互联网的出现和延伸，使证券的发行渠道更为直接和开放，也使招股人和投资者之间的联系更为紧密。我国证券市场经历了发售认购证、与银行存款挂钩配售、"上网"竞

价发行、"上网"定价与二级市场配售相结合等发行方式的演变。这里的"上网",并不是指 Internet,而是交易所的内部交易系统。相比之下,网络证券发行,是指通过互联网直接进行的证券发行业务,其适用范围已经突破了证券公司及其营业部的地域限制。投资者只要上网,就可以申购新股,而且其速度、效率远远超过传统发行方式。

（三）经纪业务方面

传统证券交易业务主要通过柜台委托、自动委托等方式进行,后来逐步过渡到电话委托、大户室自助终端和远程大户室等,速度和效率都有了较大提高。与此不同,网络证券交易则是以网络为平台,在线下单进行交易。两者比较,传统证券交易无论是速度、效率、内容,还是在适用的地域范围等方面,都与网上交易有明显的差距。

（四）支付方式方面

传统支付方式是通过银行存入现金,然后才能买卖证券,手续十分繁琐,需要经常往返银行和证券营业部之间排着长龙等候存取款。现代网上证券的支付是通过银证转账、银证通等方式实现的。投资者足不出户,只要在家中上网或打电话在银行账户和证券账户之间进行转账,瞬间即可完成。

（五）信息服务方面

传统服务方式主要是通过传真、报纸、股评会等方式进行,信息量少,信息不够及时,成本较高而且互动效果不好。相比之下,网上信息系统不仅可以迅速地提供大量信息,信息共享效果好,互动性强,而且信息可以随时更新,也不受限制。更重要的是,网上信息服务具有传统服务所无法比拟的成本优势。

从以上分析可以看出,与传统证券业务相比,网络证券服务减少了交易中间环节,提高了整个证券市场的效率,在信息服务、成本、时间和空间无限扩张、优质服务方面更具有无可比拟的优势。因此,目前利用互联网提供的各种服务在证券市场迅速发展,而且从发展趋势看,证券业务将进一步与网络技术结合,成为证券市场改革与发展的一个重要方面。

第二节 网络证券业务

一、网络证券发行

（一）网上路演

"路演"(Road Show)一词源于境外,是股票承销商帮助发行人安排发行前的调研与宣传活动。一般来讲,承销商先选择一些能够销出股票的地点,并选择一些可能的投资者,主要是机构投资者,然后带领发行人逐个地点召开会议,介绍发行人的情况,了解投资者的投资意向。有时,会计师和投资顾问也参加这一活动。大多数情况下,一些基金经理人会参加这一活动。承销商和发行人通过路演,可以比较客观地决定发行价、发行量及发行时机等。

路演发展到今天,已从过去的逐个地方进行调研、宣传推广发展到利用各种媒体(如报纸刊等)进行调研、宣传,而"网上路演"则是其中之一。

网上路演,是指证券发行人和网民通过互联网进行互动交流的活动。通过实时、开放、交互的网上交流,一方面可以使证券发行人进一步展示所发行证券的价值,加深投资者的认知程度,并从中了解投资人的投资意向,对投资者进行答疑解惑;另一方面使各类投资者了解企业的内在价值和市场定位,了解企业高管人员的素质,从而更加准确地判断公司的投资价值。

"网上路演"充分利用因特网的特点,使"路演"不受时间、地域的限制,更重要的是充分利用其他媒体所不能比及的网上互动交流的方式,为发行人销出股票进行更先进方式的推广。目前许多的网站如证券时报的全景网络、中国证券网等均推出了网上路演。网上路演已成为我国目前上市公司新股推介的重要形式。

经过一段时间的发展,网上路演的形式已由最初的新股推介演绎到上市公司的业绩推介、产品推介、上市抽签、上市仪式直播、重大事件实时报道等多种形式。

专栏 6-1

网上路演业务简介

与舶来的"路演"一词相比,"网上路演"这一概念是地道的"中国全景制造"。全景网络极富创意地将现代的互联网技术运用到传统的宣传推介活动中,策划推出一种崭新的网上互动交流、新闻发布和介绍推广模式,并在中国乃至全球首先将其命名为"网上路演"。

1999年8月24日,中国网上路演翻开了第一页。这一天,全景网络的前身《证券时报》网络版策划推出为时两小时的"清华紫光新股发行网上路演"。这种全新模式一经推出,立即引起广大投资者、上市公司、券商机构等各方关注。网上路演和整版网上路演内容精彩回放不久即成为上市公司十分乐意选择的宣传推介方式。自"清华紫光"网上路演以来,包括中国石化、宝钢股份、招商银行、华能国际、中国联通等在内的200多家上市公司、基金公司在全景网络举行网上路演,平均市场占有率71%。

2001年1月,中国证监会发布了《关于新股发行公司通过互联网进行公司推介的通知》,网上路演由自发的市场行为变成一种政策要求。

全景网络在新股推介基础上迅速推出多种形式的网上路演,诸如业绩推介、增发宣传、产品推广、股评交流、股东大会直播、网上研讨等等,已成为业内最具影响力的路演网站之一。

目前介入网上路演的网站主要有4大类(财经类网站、券商类网站、专业类网站、门户类网站)、近30家。由于网上路演的内容需到中国证监会备案,因而上市公司对网站的选择慎之又慎,令该类网站的竞争也愈发激烈。

资料来源:全景网/网上路演 http://www.p5w.net/
全景财经论坛/新财富沙龙 http://bbs.p5w.net/viewthread.php?tid=360

（二）网络证券发行的类型

根据证券发行定价方式的不同，网上发行可以分为网上竞价发行、网上定价发行、网上累计投标询价和网上定价市值配售等不同类型。

1. 网上竞价发行

新股网上竞价发行是主承销商利用证券交易所的交易系统，以自己作为唯一的"卖方"，按照发行人确定的底价将公开发行股票的数量输入其在证券交易所的股票发行专户；投资者作为"买方"，在指定时间通过证券交易所会员交易柜台，以不低于发行底价的价格及限购数量，进行竞价认购的一种发行方式。

2. 网上定价发行

新股网上定价发行是事先规定发行价格，再利用证券交易所先进的交易系统来发行股票的发行方式，即主承销商利用证券交易所的交易系统，按已确定的发行价格向投资者发售股票。

3. 网上累计投标询价发行

网上累计投标询价发行是利用证券交易所的交易系统，通过向投资者在价格申购区间内的询价过程，从而确定发行价格并向投资者发行新股的一种发行方式。

4. 网上定价市值配售

新股网上定价市值配售是在新股网上发行时，将发行总量中一定比例的新股（也可能是全部新股）向二级市场投资者配售。投资者根据其持有上市流通证券的市值和折算的申购限量，自愿申购新股。

（三）网络证券发行优势

表6-1对传统证券发行方式和网络证券发行方式的各个环节做了较为完整的比较。

表6-1 传统发行方式和网上发行方式的区别

	传统发行方式	网上发行方式
发行公司选择券商	各家券商纷纷登门造访发行公司，发行公司管理层选择而定	发行公司通过因特网向券商提问，通过比较券商，发行公司确定最合适的承销商
尽职审查	券商通过研究发行公司材料，与发行公司经理、顾客和银行家们面谈履行尽职审查责任	券商可以通过因特网很快搜集到有关发行公司的各类信息，包括发行公司竞争对手、合作伙伴和顾客等相关资料
撰写招股说明书	券商和律师们花费大量精力和时间起草繁复的招股说明书，包括对发行公司、财务、规划和风险做出详细的描述	券商和律师们可以在网上起草，通过电子邮件快速传输，省时省力，修改方便
路演	券商和发行公司经理要巡回多个城市，向潜在投资者推介公司，周期长，费用高	管理层可以在网上向潜在投资者推介本公司并答疑，直接交流，快捷方便
发行定价	券商向潜在的投资者打电话进行调查；券商和发行公司一起确定每股招股价和筹资金额	由于接触的投资者面广，而且采用拍卖定价方式，网上定价可以消除定价的主观性
新股发售	机构和富有的投资者可以捷足先登	网上认购，使新股发售更加公平

和传统证券发行方式相比,网上发行和上市具有明显的优势,它主要表现为以下几点。

首先,从技术上讲,网络技术的应用提高了信息交流、价格谈判、证券买卖、交易结算等方面的开放性、实时性和交互性。

其次,网上直接发行证券减少了中间环节,节约了交易成本。在网络环境下,由于绕过了承销商等中介,通过互联网直接向广大投资者筹资,一方面可以节约证券交易与发行的代理成本,同时,证券市场作为直接融资市场将得到更好的体现。

最后,网络技术的应用减少了对传统上市地点(如证券交易所)的依赖,简化了发行上市的手续及审核过程,提高了发行效率,使得企业可以在更短的时间内,以更少的成本完成融资活动。以美国的网上直接公开发行为例,企业通过互联网采用网上发行,无需获得交易所的许可,自主确定发行内容,从而在短暂的时间筹集到企业发展所需的资金。

因此,网上证券发行能够大幅度提高公司发行上市的效率并降低发行成本;而且,网上承销改善了发行的环境,增加了发行渠道,进一步提高了发行量。当然,由于网上发行业务还处于发展初期,相关的法律与监管体系还不健全,监管体系的稳健性以及市场透明度方面,还不足以与传统的交易所抗衡,但就其发展趋势而言,已经显露出勃勃生机。

二、网络证券交易

(一)网络证券交易的概念

从网络证券交易所包含的服务范围来看,网络证券交易有广义和狭义之分。

1. 狭义的网络证券交易

狭义的网络证券交易是指投资者利用因特网完成证券交易的全过程,即借助互联网完成开户、委托、支付、交割和清算等证券交易的全过程。技术上,网络证券交易主要覆盖证券经纪公司及其网站,客户也可在线获取与证券交易有关的财经资讯信息等服务。

2. 广义的网络证券交易

广义的网络证券交易是指投资者利用因特网的网络资源,即利用一个开放式系统,包括利用有线或无线网络、内联网或互联网,获取国内外各证券交易所的及时报价,查找国内外各类与投资者相关的经济、金融信息和分析市场行情,并通过互联网进行网上委托下单,实现实时交易。其交易对象主要包括:股票、债券和基金。技术上,网络证券交易覆盖证券交易所、银行、证券咨询公司、网络技术服务公司等,客户可以在线获取证券信息服务、投资分析服务、咨询理财服务等,以及在此基础上建立的个人理财等其他金融增值服务。与狭义的网络证券交易相比,广义的网络证券交易除了证券交易活动外还包括一些服务,如:证券信息服务、投资分析服务、咨询理财等服务。目前,人们所指的网络证券交易主要是广义概念上的,而实际操作还只是处于狭义概念的阶段。本节所涉及的网络证券交易概念以广义为主。

根据以上定义,网络证券交易及其相关业务主要包括:查询上市公司历史资料及证券公司提供的投资分析、投资组合等咨询信息,查询证券交易所公告、进行资金划转、网上实时委托下单、电子邮件委托下单、电子邮件对账单、公告板、电子讨论、双向交流等。

目前,证券投资者可以使用计算机、手机、双向寻呼机、机顶盒、手提式电子设备等种种信息终端随时随地查询证券实时行情、财经资讯、接受投资指导、参与投资论坛、进行委托交易、资金划拨等,并可以根据自己的偏好与需要订制各种个性化的证券专业服务,完成与证券投资相关的所有工作。

(二) 网络证券交易系统的类型

典型的网络证券交易系统主要有两类,一类是独立电子交易系统,一类是网络虚拟证券交易所。

1. 独立电子交易系统

独立电子交易系统是不同于证券投资交易所和柜台交易的"另类交易系统",是现有证券市场之外的交易市场。根据美国证券投资委员会的定义,所谓"另类交易系统"就是指证券投资交易所或证券商之外,不经过 SEC 注册,却能自动地集中、显示、撮合或交叉执行证券投资的电子系统。

在独立电子交易系统内,投资者可以自行报价、下单并执行交易。其中有些系统的结构与证券投资所相同,也获准采取上述形式进行经营,并和传统集中的证券投资所相抗衡。1995 年成立于伦敦的 Tradepoint 交易系统就属于这种类型的交易系统。其他的系统则涉及买盘、卖盘的传输和提供自动对盘等服务,美国的 Instinet 系统就是其中的一种。据统计显示,电子交易网络(Electronic Trade Network,简称 ETN)在 NASDAQ 股票市场上所占份额已达 22%。以电子交易发展较快的美国为例,现在该国主要的电子交易网络有 Instinet、The Island、Archippelago、Redi Book、Attain 及 B-Trade 等,其中 Instinet 是最成功的电子交易网络,其市场份额占美国独立电子交易系统交易总额的 69%。交易系统的交易费用都很低,具有强大的竞争优势。

独立电子交易系统的产生,一是由于网络技术的发展。独立电子交易系统的产生是以网络技术为基础的。网络技术的发展降低了交易过程对有形场地的依赖,打破了时间和空间上的限制。为适应新技术的发展和运用网络技术占据有利的竞争地位,20 世纪 90 年代初,各商业机构竞相开发出各种形式的自动对盘系统,促进了独立电子交易系统的产生和兴起。二是降低交易成本的需要。传统证券市场的主要参与者为"做市商",由于"做市商"市场的买卖差价通常较大,因此,出现了一些专门为单打独斗的投资者服务的、独立的电子交易网络系统,投资者便可以在网络系统内,按照比较大的"做市商"提供的报价稍低的卖价,或稍高的买价进行交易。

2. 网络虚拟证券交易所

所谓虚拟交易是指投资者不通过证券商和交易所而直接在互联网上进行股票买卖。网络虚拟交易所没有固定的交易场所,也没有正式的营业机构,只有一些可供投资者选择的互联网或网上自动撮合系统。在网络虚拟交易所的交易中,投资者和经纪商通过一对一、一对多或多对多的形式进行交易。以日本大阪证券投资所于 1999 年 1 月 25 日推出的 J-NET 为例:J-NET 是一个典型的证券投资所新型开放式的网络交易系统。J-NET 的基本概念是联系不同交易参与者电脑终端的交易网络,它是一个将交易所、交易所经纪会员和其他机构客户连接起来的电脑网络。它不仅能为经纪会员和机构投资者提供网络协商交易的方式,而且还具有强大的网络交易功能,可以在短时间内连接大阪证券交易所订单驱动下的股票市场,这使参与者可以使用终端机直接参与买卖在大阪证券交易所挂牌的所有证券产品。同时,通过与海外交易网络会员的网络连接,J-NET系统还可以为海外会员提供直接的交易服务。J-NET系统以电子交易通用的通信协定FXI为基础,可以与在日本或全球的其他交易所相连接。随着J-NET的推出,大阪证券交易所的国际国内竞争力得到了大大的提高,投资所的证券成交量稳步上升。1999年3月,在J-NET推出仅一个多月后,大阪证券投资所的每日平均成交量已达到1.13亿股。

网络虚拟证券交易所的交易方式主要有公告牌(Bulletin Board)方式和撮合方式两种。

(1) 公告牌方式

公告牌方式是较低层次的网络交易,类似于早期一对一或一对多的证券投资谈判,投资者在网络虚拟交易所或其他站点上挂出公告牌,显示自己的买卖意向。

(2) 撮合方式

网络虚拟交易所为投资者提供撮合系统,投资者可以直接把订单输入到网络虚拟交易所的撮合系统,通过撮合系统成交。目前,互联网上已经出现了几个订单配对系统,但由于系统对清算问题尚不能有效解决,交易的安全性和透明度难以保障,投资大众尚未接受这几个订单配对系统。然而,从长远来看,随着网络技术的发展和交易规则的完善,这些问题均能得以解决,网络证券交易将得到更大发展。

(三) 网络证券交易的操作程序

在网络上进行证券交易,其程序和我们现实的交易步骤是一样的,只不过实现交易的手段不同而已,原来需要亲自去交易所办理的一切手续,在网上交易时都可在计算机上操作。网络证券交易的操作程序包括登记开户、委托交易、交易撮合和清算交割四个步骤。

1. 登记开户

目前国外证券商已经能支持在 Internet 上进行开户,如瑞典的 Scarab 公司(www.scarab.com)。投资者将自己的电脑登录该站点后,即可直接在网上登记和开户,将自己的社会保险号、信用卡号及授权用电子邮件通知该公司,在家中即可加入证券交易者的行列。在我国,目前还不能直接在 Internet 上直接开户,但可以在网上预约开设资金账户,然后由本人持资金账户卡、股东账户卡、身份证等亲自到营业部柜台提出申请,填写《网上委托开户申请表》,并签署《网上委托业务协议书》、《风险提示书》,办理个人数字(CA)证书,这样就完成了在网上开户。

2. 委托交易

在进行网络委托交易之前,投资者首先必须安装网络证券交易系统。用户先到证券公司网站下载网上交易系统软件,安装好该系统后,运行"网上交易"委托控件,其证书通过交易控件验证后,就可以安全地进行网上委托了。无论是 Web 界面的交易方式,还是专用委托软件,一般都通过菜单方式提供证券买卖、成交查询、历史记录查询、修改密码等功能,以方便投资者进行交易和管理。Internet 通过 TCP/IP 协议将投资者的需求及买卖委托及时准确地传递给撮合电子系统并及时得到确认和成交回报。

3. 交易撮合

我国沪深两市均采用电脑方式撮合交易。在该方式下,交易所电脑主机与证券商的电脑联网,证券部本部及其分支营业机构通过终端机将买卖指令输入电脑。证券商经纪人在集中市场交易席上的终端机上接到其营业部传来的买卖申报后,经确认无误后输入交易所的电脑主机。买卖申报经交易所电脑主机接受后,按证券价格、时间排列,自开市开始时按"二优先"原则撮合成交。买卖成交后,交易所的电脑打印机自动打印成交单,买卖双方经纪人在场内成交单上签字并取回回执联,通知其营业部转告客户。

4. 清算交割

清算交割分为证券和价款两项。在证券买卖成交后,买方需支付一定款项以获得所购证券,卖方需支付一定的证券以获得相应价款,这就是需要进行清算交割。清算交割是核算买卖双方需支付的证券和价款的数量,买卖双方根据核算分别支付证券和价款。清算是交易的基础和保证,交割是清算的后续与完成。

证券登记结算机构与证券经营机构之间的清算交割通过计算机网络进行。各类证券按券种分类应收应付轧抵净额后交割,以统一货币单位计算价款应收应付轧抵净额后的交割。投资者的证券往往由证券经营机构集中保管,投资者的证券交割由证券经营机构自动划转。证券经营机构与投资者之间的资金清算,一般通过证券营业部的电脑系统或与该营业部联网的结算银行电脑中心进行处理。当客户证券卖出成交返回后,计算机系统即时将资金增加到用户的账户上;当客户证券买入成交后,则即时将所需资金从用户的账户中划去。

(四) 网络证券交易的优势

1. 交易范围优势

(1) 地域范围优势

网络证券交易是无形的交易方式,它不需要有形的交易场所,可以利用四通八达的通讯网络,把各地的投资者联系在这个无形的交易场所中。这样,网络证券交易突破了传统证券交易的地域限制,只要有计算机及网络出口的地方都能成为投资场所。

(2) 时间范围优势

互联网的普及,不仅方便了那些有投资欲望但无暇或不方便前往证券营业部的投资者进行投资,并且投资者不再受到恶劣天气的影响,不论在任何一个地方都可以通过互联网看到股市行情,并下单,使潜在区域的客户得到扩大。如果投资者白天因故无法参加交易,还可以前一天晚上通过电脑下单。

2. 操作优势

网络证券交易的操作优势是指网上交易行情分析、下单委托、查询资料方便直观。网上交易系统不仅可以提供全套的分析系统,还能提供历史的分时走势图,完全是仿习惯性的操作,还可以查询个人股票、资金、成交等资料,而且增加了批量下单的功能。系统可以将委托准备好,当时机成熟时,发出某一笔、某几笔甚至全部委托,无须临时下单委托。湖南证券有限责任公司的情况证明了网上下单委托的效果非常好。除此之外,其证券咨询一体化系统不定期向投资者提供证券市场信息、上市公司调研报告以及各大机构提供的投资分析报告等咨询信息,通过银行转账"一卡通"进行资金的互转,更加强了账户的管理功能,如查询委托记录、利润中心、交割凭证以及资金对账单等。这些功能在可视性和实用性上远远超过了电话委托以及一般的自助委托系统,表6-2是网络证券交易系统与其他交易方式的比较。

表6-2 网络证券交易系统与其他交易方式的比较

	网上交易系统	柜台委托	大户室	电话委托	股票BP机	电视图文台
股价走势图	有	有	有	无	无	无
盘中分析	有	无	有	无	无	无
历史数据	有	无	有	无	无	无
操作地点	全国	证券部内	证券部内	全国	全市	全市
直接下单	能	能	能	能	普遍不能	普遍不能
设备可利用	电脑一机对多机	不可	不可	可	可	不可

资料来源:1. 陈旭.网上证券向我们走来.兴业证券研究,1999(11)
2. 王端霞.周末特刊:网上交易,向你走来.中国证券报,2000/03/18

3. 信息优势

在证券市场中,信息是非常重要的,尤其对信息的及时性和准确性要求特别高。目前,由于受研究成果传播途径和成本等方面的限制,对客户的研究咨询基本分为两个层次。一个层次是对机构和大户的服务,主要是提供行业研究报告和个股分析报告;另一个层次是对散户的服务,基本以股评为主。这样实际上就造成了信息的不平等,使散户在竞争中处于劣势。证券公司通过在网上发布信息在极短的时间内向所有客户传递几乎没有数量限制的信息。通过网上设置的数据库,客户随时可以便捷地查询有关宏观经济、证券市场、板块、个股等所有信息,掌握全面的背景资料,这是其他交易方式所无法比拟的。另外,利用网络向投资者提供丰富的信息资源,为投资者提供周到的资讯服务,使投资者获取信息的时间缩短,从而提高决策的有效性。网上交易从整体上提高了证券信息的对称性,使人人都可以拥有自己的"大户室",这顺应了投资者日益提高的对服务内容与质量的要求。

4. 资源配置优势

网上交易克服了市场信息不充分的缺点,提高资源配置的效率。在现实的市场经济运行中,竞争主体常常会因信息不完全而导致决策失误,进而失去发展良机,并直接影响公司的持续发展。证券交易中的信息不对称助长了证券交易中的投机成分,尽管有关法令对此做出了各种各样的限制,但仍然未能从根本上解决这一问题。Internet作为一种新的信息传输工具,通过开展网络证券交易,为客户提供快速方便的信息服务,大大提高证券市场信息的流通速度,从而使证券投资者之间获得信息的时间差大为缩短,在缓解交易信息不对称矛盾的同时又可以有效地提高证券市场定价和资源配置的功能。

5. 成本优势

由于服务的虚拟性和市场的无形化,网络证券交易对传统证券交易中所需的场地及人员不再有要求。技术进步使以往由人工进行处理的工作被计算机所替代,极大地提高了信息处理效率,有效地降低了证券公司的基础运营成本。对于网络交易的模式来说,存在着规模效应递增的规律,即当网络交易达到一定的规模之后,规模的增加将会导致平均成本的进一步下降。同时,投资者能够非常方便、快捷地发送交易指令,进行支付、交割和清算,既降低了券商的经营成本,又简化了手续,提高了效率,降低了投资者的风险。证券公司运营成本的降低为网络交易佣金的降低打开了空间,而风险降低有利于吸引更多的投资者,这些因素都能进一步有效地降低证券公司的基础运营成本。

6. 专业化服务优势

开展网络证券交易以后,证券公司之间的主要差别体现在技术支持及投资咨询服务上。证券公司以前采用的手续费折扣、不规范融资等手段已不再具有竞争力,相反,证券公司提供证券信息的全面准确程度、对客户投资指导的及时性与完善程度以及在此基础上长期积累形成的证券投资咨询品牌,将成为证券公司在竞争中取胜的重要基础。

三、网络证券结算

(一)网络证券结算机制

证券交易成交后,需要对买卖双方应收应付的证券和价款进行核定计算,并完成证券由卖方向买方转移和对应的资金由买方向卖方的转移,这一过程称证券结算。结算包括交易所与券商之间的一级结算和券商与投资者之间的二级结算两个层次。

1. 一级结算

一级结算是在当日交易结束后,交易所和券商通过证券登记结算机构进行的资金清算与证券交割。这一个结算过程是通过结算机构、上海和深圳交易所、券商及结算银行的计算机系统联网来完成的。

中国证券登记结算有限责任公司是我国法定的结算机构,实行法人结算制度,即证券经营机构、银行或其他获准经营证券业务的单位应以法人名义申请加入登记公司结算系统,成为结算系统参与人,开立结算账户后,开通资金结算业务,并与结算机构建立网络连接,形成一级结算网络。每个结算系统参与人以一个净额与登记结算公司进行资金结算。参与人自行完成与其下属分支机构间的资金结算。

整个结算流程包括以下环节:

(1)证券登记结算机构的结算系统接收证券交易所全天的交易数据。

(2)结算系统对各券商申报交易进行证券与资金的结算。

(3)结算数据传送至券商,并通过银行进行资金的结算。

(4)券商接收结算数据后,其结算系统再经由其内部网与各营业部完成清算。

(5)然后各营业部再与投资者进行结算(即二级结算)。

2. 二级结算

二级结算是券商的营业部与投资者之间进行的资金结算和证券交割。这包括两个环节,一个环节是,营业部交易系统在向证券交易所申报投资者的委托前,对买入证券的委托,先从该资金账户冻结买入证券所需的资金额度(含各项费用)。如果卖出证券委托,则从证券账户冻结相应数量的该种证券,然后再向交易所申报。另一个环节是,当营业部交易系统收到交易所的成交回报后,对买入证券所得的资金(扣除各项费用后)增加到资金账户的可用余额中。在经过了规定的交割期限(如现行的规定A股为T+1)后,买入的证券才可以卖出,原卖出证券获得的资金才可以提现。

为了避免投资者在券商营业部资金柜台和银行之间频繁的转移资金,便于投资者管理自己的证券投资和银行存款,现阶段我国普遍采用了银证转账和银证通两种方式,以方便投资者把资金在银行账户与证券保证金账户之间的转移。

(1) 银证转账

银证转账是指证券投资者在银行开立的人民币活期储蓄账户与证券机构开立的证券买卖资金账户之间,通过证券营业部提供的各种委托方式及网上交易等方式,实现资金双向实时划转的业务。在这种模式下,投资者可以随时随地通过因特网,在银行账户和证券保证金账户之间即时实现资金转移,从而使网络交易方式更加完整,交易过程更加通畅,省去了投资人在银行与证券营业部之间转款的环节,也使证券营业部取消了资金柜台。

银证转账业务的开通包括两个环节:① 申请开立储蓄存款账户。申请人持本人有效身份证件到与证券公司有银证转账协作业务的银行,申请开立储蓄存款账户。在申请时,可同时存入用于买卖证券的资金。② 申请银证转账功能。在银行柜台填写转账开户申请书,办理银证转账申请;凭投资者的身份证件、股东账户卡、资金账户卡和银行的银证转账申请表回单,到证券营业部申请,即可开通银证转账业务。申请成功后,当日即可使用银证转账功能。

银证转账的使用可通过银行或券商提供的各种手段实现,包括柜台、电话、自助、网络银行、网络证券等方式。

(2) 银证通

银证通是指在银行与券商联网的基础上,投资者直接利用在银行开立的储蓄存款账户(卡、存折)作为证券保证金账户,通过银行的委托系统(电话银行、银行柜台系统、网络银行、手机银行等),或通过证券商的委托系统(柜台委托、电话委托、自助委托、网上委托、客户呼叫中心等)进行证券买卖的一种新型金融服务业务。例如中国工商银行的"牡丹证券卡"、招商银行的"一卡通'银证通'服务"等。

在银证通业务中,投资者的股票由券商管理,相应的资金清算由银行直接在投资者的银行账户进行记账,投资者不必频繁地将资金在银行和券商间划拨,这就是通常所说的"存折炒股"。同时,投资者可直接通过银行的服务渠道买卖股票及查询交易结果,扩大了证券交易渠道,使得投资理财更方便、更便捷。买入股票时,资金从储蓄账户中扣支;卖出股票时,资金自动回到储蓄账户中,由于资金始终在银行的账户上,保证了投资者的资金安全。

在开通银证通业务时,投资者持本人身份证、股东代码卡、活期储蓄存折,到银行网点办理开户手续,并填写《银证通开户协议书》即可。具体开通流程如图6-1所示,没有股东账户的新投资者可在各银行网点办理股东代码卡。已经在券商处开立过账户的老投资者,可以先办理银证通开户,再在原券商处办理转托管和撤销指定交易手续,也可以先撤销指定交易和转托管再办理银证通开户。指定交易可在开户的银行网点办理,也可通过电话委托或网上交易自行办理。在办理银证通开户时,银行网点可能代理了多家券商的证券交易业务,投资者可根据自己对券商的了解和喜好进行选择。

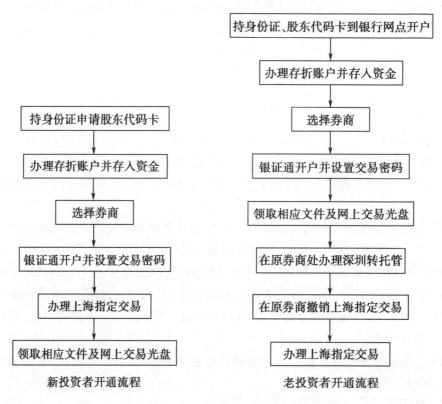

图6-1 "银证通"开通流程

银证通是在银证转账的基础上发展而来的,它在继承银证转账优点的基础上,又发展了新的功能,使得证券交易更加方便、安全、灵活,它把证券营业部柜台直接延伸到了银行柜台,从开户到交易委托及查询均可在银行完成。在委托方式上,有机整合了券商和银行所提供的各种交易渠道。目前,银证通业务是我国网络证券电子支付的最新形式,各券商和银行正在加紧合作,纷纷开通这一业务。各券商为了争取客户,也都推出了各自的银证通业务的优惠措施。

上述的银证转账和银证通业务,使证券交易的二级结算通过银行机构的参与可以自动地完成,极大地方便了投资者,也把券商的经营机构从繁杂的会计核算和现金出纳等工作中摆脱出来,从而专心致力于证券经纪业务及相关咨询服务,为投资者提供更好的投资理财服务。

（二）银行与券商合作的主要方式

目前，大多数银行与证券公司都进行了银证转账，合作方式主要有三种：

1. 通过银行卡进行银证转账

这是银证合作的最早方式。这种银证转账是银行和证券公司通过电话、手机、因特网等方式，为投资者提供的银行账户和证券资金账户互相转账的一种金融服务。

2. 用银行卡直接进行证券交易

随着银证合作的深入发展，银行推出用银行卡直接进行证券交易。采用这种方式时，将投资者的资金账户和储蓄账户合二为一，投资者只要持股东代码卡、身份证到银行的任一网点，选择一家与银行合作的证券公司进行开户，就可用其银行卡账户通过银行柜台、电话和因特网进行股票交易，包括实现从开户、销户、修改账户、修改密码、买卖股票、挂失股票、存取款、查询等整个股票交易过程。

在我国，招商银行和国通证券、河北证券合作，联合推出用招商银行的"一卡通"，直接进行买卖股票就是其中的一种。这种合作的特点是银行管资金、券商管股票，实现了个人金融业务和个人证券投资服务的有机结合。持卡人除了享有银行卡的全部功能外，还可通过银行卡中的活期存款直接买卖股票，省去银证转账的复杂程序。

3. 通过联名卡进行证券交易

投资者可以通过商业银行和证券公司的联名卡直接买卖股票。例如中国工商银行和国信证券公司合作发行的"牡丹国信证券灵通卡"，就是将银行的金融产品和证券公司的资金卡相结合。随着银行卡在个人投资者中占有的地位日益重要，银行卡的融资功能将得到提升。2000年2月，中国人民银行和证监会出台了"证券公司股票质押贷款管理办法"，允许证券公司以自营股票和证券投资基金作质押，向商业银行申请贷款。对于个人证券投资者，最终也会推出个人质押贷款业务。现在已经有一些银行在做有益的探索。只要在执行中设定优良的质押品种、严格的贷款警戒线和平仓线，个人股票质押贷款的推广应用，可进一步促进证券业的发展。

（三）网络证券支付系统

网络技术的发展对证券市场支付方式也产生了一定的变革影响，主要体现在对投资者的资金支付方面造成的强大冲击作用。

1. 银证联网方案的实现

在证券交易市场的网络支付方面，我国最早、最成功的首推招商银行的"一卡通"网上银行提供的"银证转账"业务，银证转账系统是运用计算机技术、语言处理技术、电话信号数字化技术和通信网络等手段，为客户提供通过多种媒介方式进行银行账户和证券保证金账户实时转款服务。它是商业银行对进行股票交易的客户提供的一项安全、高效的资金划转服务系统，客户可以通过电话银行，完成其在证券公司的保证金和工商银行活期储蓄存款之间的互相划转，进行银行与证券公司的转账。这种业务目前在国内的银行和证券公司之间已经广泛开展，并且被广大的股民所运用。

"银证通业务"是银证转账业务的覆盖和升级，它是商业银行的电话银行系统与证券公司的证券交易系统联网，客户储蓄账户即是证券保证金账户。客户只要凭有关证件到银行的网点就可以开户,并通过银行的委托电话和银行的网上交易系统直接进行证券的买卖,其证券的交易资金直接在客户指定的银行账户上进行清算。这种模式,投资者可以实现及时资金转移,对自己账户的情况一目了然,从而使网上交易活动更通畅。

2. 银证合作的意义

在我国目前金融分业经营的大背景下,银证合作业务的开展,其意义绝不仅仅是方便投资者进行证券投资操作,更重要的是在银行和证券业之间建立了一个桥梁,对银行和证券业的长远发展都有重要意义。

(1) 为投资者进行证券交易提供方便

银行和券商合作后,买卖证券的资金清算均在银行账户内进行,投资者无需在证券营业部存放资金,可以使用银行的存款账户随时买卖股票,极大地方便了"上班族"及社会各界人士将资金投资于证券市场。投资者借助电话、网络证券系统等现代化手段,随时随地以任何方式进行股票交易,节省了投资者往返银行与证券营业部办理各种业务的成本和时间。银行证券转账系统为投资者在银行和券商之间划拨资金建立了一条快速途径。投资者不管是在券商营业部各种委托终端,还是在银行储蓄网点各种终端上,均可通过电子划账方式,将其银行资金与证券保证金之间进行双向划拨,为投资者提供了有效的理财手段,同时促进了银行和证券公司的业务发展。

(2) 银证双方优势互补利益共享

由于我国的银行业和证券业实行分业管理,不允许直接介入对方业务范围,若通过银行卡作为银行与券商之间的合作纽带,就可充分利用银行的发卡优势、电子支付优势和网点优势,通过柜员机、电话和网络证券等多种手段,开展国债、企业债券、开放式基金等金融产品的销售。可使银行卡的功能增加,从存取款和消费功能,扩大到理财功能以满足民众的全方位金融服务需求。

同时,券商也可将其投资理念、理财品种介绍给持卡人,增加银行卡的理财服务功能,银行与券商可共享对方的资源,在政策允许的范围内实现业务品种的互补,推动个人银证理财业务、券商经纪业务的发展,并推动网络证券业务的发展。

(3) 增加银行合作中间业务收入

从商业银行来看,银证合作的需求更加迫切。中国的商业银行无论是从体制、运行机制还是从业务模式、金融工具上看仍然是比较传统的,相对于证券、保险而言,银行的市场化程度较低,创新能力明显不足。目前,中国的商业银行的利润93%左右仍然依赖传统业务,这也是中国商业银行竞争力滑坡的一个深层次原因。2001年7月,中国人民银行颁布的《商业银行中间业务暂行办法》从理念上开启了银证合作的先河。工具和业务的创新对中国的商业银行来说是至关重要,是提升其综合竞争力的关键。银证合作业务作为银行的中间业务,具有风险低、收益高的特点。代理债券、开放式基金的销售、直接买卖股票等业务,能给银行带来可观的业务收入。银证合作也大大刺激了银行卡市场的发展,拓宽了银行卡的功能,已经使银行卡成为人们日常理财的主要金融工具之一。可以预期,随着网上交易业务、利用银行卡直接买卖股票等证券交易方式的开拓,券商委托银行网点代办开户业务等银证合作方式将不断发展。

第三节 网络证券对证券市场的影响

网络证券为证券投资者提供了一个快捷又互动的跨国联系方式,方便了金融服务供应商吸引、联络和服务其客户,为证券交易提供了一个广阔的新天地,但同时也给证券市场带来了新的挑战。

专栏 6-2

3G 将改券商经营格局　安全问题考验网上证券

业内人士预计,3G 技术将带动网络证券进一步发展,甚至可能改变券商经营格局。不过,安全问题考验着网络证券。投资者要增强安全意识,加强自我保护,确保网上交易安全。

3G 将改变券商经营格局

中国银河证券股份有限公司电子商务部总经理王锦炎预计,3G 技术在移动证券电子商务上的应用,为中国证券市场注入新的活力的同时,也必将变革证券公司经纪业务的经营方式、业务方式和管理方式。

首先,证券公司的经营模式将会发生改变,证券公司经纪业务将从过去通道交易服务向咨询服务、投资理财服务转变。

同时,证券公司的服务方式将发生变化,互联网将促进证券公司建立统一的客户咨询服务体系,打造统一的证券电子商务平台,通过互联网跨时空、跨地域和低成本优势,有效发展证券公司整体的营销服务能力,为投资者提供优质的投资理财服务,促进投资者财富增长。

最重要的是,传统证券公司的经营格局将会改变,在证券电子商务竞争中占有优势的券商将最大限度地吸引并争夺弱势券商的市场份额。

王锦炎认为,证券公司新的一轮竞争序幕已拉开,证券公司的竞争格局有可能面临重新洗牌。目前,部分领先的证券公司已经从公司战略的高度进行 3G 发展布局,从组织上、人力资源上、技术上集中投入力量,大力发展 3G 手机证券业务,以抢占未来证券经纪业务的制高点。3G 技术的应用为中国证券行业创造了一个群雄逐鹿的崭新时代,《证券公司网上证券信息系统技术指引》的颁布为加速市场创新、控制技术风险创建了良好的基础,通过 3G 互联网手机争夺市场份额,必将成为证券公司下一个市场竞争的重要领域。

安全问题考验网上证券

国信证券有限责任公司首席工程师廖亚滨表示,网上证券是伴随着互联网、手机应用技术的高速发展而发展起来的,与其他电子商务类似,在信息安全保护上始终面临着严峻的挑战。

> 他说,安全是网上证券的重中之重。《指引》要求各证券公司采用符合有关规定的信息安全标准、技术标准、业务标准;建立针对网上证券业务的管理制度,采取适当的内部制约机制,将其纳入风险控制的总体框架;保证网上证券业务处理系统的安全性,保证数据信息资料的完整性、可靠性、安全性和不可抵赖性;提倡使用第三方认证,并妥善保管密码、密钥等认证数据;明确要求证券公司具有一定的业务容量、业务连续性、应急计划等安全防范措施。
>
> 廖亚滨表示,国信证券作为最早开展网上证券业务的证券公司之一,通过互联网、手机为客户提供交易、咨询服务的比例超过90%。《指引》的出台,进一步为公司发展网上证券提供了安全标准,将更有利于规范公司的网上证券业务,推动公司网上证券业务和电子商务的健康、有序发展;更有利于明确公司网上证券业务参与各方的权利义务,防范网上证券风险;更有利于推动公司网上证券工具创新,提升公司网上证券服务质量;更有利于公司防范和打击网上证券违法犯罪活动。
>
> 资料来源:中国证券报 http://www.cs.com.cn/
> http://it.hexun.com/2009-06-26/119047915.html

一、网络证券对证券市场的积极影响

从网络证券发展的整体态势来看,网络证券交易除了能够大幅度降低交易成本,提高证券交易的透明度,满足投资者多种形式的需求以外,还对证券市场的发展有更多积极的影响。

(一)提高了证券市场的运行效率

互联网拥有信息量大、传播快等特点,它在投资者、证券商、上市公司、交易所和信息服务商之间架设了一座沟通的通道,通过网上高效、迅捷的信息传递和交换,降低了信息不对称性,改善了证券市场的透明度和运作效率。

网络使得"瞬间传输"成为可能,几秒钟之内即可实现信息交换,同时使得许多证券公司都可以在自己的网站上免费向投资者提供各种信息和服务。通过网上设置的数据库,投资者基本上都能看到当天的即时股市行情、个股详解、大盘显示、排行榜、历史行情、分时走势图以及日K线、周K线、月K线、分钟K线、技术曲线、分股对照,还有综合指标排行等等,只要投资者有一台上网电脑,就可随时关注股市走向,掌握全面的技术资料。此外,网站还提供公告备忘、新股信息、公司新闻、证券要闻、个股研判、数据汇总、热门股追踪等方便投资者随时了解市场动态。有些网站甚至推出了专家推荐与评点,对投资者进行投资教育与问题解答,使投资者有所借鉴,不再盲目投资。并且证券公司通过网站发布信息和电子邮件发送信息,可以在极短的时间内向所有客户传递,几乎没有数量限制。这是其他交易方式所无法比拟的。

另一方面,网络的存在,加快证券市场信息流动的速度,提高了资源配置效率。以证券发行为例,以往大多数投资者只能被动地接收发行人通过书面文字传出的信息,而"网上路演"的出现,使得发行人和投资者之间有了直接交流的机会。不仅专门为各上市公司提供网上推介会、消息发布会、企业形象宣传等各种大型活动,使发行人的信息可以实时传递给投资者,而且投资者的意见也可以在第一时间通过电子邮件或留言板的形式直接反馈给发行人。通过"网上路演",上市公司能以最经济的费用,在最短的时间内,收到良好的推介效果,这大大提高了证券发行的效率,使得证券发行的信息披露更为透明。

(二)推动了证券市场交易模式的变革,有利于促进市场竞争和业务创新

从券商角度来说,在传统证券业务经营模式下,公司规模往往成为是否具有竞争优势的唯一标准。大公司对证券市场的长期垄断不利于市场竞争,而网上证券交易的发展给小证券公司带来了极大的发展机遇。面对新技术,无论是大公司还是小公司,大家几乎都是站在同一条起跑线上,谁能更快一些适应市场的变化,从根本上提高服务质量最终完成自身的变革,谁就能在竞争中具有一定的优势。

从投资者角度来说,他在整个交易过程中,最关心的是如何利用最有效的途径获得有关股票行情、企业基本情况和盘面走势等诸多实用、实时、有效的信息,继而以最快的方式参与交易。由于网上证券交易具有良好的实时性和互动性,并且目前数据加密传输、多重用户身份认证、主叫号码捕捉等高新技术已广泛被在线交易所采用,其安全性和适用性高于其他方式,券商就有可能加强和深化对客户的服务,在业务上不断推陈出新。网络时代,从登记开户、买卖委托到清算交割乃至行情数据发布的整个过程都可以完全在网上完成,而不必拘泥于有形的交易场所,进而导致网上虚拟交易所的诞生。同时,券商可以利用资源改善服务质量,提供高水平的信息服务、投资咨询和研究报告等,从而导致证券市场的竞争主要体现在技术支持和投资咨询服务上。

(三)有利于吸引更多的投资者

互联网的最大特点在于开放性,也就是说一个国内投资者在世界任何地方、任何时间只要能上网,只需一次开户就能够长期操作,进行交易,完全不受空间、时间的限制。因此任何可能上网者都有可能成为潜在客户。

网络证券交易对于普通投资者来说不仅提供了获取信息和参与交易的一个平等的渠道,也提高了服务质量。对于券商来说只要其公司和营业部在投资者中建立起良好的信誉和品牌,只需保持对网站软、硬件的及时升级、维护,其客户范围就可能遍及全国各地,甚至全球,在数量上做到几乎无限制扩张。这一点对那些区域性证券公司尤其具有吸引力。网络证券交易使得信息的流动更为迅速,信息内容更为广泛,信息传播的渠道更为多样,投资者可充分利用信息优势,使投资行为不再盲目,更趋于理性。

(四)推动了证券中介机构的联合

网络交易的发展,使证券商之间的联系更加紧密。比如,亚洲五家重要的证券公司包括日本蓝泽证券株式会社、台湾群益证券股票有限公司、韩国远东证券有限公司和香港大福证券集团有限公司、香港日亚集团有限公司建立了伙伴联盟关系,成为全亚洲首个跨国界网络股票交易联网,参与的证券公司都将开发各自现有的网络交易系统给其伙伴作为使用界面。投资者只需进入参与联盟的本地证券行的网站,便可以自动享受其他几家证券商网站的服务,发出网络买卖指示和交易。

(五)推动了全球证券市场的一体化进程

互联网在证券市场的运用不但延长了单个系统的交易时间,还会将全球众多的交易

系统连接起来，从而使全球证券市场 24 小时不间断地连续交易成为现实。网上交易不局限于某一国家或地区，这意味着超越国界的市场和资金流动，特别是从技术、信息共享、效率和同步性等方面为证券市场国际化提供了更有效的手段，其发展的结果必然是推动全球证券市场一体化。

（六）网络证券对证券经纪商的影响

网络证券除了有利于降低证券经纪商的经营成本外，还有如下好处：

1. 提高交易安全性

由于网上交易可以采用数字签名、公共和私人密钥、加密算法、国际标准加密协议、交易网关等先进加密方式进行身份认证和传输处理，因而网络证券交易并不比普通的柜台委托、电话委托、自动委托、远程自助委托等当前交易手段有更高的风险性。相反，可以避免有形营业部带来的诸如天灾、人为事故等营业风险，可大大提高交易的安全性。

2. 提高服务质量及公司商誉

开展网上交易业务，可提高公司各项业务的电子化、网络化水平，在客户中树立公司高科技的形象，提高公司在投资者心目中的地位。

3. 克服现有非现场交易方式的缺陷，降低交易成本

如电话委托的缺陷是直观性较差，而可视电话委托的行情稳定性差，异地委托的长途电话费用太大，等等。网络证券改变了传统的运营成本，豪华的营业大厅和庞大的员工费用的支付改变为计算机软硬件等的支付，大大降低了成本。

4. 创造新的与银行及电脑商合作的条件

券商可以把投资者的保证金直接委托给银行管理，节省了费用，减少了出差错的风险，券商也可把网络维护的工作外包给电脑商，既可获得最先进的技术服务且带来交易系统运作的稳定性，又将购买系统的一次性支出变为逐年的分批支出，减少运营风险。

尽管网络证券对证券商带来了如此良好的优势和前景，但在网络竞争日趋激烈的今天，网络券商也必须有自己的特色服务，充分利用这一有利条件，不断进行创新，谋求更大的发展。正如由香港联交所、证监会、期交所及"明天会更好"基金联合委托美国麻省理工大学及 WEIL & COMPANY 魏尔教授撰写的报告指出，传统经纪行业将出现重大变革，只有那些能够高瞻远瞩并积极开拓有关新科技的公司才会有不俗的表现。

总之，网络证券将使得证券市场的竞争更为激烈，更有利于投资者，也为证券市场的健康发展提供了良好的基础。

二、网络证券交易对证券市场的挑战

网络证券业务的发展提高了证券交易的效率，减少了交易过程的成本，但是，网络化也使证券市场面临一些前所未有的挑战。

专栏 6-3

网络金融市场电子交易系统

1999年,全球金融系统委员会(CGFS,前身为欧洲货币区委员会)成立,它的主要职责是了解国际银行间市场、金融衍生市场标准化管理,如电子交易平台在全球自由市场中的作用,它在2001年发表的一篇报告中将电子交易系统(Electronic Trading Systems, ETS)界定为:电子订单从用户到系统执行之间的自动传递,自动交易执行以及成交以后的信息传递(包括交易的价格与数量数据等)的服务系统。

ETS正在改变市场的结构。首先,它对市场结构中的透明性和效率造成了重要影响。在交易商之间的市场中,双边OTC关系正向一个更具透明性的集中定价方式发展。在某种意义上,由于外汇交易市场存在更多的竞争系统,ETS对外汇交易市场的影响比固定收益市场的影响更大。交易商之间的口头订单和直接交易正逐渐消失,一个公平的、集中的开放式金融网络正在形成,它将允许所有的交易者直接进行交易。

虽然,ETS有着较低的可变成本,但是如果考虑IT基础设施的固定成本,将有着较高的进入成本。"第一优势"以及网络外部性使得新系统难以吸引原有系统的客户,从一个平台转向另一平台的流动性并不高。尽管ETS使市场透明度更高,但是交易信息的披露并不总是导致更好的市场机制。

最后,ETS对金融稳定性的影响。虽然流动性不能指望ETS有所改观,或是期望通过市场的分割来影响套利成本,但是ETS确实产生了新的风险。ETS处理第三方信用风险影响使用的程度依据其重点而不同。ETS已经改善了单个公司的运营效率,但是它也增加这些系统之间的依赖性(因此系统双方以及管理当局必须关注系统的设计、系统的稳健度及其处理偶发事故的能力)。ETS降低了交易成本,但是也带来了系统可能崩溃的问题。具体例子如,系统通过定价引擎可以自动完成交易,这些自动执行系统在特定情况下可能需要人工的干预,但是这种干预是否能适时、有效地进行值得考虑。

资料来源:http://www.ssrn.com; Stijn Claessens, E-Finance in Emerging Markets: Is Leapfrogging Possible?

(一)自由交易机制问题

交易结构向自动化交易的改变使得在提供流动性方面,职业做市商的地位下降,而公众投资者的地位上升。这种趋势表现为做市商的规模变大,而机构投资者作为短期做市商和流动性提供者的地位加强。投资者和市场的直接接触使投资者和市场专家的力量对比发生了变化,投资者可以方便地修改订单,从而可能踢开做市商。

(二)充分信息下的交易公平问题

自动化交易市场限制了协商定价的数量和性质。自动化委托订单不能防止信息泄露,这方面不如大厅交易和电话交易。下达订单本身就表达了一些信息,换句话说,即自动交易系统有利于小额交易而不利于大额交易。大额交易订单会泄露价格变动的信息。电子交易系统使得难以判断做市商得到了多少信息。自动化交易也增加了躲在"屏幕"后面得到信息的交易商的"隐蔽性"。

(三)加剧市场波动

网络证券的发展往往影响到各国证券市场的稳定。一方面,从实践来看,网上经纪业务作为一种新的交易渠道和交易平台,还存在一些技术和投资效益方面的风险,如美国加利福尼亚大学戴维斯分校商学院教授 Brad Barber 和 Terrance Odean 的研究成果表明,由于在线投资者的交易过于频繁,高的投资组合变动率直接对应于低的投资收益,反而会出现投资者整体收益下降的情况。另一方面,散户投资者的行为会加大市场变动幅度,在大市行情看涨时,他们纷纷买入股票,推高股价;在大市大幅滑落时,他们又匆忙沽售套现,进一步压低股价,从而在一定程度上加剧了证券市场的波动性。

(四)延长交易时间带来诸多问题

全球证券市场 24 小时运营的基础就是单个交易所的 24 小时不间断运作,实现这一目标的途径主要有延长本部的交易时间、在其他时区设立分部、和其他交易所建立联盟实现联网等方式。但是在目前运行体系下,24 小时的不间断运营,将会对证券市场造成以下影响。

1. 延长交易时间将增加证券经营机构的成本

如做市商和专家的参与时间必须延长,证券经纪机构必须向投资者提供晚间交易服务,从而营业时间的延长增加经纪商的运作成本。

2. 对现行证券结算体系提出了挑战

美国目前对证券结算实行 T+3 制度,券商通常在每个交易日的下午 4 点对每日交易进行登录。随着交易时间延长,4 点以后或晚间交易将导致 T+4 的产生,这不仅会增加结算成本,而且会造成结算体系的混乱。

3. 对证券价格造成一定的影响

如果晚间交易参与者较少,将导致证券流动性不足,将为证券价格操纵者提供条件。如仍用 4 点的价格作收盘价,延长交易时间又给如何确定证券价格带来难题。

(五)挑战传统证券交易所的地位

1. 对传统证券交易所的市场垄断地位提出了挑战

网络证券业务的发展,特别是独立交易系统和网络虚拟证券交易所的诞生,对传统证券交易所的市场垄断地位提出了挑战。网络证券迅速攫取的市场份额,给传统的证券交易所带来日益巨大的竞争压力。据统计,截止 2003 年,在全球交易所联盟(WEF)中,已有 95% 的交易所采用了电子化的交易系统。2008 年 7 月 11 日,纳斯达克市场股票成交量总计 17.26 亿股,超过了纽约证交所的 17.23 亿股。纳斯达克因此在纽约证交所上市股票中占据了 25.9% 的市场份额,略高于纽约证交所的 25.8%。这是纳斯达克市场在纽约证交所上市股票的成交量方面超过了纽约证交所主板,这也成为华尔街证券交易发生巨变的一个里程碑。

2. 对传统证券交易所的法律地位提出了挑战

网络证券的发展使传统证券交易所在法律地位上受到独立证券投资系统的挑战。例如,美国证券投资委员会已于1998年底,同意将当前以券商身份登记在一般交易所名下的"另类交易系统",自行登记为独立的证券交易所,并取得自律机构的地位。这无疑将加大传统证券交易所的竞争压力。

从目前的情况看,独立电子交易系统对传统证券交易所已经构成了实在的挑战和威胁,而网络虚拟证券交易所由于尚未形成规模,目前尚不存在较大的威胁,但基于网络虚拟证券交易所的性质,其未来对传统交易所提出的挑战也许是致命的,甚至可能会导致有形交易场所的逐步消亡。

3. 使传统证券交易所的价值作用受到怀疑

网络证券业务的发展,也使得证券交易所的作用受到怀疑。一般来说,证券交易所除了支持交易功能或提供结算服务以外,还具有以下几项独特而有长久价值的功能。

(1) 交易所为金融产品交易提供一个规范化的环境,通常包括应有的透明度、保持公平等的保障制度。

(2) 交易所为规则制定者实行其职责提供方便的场所。

(3) 交易所为会员们核实会员资格并授予证书,这些证书通常是人们达到专业化程度的标志。

(4) 交易所负责部署有价值的产品研究和开发项目,组织有关产品设计和产品标准的研讨会。

(5) 交易所提供有价值的产品销售与教育服务,作为对证券公司服务的补充。

4. 促使传统证券交易所重新进行战略性定位

网络证券业务的迅猛发展可能会导致降低证券交易所作为交易所而提供的增值价值,但对其他方面的作用不能取而代之。网络交易技术的发展可以促使传统的证券交易所改革交易模式,提升交易所的交易技术,转变交易所的监管理念,因而也有助于证券投资所开辟新的市场领域。

进入到20世纪90年代以后,随着网络证券业务的不断发展,交易所之间的竞争已变得异常激烈,传统证券交易所也在重新进行战略性定位。其主要趋势表现为:

(1) 交易所组织模式发生了变革,一些交易所从传统的会员制改革为公司制并上市,以提高交易所的经营效率和竞争能力。

(2) 交易所之间的区域性合并或跨国联盟,如伦敦交易所寻求与德国交易所之间的合并。

(3) 不同金融产品和金融服务的交易所合并,发展为提供综合性服务的交易所,如香港联交所和期交所的合并。

(4) 针对网络交易的发展,积极推出新的交易系统,以提高运作效率,迎接新技术的挑战。

(六) 对现行监管体制提出严峻挑战

在不少发达国家,从证券的发行上市、买卖委托、证券托管、登记开户直至清算交割等流程环节都开展网上服务,传统的监管体制和监管手段在网络时代出现了明显的不适应,立法机构和证券主管机关面临着重新立法和开展新的监管任务。

【能力训练】

1. 举例说明网上路演系统在网络证券发行中的地位和作用。
2. 讨论网络证券发行的实质及其对现行证券发行业务的影响。
3. 试以招商银行的"一卡通"银证通为例,说明网络证券结算的优势。
4. 案例分析

"只有银行账号是真的,其他都是假的",有人如此形容"扰乱证券市场秩序,害人不浅"的非法证券网站。一些不法机构和个人或是冒用品牌较佳的证券公司、证券投资咨询机构名义,设立名称相同或相近的网站,或者利用网站的论坛、股吧、博客、QQ群等互动栏目作为营销平台,通过夸大宣传、承诺收益等手段,招揽会员或客户,以收取会费、收益分成等方式牟利。或是使用"即将暴涨"、"超级短线黑马"、"大胆买进"等语言明确买卖点位,鼓吹诱人的盈利率,骗取投资者的信任与钱财,非法开展证券投资咨询、证券委托理财活动。

去年5月28日成立的东兴证券就被一些不法分子盯上,成立不到4个月时间就发现公司网站外观被6、7家非法网站模仿。令人惊诧的是,在发现非法网站后,东兴证券工作人员按照非法网站所留电话以投资者的身份与对方取得了联系,"李逵"面对"李鬼",工作人员发现,对方不但网站模仿得像,还对东兴证券的背景资料了解得清清楚楚,令投资者很难分辨其真假。

通过此案例,试分析如何辨别非法证券网站?各方利益相关者应各采取何种措施保护自身的合法权益?

【参考答案】

通过与非法证券活动"斗智斗勇",业内人士表示:"有些非法网站号称成为会员后一个月稳赚300%,但天下没有免费的午餐,证券市场风险和收益并存,事实上没有人有这个能力。"提示投资者,有三个途径辨别非法证券网站:首先,发布的信息内容均以煽动性语言诱导投资者缴纳会费、参与投资;其次,公布收款账号,户名为自然人;最后,网站公布的投资咨询许可证号、投资分析师的姓名、照片、执业资格证书编号及公司简介等均为虚假信息,在中国证券业协会的公示信息中没有对应的查询结果。

相关公司客服部门在接到投资者打来的咨询电话后,应立即采取应急措施,向公安局信息网络安全报警服务网站等主管部门报案,申请公安部门对上述非法行为立案查处和取缔;并向中国证监会及北京证监局、中国证券业协会汇报相关情况;此外,在主流证券媒体、公司官方网站、公司营业场所等发表声明,公示正确网址,提醒投资者注意此类网站均为假冒。此外,投资者应提高警惕,切莫贪图"天上掉下的馅饼",应通过合法途径、用科学手段参与证券投资。

面对非法网站,券商主动为投资者把好关,对这类做法,监管机构表示认可。而早在今年1月份,北京证监局就曾发布《关于防范假冒公司网站名义进行诈骗活动的紧急通知》,指导辖区内机构在遇到非法网站时可采取加强网络监控,及时发现非法行为,并立即通过多种方式提醒投资者,协调搜索引擎公司屏蔽该非法网站,同时及时向公安部门网络监控中心报告,以及认真做好信息公示和投资者教育工作。

针对未来的"打非"活动,北京证监局相关人士表示,将在中国证监会的统一部署下,公布北京辖区内合法的证券机构名录,并将结合北京已有的"打非"机制,与北京市公安部门、相关行政主管部门联合采取有效行动,严厉打击非法证券咨询活动,切实维护投资者合法权益。

【网络资源与阅读书目】
1. 中国证券网 http://www.cnstock.com
2. 和讯网 http://www.hexun.com
3. 国研网 http://www.drcnet.com.cn
4. 全景网 http://www.p5w.net
5. 杨天翔,邵燕华,薛誉华.网络金融.复旦大学出版社,2004
6. 叶蔚,袁清文.网络金融概论.北京大学出版社,2006
7. 赵亮.电子商务概论.第2版.河南人民出版社,2007
8. 夏名首.网络支付与结算.清华大学出版社,北京交通大学出版社,2007
9. 胡玫艳.网络金融学.对外经济贸易大学出版社,2008

第七章 网络保险

【本章要点】 本章着重介绍了网络保险的概念,分析了网络保险的特点及其优势,说明了网络保险在现代保险市场发展中的作用和影响,比较了目前网络保险的几种发展模式,总结了网络保险发展中存在的问题并预测了其发展趋势;介绍了网络保险的各种业务及业务流程;分析了网络保险业务的组织管理模式和管理流程,介绍了网络保险业务的营销管理及其支持系统,提出了网络保险业务的风险性和监管措施。

【本章重点与难点】 本章的重点在于网络保险的概念及其特点;网络保险的优势和作用;网络保险的发展模式;网络保险业务的主要内容和基本流程。难点是网络保险的组织管理模式和管理流程;网络保险业务的营销管理及其支持系统;网络保险业务的风险性和监管措施。

【基本概念】 网络保险 网上理赔 网络保险超市 竞价销售模式 展业 核保 承保 水平门户服务模型 垂直门户服务模型 集成商模型 在线保险承保人 网络保险的营销决策支持系统

保险业曾经是金融领域电子化程度最低的一个产业。目前,互联网的快速发展为网络保险的发展提供了良好的机遇,促使一种全新的保险经营方式——网络保险应运而生。信息技术对保险业的影响是巨大的,网络保险作为一种低成本、高效率运作的保险产品营销工具越来越受到各保险公司的重视。近年来在互联网上提供保险咨询和销售保险单的网站在欧美和日本等发达国家大量涌现,网上投保量激增。

第一节 网络保险概述

20世纪90年代以来,美国、日本、西欧等发达国家和地区的保险业迅速加大对互联网的运用力度,许多知名的保险公司纷纷通过在互联网上设立站点或主页开展宣传、咨询、营销和客户服务等,率先抢占网上市场,将发展互联网业务作为公司战略规划的重要组成部分。

全球最大的保险及资产管理公司之一的法国安盛集团,1996年就在德国试行了网上直销,目前约有8%的新单业务通过互联网来完成。美国国民第一证券银行首创通过互联网销售保险单,美国也成为网络保险的发展先驱。1999年7月,日本出现了首家完全通过互联网推销保险业务的保险公司。

由于电子商务已经开始动摇国际承保市场的整个流程,英国劳合社、国际承保协会和劳合社保险经纪人协会甚至提出了激进的改革方案,明确表示在保费计算、理赔和其他流程上应该考虑保险电子商务的因素。

一、网络保险的概念

网络保险,即网上保险或保险电子商务,是指保险公司或新型的网络保险中介机构以互联网和各种现代信息技术来支持保险经营管理活动的经济行为。它包含两个层次的含义,一是指保险人利用网络进行内部管理,主要包括利用网络对公司员工和代理人的培训;利用网络与公司股东、代理人、保险监督机构等相关人员和机构进行信息交流;保险中介公司利用网络开展业务等企业活动。二是指保险公司通过互联网络开展电子商务,主要包括利用网络与客户交流信息,利用网络为客户提供有关保险的信息,甚至实现网上"签单"等。通俗地讲,网络保险就是通过互联网等进行保险咨询、险种费率查询、承保、理赔等一系列业务活动。

因此,网络保险有广义和狭义之分。狭义上网络保险是指保险公司或新型的网络保险中介机构通过互联网网站为客户提供有关保险产品和服务的信息并实现网上投保,直接完成保险产品和服务的销售,由银行将保险费划入保险公司;广义上网络保险还包括保险公司内部基于 Internet 技术的经营管理活动,以及在此基础上的保险公司之间、保险公司与公司股东、保险监管、税务、工商管理等机构之间的交易和信息交流活动。它反映了保险人或保险中介人通过网络技术,利用已形成的网络组织,利用一个综合的人机系统从事的保险产品营销活动。

二、网络保险的特点

网络保险的发展既是知识经济时代经济全球化、网络化等因素的推动,也是保险业自身发展的内在要求。保险服务的自身特点,为保险和互联网的结合奠定了基础。与传统的保险行为相比,网络保险具有以下重要特征:

1. 虚拟性

开展网络保险不需要具体的建筑物和地址,只需要申请一个网址,建立一个服务器,并与相关交易机构进行连接,可以通过互联网进行交易。它并无现实的纸币或金属货币,一切金融往来都是以数字在网络上得以进行。

2. 直接性

网络使得客户与保险机构的相互作用更加直接,它解除了传统交易条件下双方活动的时间、空间限制,与传统营销"一对多"的传播方式不同的是,网上营销可以随时根据消费者的个性化需要提供"一对一"的个性化信息。客户也可以主动选择和实现自己的投保意愿,无须消极接受保险中介人的硬性推销,并可以在多家保险公司及多种产品中实现多样化的比较和选择。

3. 电子化

客户与保险机构之间通过网络进行交易,尽可能在经济交易中采用电子单据、电子传递、电子货币交割,实现无纸化交易,避免了传统的保险活动中书写任务繁重且不易保存、传递速度慢等缺点,实现了快速、准确双向式的数据信息交流。

4. 时效性

网络使得保险公司随时可以准确、迅速、简洁地为客户提供所需的资料,客户也可以方便快捷地访问保险公司的客户服务系统,获得诸如公司背景、保险产品及费率的详细情况;而当保险公司有新产品推出时,保险人可以用公告牌、电子邮件等方式向全球发布电子广告,向顾客发送有关保险动态、防灾防损咨询等信息,投保人也无须等待销售代表回复电话,可以自行查询信息,了解新的保险产品的情况,有效解除了借助报纸、印刷型宣传小册子时效性差的缺点。

三、网络保险的优势

网络保险因跨越时空、透明度高、覆盖面广而日益被投保人认同。现实生活中大多数投保人的保险知识都较为缺乏,询问业务员时,对方又往往夸大保险责任,简略除外责任,导致日后的理赔纠纷。一项问卷调查显示,35%的被调查者知道网络保险,其中46%的人希望尝试网络保险。

(一) 提高投保人的投保效率

由于网络保险透明,减少了保险推销的中间环节,节省了花在分支机构代理网点及营销员上的大量费用,降低了费率,以较低成本获取较大收益。在传统方式上,投保人如想了解充分的投保信息,他的成本是很大的,他需要和代理人或经纪人或保险公司进行面对面的接触交流、沟通,不但费时费力,并且由于利益不同和信息不对称可能会产生误导,得到不完全的甚至有误的信息,如代理人为把保单销售出去,可能会夸大保单的某些功能而使投保人购买了自己不是最需要的保险。获取信息的相对高额成本,妨碍了投保人获得充分的保险信息。

相反,网络保险的信息快速传送功能将使时滞大大缩短,消费者、保险公司、中介机构、监管机构将以最快速度在网上进行充分交流与沟通,从而减少了各主体之间的信息不对称,保证市场信息的公开、公正和公平。在网上,一个简单的查询,就可以把很多公司的产品列在屏幕上,投保人可以进行充分的比较分析,获得的信息不但是全面的,并且其真实性也可以得到保证,因为有远见的公司决不会因为一点眼前利益而牺牲自己的信誉,同时保险监管部门也不会允许这种情况长期存在。保险公司还可借助网络将不同传播营销活动进行统一规划和协调实施设计,以避免传播不一致带来的消极影响。

(二) 简化交易,降低保险公司经营成本

长期以来保险公司一直通过代理人和经纪人出售保单,而多年来的实践证明,这种经营模式是低效的。以人寿保险为例,传统上保险公司通过代理人和经纪人进行保险产品的销售,在卖出保险单后,给他们一定比例的提成,但是这种营销方式并不高效。一个代理人一周只卖出一份保单,使经营成本高达保险费的33%以上。相反,通过网上销售保单具有大幅度降低经营成本的潜力。美国一家著名的咨询公司 Booz Allen & Hamilton 的研究报告指出:网络将导致整个保险价值链降低成本60%以上,特别是在销售和客户服务领域更会剧减。成本的降低加上便利和个性化的服务,将促使客户以电子方式来购买保险。成本的减少是通过两个途径达到的:一方面,向代理人和经纪人支付的佣金和费用减少。网络保险可以实现不需要代理人或经纪人介入的过程,这部分费用完全可以省去。另一方面,减少对固定营业场所的维持费用。同时有些保险广告也可以由网下转到网上,如用电子邮件的方式进行,其成本比现在的邮寄或人工发放低得多。

从国外的经验数据来看,相对于其他渠道,通过互联网分销的成本最为低廉。根据测算,代理人、经纪人、电话中心和互联网的保险销售成本比为152:116:20:10;每次服务成本之比为19:15:8:0.45。这意味着,通过互联网分销,不仅可以节约成本,而且可以高效实现市场覆盖。

(三)为客户创造和提供优质服务

网络保险以客户的需要为中心,保险公司可为客户提供保险知识、公司背景、保险产品、最新险种及费率表等相关信息,与客户进行双向交流答疑,为客户设计保单等。客户在家中可随时上网查询,同时查询比较多个保险公司的险种和报价,增加了客户的选择范围,实现多元化的选择;客户在自主的环境中做出投保决策,投保人从过去消极接受传统保险代理人的硬性推销,转变为通过网络保险在多家公司、多种保险产品的比较后,根据自己的需求和自主的选择来实现自己的投保意愿,并可以轻松方便地进行在线投保,实现即时成交,避免了与传统代理人打交道的烦恼和代理人可能存在的消费误导,减少投保的盲目性、局限性和随意性,实现投保的理性化,从而最大限度地满足个性化需求。网上投保还可以排除中介环节不可避免地获取或有意无意地侵犯投保人的隐私。这种一对一的营销服务方式,正符合营销发展的未来趋势,有利于建立长期稳定的伙伴关系。

(四)有利于保险公司掌握充分的市场信息,增强产品竞争力,扩大经营收益

通过网络保险,保险公司可以及时了解国内外保险界的新动向、新险种和先进的管理经验,了解保险市场和顾客,了解消费者需求的变化以及更多的保险技术、保险资本和保险人才等信息,从而形成最佳的保险要素组合,增强保险产品的竞争力,有利于创新险种,拓展业务,扩大经营收益。通过网络,保险公司可以有效地与各种人群和组织发生联系,特别是传统保险中介人无法或不愿接触的客户,这样就能扩大服务对象的范围,获取更多的业务,扩大保险覆盖面,规模经济效益更加突出,从理论上更加符合保险经营的"大数法则",更有利于保险公司的经营稳定。利用互联网,通过方便快捷的网络广告也有利保险公司以较低成本扩大知名度,提升企业竞争力。

(五)有利于拓宽业务的时间和空间,提高所占市场份额

利用互联网,保险公司可以在全球范围内介绍自己的公司,推销自己的产品和服务,有效抢占保险市场。保险营销的最终目的是占有市场份额,而Internet的特点使得保险业务可以延伸至全球任何地区的任何一台联网电脑上,在未设有分支机构的国家和地区也能提供保险服务,实现全天候24小时服务,使保险业务的发展突破了时间和空间限制。网络保险还可以通过网络手段深入到不同年龄、不同性格的人群中,接触到那些保险代理人不易联系到的人群,如:工作繁忙不愿被人打扰的人、性格孤僻不愿与陌生人交谈的人等,从而不断扩大服务对象的范围,最大限度地占领市场。

综上所述,与传统保险相比,网络保险具有简单、高效、低成本、易于管理的优势,无论对于传统保险公司,还是新型的网络保险中介,开展网络保险都将是保险企业今后通

往成功、在激烈的市场竞争中立于不败之地的一条必由之路。

四、网络保险的作用和影响

1. 加剧了保险市场的竞争

网络保险业的发展,使得这个行业的新进入者不必花费巨资和时间进行传统销售方式下的营业网点建设和代理人培训管理。此外,其他行业的企业也更容易进入保险市场。这些企业大多数为其余金融服务企业以及 Internet 企业,例如银行、网络证券商、Internet 服务提供商等,这些企业可以方便地在现有网络提供的产品中添加保险产品。例如,在欧美国家,银行和保险公司都可以向客户销售寿险单,银行保险业的发展已使保险公司面临日益激烈的竞争。可以预见,随着网络技术的发展,这些外行业的企业将很容易地进行标准化保单的网上销售,对传统保险商构成前所未有的挑战。

2. 促使传统保险商角色的转换

正如前面所提到的,网络保险业的发展使得保险产品,尤其是标准化产品的信息成本大大降低,传统保险商正在面临产品结构和功能的转换。越来越多的银行、证券商或商业网站能够提供有竞争力的标准化保险产品,如定期寿险、机动车保险等;而传统保险商则在提供风险评估、防灾防损咨询、资金投资管理等方面显示其优势,因为这类产品需要专业的风险管理专家来提供,并且由于产品本身是按照客户要求量身定做的,难以单纯地通过价格比较其竞争力。因此,在网络保险业日益发达的今天,专业保险商只有充分发挥其在风险管理方面的优势,加快投资型年金产品、企业保险产品,以及正在快速增长的综合风险管理等产品的开发,才能在未来的竞争中立于不败之地。

五、网络保险的发展模式

专栏 7-1

从网上保险看金融业与 IT 业的融合前景

近日,为了进一步满足客户与保险公司的需求,工商银行门户网站网络保险频道再换"新颜",改版后的保险频道将为客户提供更多产品及资讯服务,真正实现了网络保险的一站式服务。

网络保险作为当今世界保险领域信息化发展的重要趋势,也已广泛渗透到我国保险业发展的各个环节。信息技术与保险业的结合,正在并将继续使保险业的经营方式产生巨大的变化,网络保险正逐渐成为未来保险业务重要的营销渠道和新的增长点。

保险业新引擎:网络保险

网络保险意味着实现电子交易,即通过网络实现投保、核保、理赔、给付。

现今,我国绝大部分的保险公司都已拥有了自己的网站,其中约 1/3 的企业开设了网上投保业务。网络保险作为电子商务领域的一支新军,成为保险业的新引擎。

国内保险公司中在这一领域走在前列的是泰康人寿和平安保险。平安保险的"PA18新概念"和泰康保险的"泰康在线"两个电子商务平台投资都是上千万元的项目，它们已经具备了网络保险的基本功能，初步实现了在线保险电子商务。同时，对于保险公司的业务，它们也起到了很好的促进作用。

我国保险市场细分研究也表明，我国已上网的1 000万"网民"中，70％以上为中等以上收入、年龄在21至35岁的群体，正是这一群体的保险意识最强。这是有待开发的、潜在的保险资源，正是网络保险的消费群。

目前，工行、招行等多家银行也开办了网络保险业务。在过去的一年中，保险公司通过银行渠道实现的保费收入已经达到1 400亿元人民币。

网络保险：优势、问题与对策

几乎所有的业内人士都承认，网络保险是保险业今后发展的一条必由之路。与传统的业务模式相比，网络保险具有节省人力成本、减少业务流程、提高办理速度、扩大营销渠道等多种非常明显的优势，不仅给客户提供了更多的便利，也能够让保险企业获取更多的利润。

但就目前来说，国内网络保险尚处于开发阶段，它的缺点会因为资金、技术、管理、人才等不能及时跟上而日益凸显，比如在线核保困难，网上支付存在安全隐患，网上欺诈破坏整个行业形象等，客户观念的转变也需要一个很长的过程。

今后，我国网络保险应在依靠自身力量、自主开发电子商务应用系统的同时，引进一些国外先进的网络保险技术，并且逐步转变观念，将公司网站作为销售渠道，以获得保费收入为主要目的，并从降低成本、完善服务的角度来定位网站，逐步完成网络营销中顾客概念、保险渠道及网络营销与保险企业组织的整合。

我们相信，网络保险业务将扮演越来越重要的角色。

资料来源：通信信息报 http://www.txxxb.com
http://news.xinhuanet.com/internet/2007—04/06/content_5942746_1.htm

（一）传统的保险公司与互联网嫁接的形式

这种形式主要侧重于改进公司服务内容和形态，以此支持销售队伍，开拓出除代理人和员工之外的新的销售方式。这类保险网站是利用计算机网络技术对传统保险产业进行改造、全面提高企业整体素质的体现，实现了保险行业传统服务模式的重大变革，反映了保险专业化、规范化、国际化的发展战略，对保险行业的发展具有划时代的意义。该种形式又可具体划分为以下两种模式：

1. 网络公司直接介入保险业务的发展模式

独立的网络公司通过与保险公司在一定范围内的合作，介入网络保险市场。例如美国 www.insweb.com 保险电子商务站点，其在业界有着非常高的声誉。Ins Web 采用代理模式，通过庞大的网络辐射能力获得大批潜在的理想客户，同时和保险公司结成了紧密的业务合作关系，从而实现网络保险交易，并获得了规模经济效益。而专业财经网站或综合门户网站所开辟的保险频道，其目的在于满足其消费群的保险需求，例如和讯

www.homeway.com 和上海热线 www.online.sh.cn 的保险频道正是他们为增加网上的财经内容而开设的。

2. 传统保险公司开展网络保险业务的模式

传统保险公司开展网络保险业务,参与电子商务可以选择多种途径,它可以自己独立进入,也可以选择与网络公司共同进入。其优劣如表 7-1 所示。

表 7-1 不同架构模式的比较

方　式	优　点	缺　点
宣传公关部门主导	掌握公关的技巧	技术是弱点
技术部门主导	技术精通	不了解客户需求
独立公司	权责利清晰	与母公司有距离
共同卷入	了解产品和客户	沟通有问题

(二)单纯的第三方网站

第三方网站通过在互联网上建立交易平台、内容平台等,介绍行业内的信息和资讯,进行不同保险公司业务的比较,并给出建议和投资组合分析。这类大型保险中立网站的出现,可以有效避免网络保险启动初期网站重复建设的弊端,实现集约化。这类网站存在的最大问题是由于政策限制而没有保险业务经营权,这就好像那些证券网站无权从事网络证券交易一样。其在我国的典型代表是创立于 2000 年 1 月的易保网(www.ebao.com)。易保不是一个网上的保险公司,也不是任何形式的保险中介,它是一个帮助保险公司、保险中介及保险相关机构和相关行业充分利用互联网技术更好地开展销售和服务的网上技术平台提供者。目前,该公司定位于"为保险业提供在线应用软件和全方位的电子商务解决方案的技术公司"。

(三)纯粹虚拟的网络保险公司

保险公司建立自己独立的网站,旨在宣传公司产品和服务,销售保险产品,提供咨询、索赔等保险服务。这是纯粹虚拟的网络保险公司。它直接在网上经营销售保险,提供个性化的服务,具有很高的灵活性。美国的 E-Coverage 公司就属于这种纯粹的网络保险公司。这家在旧金山启用互联网的公司,正试图占领价值达 600 亿美元的保险产业。他们彻底简化了整个操作过程,在该公司的 Web 网站上,客户可以花费比过去短得多的时间获得报价、购买方法,以及购买保单。我国目前尚不允许保险业出现自由费率,在价格、服务差别不大的情况下无法实现差异性,估计近期内不会按此模式建立全新的网络保险公司。

六、网络保险发展中存在的问题及发展趋势

(一)网络保险发展中现存的问题

1. 品种单一

保险过程涉及对客户投保前的状况核实,例如对投保寿险客户身体健康状况的检查和投保财险的客户财产情况的核实等,这需要面对面的核实;另外理赔前对客户受损情

况的核实也很难完全在网上完成,所以很多险种目前还不能在网上销售。现在的网络保险投保人和代理人仅在网上联系几次是根本不可能签约的,承保过程中的设计、签章、核保、理赔等关键环节还必须在网下完成。

2. 产品复杂

绝大多数业内人士认为保险产品过于复杂,消费者一般只能通过互联网获取保险信息和报价,在最终做出购买决定时,仍然需要有专门人员协助整个购买过程,以至于客户不能够直接在线购买。据 Cyber Dialogue 数据行销公司的一项调查表明,尽管消费者在网上获取保险信息和报价,但是最终做出购买决定时,至少有 80% 的在线保险申请者需要有专门人员当面提供服务并协助整个购买过程。

3. 产品个性化强

许多保险产品是按客户个人特点设计,由于购买不具有周期性,也不会产生可重复收入流,从而不能利用互联网的规模和重复优势,高投入的成本很难回收。

4. 安全保险欠缺

网络保险能否保证个人信息的隐私性及网络保险销售是否具有法律契约效力等都格外重要。在线保险交易涉及保险标的风险状况等商业机密、人身隐私和有关支付方面,诸如银行账号、客户密码等敏感信息,一旦泄露,后果不堪设想。网络保险公司具有对客户保密的义务,不得向第三方出售、转让、租借、交换,从而泄露有关情况。

5. 规制与法律问题

网上交易的法律效力诸如网上安全、客户隐私保护、电子签名的有效性等法律问题的存在,限制了网络保险的长足发展。而且,严格的管制环境也阻碍了独立网络交易市场的进入。

由此可见,网络保险的发展目前还存在不少障碍;网络保险并不是简单地将传统保险产品嫁接到网上,而是要根据上网保险人群的需求以及在线的特点设计产品结构,只有那些保费低、无需核保、手续简单的险种才适宜搬到网上。保险公司还必须不断进行产品创新,设计开发出大批适合网上销售的 e 化的保险产品。

专栏 7-2

网上保险缓慢"发酵"

保险公司并非第一次触网

在上一次网络经济被热炒的 2000 年,国内一些敏锐的保险公司相继涉水电子商务:当年 3 月,太平洋保险北京分公司开通首家保险营销网站,在支付上支持用户通过网上银行付款;8 月,平安保险的 PA18 网上交易平台正式开通,其中包括了保险、证券、银行、个人理财等产品;紧接着,泰康人寿宣布推出全国性的大型保险电子商务网站——"泰康在线";2002 年 11 月,中国人保的网络保险平台投入了运营。

与此同时,由网络公司建立的保险网站也不断涌现。比如2000年成立的易保网,最初的定位是做中立的网络保险商城,保险公司、保险中介、保险相关机构都可以在这个平台上设立个性化的专卖区。

然而,这轮热潮最终并未达到预想中的网络销售保险的效果,直至今日,个人、银行和团体仍旧是各家公司最为主要的销售渠道。

尤其是,网络保险的缓慢发酵,更是让易保不得不做出业务转型。在易保网络技术有限公司的对外介绍上可以看到,其主营业务已转为"保险应用软件提供商,提供基于Java的新一代保险核心业务应用软件解决方案",与其最早设想当中的网络保险商城概念差之千里。

对此,上述人士称,至少有两个主要原因造就了保险电子商务过去多年的尴尬,一个是网民结构,另一个是网上支付手段欠发达。

缓慢发酵

然而,即使是9年之后,保险机构在网上渠道的第二次努力仍旧不是一马平川。

泰康人寿创新事业部电子商务部总经理丁峻峰前不久对媒体表示,尽管已有9年历史,但到目前为止"泰康在线"业务规模仍不大,网络渠道对公司的保费贡献还相对较少。

而另一家保险公司新渠道负责人则透露,在通过网上渠道销售的保险业务中,真正是客户在网上看到就产生购买行为的业务占比并不多,更多的情况是在银保等渠道已经了解到产品并发生购买兴趣,然后通过网上完成购买行为。

至于为何不在银行直接购买而是另走网上通路,是因为"网上渠道更便宜"。

他透露,在银保渠道,无论什么产品,保险公司至少要给银行2~3个点的代理费,但是若通过网银渠道,保险公司需要支付的费用却是以千分之几计算。

"所以,网银的产品收费会明显低。"他说。

一个结果是,而泰康e理财的初始费用最高仅为1.5%,并且该产品无保单管理费,无买卖差价,此外在账户管理费、退保费以及账户转换费上基本和其他产品持平。

而此前市场上银保渠道销售的投连产品初始费用平均在3%甚至更高。

比如,泰康人寿自家在网络销售外,还有一款银保投连产品"赢家理财",其初始费用就达3%,是网上渠道的整整一倍!

不仅泰康,即使是在当下阶段,网上销售渠道的价格威力已经显现:比如,泰康在线的意外险团购最低可以打到5折以下,而平安保险的网上车险,则可优惠15%。

然而,短期来看网络尚且难以与传统的三大销售渠道分庭抗礼。

一个最大的现实性难点是,由于保险产品的复杂性,没有面对面的说明演示计算,大多数的保险产品根本无法让普通人搞懂,或者需要流程复杂的核保。

资料来源:网上保险缓慢"发酵".中国保险网/保险时讯/保险快递,2009年7月11日
http://www.china-insurance.com/news-center/newslist.asp?id=130714

（二）网络保险的发展趋势

尽管网络保险业务还存在诸多不成熟的环节,然而大量数据证明网络保险是未来保险业发展的必然出路。早在 20 世纪 80 年代,一些保险公司就绕开了代理商渠道向客户直接销售保险,那时通常是通过电话中心。到 1999 年,一份定期人寿保单第一年的代理商和经纪人的佣金涨到了收入的 40%～70%。在保单的整个生命周期中,佣金平均占 5%～10%。摩根斯坦利添惠分析师估计,利用互联网分销渠道将能够减少销售和管理保单的成本,从而至少为承保人每年每份保单节省 10%～15% 的费用。不同渠道的保险成本比较见表 7-2。

表 7-2 不同渠道产生 100 美元保单收入的平均成本比较

互联网	直接销售	专门代理	独立代理
50 美元	97 美元	139 美元	142 美元

资料来源:Booz-Allen Hamilton Insurance Industry Study,1998,as reported in Salomon Smith Barney Research Report,October 24,1999

迈入 21 世纪之后,互联网逐渐成为那些不太复杂的消费者保险产品的富有吸引力的分销渠道,许多分析师预测在线保险市场潜力巨大。2007 年,"泰康在线"网上交易总额达 5.5 亿元、日均交易额 158 万元,客户进行网上交易和网上服务达 32 万余人次、日均近 900 人次。

在电子商务不断发展的时候,网络保险显示出诱人前景。据美国的行业协会分析,在未来十年内,超过三成的商业保险险种和近四成的个人险种将在互联网上在线交易。美国独立保险人协会近期发布的"21 世纪保险动向与预测"报告显示,今后 10 年个人险种的 37% 和企业险种的 31% 将通过因特网来完成。据估计,英国网络保险市场到 2005 年将值 31 亿美元,届时将有 20% 的一般保险在互联网上进行。我国网络保险的前景也相当乐观。赛迪咨询在 2000 年的一次调查表明,我国未购买保险人群中,有 47% 的人表示希望能通过网络购买保险。LOMA 和安达信咨询公司对全球的高级保险行政官进行了一次联合调查,主要调查他们对电子商务的计划以及开展的活动。这次调查共涉及 213 个行政官,60% 来自美国、加拿大,23% 来自澳大利亚,9% 来自欧洲,8% 来自美洲的其他国家。调查结果显示:全球的保险 CEO 认为互联网将对他们的商业活动产生深远的影响,特别是在销售和客户服务领域,同时也会对产品设计和产业结构产生重大影响。

第二节 网络保险业务

一、网络保险的基本业务

美国 Forrest 的一项研究表明,顾客认为在线保险公司最有价值的特征有三个方面:一是能比较不同承保人多个相互竞争的报价单;二是能提供有关保险单和术语的信息;

三是拥有计算保费的工具等等。但是,目前每家保险公司的网上信息大多是总体介绍性质,不能包括所有的情况和保单。要想获得具体信息、提交指定保单需要通过电话、E-mail 与该保险公司联系。当然,如果客户对保单的条件满意,希望投保,只需填好指定内容,如姓名、地址城市、国家、区号、电话、E-mail、联系时间、希望的联系方法等,很快就可以获得相关的服务。

网络保险代表保险业的未来,但是,网络保险并不能改变保险业务的基本流程,所改变的只是其基本业务流程的处理方式。

下面以 AAA Michigan 保险公司为例,它在网上开展的具体保险业务,从报价、产品信息、网上交易到网上服务一应俱全。所有 AAA Michigan 公司的客户都可通过网络得到公司通过汽车俱乐部保险协会开展的业务及服务。诸如最新的汽车险、家庭财产险、船舶和寿险产品的信息和报价,以及详细介绍的保单和条款内容。顾客可以通过网上表格得到汽车险、家庭财产保险和船舶保险的报价。在交易环节中,顾客可以通过公司的安全交易系统付款,或者进行保单变更,包括地址、汽车总部或增加新驾驶员的变更。如果发生事故或丢失财产,可随时在网上提出索赔。它的网络保险主要业务内容如下:

1. 报价

在完成了一份网上表格后,就可以得到 AAA Michigan 的会员保险公司提供的家庭财产保险、汽车险或船舶险给出的报价。保险产品很复杂,包含了许多信息,提供越多的信息,给顾客的报价就尽可能准确。但是,其报价是基于顾客所提供的信息,只是同类保单的价格,最后的价格将由许可的代理人经核实所有必要的信息后才决定的。

2. 产品信息

网上实际上提供了许多不同的保险产品:汽车、家庭财产、流动家庭财产、摩托车、船主及生命保险的内容说明。

3. 网上交易

可以在网上要求变更保单或选择交易选项及决定付费方式。若保单变更,要求所有内容都被重新审查以确定所有要求事项都已填好,公司会告诉客户何时进行,通常付费过程隔夜完成。

4. 网上理赔

业务通过提供一个理赔号码开始处理索赔,或向客户提供有关索赔报告的信息。该服务只有通过 AAA Michigan 联营保险公司的保单持有人才能得到。

AAA Michigan 保险公司提供上述服务的保险种类有汽车保险、房主保险、流动家庭财产保险、船主保险、生命保险、旅游保险、洪水保险、摩托车保险等。

网上理赔服务,不仅应为客户提供理赔的作业流程、注意事项、争议解决办法以及查询理赔所需单证和出险联系电话地址等服务,而且应提供方便快捷的网络报案服务系统,及时反馈客户投诉,并提供划拨赔款到客户指定账户的服务。由于不同的险种网上理赔过程差异较大,在此只以车险为例说明网上理赔和给付的大概流程,如图 7-1 所示。

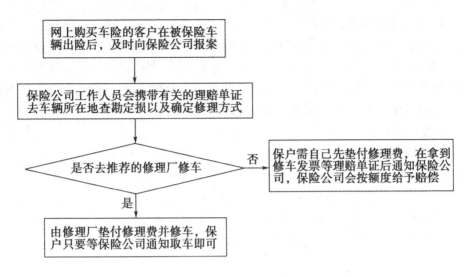

图 7-1　车险的网上理赔

二、网络保险的附属业务

网络保险的附属业务除了对保险公司及其中介机构,甚至业务员的宣传以外,主要集中在以下四个方面。

1. 信息咨询服务

通过网络保险站点,不仅能向客户提供本公司的历史介绍、财务状况、保险产品种类及费率等信息,而且还能及时地提供国内外全面、丰富的保险新闻、政策法规、监管机构要求等信息,也能给他们提供丰富的保险入门知识、国内外保险课题的深入探讨以及丰富的保险相关院校、机构的培训资料。图 7-2 为中国平安保险(集团)股份有限公司对于客户需要信息的服务简介。

图 7-2　关于平安

2. 分析、选购保险产品的服务

在网络保险站点上有专业的保险需求评估工具,投保人点击它,便可以轻松地获得从初步到精确、从综合到分项的需求分析。在充分的需求分析的基础上,投保人既可自行比较、选购各种保险产品或套餐,也可简单描述个人情况,让保险需求评估工具为其分析,度身定制投保方案,从而使客户全面享受个性化的服务。

3. 在线交流服务

投保人不仅可就任何有关保险的问题,向保险专家请教并得到及时解答,而且可以在BBS论坛上畅所欲言,发表对保险的各种看法和投保的心得体会,结交朋友,寻求帮助;保险业务员也可以及时与同行交流专业经验,结识新的朋友。通过在线交流服务,保险公司和保险中介机构还可以通过它征求客户就某保险产品的意见,以及在某些市场上推出新的保险新产品时进行市场调查。

4. 在线导航服务

作为一个好的网络保险站点,还会提供与保险有关站点的链接。这不仅有助于客户获取丰富的保险信息,也便于客户"货比三家",从而坚定客户购买保险产品的决心。

三、网络保险的业务流程

从客户角度看,购买保险的决策并不简单,由于保单特点、服务质量和成本各不相同,整个过程相当花时间,而且每一步都有障碍。为了支持决策过程,承保人通常通过代理商来销售他们的产品,代理商从卖出的产品中收取佣金。通常,代理商给承保人提供的服务有:收集名单、引导客户对保险的需求、提供个性化服务、收集信息并处理申请单、评估索赔等内容。

因此,无论是开展网络保险还是传统保险,最关键的仍是基本的业务流程。传统保险公司实施网络保险经营管理模式战略转移的关键点在于重新设计业务流程,实现"以客户为中心"的市场拉动型的营销管理战略,才能真正发挥互联网的信息平台优势,展现网络保险的市场潜力。通常,一家保险公司的基本业务流程都可用图7-3来描述。

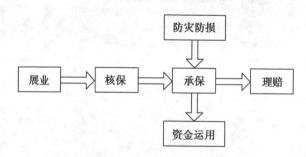

图7-3 保险公司的基本业务流程

首先,一家保险公司不断地宣传自己的产品和服务;不断地收取由众多投保人缴纳的保险费,形成保险基金;当约定的保险事故不幸发生后,对被保险人进行保险金的赔偿和给付;由于保险事故发生和损失程度的不确定性,保险基金的形成和保险金的赔偿和给付之间必然存在着一定的时间差和数量差,使得保险资金的运用成为可能。另外,在承保之前，为防止逆向选择行为，保险公司必须对保险标的实施核保。在承保之后，为防止道德风险，尽可能减少保险赔偿和给付的可能性，保险公司一般还要对保险标的采取积极的防灾防损工作。

一个较为完整的网络保险销售流程是这样的：客户通过网站提供的信息，或经过在线咨询来选择适合自己的险种；网站根据客户填写的基本信息或回答的问题进行保费试算，推荐相应的保险公司和保险组合，客户也可自行选择；客户详细填写投保单和其他表格，通过互联网要求客户确认并经正式的数字签名后，保险合同即告成立；与此同时，客户通过银行提供的网上支付服务交纳保险费，保单正式生效。而客户进行网上投保的具体程序可参照图7-4。

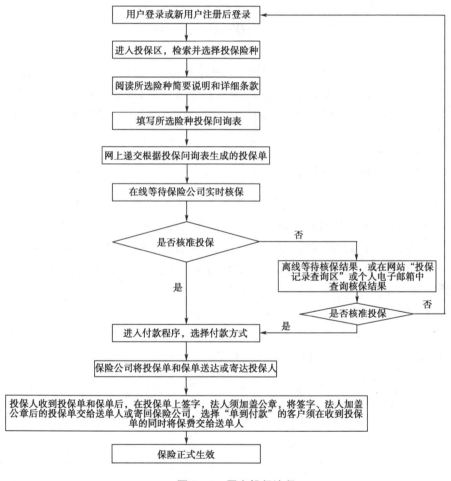

图7-4 网上投保流程

1. 客户浏览保险公司网站，注册客户输入其用户名及密码，对客户身份进行验证。要求投保必须注册，以便统一管理客户投保情况，也利于客户自行查询。验证身份后方可继续下一步。

2. 进入"投保区"，检索并选择投保险种。在"投保区"可选择保险条款，阅读所选险种详细条款，才可继续下一步。

3. 填写所选险种投保问询表。根据客户填写信息自动计算保费,生成投保单。通过客户所填信息,并据费率表生成投保单,网上投保单的信息与正常投保内容相同。

4. 网上递交根据投保问询表生成的投保单。客户仔细阅读生成投保单,并承认无误时,再把生成的保险单提交。这时信息已记录在数据库中,客户的投保完成。

5. 保险公司业务员与客户联系确认客户的投保意向。保险公司业务人员进入网站后台页面,可以看到客户提交的保单信息,与客户联系接洽并在网站后台对客户的保单确认,核保交款。

客户在签订合同期间,还可利用网上售后服务系统,对整个签订合同、划交保费过程进行监督,确保自己的利益不受侵害。

第三节 网络保险的管理

与网络银行和网络证券的运用状况相比,网络保险的发展相对滞后。目前,由于网络保险的复杂性和风险性,网络保险的发展还存在诸多问题,面临着较大的障碍和风险。因此加强网络保险的组织管理、营销管理和风险管理,以提高网络保险的运作效率和安全程度非常重要。

一、网络保险的组织管理

(一) 网络保险的组织模式

依据网络保险公司的服务渠道以及保险市场成员与分销合作者之间的关系,一些有预见性的专家对 21 世纪的保险业提出了几个在线业务的一般模型:水平门户服务模型、垂直门户服务模型、集成商模型、商品市场和在线保险承保人等五种类型,这些模型现在已经开始发挥重要作用。

Quicken Insurance、Ins Web 等独立网络交易市场是这方面的典型代表,也是网络保险的先驱,它们通过与行业中的不同成员及分销者开展竞争与合作,突出了从传统价值链到"价值网"的转变,他们的业务模式描述见图 7-5。

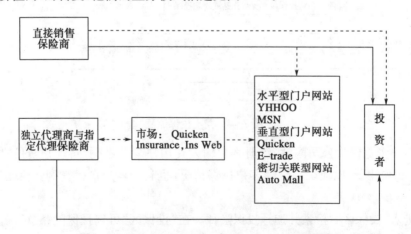

图 7-5 Quicken Insurance 与 Ins Web 的业务模式

就目前而言,根据不同原始模型的组合,由于网络保险经营的内容与形式不同,在实际应用中,可以分为网络保险信息服务、网络保险超市、网上经纪人,以及竞价销售网络保险4种网络保险组织模式。

1. 网络保险信息服务模式

这种类型的网络保险主要提供一些保险产品的介绍,主要是进行信息咨询服务,很少提供交易。如美国林肯再保险公司,它提供林肯再保险的最新产品与服务,以及专家的专业文章,但用户无法在此进行交易。目前,多数传统保险公司以及提供保险信息的中介类财经公司多属于这种类型。有些传统保险公司的网站上也有部分险种的在线销售,但多数是起点缀作用,并不能根本上改变其销售方式。

2. 网络保险超市模式

这是一种"金融门户",即新型保险中介提供的保险产品"一站式(One-stop)"服务方式。保险中介将有关联的所有保险公司的产品信息进行介绍,并将进行交易的用户与保险公司联系起来,从中收取较低的佣金或手续费或者广告费。用户基本上能在这里找到所有公司的全部险种。由于保险产品的特殊性,这样大规模的网络保险超市要比保险公司本身的网站更能吸引用户,特别是新用户。对于愿意选择网络保险超市方式的公司来说,巨额的广告费用并不成问题。例如 Ins Web 公司为网民提供购买保险的市场,由于购买者无需支付用于销售人员的费用,因此通过该方式可以以低廉的价格获得优质服务。

3. 网上经纪人模式

这也是新型保险中介公司建立的供经纪人展业的虚拟网络保险交易平台。这种形式的网站很多,主要是利用互联网进行多种定期产品的经纪销售。网上经纪人与传统经纪人销售相比,主要在于能为顾客提供有吸引力的产品。实际上,这种网上推销被公认为是一种更有效、更直接的经纪人销售方法。

4. 竞价销售网络保险模式

其实质就是网络保险超市,只不过是它的另一种特殊表现形式,即其销售方式是通过竞价进行的。它的出现是因为对于网上投保人而言,产品价格与产品品牌以及公司的财务保障级别相比显得非常重要。典型的代表如 Ebix 公司,其经营领域涉及汽车险、寿险、医疗险等各个类型,它与一些大的保险公司如 Hartford、Principal、Midland 等公司达成协议,为客户提供来自保险公司、代理人和经纪人等具有竞争力的报价。这种竞价销售方式,通过减少中介环节和规模效应,能促使参与活动的保险公司以更低价格提供更优质的服务。

(二) 网络保险的组织管理

保险公司建立网络保险系统的主要目的有两个:一是更好地满足投保人多样化的保险需求,扩大客户群,并吸引更多的潜在客户,促进客户关系管理;二是提高业务流程的运行效率,强化内部经营管理,降低经营管理成本。这些都离不开对传统保险业务价值链上的业务流程进行重新设计(BPR),在此基础上加强网络保险的组织管理。对于网络保险业务而言,就是保险机构为了获取在经营方式、成本、质量和速度等绩效方面的显著改善,以信息技术特别是互联网将各利益体有机集成,对核心的业务流程及决策和管理流程进行根本性的再思考和彻底的再设计过程。

网络保险需要借助现代信息技术的力量,从根本上重新思考和重新设计现有的业务流程,从而建立"客户中心型"流程组织,以期在成本、质量、顾客满意和反应速度等方面有所突破,进而在财务绩效指标与业绩成长方面有优秀的表现。在辨识、评价业务流程时,首先需要考虑的不是"如何以更好的方式把目前正在做的事情做得更好",而是"只有这样,才能从根本上压缩臃肿、冗余的业务活动,大幅度改善业务运作效率"。在对上述问题获得肯定回答的前提下,则须重新审视业务流程设计是否合理,有无改进的余地。

这是一项极复杂的工作,需要从公司发展的战略高度,从管理流程与业务流程两方面进行策划。首先,需要了解业务流程中的每一个环节,该环节与其他环节间的接口处理,基础业务和基础数据的标准化问题常常是关注的重点。有许多开发方法,诸如企业系统规划法(BSP)、关键成功因子法(CSFS)、战略集转换法(SET)等是常用的方法。同时,支撑业务流程的管理决策要发生根本性的变革。通常管理流程主要体现在组织结构的变化上,近些年来的组织扁平化或网络型组织是网络业务拓展时常用的组织构架类型。因此,网络保险业务的开展要求保险公司从传统的金字塔阶层组织结构转变为支持网上业务的扁平组织结构。现以美国直觉公司的组织结构图为例,说明在新型网络保险市场组织运营结构所发生的变革(见图7-6)。

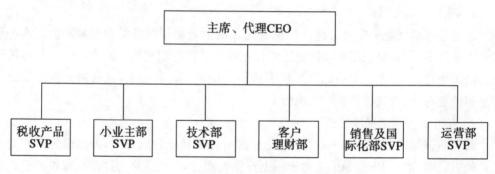

图7-6 美国直觉公司的组织结构概图

保险公司组织流程再造虽然着眼于业务流程,却不仅限于此,其他因素如组织结构、权利分配、价值观及管理制度,均应随之进行重大改变。只有组织结构和企业文化经过转型和重塑,才能将网络保险业务带入一个崭新境界。

二、网络保险的营销管理

保险产品不同于一般的有形产品,也有别于其他一些金融产品,具有无形性、契约性等特征。正因为如此,保险营销基本上是一个由保险公司发动的推销过程,对保险公司的营销管理提出了很高的要求。网络保险的营销策略必须重视客户需求,利用网络信息的传播特性,吸引大量潜在客户,并与优质客户形成长期的稳定关系。在竞争日趋激烈的市场环境下,为取得竞争优势,保险公司必须不断调整与顾客沟通的方式和内容,不断调整产品和服务的种类和数量,以便及时满足消费者多样化的需求。但要做到这一点,保险公司需要收集大量翔实的实时数据,并在这些数据的基础上做出营销决策。显然,没有强有力的信息技术的支持,传统的保险公司要做出这样的营销决策几乎是不可能的。而网络保险系统利用在线客户关系管理系统(e CRM),将网络保险前台业务与后台业务处理系统管理集成,其技术核心就是利用数据挖掘技术和数据仓库技术,从而实现销售自动化。这样使得以客户为中心的保险营销决策支持系统的实现成为可能(见图7-7)。

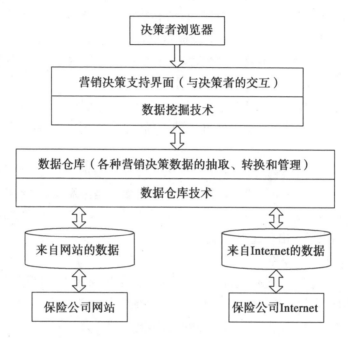

图7-7 网络保险的营销决策支持系统

借助于保险营销决策支持系统,保险公司的高层管理者可以方便地进行展业分析、理赔分析、客户分析、市场分析、财务分析和经营风险(包括投资风险)分析等工作,包括经常性的历史对比分析和趋势预测。不难发现,这与传统保险经营分析方式的最大不同就在于数据的收集和分析处理都是自动的和实时的,对营销决策的支持要更有力、更灵活。

三、网络保险的风险管理

(一) 网络保险监管的必要性

1. 道德风险的存在

对投保人而言,通过网络保险,可以掌握比以前更多的保险信息,但影响保险信息的不对称性并不因此而消失,并且由于Internet特有的虚拟性,使这个问题变得更加复杂。有一句Internet名言:你不能保证和你聊天的不是一只狗。在保险诈骗手法越来越高明的现在,难保网络保险不会成为骗保的又一新手段。当保险公司在网上寻找新的商业契机时,应特别注意网上的欺诈行为。保险公司需要提供新的工具,用来鉴别潜在的网上欺诈行为。政府应完善这方面的政策,支持保险公司使用反欺诈的工具。

道德风险的另一方面涉及保险的不利选择。通过网络保险,投保人了解了比以前多得多的投保信息,不利选择就更容易产生了。高风险的投保人可能汇集在某些公司的某些产品上,从而改变了保险事故发生的概率,动摇了保险公司在开发这个险种时的精算基础。

2. 网络保险合同签名必须确认

首先网络保险的电子签名是否合法,必须有法可依。没有了数字签名,网络保险的方便、快捷就无法充分体现,电子商务的低成本也将打折扣。某保险公司的一位先生称:"我们是保险公司,我们可以不要客户的手写签名,而代之以数字方式。"但是,各公司代表均认为目前不可行,合同一旦出现纠纷,到法院双方拿什么作为有效证据?

其次,电子签名如何确认,签了就完了吗?是投保人,还是保险人有权对签名进行确认?是不是在签名后要通过电子邮件方式进行确认?这些问题都需要有专门的法律明确规定。

再次,如果发生了电子签名的纠纷,什么人可以充当裁定人?是传统的法律机构,还是需要特设网上法庭?发生纠纷时是投保人举证有效还是保险人举证有效?

目前,美国和中国等一些国家已出台了《电子签名法》,对这些问题都做了明确的规定,但也有不少国家尚未出台此类法律。

3. 网络保险的技术复杂性

技术复杂性涉及网络保险是否高效的问题。如果投保人为投保要花很多时间去检索,去比较,要填很多的表格,时间上不经济的话,他完全可能没有耐心去进行"眼球"浏览,所以如果网络保险不能做到一目了然的话,影响力就会大打折扣。

4. 网络安全可能的脆弱性

网络保险区别于传统的面对面的保险交易活动,它要求一个网络交易平台更安全、更可靠。但是由于计算机黑客和计算机病毒的原因,即使是最好的网络保险交易平台也可能会出现漏洞,从而导致不能保证交易信息的安全、迅速传递,数据库服务器的安全性也可能会因为黑客的闯入而造成灾难性的后果。

(二) 网络保险风险管理的内部控制

网络保险在充分享受现代网络通信技术的同时,也面临着涉及社会经济、法律、案例保护等方方面面的风险,这些也是发展网络保险所必须要解决的问题。网络保险所面临的风险包括系统风险、技术风险、市场风险和法律风险。网络保险的安全性问题不可避免地涉及许多内部方面的因素,诸如负责网络系统安全的相关人员、网络系统运行环境的安全保障、软硬件网络系统的安全问题等。因此,网络保险还需加强内部控制管理相关的风险。

1. 加强网络保险系统的安全保障

网络保险系统是开展网络保险经营的物质基础。保险企业应充分重视网络系统的安全问题,并采取针对性的措施以尽可能降低网络保险的系统风险。为保障网络系

统的安全,必须建立有效的事前检测和预防体系、事后控制和恢复体系。其主要策略包括:

(1) 建立网络保险系统的安全规范和标准,制定严格的日常管理制度。

(2) 建立对网络保险系统安全性的定期或不定期的稽查与监督系统。

(3) 利用技术手段建立能够对整个网络保险系统实现实时安全监测和预防的系统,如防火墙系统、虚拟保险箱系统、安全操作系统、实时病毒检测系统、硬盘和服务器的双工或备份系统等。

(4) 建立系统故障和破坏后的自动恢复系统。

(5) 加强内部员工的管理。明确各员工的职责和权限,对于易出现安全问题的岗位和重要工作人员要进行定期检查。

对网络保险系统的安全性管理是一项复杂的系统工程,网络保险安全保障系统必须是一个动态的系统,能够适应现实情况的变化和发展,不断地升级,有效地防范网络保险经营中的系统风险。

2. 提高员工素质,降低技术风险

网络保险系统是技术密集型的复杂系统,掌握先进的技术是发展网络保险的基础。技术是基础,人才是关键,优秀的网络保险技术人才对于开展网络保险是不可或缺的。网络保险既需熟悉保险业务的经营管理和营销人员,也需要一支掌握现代网络通信技术,特别是电子商务技术的人才队伍。网络保险代表着未来保险业的发展方向,保险企业应主动加强员工的技术培训,使他们能跟上网络保险发展的步伐,并把所掌握的技术及时应用到实际中去。

3. 做好网络保险宣传工作,树立品牌意识,防范市场风险

目前,我国公众的保险意识还比较淡薄,在民众保险知识还很匮乏的情况下来发展网络保险,落实对保险产品和服务的宣传工作,努力培育网络保险市场,吸引更多的消费者网上投保,从而发挥网络保险的规模经济效益,就显得尤为迫切。

为防止被保险人的逆向选择行为,保险公司应当考虑如何利用互联网来加强核保。例如,在网上寿险业务中,保险公司就可以与医院结成协作关系,通过互联网直接了解被保险人的以往健康状况,从而有效地规避被保险人逆向选择行为所导致的经营风险。

网络保险的发展,将使保险企业面临更多的市场竞争。要想在激烈的竞争中取得立足之地,保险企业应努力发挥自己的创造性思维能力,密切跟踪不断变化的市场需求,充分利用互联网技术来创建自己的网上品牌,建立和维护保险企业的核心竞争能力。

各级保监会要利用互联网技术加强对保险业的监管。通过互联网建立起对保险公司偿付能力风险的预警系统,将是未来保险监管的发展方向,也应是一种降低网络保险市场风险的有力手段。

专栏 7-3

IT 建设满足合规要求

Gartner 最近的一份调查显示，CIO 们特别关注四种风险：企业信息被窃取或滥用；IT 问题给公司带来的损失不断上升；消费者隐私保护；符合法规要求。可见，随着公司业务对于 IT 的依赖度越来越高，一旦 IT 发生中断，给公司带来的损失将比以前大得多。中国保监会主席吴定富也在多个场合强调，保险业要"把信息化建设作为防范金融风险的重要内容，充分利用现代技术手段整合管理资源、堵塞管理漏洞，更有效地维护金融保险市场的安全稳定"。

2008 年 5 月，财政部、证监会、审计署、银监会和保监会联合发布了《企业内部控制基本规范》，原定于 2009 年 7 月 1 日起在国内上市公司中率先执行，近期又推迟到 2010 年实施。虽然《基本规范》推迟实施，但其中对保险公司内部控制的要求，以及这些要求对 IT 系统建设的影响，也正在引起保险公司的关注。

在内控体系建设上比较有发言权的是中国人寿，中国人寿 2003 年底在美国上市，而在美上市的企业必须符合萨班斯法案，中国人寿因此开展了 404 条款的遵从工作，在企业内部推行 COSO 全面风险管控体系。中国人寿 CIO 刘安林对 404 条款遵循最深刻的体会，就是 COSO 全面风险管控体系是对公司风险能力和管控水平的检验，也给 IT 人员提供了一个平台，即如何通过 IT 的有效控制，使得企业能够出具一份经第三方独立审计师审计以后无保留意见的内部控制报告。

此后，"合规"的观念也一直贯彻在中国人寿 IT 建设的始终。今年 4 月，中国人寿用 SAP 的 ERP 系统替代了原来的财务系统，系统的实施就非常注意规范性。"我们考虑到将来要遵从相关的规范，所以项目实施的过程中第一次有了企业内部风险和内控合规部门的参与，他们参与了项目计划、项目实施、项目竣工验收的全过程。普华永道作为我们的独立审计师也全程参与到项目实施中来，以便于我们下一步出具企业风险管控报告时，他们能够知道整个实施过程和结果"，刘安林介绍说。

中科软科技股份有限公司总裁左春则详细解读了《基本规范》与保险企业核心业务系统的关系。他认为，《基本规范》中所规定的一些控制原则，比如不相容的职务分离控制、授权审批控制、预算控制、绩效考评控制等，都是为了建立企业管理的控制体系，这些最终都是通过企业的核心业务系统以及一系列子系统来实现的，比如权限控制即可以通过风险控制管理系统、内控系统来实现。左春认为，传统的企业文化、管理制度的约束力度都是有限的，而核心业务系统则是《基本规范》执行的最重要支撑工具，是刚性的。从这个意义上说，保险企业可以从 IT 系统建设做起，建设符合内部控制需要的核心业务系统。

资料来源：2009 保险业信息化：省钱与控制风险并举. 计算机世纪报，
2009 年 06 月 26 日第 23 期
http://qkzz.net/magazine/CN11-0132C/2009/23/3640184.htm

（三）网络保险的监管

网络保险增加了保险行为的透明度，为保险监管提供了便利。与此同时，网络保险使保险公司之间的竞争更加激烈和复杂，也相应增加了保险监管的难度。网络保险技术的发展和保险商品的非物流性，使得保险行业的新进入者不必花费大量的资金和时间可以进行传统销售方式下的营业网络建设和代理网点培训管理。随着我国保险产品的不断创新，其金融兼容性越来越大。许多保险产品，不仅可以通过银行进行销售，而且出现了银行卡式保单，甚至还可能发展为保单证券化，分业监管的难度和复杂程度不断提高。美国于1999年通过新银行法《金融服务现代化法案》，终止了历时多年的银行、证券公司和保险公司的分业经营，出现了像花旗集团那样的"金融超级市场"。西方主要国家相继进行保险管理制度的创新，为保险公司开拓了更大的市场空间和服务领域，所以，保险监管机构要不断熟悉保险电子商务竞争，支持网络保险商务并对其实行有效的监管，及时制定相应的规则，这些都对保险监管提出了更高的要求。网络保险的安全漏洞将会引起负面的关注，并严重影响到保险公司的业务发展。

1. 网络保险监管的一般准则

就现实情况而言，如何进行网络保险立法，如何确认网络保险合同，解决这些问题对于促进网络保险的发展更具实际意义。

（1）推动立法促进网络发展

在美国，1999年，一些州通过了《电子交易标准法案》(the Uniform Electronic Transactions Act，UETA)。通过它对电子合同和电子签名的合法性进行确认。它是法律程序上的成文法，它提供了一条确认电子签名或记录的途径。对电子签名它是这样定义的："个人有目的地用来签字记录的电子声音、记号和过程。"这个定义足够广泛地包括了人们在确认情况下进行单击签字的全过程。不管是用密码技术的数字签名还是通过E-mail的签名，只要采用它的人是有目的的都可以认为是电子签名。

美国媒体认为：这个法案对网络保险的发展将会起巨大的促进作用。它解决了一个很重要的问题：如何确认保险电子合同的合法性。保险很重要的原则就是要投保人如实告之，而网络的虚拟性决定了不能确定投保人是否进行如实告知。而UETA从法律的角度，对投保人的告知进行法律确认，使网络保险合同的合法性得到了保证。

在网络保险合同完成后，接下来说是如何支付的问题。网络保险有效的物流由于保险不需配送的特点，通过互联网可以得到很好的解决，但网络保险的现金流则要复杂得多。作为网络保险而言，当然希望实现在线支付，但是现阶段在线支付面临很大的困难。首先是信用卡的使用问题，要实现在线支付，就需要与银行进行合作，进行磋商，达成原则上的一致。其次是支付有效的问题。在线支付是否有效，是否安全，如何确保投保人个人信息不被盗用，这些都需要法律制度的保证。保监会从解决实际问题的角度出发，进行这方面的制度建设尤为重要。

（2）加强对保险网站本身的监管

网络保险的销售主体一是保险公司自己建网，卖网络保险；二是以COM公司为基础卖保险。前者的特点是自己产品自己卖，市场推广也以突出自身特色为主，对保险公司有利；后者的特点是产品丰富，提供多种比较工具，对投保人较有利。从保险监管的角度讲，前者可能便于管理，因为保险公司本身早已置于保监会之下，保险公司容易理解保监会的意图。而后者，由于没有传统的监管关系，加上企业文化方面的差异，对监管可能会出现理解上的偏差。在这种情况下，市场发展要求保险监管部门找到一个平衡点，合理定义网络保险的主体，确定他们的合法性。根据他们不同的特点，进行必要的不同程度的监管。

随着网络保险的发展，网络保险网站的不断涌现。网站的管辖权问题就摆在了我们面前。网站本身不受保监会管辖，但网站由于销售的是保险，这就要求保监会介入了。网站是否需要从保监会获得经营权？如果要，如何取得？保监会是不是需要做一些资本金方面的规定？这些都值得我们深思。

另一个问题是如何保证网络保险的安全性。为客户保密，这是客户放心进行投保的前提。那么保监会是否应该对网站进行安全检测？除了有必要的技术保证、安全认证等之外，是不是应该制定相应的法律法规？如禁止网站在未经授权的情况下进行用户信息转让等。

最后一个问题是获得网络保险的权力问题，什么样的网站才能获得这个权力？继续这种权力是否需要业绩支撑？如果这个网站一份保单也没有卖出，它是否应该被取消这种权力？是否只有保监会才有决定权？以及如何与电子商务管理部门、税务部门进行协调等，都是值得思考的。

2. 监管制度的设立与执行

(1) 关于市场准入。网络保险，不管其是否进行产品的开发，只要其经营保险产品，就应该接受保监会的监管。规定一定的市场准入机制，有利于网络保险的长远发展。

第一，是否具备安全保障体系。网络保险业务必须有严密的安全政策、制度规范和操作程序。所有的制度都要围绕安全性建立，形成以安全为中心的制度保障体系。这个体系应包括安全政策与工作程序，安全教育与安全培训，硬件设备和人员配备，网络安全监控，及时故障求援和恢复。

第二，是否具备安全技术保障体系。由于网络保险是建立在计算机技术基础之上的，又由于它的开放性，因此网络保险必须建立严密的技术安全标准，采用先进的加密技术，并通过权威机构的安全认证，方可进入市场。这个技术安全保障体系必须能把银行内部网与互联网可靠隔离，防止外部非法信息侵入内部网；必须在内部网与业务主机之间建立多级网关，禁止非法信息传入业务主机；必须建立业务操作日志制，以备事后追溯；必须建立第二备份中心，确保非常情况下数据的安全。

(2) 网络保险的日常监管。目前，对网络保险来说，交易风险和技术风险可能是最主要的风险。

第一，交易风险监管。保障网络保险安全营运是交易风险监管的首要目标，对网络保险交易风险监管要考虑以下四个方面的问题。一是要建立一套权威的网络保险风险和安全认证标准。网络保险只有通过这个标准认证，才可以使网站不被他人冒充，保证用户与网站通讯时，双方使用证书中的密钥对信息进行加密，而不被非法窃取。二是对网络保险登录安全性监管,用户要成功登录进入系统,必须输入用户号、登录密码、附加密码。三是对信息传输安全性监管,保证通讯中对数据传输采用严格的加密技术。四是对交易安全性监管,监管的内容包括:是否设置多级授权组合供用户使用;在业务交易中是否能在出票人的票据上产生"变码印鉴",以使每一笔交易都具有不可抵赖性;是否能自动记载系统日志,使用户的每一个操作都能被系统记载下来,便于系统管理员随时稽核。

第二,技术风险的监管。网络保险是计算机科技创新的结果,由于技术的演进以及由此而引起的相关风险,因无法事先预计,因此成为网络保险日常监管的主要任务之一。对于这类风险应组织相关技术人员进行现场检查,进行风险评估。

3. 几个值得探索的网络保险监管问题

(1) 是否实行单独的网络保险税收。许多事实表明,许多通过网上销售的服务及产品的销售税没有交,一些专家已警告,国家的税收收入可能会因此而减少。在现实的操作中,网上的售后收税问题确实是一个现实的问题,网上的买者和卖者可能很难确定在哪儿,或者是哪个具体的机构支付网上的销售税。所以,有关部门应制定一个网上税收系统,来收取网络保险交易的营业税。

(2) 网络保险的监管程度问题。我国现行的分业经营、分业监管已有可能影响我国保险业的竞争力。如果一开始就对我国网络保险进行严格的监管,虽然可以有效降低网络保险的风险,但可能出现抑制我国网络保险发展的问题,错过发展时机。但是,如果监管过于宽松,或者监管无效,将在我国网络保险发展的过程中埋下潜在的危机。因此,对网络保险不是要不要监管的问题,而是如何把握适当的度的问题。

(3) 分业和混业经营问题。我国目前金融市场仍坚持分业经营、分业监管。但金融业的网络化将会突破分业经营的界限,促进混业经营的进程。网络银行、网络证券、网络保险、网络信托和网络金融租赁将会相互对接,金融市场的网络化将会成为突破分业经营的一个重要途径,如何看待这种"混业化"将是需要监管层认真考虑的一件事情。

(4) 监管人员的素质问题。由于网络保险是建立在计算机系统和互联网等高科技之上的,未来监管人员不但要掌握保险业务知识,而且还需要掌握证券、保险、信托、金融租赁等方面的知识,要有较强的计算机技术应用能力。

网络保险代表着保险业的新兴发展方向,有着巨大的发展潜能,由于网络保险的复杂性,我们必须加强网络保险的经营管理和风险监管,以提高网络保险的市场效率,将网络保险业务带入一个新的发展阶段。

【能力训练】

- 1. 比较分析网络保险服务与传统保险服务的不同。
- 2. 试分析网络保险在现代金融及国民经济中的作用和影响。
- 3. 举例比较网络保险的不同发展模式下的业务优势。

4. 以平安健康险为例,简述网上投保的流程。
5. 网络保险业务发展中的风险因素有哪些?如何加强网络保险的监管?
6. 案例分析

店少货少网络保险被什么网住了?

近年来,随着互联网技术的发展和网络普及程度的提高,网络保险因其独特的优势,逐渐被广大投保人所接受,成为保险公司的新兴销售渠道。然而,由于诚信体系、技术力量、政策法规的不完善,网络保险存在监管真空地带,风险隐患逐步积累。广东和上海两地保监局在一份调研材料中称,利用网络销售假保单行为不时出现,个人代理人的网络门店悄然兴起,网络保险法律纠纷时有发生。为配合当前打击保险领域"三假"的重要任务,对于网络保险的未来发展,必须加强研究和引导。

据了解,网络保险在我国出现于1997年,当时平安、太平洋、泰康人寿等公司都陆续建立了电子商务平台。目前大约有20家保险公司开展网络保险业务,占所有保险公司数量的17%;产品也涉及包括车险、企财险、家财险、责任险、货运险、寿险、健康险、意外伤害险在内的多个品种,意外伤害险标准化产品占比最高,约为30%。

与此同时,有一些第三方网络平台也可销售保险产品。这种情况下,网络保险产品由商户提供,各网站的平台管理者均会对商户的销售资质进行一定程度的认证,但对保险产品机构的资质情况、保险产品所属公司等具体信息,一般不要求商户公布。网络购买保险产品的资金结算均以第三方账户作为结算中转,客户确认购买后,后续的打印、配送保单等服务均由商户负责完成。

尽管如此,我国的网络保险和发达国家的差距相当大。上述两地保监局在材料中称,英国车险和家财险的网络销售保费比例在2004年达到41%和26%,预计2009年将至47%和32%。而国内网络保险业务还处在起步阶段,尚未形成有效规模。2009年上半年,全国网络交强险签单保费0.96亿元,占交强险业务规模的0.3%。广东地区对三家保险分公司的调查显示,2008年公司实现网络保险保费0.44亿元,占总保费的0.3%。第三方网络平台2008年在上海为三家产险公司销售意外险产品的保费收入也十分有限。目前,网络保险产品没有销售渠道细分的费率结构,无法给予客户价格优惠。

根据以上资料分析目前我国网络保险发展滞后的原因,并提出相应对策。

【答案提示】

广东和上海两地保监局认为,网络保险在我国发展滞后的一个主要原因是,保险作为一种以合同形式存在的特殊商品,通过网络以电子形式销售后,面临法律效力和网络安全等问题。首先,我国电子商务立法较滞后,电子合同成立的时间和地点、要约的撤销和撤回如何确定、法律效力、消费者权利如何保证等问题都没有明确的司法解释。法律法规的缺失导致网站经营者无章可依,为销售者的违规操作提供了空间,使得监管部门难以对网络保险销售进行有效监督,难以事前控制风险。其次是网络安全缺乏充分保障。投保过程中,客户需提供个人详细信息,尤其是人身保险,需描述个人健康状况等隐私信息,其安全性受到客户的密切关注。

此外,网络保险面临交易资金安全的问题,目前资金结算方式都是将资金交由第三方进行保管,在交易完成后再由第三方将资金划转给销售方,一旦发生意外,第三方无法或拒绝将资金划转,将导致客户既无法获得保险保障,又难以追回资金。一项调查显示,66%的被调查者最关心保费网上支付是否安全。在消费意愿上,大多数客户更习惯于传统的保险销售方式,网络保险的信任度仍然较低。由于客户对保险认识不多、保险术语专业性较强、假网站时有发生等情况,大众对网络保险消费心存疑虑。此外,据部分开展网络保险业务的公司反映,客户普遍担心网上购买保险后,在送单、理赔等方面不能享受与传统渠道同等的保险服务。

保险公司能够提供的产品少、能提供的服务水平低也是制约网络保险业务发展的重要原因之一。上述两地保监局在材料中表示,目前,我国网络保险在产品结构、业务流程、服务功能等方面与发达国家相比,还存在较大差距,未能给客户带来较优的消费体验。以我国开展网络保险业务较早的人保财险、太保集团、平安集团、泰康人寿、太平人寿5家保险公司为例,其意外伤害险产品最多,占产品总数的39%,而市场潜力同样较大的货运险产品仅占2%。与此同时,网上交易仅限于投保流程,上述5家公司中仅2家能实现投保、批改(或保全)的网上操作,仅3家公司能进行投保网上操作,理赔等业务流程暂不能实现网上操作。以国外网络保险常见的在线试算保费、制定个性化保险方案两项服务为例,5家公司中仅3家能在线试算保费,仅1家能提供个性化的保险方案。

创新依然是解决困境的良方

广东和上海一直都是我国的两大保险"重镇",投保人相对比较成熟,也比较容易接受新鲜事物,同时保险公司也愿意在这两个市场上投放一些创新产品和渠道,网络保险这一渠道自然也不会被轻易放弃。上述两地保监局也在材料中建议推出网络营销专属产品,理由是网络保险较传统渠道有明显的成本优势,但其价格目前与传统渠道无异。他们建议,制定网络保险专属产品审批制度,允许网络保险产品的价格低于传统渠道,让利消费者;同时鼓励保险公司推出网络保险专属产品,发挥网络保险的成本优势。并且进一步推进产品条款的通俗化和多样化,网络消费的客户自主性较强,客户看懂产品后才会购买,并且除意外伤害险、交强险产品外,需加大其他产品的开发力度,推出产品组合,满足客户多元化需求。

在除产品开发的方面外,上述两地保监局也建议,保险公司加强电子商务平台建设。例如,推动批改(或保全)、理赔等业务流程的网络化,使客户足不出户便可享受"一条龙"的保险服务;完善保单验证、理赔查询和客户投保方案设计功能的综合平台建设,适时推出健康提示、风险管理等高级功能,为客户提供贴心及个性化服务;建立网络安全风险评估和监测体系,动态监测网络安全情况;以及加大信息安全投入,切实保证客户隐私和网上支付安全。

【网络资源与阅读书目】
1. 中国保险网. http://www.china-insurance.com
2. 和讯网. http://www.hexun.com
3. 中国人保网. http://www.picc.com
4. 叶蔚,袁清文. 网络金融概论. 北京大学出版社,2006
5. 赵亮. 电子商务概论. 第2版. 河南人民出版社,2007
6. 胡玫艳. 网络金融学. 对外经济贸易大学出版社,2008

第八章 网络金融市场

【本章要点】随着计算机和网络技术在金融领域的广泛应用,网络金融市场正逐步替代传统金融市场,网络金融市场的出现,金融商品创新层出不穷,使网络金融投资以其独特的优势和发展前景为普通投资者和金融创新者所青睐。网络金融投资具有与传统金融投资不同的特点。国际资本以网络国际资本的新形态参与全球贸易与投资活动,并推动着资本市场的发展,深刻地影响着世界经济的发展过程和趋势。

【本章重点与难点】本章重点在于网络金融市场的特征,网络金融投资的影响及网络金融投资的基本方法;本章难点在于理解网络国际资本流动的影响。

【基本概念】网络金融交易　网络金融市场　网络金融投资　网络国际资本　网络国际资本流动　全球经济一体化　金融一体化

第一节 网络金融市场的产生和特征

随着计算机和网络技术在金融领域的广泛应用,传统的金融市场受到极大的冲击,在网上得到了全新的体现,网络金融市场正逐步替代传统金融市场,使传统金融市场在基础设施、金融主体构成、市场交易对象等方面产生深刻的变化,金融交易变得直接,交易成本大大降低,交易速度急速提高,交易场所和手段被虚拟化,也更趋于全球化。

一、网络经济下金融市场的变化——网络金融市场的出现

(一)网络经济加剧了金融市场全球化和一体化的进程

网络经济下的电子商务、电子货币和网络银行使得金融市场原有的界限日益模糊,他们所具有的技术水平和能力也为地区间和全球化的市场融合提供了坚实的基础。电子货币不仅可以摆脱各国货币外衣的束缚,成为国际通行的交易媒介,而且促进了交易工具国际统一标准的形成,也为市场主体行为的国际化提供了便利,加速了资本的国际流动和全球性资本的形成。在此基础上各种新兴金融衍生工具的出现和金融创新,更加速了这一趋势的形成。同时,网上金融交易开始替代传统的集中竞价交易,全球全天候可利用的交易场所不断增加,主要国际金融中心已联为一体。1998年3月,德国、法国、瑞士宣布将电子交易系统联网后,欧洲八大证券交易所也在开始着手建立统一市场。1999年,纳斯达克更是积极开拓东京、新加坡、香港、伦敦市场。

（二）网络经济改变了传统金融市场中信息、指令、执行和清算的程序和过程，增加了市场的透明度，提高了市场的竞争水平

作为市场基本要素的信息传递与扩散不断被加强，其直接效果是降低和消除交易双方之间所有不必要的交易成本，并使价格对每一个人都是透明的，通过网络，数以百万的人将能在任何地点进行任何交易。或许有一天，许多人都不再需要那些为了保证交易秩序而保有交易特权的经纪人了。市场的透明不仅能使消费者选择更有利的价格，促进竞争，而且增强了价格比较和对经纪商的监督能力。交易指令是金融市场最基本的要约形式和交易手段，网络金融不仅减少了指令的发送与传递成本，而且随着网络软件的发展，在多个市场中自动比较并选择指令传递方向的软件，在网络证券交易中得到了广泛的应用。以美国为例，许多电子交易平台的指令软件可以自动选择最有利的市场，分别传递相关指令。纽约证交所85％的指令都已使用了Super Dot系统。交易指令的自动执行，是网络技术对金融市场的又一大贡献。在80年代，纳斯达克对其"小批量交易系统"（SDES）采用了指令自动执行技术。自动交易市场对市场力量的影响是深刻的，相对于经纪商而言，它大大增加了投资人的主动性和力量。在网络中，交易的清算不仅直接、实时，而且对已形成某种垄断的现有清算体系的依赖性正在大大削弱。

（三）网络经济促进了金融市场主体构成的变化

网络金融市场的构成包括政府、中央银行、商业银行、其他金融机构、企业和个人。从表面上看，网络金融市场同传统金融市场一样，没有什么差别。但是，仔细考察就会发现，随着网络金融市场的发展，金融市场的主体构成已发生了明显的变化。

1. 网络银行将成为金融业的主导模式

网络银行的出现，对传统银行的经营方式产生了强大的冲击，使传统银行业开始有了生存危机。1995年10月，美国3家银行联合在因特网上成立了全球第一家网络银行——安全第一网络银行。其业务遍布美国各州，包括电子钞票兑付，在线交易登记和支票转账等，与众不同的是，客户可以足不出户地办理各种银行服务，其全部的经营方式获得了投资者的高度认同。仅仅几年的时间，网络银行的市场份额已超过美国总支付交易的2％。目前，美国已有许多银行开展网络业务。（关于网络银行的发展请参看本书第一章的第四节）

2. 超大型复合金融机构"横空出世"

20世纪90年代以来，全球金融业掀起了兼并风潮，且愈演愈烈，大有席卷全球之势。许多资产总额达到数千亿美元、经营范围遍及世界各地的超大型金融机构"横空出世"。

这些国际性的超级金融机构，通过全球性的分行网络、办事处和附属机构，永不间歇地向客户提供系统多样的金融产品和服务，在国际金融市场上起支配性的作用。由此，传统的中小银行等金融机构贴近消费者的优势已不复存在，在竞争中处于愈加不利的地位。

3. 投资基金的兴起与网上无国界金融实体的形成

投资基金是一种大众化的投资工具，产生历史比较久远，但其迅速发展只是近几十年的事情。随着网络金融市场的发展，投资基金越来越成为重要的金融工具。在发达国家，运用基金筹资和投资十分盛行，以美国最为普遍。

随着投资基金的盛行,网上无国界金融实体迅速形成。网上无国界金融实体的典型代表,当推把借贷和投机合而为一的"套利基金"或"对冲基金"。套利基金是纯粹的投机性集资。更确切地说,应该是"借贷投机"。套利基金的投资大部分是贷款,既做"多头",又做"空头"。套利基金的资本,据估计,全球只有500亿至1 000亿美元。但是,他们控制的资产,由于其借贷能力,随时都可以高达5 000亿美元。网上无国界金融实体在国际资本市场上兴风作浪,导致了一系列国际金融危机,如1992年的英镑危机,1995年的墨西哥金融危机和1997年的东南亚金融危机。投资基金的兴起和网上无国界金融实体的出现,彻底改变了传统金融市场的主体构成。

(四)推动了金融市场交易对象的变化

计算机网络技术和通讯技术推动着金融创新、特别是金融衍生产品的发展。金融衍生产品是金融知识与计算机技术相结合的产物。金融创新、金融衍生产品的发展已经成为金融发展的主旋律,它推动着金融产品的多样化,使金融市场不断推陈出新,与传统金融市场相比,网络金融市场的交易对象正发生着日新月异的变化。

传统金融市场的交易对象是基本的金融工具,包括商业票据、钞票、本票、银行汇票、可转让大额存单、保险单、债券和股票等。

网络金融市场的交易对象不仅包括传统金融市场上的基本金融工具,而且还包括在各种基本金融工具之上所创造出的各种衍生金融工具。例如,以货币为基础创造出来的货币期货,以股票为基础创造出来的股票指数期货或股票期权等等。衍生金融工具种类繁多,难以计数,同时又不断有新的种类推出。一般来说,它大致可分为四大类,即远期合约、期货合约、期权合约和互换协议。

(五)网络经济下金融市场上价格形成机制的变化

在传统金融市场上,各国金融市场为各国政府所控制。一方面,由于各国金融市场相对封闭,各国政府相对独立地实行货币政策,利率政策一直是各国中央银行干预国内经济的重要手段;另一方面,各国政府对外汇市场的管制采取了或紧或松的政策,在外汇管制较严的国家主要实行官方汇率,而在外汇管制较松的国家主要实行市场汇率。

在网络金融市场上,国内金融市场和国际金融市场的界限日益模糊,各国金融市场日益融合在一起,各国金融市场日益脱离政府的控制,利率和汇率主要由市场的供求决定,而不再主要由政府决定。同时,各国金融当局的利率政策和汇率政策的影响力越来越弱,甚至各国的利率政策和汇率政策还相互抵触。当一国的经济不景气,需要降低利率以实行扩张性的货币政策,而降低利率又往往会引起国外资本的回流和国内资本的流出,从而影响货币政策的实施效果。如果一国的国际收支和国际储备状况已经恶化,经济前景不佳,提高利率,可以短期地维持本国货币的稳定,但随之而来的将是严重的货币贬值和经济衰退。例如,1997年东南亚金融危机中,泰国、菲律宾、马来西亚试图利用提高短期利率的方式防止国际短期资本流出,但收效甚微,经济状况进一步恶化。由此看来,网络金融市场的价格主要由市场"这只看不见的手"来调节。

总之,网络经济使传统金融市场从基础设施、金融主体构成、市场交易对象到市场交易组织形式、交易手段和发展趋势等多方面产生深刻的变化,网络金融市场正逐步替代传统金融市场。本章将从网络金融投资和网络国际资本流动两方面作深入的阐述。

二、网络金融市场的定义

金融市场是指以金融资产交易和服务为对象而形成的供求关系及其机制。它是金融资产交易和服务的一个有形或无形的场所；反映了金融资产的供给者和需求者之间形成的供求关系；包含了金融资产交易过程中所产生的运行机制，其中主要是价格机制。

网络金融市场是借助计算机网络，特别是因特网以进行各种金融活动的交易场所和交易关系的总和。网络金融市场是传统金融市场和现代信息技术高度结合的产物。

三、网络金融市场的特征

网络金融市场的特征主要表现在以下几方面：

（一）金融中介机构的地位和作用将日益弱化，金融交易呈现直接化的特点

与传统金融市场上资金的供需双方需要金融中介的参与才能达成交易不同的是，在网络金融市场上，资金的供需双方可以直接通过网络进行联系和交易，从而使得金融中介的地位和作用日益弱化。

（二）交易成本大大降低，交易速度大大加快

根据安全第一网络银行提供的资料显示，传统银行网点每笔交易收费1.07美元，电话银行每笔交易收费0.54美元，ATM每笔交易收费0.27美元，而在网络金融市场中通过网络交易每笔仅收0.01美元。在股票交易中，传统方式每笔交易用户需花费1美元，而采用网络交易只需花0.02美元。另外，客户通过网络进行交易，还免去了交通等费用。因此，低成本是网络金融市场快速发展的一个重要原因，也是其一大优势。

（三）交易场所和交易手段虚拟化

网络金融市场没有拥挤的交易大厅，各类金融工具的交易都在网上进行。而且，交易手段也被虚拟化，传统货币被电子货币所代替。

（四）网络金融交易呈全球化趋势

互联网上没有海关和国境的限制，所以利用Internet，可以将金融业务延伸到世界各个角落。

（五）信息服务呈现出个性化特点

这一点主要是针对网络证券市场，用户只需上网即可获得所有股市新闻和个股信息。而在传统市场，信息服务主要是针对机构投资者和资金实力雄厚的大户。所以说，网络的出现使信息服务由传统金融市场的向大金融机构"批发"，转向直接针对个人"零售"，呈现出个性化趋势。

第二节 网络金融投资

网络金融的出现以及金融商品创新层出不穷，使网络金融投资以其独特的优势和发展前景为普通投资者和金融创新者所青睐。

一、网络金融投资的含义

网络金融投资,通常是指投资者利用网络资源,获取国内外各金融市场的及时报价,查找国际国内各类与投资相关的经济金融信息,建立网上投资沙龙,分析市场行情;通过互联网进行委托下单,实现实时交易和清算等等。

网络金融投资包括网络储蓄、网络外汇投资、网络债券投资、网络股票投资以及网络衍生金融商品投资等等。其中,网络衍生金融商品投资又包括网络远期合约投资、网络期货投资、网络期权投资、网络互换投资等多种投资形式。目前,网络金融投资已经成为金融投资活动的新的发展趋势。

二、网络金融投资的优势

网络金融投资方式对个人投资者非常有利,它使得散户交易的条件和手段"大户化",让每一位散户品尝到"大户室"的美妙滋味,因此越来越受到众多个人投资者的青睐。具体来讲,网络金融投资的优势表现为三个方面,即:时间和速度极快;极为方便;成本低廉。

三、网络金融投资的特点

网络金融投资除具有传统金融投资的特点之外,还具有与传统金融投资不同的特点,因而网络金融投资对投资者、经纪人、交易所、上市公司及券商等投资当事人都会产生深远的影响。

(一)网络金融投资者不受时空限制,有极高的投资选择的自由度

互联网将全球金融市场连成一体,网络金融投资者只需一台电脑,再配上一台调制解调器和一条普通的电话线,或者在局域网延伸到的地方配上一根网线,就可以通过因特网,点击鼠标,在网上金融市场上快速地进入全球的汇市、债市、股市或期市等,来从事各种投资活动,可以从一个世界金融市场中心转向另一个世界金融市场中心来进行一种或多种投资活动,还可以在世界各个金融中心同时进行一种或多种投资活动,通过网络银行的支付系统,能使资金的转移在瞬间完成。这就保证了投资者可以进行更宽范围的选择,从而涌现了大量新的投资者。随着在线交易的不断扩大,借助种种交易和分析软件,投资者可以在网上任意选择投资对象,采用最为便捷的交易方式,最大程度地自我控制整个交易过程。

可见网上交易为所有投资者提供了一个开放性的投资系统,给予了一个公平交易的平台。网络金融交易大大地提高了投资选择的自由度。

(二)信息在网络金融投资中显得更为重要

一方面,网络金融投资经纪人的利润将主要依靠提供信息咨询和信息服务获得。网络金融交易市场的出现,将使在线经纪人这一崭新行业应运而生,并使经纪人传统的服务方式和内容做出重大调整。在线交易已使网络金融投资者无需通过场内经纪人进行投资,其利润将不再以代为撮合成交来赚取手续费为主,而主要通过向投资者提供咨询

和信息服务获得。

另一方面,网络金融投资者收益的获得,在很大程度上取决于投资者对信息的反应能力和理性分析能力。在网络金融市场上,许多金融机构和非金融机构纷纷在自己的网站向投资者提供各种投资信息,投资者通过因特网随时可以了解世界各地各种金融市场的即时行情和相关信息。市场信息传播速度大大加快,金融市场的出清速度十分迅速,投资者获利或亏损,在很大程度上取决于投资者自身对信息的反应能力。网络金融投资的过程,实际就是通过收集信息和处理信息,从而对网络金融工具的价值发现过程。网上信息资源虽十分丰富,但芜杂,其中可能包含许多失真或过时甚至完全虚假的信息,网络金融投资者如果不加思考和分析,盲目地采取"拿来主义",就难免会因判断错误而走进陷阱,其结果必然是遭受损失。因此,网络金融投资者要想取得良好的收益,就必须对信息进行"去粗取精"、"去伪存真"的筛选、分析和处理。

(三) 交易所所处的位置将不再重要

随着在线交易的迅猛发展,无纸化、覆盖全球、高速自动撮合的电子交易程序将直接挑战目前全球所有交易所的现行交易方式。新型的构筑在互联网络上的虚拟交易所的诞生使得投资突破了时空限制,交易所的地理位置已变得不再那么重要。著名的美国纳斯达克(Nasdaq)证券交易系统的数据中心就设在康涅狄格州一个普通小城市的一座很不起眼的建筑物内。

(四) 网络金融工具的国际化使国际证券投资组合逐渐取代国内证券投资组合

各种金融工具借助互联网,可以实现全球金融市场的挂牌交易,在国际网络金融市场上发行证券或筹资,不但可以吸引更多投资者,降低筹资成本,同时也可减少投资风险。随着全球金融一体化和网络化的发展,未来多数有价证券将可在全球各个交易市场挂牌,并可实现 24 小时连续交易。那时投资者在国内外购买任何有价证券都同样方便,网络金融投资者在全球网络市场实现投资组合有更多的选择机会,因而,国际证券投资组合开始迅速发展并逐渐取代国内投资组合。据伊博森合伙公司和摩根斯坦利国际资本公司计算,网络证券投资的最优组合为 50% 投资于外国股票、50% 投资于本国股票的投资组合。

(五) 券商的竞争方式将发生改变

网络的普及提高了证券市场的透明度和自由度,降低了在线交易的成本,增加了投资者对券商的选择范围,同时也提高了对券商的要求。传统金融投资的券商主要通过增设物理营业网点来扩大市场份额,以提高其竞争能力。而网络金融投资的发展,使券商的竞争实力将不再取决于分支机构的多寡,而主要通过提供更优质、高效、低廉的投资指导和咨询服务创建品牌。网络金融低成本的在线交易将加剧券商之间的竞争并改变竞争的方式和内容。

四、网络金融投资的基本方法

在获取了充分的网上金融信息后,网络金融投资者还应根据自身掌握的相关的投资知识,并结合个人的资金状况、未来需求、投资目标及资产配置等情况,制定缜密的网金融投资计划,采取适宜的网络金融投资的基本方法,以确保较高的投资回报。网络金融投资的基本方法由五个基本步骤构成(如图8-1所示)。

（一）产生投资意念,确定理财目标

办公室里的谈论和在图书馆里看一本书都有助于投资者确立特定的投资目标。而独立的网络新闻通讯能给投资者提供某些特定金融工具的信息,市场报告也能很好地说明一个新兴产业的发展方向,更能帮助投资者产生很好的投资想法,浏览在线论坛或网站甚至仅仅是偶尔在网上"冲一下浪"便能发现令人感兴趣的主题。

但是投资者要进行网络金融投资,首先应制定一个切实的理财目标计划。不同的投资者的理财目标是不一样的。即使同一投资者在不同的时期其理财目标也不一样。投资者制定其理财目标计划主要考虑两个因素：

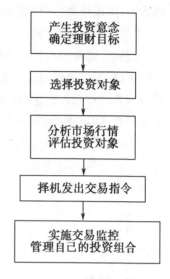

图8-1 网络金融投资的基本方法

1. 投资目的

投资者进行投资主要有两个目的：一是取得经常性收入。投资者的财源不足,要依靠投资收入支付必要的费用;二是实现资本增长。投资者希望通过投资使资本增加的价值越来越多。

2. 个人的风险偏好程度

投资者的个人风险偏好程度因人因时而异。风险爱好者喜欢通过冒险获取高的收入,风险规避者希望在无风险条件下获取确定的固定收入。现实生活中,大多数人介于两者之间,但每个人对风险的偏好程度是不同的,有的人比较喜欢冒风险,而有的人却比较害怕风险。即使同一人,在不同的时间风险偏好的程度也不完全一样,有时倾向于冒险,而有时却倾向于保守。投资者在决定进行网络金融投资之前,首先要依据自己投资的目的和个人偏好的程度,制定切实的投资目标计划。

（二）选择投资对象

当投资者产生投资意念,并确定理财目标之后,便可以通过互联网来实现自己的投资梦想。网络金融市场有丰富多样的金融商品。投资者可以选择储蓄,买卖外汇,购买股票、债券、基金,做期货、期权等衍生金融工具交易。一般情况下,在品种丰富的网络金融市场上,不可能所有投资对象都满足投资者的目标,必然只有其中一部分适合投资者,投资者必须做出投资选择。因此,网络金融投资者的第二步是到互联网冲浪,选择自己的投资对象。

网络金融市场是一个全球性的金融商品的超级市场,各种金融商品令投资者目不暇接。投资者选择金融商品进行投资,首先应确定投资市场。投资者可以浏览国内外综合性网站,诸如全景网络、中国金融网、中国财富网、《华尔街在线杂志》(WST online)、美国在线电视传播金融网(CNNfn)、日经网(Japan Nikkei)或其他综合性、专业性网站,选择自己的投资市场。网络金融投资者可以只选择在国内金融市场投资,也可以选择海外市场投资;可以选择投资股票(包括 A 股和 B 股)、债券、基金和商品期货,也可以选择炒外汇,买卖国外的股票、债券、做期权、期货等套头交易。

当确定好投资市场后,网络金融投资者就应着手制定一份具体的投资对象的名单。一般来说,网络金融投资者确定投资对象名单的方法主要有两种:一是借鉴互联网上各投资网站的排名表确定;二是通过滤屏选择确定。比如债券投资者面对互联网上成千上万的债券,如果要确定一份购买债券的名单,投资对象可以根据各网站的最佳(或最差)债券的列表确定,也可以输入关键词或词组通过滤屏筛选来确定。例如,如果网络金融投资者对在韩国投资感兴趣,那么可以试一试利用"Korea AND(高级数字网)Investment","Korea AND fund"这样的检索词进行检索。

(三) 分析市场行情,评估投资对象

网络金融投资者在初步选择一系列投资对象之后,应进一步缩小范围,以决定具体的买进对象。尽管有一大串符合投资者要求的投资对象,但它们各自潜在的回报率和潜在的风险是不一样的。

网络金融投资者分析市场行情,进行投资研究,一般可以从基本面或技术面进行分析。从技术面看,包括大盘的走势和个股的市场表现,价格走势图为网络金融投资者进行技术分析提供了依据。互联网上有大量的信息可以帮助投资者客观地评估投资对象或自动为投资者做出决策。网络金融投资者通过因特网,可以获得大量的基本面或技术面评估信息。如网络金融投资者要了解宏观经济信息可以到各国政府和世界组织的网站查找,要了解企业的信息可以到一些专门投资研究机构的网站索取,还可以到一些核心网站寻找一些特别的信息。此外,如果网络金融投资者要对某一特定公司进行微观分析,可以利用一些专业调查数据库,很多银行和投资机构也都出版许多范围的经济报告和预测。

(四) 择机发出交易指令

网络金融投资者一旦确定了自己的投资对象,如果对所做的研究比较满意,接着就要选择最佳时机到网络金融市场发出实际的交易指令,开始交易。网络金融市场上各种商品的价格总是波动变化的,网络金融投资者买卖的原则是低价买进,高价卖出。

(五) 实施交易监控,管理自己的投资组合

在发出交易指令之后,网络金融投资者需要通过某种方法来监控特定投资或市场上价格、一般性市场新闻和突发性事件的发生和变化。同时,由于投资者在网上购买的金融工具往往不止一种,而是一种投资组合,金融市场瞬息万变的特点,决定了投资者管理自己的投资组合是一项持续性的工作,理性的投资者总是适时监控影响其投资组合的各种因素,根据金融市场的变化不断调整其投资组合,不断在收益最大化和风险最小化两个互相冲突的目标中寻求平衡。投资者通过因特网可以很方便地监控影响其投资组合的各种因素,如经济政策的调整、市场价格的变化和突发性事件的发生等等。目前,因特网上有许多网站为投资者提供投资管理服务。这些服务主要包括两个方面:

1. 对投资者的投资组合进行自动跟踪和提示

因特网上很多服务器可以提供从实时报价到收盘价的全方位服务及证券评估服务。

为了及时跟踪突发事件,网络金融投资者可以利用搜索引擎定期浏览相关网站或新闻组的信息。万维网上的定制新闻服务能够满足有价证券监控,网上的一些服务器如Newspage为用户提供专门的频道新闻服务,还有的提供监控所有有线新闻并通过E-mail给用户提供某一特定领域所有进展的服务,比如价格更新显示、成交量变化、计算盈亏状况、投资组合现值等。

2. 在线投资咨询服务

投资者可以通过因特网咨询投资专家,选择或更新自己的投资组合。比如股票投资者可以咨询在线专家何时抛售某只股票、补仓或买进更好的一只股票。投资者通过在线投资管理,可以不失时机地以较低价格买进、以较高价格卖出自己选的金融商品,从而实现自己的理财目标。

3. 在因特网上建立自己的有价证券监控器

网络金融投资者如想获得更多有关信息,还可使用一种被称为HTML的语言编写Web网页,构成WWW文件,从而建立自己的万维网有价证券监控器。

专栏8-1

目前网络金融投资存在的问题

虽然网络金融投资深受投资者欢迎,但现阶段还只是经济发达国家Internet信息服务的新型行业,短期内尚难以在全球普及。网络金融投资与传统金融投资方式相比也并非尽善尽美,还存在诸如信息的可靠性、交易的安全性、咨询的便利性及监管的有效性等方面的缺陷。因特网上的信息纷繁复杂,而在万维网上任何人都可以创建站点,并向全世界传播消息。这就需要有一个巨大的服务行业来专门检验这些信息的真实性和可靠性。这一点对于投资领域格外重要,而目前尚不存在这一行业。此外,从因特网上下载程序时很可能引入病毒,有些病毒的攻击力相当强,如著名的CIH病毒,不仅破坏系统而且还能摧毁硬件。证券网络的外部广域通讯与内部局域系统也可能成为病毒传播的途径。一旦病毒通过它们侵入整个交易网络,将会造成整个交易系统瘫痪。由于因特网是一个完全开放的系统,在世界上任何一处都可追踪消息来路,任何人都可以读到。因此网络买卖交易的个人资料容易被偷窃,账户和信用卡号码也有被盗取的风险。而且一旦在线投资公司发生停机事故,由此造成延缓报价会使数以万计的投资者蒙受损失。所以,现阶段网络金融投资还不如想象的那样安全可靠,还需要在线投资公司努力改善在线技术,提高网上交易功能和速度并加强安全防范措施以保障投资者的利益,同时提高自身的竞争力从而在这个急速膨胀的市场中抢占一席之地。虽然传统证券公司已感受到强敌压境之势而不得不寻找对策,以网上中介服务、购买在线投资公司等方式来迎合投资者的需要,以期保住投资市场的一片江山,但传统交易方式所独具的优势和特点也是在线交易无法望其项背的。例如大公司有庞大的现金可资运用,还有资深专家提供咨询。一般而言,当投资者遇到较深入且较特殊的问题时,还必须依赖专人指点才能获得满意的答案。因此,在可以预见的将来,网络金融投资与传统金融投资将互补互益,而非相互取代。网络金融投资世界不是整齐地被划分为几个不同的市场和几个不同的投资产品,其市场在地理及产品意义上没有明确边界,使得越来越多的注意力集中在投资产品本身上。因此,对其实施有效监管比较困难。传统金融投资方式的监管主要依靠外部专家系统(由专家建议及政府监管组成)。将来对网络金融投资的监管将通过安装在电脑上的附带有"投资检查"功能的金融软件,或者装入客户自己定制的模板来完成。这种模板可使用预先的设定检查投资的正确性,也可直接接入在线数据库,获得信息。此外还可建立专门提供网上投资监管服务的独立站点,对投资的正确性提供检查和建议。其中一些站点如SEC(美国有价证券和交易委员会)站点提供可搜索数据库,内容包括现今网上所知的所有诈骗,还提供一些参考资料和用于下载的专门程序。其他一些站点将集中于投资的某些特殊领域,提供投资所需遵循的原则及指导投资的数据库。

资料来源:戴建兵等.网络金融.河北人民出版社,2000:162—163

五、网上个人理财

互联网在人们的生活中得到广泛的应用,许多商业网站,特别是金融机构开始在网络上为人们提供个人理财服务,使网上个人理财得到了前所未有的发展,并对家庭、个人的理财行为以及个人理财服务提供者的经营管理模式产生了重大的影响。

(一)网上个人理财的含义

所谓网上个人理财是指家庭、个人根据外界环境的变化,借助于互联网,获取商家提供的个人理财服务,不断调整其剩余资产的拥有形态,以实现家庭、个人资产收益最大化的一系列活动,具体包括网上理财信息查询、理财信息分析、个性化理财方案设计和相关的金融产品和服务的交易等等。从网上个人理财服务提供者的角度看,网上个人理财是运用Internet技术为客户提供理财信息查询和理财信息分析工具,帮助理财者制定个性化的理财计划以及提供理财投资工具的交易服务等一系列个人理财服务的活动。

(二)网上个人理财工具解析

就目前来看,网上个人理财的投资工具主要有储蓄、债券、股票、人寿保险、房地产、基金、外汇、期货等,本书主要介绍网上储蓄存款、网络证券、网络保险和网上外汇交易。

1. 网上储蓄存款

储蓄存款是一种传统的个人理财工具,根据个人理财者存入银行及相关金融机构的货币资金种类的不同,可将储蓄存款分为人民币存款和外币存款。网上储蓄存款是指网络服务注册用户可以轻松登录个人主页进行存款到期转存等业务,商业银行则通过网络平台,办理各种个人储蓄存款账户间的转账业务,以完成客户委托。网络平台还可以实现根据不同的利率设计的储蓄组合程序,按客户的意愿及要求,为客户设计组合最佳的存款方案,为客户办理委托组合业务。农业银行卡网络银行开户流程如图8-2所示。

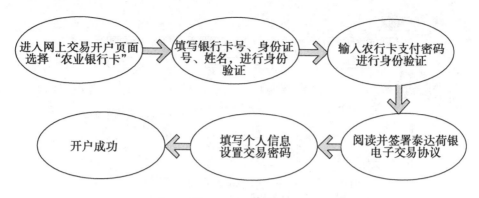

图 8-2 开户流程图

资料来源：中国农业银行网站(www.95599.cn)

2. 网络证券

网络证券现在已经成为网上个人理财的主要手段之一，客户可以通过网络平台进行证券交易，而且交易成本低，速度快(网络证券交易的流程请看本书的第六章)。在证券投资中，投资者可以根据自己对风险的承受能力和收益预期或未来的需要，在对投资环境和证券品种等进行综合分析和判断的基础上，选定投资对象，采取灵活的投资策略，选定适当的方法运营资金，以期获得风险和收益的最佳组合。以网上炒股为例，据经济学的观点，股票的价值等于其未来带来现金流的现值。但是信息不对称以及未来的不确定性，造成了股票暂时价格和价值的偏离，股票交易有巨大的风险性。所以风险承受能力较差，没有一定的经济基础的个人，不能将绝大部分的资产投资于股票中。

3. 网络保险

保险的商品价格相差较大，因此在进行网络保险交易时，要注重对保险公司和对保险商品的挑选。比如说，大多数人寿保险产品都具有一定的储蓄功能，因而是一种重要的投资工具。人寿保险投资有流动性较差、风险较低、投资回报率较低、具有免税优势、有比较确定的保险保障(这是其他投资工具所无法比拟的)等特征。因而，人寿保险投资主要适合于那些特别重视未来生活保障的人群，尤其是年龄偏大的在职人员。具体操作过程请参考本书的第七章。

4. 网上外汇交易

网上外汇交易现在已经成为外汇交易的主流方式，不仅银行间交易已开始采用在线方式，外汇交易者也越来越多地通过网上交易参与外汇交易市场。由于市场上汇率千变万化，网上炒外汇者应掌握一定的相关专业知识以及网上交易技能。网上外汇交易适宜于具备一定外汇投资专业知识的个人理财者。

网上外汇交易入金、取款流程如图 8-3 所示。

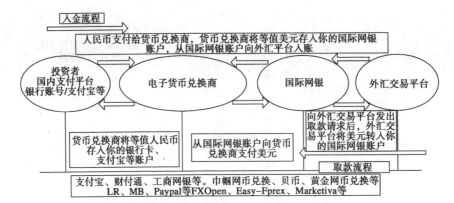

图8-3 网上外汇交易

资料来源：http://www.fx6688.com/tu.html

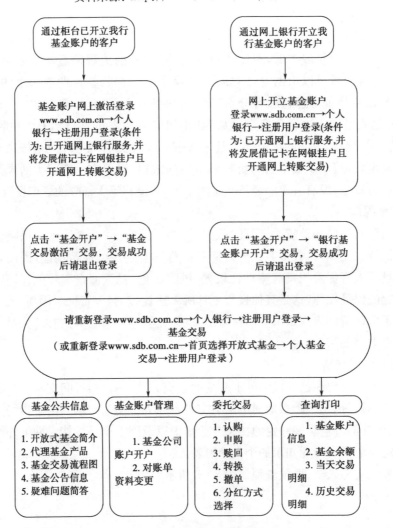

图8-4 网上基金交易流程图

资料来源：深圳发展银行网站（www.sdb.com.cn）

5. 网络基金投资

投资基金是一种新型的以证券信托投资方式为主的金融组织形式,是基金发起人以发行受益凭证或基金股份的形式将有共同投资目标的众多不确定的社会大众投资者的资金汇集起来,委托专业投资机构管理,这些机构投资者以金融资产为专门经营对象,以资产保值增值为根本目的,根据证券投资组合原理将基金在各种有价证券和其他金融工具中进行科学的投资组合和合理的搭配,并通过独立的托管机构对信托财产进行保管,投资者按出资比例分享收益,共担风险的一种大众集合式代理的新的投资方式。因而,投资基金主要适合于风险承受能力较低,又缺乏时间、精力和投资专业知识的人群。图8-4为深圳发展银行网络基金交易流程图。

第三节 网络国际资本流动

计算机网络和信息通讯技术在金融领域中的广泛应用形成了全球金融网络,使得跨国银行、证券公司和其他金融机构,可在全球范围内调配资金,一切信息、交易等可以加入开放性环球网络,使国际资本流动转化为网络资本运动,不仅为加速国际资本流动和资本全球化奠定了物质基础,而且还使国际资本的流动有了新的载体,呈现出新的特征。国际资本以网络国际资本的新形态参与全球贸易与投资活动,深刻地影响着世界经济的发展过程和趋势。

一、网络国际资本的定义

存在于 Internet 并在 Internet 上实现其资本职能的国际资本称为网络国际资本。网络国际资本流动是通过市场交易活动如网络股票市场、网络债券市场、网络外汇市场、网络衍生工具市场、货币市场、贷款市场、企业私募和并购市场等实现的。

二、网络国际资本流动的特点

(一) 国际资本流动规模迅速扩大

1. 资本流速加快

由于通信技术和信息革命使金融业全球一体化的进程加速,提高了投资者和债权人管理资产的能力和市场分析能力,从而使资本迅速流动。

2. 国际资本流量增长快

20 世纪 90 年代以来,各国资本项目自由化的速度加快,例如泰国仅用 3 年时间就完成了从经常项目到资本项目的可兑换。各国资本项目的开放,促进了国际资本流动的迅速增长。90 年代前期全球对外直接投资总额基本维持在 2 000 亿美元左右。90 年代后期迅速扩大,2000 年高达 1.3 万亿美元,2001 年约为 8 000 亿美元,据联合国贸易和发展会议(UNCTAD)公布的数据显示,2007 年全球海外直接投资达 18 333 亿美元,同比增长 30%,创历史最高。2008 年虽然受金融危机的影响,成为 2003 年以来首次出现负增长的一年,但全球海外直接投资额(初值)仍为 1.449 1 万亿美元,中国、印度等新兴国家仍然坚挺,整体维持3.6%的增幅。

(二)融资证券化成为主流

1. 融资证券化的原因

进入20世纪90年代以后,国际资金大量向证券市场聚集,原因主要是:

(1)世界通胀率普遍趋于缓和,利率下降,使债券获利水平远高于银行存款;

(2)享有信誉等级的政府、企业为降低成本而到证券市场直接融资;

(3)一些西方国家对资本市场的管制也促进了证券市场的发展。

2. 融资证券化成为主流的表现

随着市场经济的进一步发展和电子技术的广泛应用,国际资本网上流动出现了资产证券化的新趋势。在整个金融市场中,证券的比重越来越大,传统的通过商业银行筹集资金的间接融资方式逐渐让位于通过证券市场发行股票和债券的直接融资方式。2006年底,美国债券市场规模达到26万亿美元,是当年美国GDP(13.2万亿美元)的2倍,是股市规模(20万亿美元)的1.3倍。

目前证券融资占国际融资总额的80%左右,银行借贷所占份额则由20世纪80代前半期的60%减少到目前的20%左右。相应地,证券市场在整个金融市场中的地位越来越重要。华尔街有句名言:如果要增加未来的现金流,就把它做成证券。如果想经营风险,就把它做成证券。自美国在20世纪80代初率先实现信贷的证券化和股票化后,大量新金融中介机构脱颖而出。这不仅使银行中介作用退化和地位下降,而且还导致金融市场全球化和信贷证券所有权的跨国化。这不仅体现了国际资本市场的异常活跃,而且反映了大量资金正流向证券市场,同时国际金融领域中的游动资金也越来越多,对国际证券市场的起伏起着推波助澜的作用。在2007年开始的次贷危机中,CDO(Collateralized Debt Obligation,担保债务凭证)和MBS(Mortgage Backed Securities,房地产抵押贷款支持证券)更是聚集了大量的国际资金,根据证券行业和金融市场协会(Securities Industry and Financial Markets Association)与汤姆逊金融服务公司的联合统计,2004年,CDO的发放量是1 574亿美元,2005年便扩大到2 718亿美元,2006年更是膨胀到5 493亿美元。在2007年前两个季度,CDO的发放量已达到3136亿美元。住房按揭贷款支持的各种各样的证券被来自世界各地的投资者——保险公司、对冲基金和个人投资者所购买,这个队伍异常庞大,像我国的中国银行、中国建设银行、中国工商银行、交通银行、招商银行、中信银行都在其中。美国次贷危机通过国际资本市场,由美国向全球各地蔓延,进一步形成了全球金融危机,造成全球金融市场为次贷危机买单的金融风暴。

(三)发达国家成为国际资本流动的主体

据联合国贸易与发展会议统计,2007年国际直接投资流入总额达到18 333亿美元,同比增长30%,其中发达国家FDI达12 480亿美元,同比增长33%。美国是全球FDI最大接受国,其次依次为英国、法国、加拿大和荷兰。欧盟是吸引FDI流入量最多的地区,几乎占发达国家总流入量的三分之二。2007年,尽管发展中国家的FDI流入量创历史新高,超过了5 000多亿美元,同比增长21%,也仅占全年国际资本流入额的三分之一(如表8-1所示)。在国际银行贷款方面,以国际银团贷款为主要方式的资本流动,发达国家占整个市场规模的80.9%。亚洲金融危机后,由于大量国际资本尤其是银行信贷资本和证券资本迅速撤离东亚和拉美等发展中国家而流入美国、欧盟等发达国家,使得这种格局进一步加强。

表8-1 国际直接投资的概况　　　　　　　　　　　　　单位:百万美元

FDI flows (Annual average)	1990—2000	2004	2005	2006	2007
Japan					
Inward	3 149	7 816	2 775	6 506	22 549
Outward	25 409	30 952	45 781	50 266	73 549
Memorandum					
China					
Inward	30 104	60 630	72 406	72 715	83 521
Outward	73 378	91 019	80 009	86 764	265 791
United Kingdom					
Inward	40 321	55 963	177 901	148 189	223 966
Outward	73 378	91 019	80 009	86 764	265 791
United States					
Inward	109 513	135 826	104 773	236 701	232 839
Outward	92 010	294 905	15 369	221 664	313 787
European Union					
Inward	209 482	214 342	498 400	562 444	804 290
Outward	280 398	368 006	609 267	640 542	1 142 229
Developed economies					
Inward	357 219	403 687	611 283	940 861	1 247 635
Outward	438 258	786 004	748 885	1 087 186	1 692 141
World					
Inward	492 605	717 695	958 697	1 411 018	1 833 324
Outward	492 535	920 151	880 808	1 323 150	1 996 514

资料来源:UNCTAD World Investment Report 2008

(四)国际资本流向重点发生变化

1. 国际资本产业流向结构高度化、"软形化"

随着世界经济、技术和服务业的发展以及国际产业结构重组和转移的影响,国际资本流动在产业分布上发生明显的变化,呈现出高度化和"软形化"趋势。其突出表现是,国际资本流向的重点逐步由资源开发和劳动密集型产业,向资本密集型、知识密集型产业转移,由制造业向高新技术产业和金融服务业转移。

从全球范围看,随着网络信息技术的日新月异,网络经济成为最热门的投资去向。在网络领域,1999年全球企业并购交易额达33 100亿美元,超过1990—1995年的总和,1999后美国过半数创业投资投向了电脑网络公司。同时,国际资本向服务业的流动趋势也很明显,20世纪70年代初期,现代服务业仅占国际直接投资存量的1/4。20世纪90年代之后,这一比例接近50%。2005年,现代服务业在国际直接投资存量中的比例达2/3。流入美国的资本主要投向证券市场,且由于美元在世界货币体系的地位和美国资本市场高度发达等原因,外国投资者仍然愿意购买美国的金融产品,尤其是美国国债。外国资本通过购买美国金融产品流入美国,弥补了美国巨额的贸易赤字,支持了美国经济增长。

2. 由注重成本转向注重市场

近年来,国际厂商在选择海外投资地点时,廉价劳动力因素的重要性逐渐降低,而市场规模及前景成为厂商考虑的主要因素。与其选择廉价劳动力,不如选择繁华大市场。英国《金融时报》报道,据一个公司对投资意向的调查表明,21世纪初对外投资的主要考虑因素将是增加进入外国市场的机会,而不是要削减生产成本。

大多数投资者认为,在高收入地区开辟市场更具有现实意义,资金周转快,回报率高,而对低收入地区投资则主要从潜在的市场价值出发,是企业的一项长期战略行为。市场日益成为推动国际资本流动的关键因素。

3. 发展中国家资本流向趋强

近年来,宏观经济的稳定和政策改革,使发展中国家成为国际资本的需求方。20世纪90年代初,发达国家经济萧条,资金需求乏力,使国际资本流向资金相对缺乏、获利机会较多的发展中国家。2008年,联合国贸易和发展会议发表报告说,近十几年来发展中国家在输出外国直接投资方面表现得越来越好,2002年发展中国家输出外国直接投资量已占全球总量6%,2003年发展中国家输出的外国直接投资量占全球1/10,2007年发展中国家输出外国直接投资已占全球的15%以上。在过去15年,一些发展中国家已成为外国直接投资的重要来源。按绝对值计算,发展中国家外流的外国直接投资量从1980年的600亿美元上升到1990年的1 290亿美元,在2003年达到8 590亿美元。

(五)国际直接投资成为国际资本流动的主要形式

从1994年开始,由于美国等国家经济发展的拉动,国际直接投资出现快速增长势头,突出地表现为以跨国公司为主导的跨国兼并与收购空前发展。自1994年至2005年,跨国并购以30.2%的平均增长速度超过了15.1%的国际直接投资的增长速度。在全球范围内,跨国直接投资当中有80%以上是通过并购的方式进行的。跨国公司直接投资的增加,带来资本流动方式的变化。

跨国公司往往通过本国商业银行融通投资所用的长期资本,这使各国资本流动中境外商业借贷资本特别是外汇借贷资本增加。

为追逐利润最大化和防范金融风险,跨国公司、特别是来自北美、欧洲的大跨国公司越来越青睐直接融资,通过国际资本市场的债券投资、证券组合投资方式进行资金融通,这使得市场因素对各国资本流动的影响力增强。

跨国公司内部融资是投资企业资本流动的一个主要方式,其利润的再投资和使用也要受到母公司的指导或限制,换句话说,跨国公司一部分资本流动的方式和方向对各国资本流动的影响永远是不确定的。

在金融自由化和金融市场一体化的形势下,跨国银行的贷款和证券投资,不是投资于自身所控制的经营活动,而往往受短期获利预期的驱使,因而,比工业跨国公司和服务业跨国公司直接投资有关的资本的流动方向更加不稳定,对各国资本流动的影响也更难以预测和判断。

(六)私人资本投资迅猛发展

当前,私人资本流动已占全部资本流动的3/4左右。2004年4月20日 世界银行《2004年全球发展融资》报告说,2003年发展中国家私人资本净流入从2002年的1 550亿美元增至2 000亿美元。世界银行预计尽管受金融危机的影响,2009年的发展中国家私人资本净流入只是2007年的1/2,但仍在5 000亿美元左右,并且大部分增加的资金集中流入少数几个较大的国家。

(七)网络国际资本流动衍生化

金融衍生工具是基于或衍生于金融基础产品(如货币、汇率、利率、有价证券、股票指数等)的金融工具。与其他金融工具不同的是,衍生工具自身并不具有价值,其价格是从可以运用衍生工具进行买卖的货币、汇率、证券等的价值衍生出来的。这种衍生性给予创新工具以广阔的运用空间和灵活多样的交易形式。目前,通过各种派生技术进行组合设计,市场中已出现了数量庞大、特性各异的金融衍生产品。

1. 金融衍生工具与基础工具的组合

金融衍生工具与基础工具的组合,如期货衍生产品与基础工具的结合,即有外汇期货、股票期货、股票指数期货、债券期货、商业票据期货、定期存单期货等形形色色的品种。

2. 金融衍生工具之间的组合

衍生工具之间的组合,构造出"再衍生工具"。如期权除了以基础工具为标的物之外,和其他衍生工具进行组合,可构造出"期货期权"、"互换期权"一类新的衍生工具。

3. 金融衍生工具的衍生

直接对金融衍生工具的个别参量和性质进行设计,产生与基本衍生工具不同的金融衍生工具。如期权除了"标准期权"之外,通过一些附加条件,可以构造出所谓"物种衍生工具",例如"两面取消期权"、"走廊式期权"等。

三、网络国际资本流动产生的影响

(一)网络国际资本流动对全球经济一体化的影响

1. 网络国际资本流动推动了经济全球化的发展

20世纪90年代网络国际资本流动在规模上的扩张,进一步推动了生产的一体化,国际资本大规模全球流动,尤其是通过网络实现跨国并购的直接投资在全球范围的持续增长和跨国公司的膨胀,使各国在生产上的分工深化和相互依赖的程度加强,世界生产的40%以上已由跨国公司所控制。

网络国际资本流动的扩张,通过深化国际分工和扩大国际贸易,最终推动着国际贸易自由化程度的提高。

资本跨国界流动的扩大,提高着资本自身国际化的程度,由此产生的技术和管理方法的全球扩散效应,推动着世界科技水平的提高,从而为世界经济全球化的进一步发展提供了推动力。

2. 经济全球化过程中网络金融市场的复杂性

经济全球化是世界经济发展的客观要求。经济全球化有利于世界经济的发展,然而,经济全球化过程中网络金融市场的复杂性也日渐显露。由于各国经济发展的不平衡、技术手段先进程度的差异、国际金融管理制度的不健全、大规模的资金快速流动以及证券业的交叉经营,不但增加了网络金融市场的复杂性,而且还给网络金融管理带来了许多困难,加之网上国际金融投机势力趁机造市,牟取暴利,造成了网络金融市场的动荡。

(二)网络国际资本流动推动了世界金融一体化

网络国际证券投资和国际信贷的增长推动了国际金融的一体化,使国际资金市场与国际外汇市场的关系日益紧密,大大节省了资本流动的成本和时间。

以网络作为国际资本流动的载体,可以使国际资本在全球范围内无障碍地流动。开放自由的资本流动能最大效益地调节资源配置,使生产要素得以在全球范围内合理流动,推动了世界金融一体化的形成,促进世界经济的发展与繁荣。由于网络国际投资空前活跃,各国金融机构之间的合作增多、效率提高,既有利于统一国际金融监管体系的形成,也有利于减少各国金融机构在业务活动中的摩擦,促进共同发展。

世界金融一体化的负面影响:

1. 各国政府对国际金融市场的控制能力受到削弱

金融一体化使得各国政府对国际金融市场的控制能力受到了削弱。这主要表现在:中央银行所持有的储备量与外汇市场交易量不匹配;资本市场交易规模与实际经济严重分离;各国中央银行对金融市场调控的手段与金融市场中日新月异的金融创新不相适应。

2. 各国货币政策的独立性及有效性受到挑战

金融一体化不利于各国货币政策的独立性和有效性。当一国政府企图实行货币紧缩政策时,从其他国家抽调而来的短期资本会降低货币紧缩政策的力度;当一国政府企图实行货币膨胀政策时,从本国抽逃出去的短期资本又会削弱货币膨胀政策的效果。

3. 金融一体化使发展中国家面临一些严重的问题

对一些发展中国家来说,在国内金融体系与金融市场不健全、抗冲击能力较差的情况下,过早地融入国际金融一体化这一大潮中,会带来汇率的剧烈波动,甚至引发货币危机。

网络国际资本在向发展中国家流动的过程中,使得发达国家对发展中国家经济的控制力逐步加强,最终导致发展中国家的民族工业受到削弱。同时,在网络资本流动中通常是以国际资本效率准则的要求配置资源,发展中国家资本效率较低,本国资源运用受到压抑,进而导致发展中国家与发达国家的经济发展不均衡。

(三) 网络国际资本流动对世界经济的影响

1. 促进了国际贸易和技术转移

由跨国公司担当主体的国际直接投资,不仅对世界生产和投资产生了重大而深远的影响,它对国际贸易、金融及科技交流的促进也是显而易见的。分布在不同国家的分支公司,需要母公司或本国其他公司供应各种装备,同时,分支公司产品可以向母公司返销,或向其他国家出口,国家分工深化引起分支公司间的零部件或半成品交流,也大大增强了国际贸易的商品流动。世界贸易中约1/3是跨国公司内部贸易,其主要构成是中间产品。遍布全球的跨国公司及其子公司之间,通过网络转移资金,进行内部贸易,大大促进了国际贸易的增长。

跨国公司不仅是当今技术创新和开发的主角,也是技术转移的重要载体和主要渠道。全世界约80%的技术转让费支付发生在跨国公司内部。跨国公司通过网络在位于不同国家的子公司之间进行技术转移,较之公开市场交易或其他方式转让更为容易。

2. 加速了区域经济一体化

网络国际投资的增长将世界各国日益纳入跨国公司组织和管理的多国生产和服务网络之中,来自发达国家的跨国公司正加紧推行以母国为核心的地区网络战略,这种战略的实施使区域内的交叉投资和贸易大大增加,从而加速了区域经济一体化的进程。近年来引人注目的是,在区域内相互投资的作用下,亚太地区的经济日趋一体化,并成为有别于欧洲联盟和北美地区政策导向一体化的另一种典型模式。

3. 加剧了世界经济的不平衡发展

不可否认,资本作为重要的生产要素,其在互联网无国界的流动对各国乃至世界经济的发展具有明显的推动作用。但是,由于各国经济环境的差异与经济发展水平的不同,网上国际资本流动逐利避险的本性,必然影响到国际资本流动的地区分布及流向的变化,从而在加速世界经济总体增长的同时,进一步加剧世界经济的不平衡发展。

一般说来,不平衡发展表现在:网络国际资本利用发展中国家金融市场的不健全,从中牟取暴利。网络国际资本的推波助澜,使得发达国家与发展中国家的经济发展水平差距进一步拉大,南北贫富分化进一步加剧。据世界银行2003年世界国内生产总值GDP和人口统计数字排名,7国集团(美国、加拿大、德国、英国、法国、意大利、日本)总共占世界人口数的11%,但是GDP却是世界的65%。而其余国家和地区,人口占世界的89%,GDP仅为35%。

4. 加大了世界经济发展的风险

资本跨国流动缘于资本的本性和经济发展的客观需要,但要保证国际资本流动更好地促进各国以及世界经济的发展,还必须依赖于国际资本流动的规范和约束机制的建立与完善。

如果网络国际资本流动超越当前的认识限度,超越现有的约束机制,则可能带来负面效应。20世纪90年代,网络国际资本流动的证券化、流动性与投机性加大等特征,在一定程度上超越了国际约束机制和防范体系,从而使世界尤其是开放型发展中国家的经济风险加大。在开放经济体系下,这种风险在某国变成现实,就可能通过相互间的传递,产生"多米诺骨牌"效应,从而引起整个世界经济的恐慌。2007年次贷危机爆发后,引起了全球资本市场的动荡,各大央行纷纷注资救市,投资者都在关注美国次贷危机是否会影响本国?其实在全球经济一体化的时代,这个答案是肯定的。次贷危机发生后,除美国银行业遭受损失外,从欧洲到亚洲,多家国际活跃银行因广泛参与美国次贷市场而蒙受损失,并大规模收缩相关业务,导致全球范围的流动性枯竭,迫使欧洲、日本、澳大利亚等央行纷纷加入救市行列,频繁向银行系统注入巨额资金。截止到2008年9月,美国次贷危机引起的损失已达5 906亿美元,其中亚洲地区所遭到的损失为241亿美元,占4%;欧洲地区损失是2 323亿美元,占39%;美洲地区的损失为3 342亿美元,占57%。以中国为例,中国持有"两房"相关债券3 000亿—4 000亿美元,占官方外汇储备近20%;中国商业银行持有"两房"相关债券头寸253亿美元,中国商业银行持有破产的雷曼兄弟公司相关债券约6.7亿美元。在财富层面上,中国受美国金融机构的风险冲击有限,仅会造成有限的投资损失,不会对中国金融体系稳定产生太大的影响;但在心理层面上,美国的房地产市场动荡与金融危机可能会对中国的金融与房地产市场产生较大的冲击。

(四)网络国际资本流动对各国宏观经济政策的影响

随着网络国际资本流动的扩张,国际资本对各国经济发展的作用更加明显,外资在各国GDP中的比重不断提高,因而各国制定宏观经济政策时,不但要考虑国际资本流动的特点,而且在实践中对外资的调控,也成为宏观经济政策目标的有机组成部分。

1. 网络国际资本流动加大宏观决策的难度和不确定性

20世纪90年代以来网络国际资本构成的变化,尤其是证券化、投机性、风险性和易变性特点的出现,一方面加大了对国际资本流动态势预期和使宏观经济政策更加科学合理的难度;另一方面,又对宏观经济政策的效应产生不确定性影响。

毋庸置疑,亚洲金融危机爆发前,东南亚国家在制定和调整货币政策时,就不曾预期到会产生巨大的金融动荡且波及影响到很广的范围,并对本国乃至世界经济产生负面影响。而在东南亚金融危机后,国际资本流向的改变,又在一定程度上促使各国重新审视自己的宏观经济政策。

2. 网络国际资本流动使国际收支政策调控力度减弱

大量而快速的网络国际资本流动限制了需求管理政策的效应。通常情况下,国际收支顺差国可以通过提高利率达到降低通货膨胀、控制货币发行的作用,但网上国际资本的充分流动导致相对高利率吸收大量资本流入,在保证汇率平价不变的情况下,引起外汇储备规模的超常规增加,及国内货币投放的上升,加大了控制货币发行量的难度。

同样,在国际收支逆差与高失业率并存的国家,国内宏观经济政策的通常选择主要是减税或增加公共开支、降低利率、刺激经济增长,而在网络资本自由流动的情况下,国内宏观政策对国际收支中经常项目的作用方向与对资本项目的作用方向刚好相反,从而在一定程度上抵消宏观调整对国际收支项目的影响。

3. 网络国际资本流动带来汇率平价变动

在实行钉住汇率或变相保持一国货币以主要贸易伙伴货币汇率基本稳定即存在"汇率影子平价"的情况下,网络国际资本流动往往迫使汇率平价改变。一旦一种货币的汇率平价被迫改变,投机性资本推测平价将进一步变动,就会对其他货币进行投机活动,从而造成不符合货币当局愿望的平价变化,或导致平价变动大大超过所需汇率幅度。

【思考与应用】

1. 与传统金融市场相比,网络金融市场有何特点?
2. 什么是网络金融投资?它有何优势与特点?
3. 网络金融投资者可以通过哪些渠道获得信息资源?
4. 网络金融投资者怎样查找金融信息资源?
5. 网络国际资本流动有哪些特点和影响?
6. 案例分析:

次贷危机的传导机制

基准利率上升和房地产价格下降是次贷危机的触发因素。

次级抵押贷款的证券化、金融机构以市定价的会计记账方法、金融机构以在险价值为基础的资产负债管理模式,导致危机从信贷市场传导至资本市场。金融机构的去杠杆化过程,以及 SIV(Special Investment Vehicle,特别投资载体)在传统融资来源枯竭时被迫抛售资产,导致资产价格价格不断下跌。

商业银行直接或间接地购买了大量次级抵押贷款支持证券,导致危机从资本市场再度传导至信贷市场。由于在流动性短缺背景下,商业银行实际控制的 SIV 通过发行 AB-CP(资产支持商业票据)进行融资的传统渠道萎缩,商业银行被迫向 SIV 提供信贷支持。为符合资本充足率监管要求,受损的商业银行不得不降低风险资产在资产组合中的比重。以上两方面因素均导致商业银行出现"惜贷"现象,这是当前信贷市场持续紧缩的根源。

次贷危机直接造成房地产投资下降;资产价格泡沫破灭通过负向财富效应抑制了居民消费,通过托宾Q效应和金融加速器效应抑制了企业投资;信贷紧缩也抑制了居民的举债消费和企业投资。尽管净出口有所反弹,次贷危机仍通过消费和投资渠道拖累了美国经济增长,风险从金融市场传导至实体经济。

在经济和金融全球化背景下,危机通过贸易和投资渠道从美国传导至全球。美国经济减速将会影响其他国家的出口,国际短期资本流动的波动性增强可能放大并最终刺破新兴市场国家的资产价格泡沫,美元贬值加剧了全球通胀压力,美元贬值造成全球外汇储备资产的国际购买力流失。次级抵押贷款违约率上升是美国的问题,但次贷危机则是全球的危机。

资料来源：张明.次贷危机的传导机制.http://www.iwep.org.cn.2008-5-20

根据以上资料结合我国目前房贷情况分析目前我国如何预防房贷危机并提出相应对策。

【答案解析】

首先，规范房地产市场、控制投机行为。中国房地产市场存在投机行为和房地产泡沫是不争的事实，政府与近年来先后出台一系列控制房地产投机行为的管制措施是非常必要的，包括经济适用房、廉租房政策等，一定程度上抑制了房价和投机行为。但是还应当加强管制力度，健全相应的管理制度和法规，必要时甚至可以提高房贷的首付比，可以考虑从20％上升至30％甚至40％。一方面降低商业银行发放房贷的风险，另一方面控制投机交易。

其次，建立健全信用等级制度、加速资产证券化步伐。中国目前还没有针对消费者个人的信用评级体系和信用评级机构，商业银行无法详细了解贷款需求者的个人资信状况，致使违法违规情况难以避免。一旦出现违约情况，商业银行将面临较大的信用风险。因此加快资产证券化步伐，以降低中国房贷危机的风险。

再次，保持中国经济快速、稳定地增长。经济增长是降低失业率、维持消费者收入稳定、具有稳定还款能力的前提。中国经济在改革开放以来的30年中维持了较快速度的增长，综合国力有了很大提高，但是近期的经济过热和通胀，致使央行采取了紧缩的货币政策，利率在2007年6次提高；商业银行在中央银行的存款准备金率也于2008年4月提高到了22年以来的最高点，人民币汇率也在2008年1—7月出现55次创历史新高，升值幅度超过了7％，同时央行还大量利用公开市场业务，在公开市场上出售央行票据，回笼流通中货币。这些经济政策的执行结果是将使经济受到抑制、通胀得到缓解、国际收支得到调节。但是负效应是将使经济下滑、失业上升、财政收入减少，如果导致消费者收入下降、还贷能力降低、出现大量违约的话，房贷市场的稳定将受到影响。

第九章 网络金融的风险及其监管

【本章要点】网络金融给金融市场带来效益的同时,也催生了各方面的风险。因此,网络金融除带有传统金融的一般性风险外,更与生俱来地面临着基于虚拟金融服务的业务风险与网络技术风险。为适应网络金融的新特征要求建立新的监管标准、调整监管结构和更新技术、创新传统的金融监管手段,着眼于加强国际合作,建立全方位、系统性运用高科技手段进行监管的框架。

【本章重点与难点】网络金融风险相比于传统金融的新特点,及与其对应的监管所必须考虑的新内容和具体措施。

【基本概念】网络金融交易　网络金融一般风险　网络金融特殊风险　网络金融监管

在网络金融的发展过程中,安全性和便捷性始终是一对矛盾,两者相互制约,这使我们面临着不同于传统金融的新的金融风险。认识网络金融风险产生的原因和特点,对于健全和完善风险防范和管理机制,发挥金融对经济发展的良性促进作用是十分必要的。

第一节　网络金融风险

一、网络金融风险概念

风险是指行为结果的不确定性,这种不确定性可能会给行为者带来意想不到的损失。网络金融风险即是指在网络金融业务中,由于技术、管理上的原因或遭遇黑客攻击、病毒感染以及人为、自然的原因而致使交易数据丢失、被窃、遭破坏等各种可能性,进而导致网络金融交易各方利益遭受意想不到的损失,其中还包括通讯信息和资金流对金融市场可能带来的冲击和危害。

二、网络金融风险类型

网络金融的特点决定了与传统金融业不完全相同的风险影响及引发这些风险的因素。除了具有传统金融业经营过程中存在的流动性风险、市场风险和利率风险等之外,还存在着特殊的网络金融风险。

（一）网络金融的一般风险

传统金融面临的风险在网络金融的运行中依然存在,但是,网络金融采用与传统金融不同的方式扩展和创新金融服务业务与工具,这种金融服务具有超越时空的特征,因此类似的风险在表现形式及程度上有所变化。这些风险构成了网络金融的一般风险,具体包括市场风险、流动性风险、信用风险等。

1. 市场风险

市场风险是指因市场价格变动,金融机构资产负债表内外的资产与负债因为各项目头寸不一样或资产组合不合适而遭受损失的可能性。市场风险包括商品价格风险、利率风险、汇率风险等。

商品价格风险是指市场价格的不确定性给企业的商品资产带来的收益或损失。其又可以根据原因的不同分为需求性风险、宏观性价格风险、政治性价格风险、政策性价格风险、季节性价格风险和突发性价格风险。

利率风险是指网络金融机构因利率变动而蒙受损失的可能性。提供电子货币的网络银行因为利率的不利变动,其资产相对于负债可能会发生贬值,网络银行因此将承担相当高的利率风险。

汇率风险是指网络金融机构因汇率变动而蒙受损失的可能性。网络金融的全天候无边界特性,有可能使其经营者更倾向于从事跨国界交易和国际金融业务,当外汇汇率变动时,可能使其资产负债表中的项目出现亏损,从而面临较大的汇率风险。

2. 流动性风险

流动性风险即指资产到期时不能无损失变现的风险。

流动性风险对于任何金融机构都是客观存在的。对于网络金融机构来说,因为电子货币的发行使其流动性风险具备另外的特性。通常情况下,发行机构不需要也不可能保持用于赎回电子货币的100%的传统货币准备。但是一旦由于某些事件(如不稳健的投资导致资产损失从而出现资不抵债,或者受其他电子货币不良表现的影响)而引起对某一电子货币系统的信心危机,发行机构就可能面临严重的流动性风险。一般情况下,网络金融机构往往会因为流动性风险而恶性循环地陷入信誉风险当中。

3. 信用风险

在网络金融交易的虚拟世界中,交易双方远隔千山万水,不直接见面,在身份的判别确认、违约责任的追究等方面都存在较大的困难。网络金融机构只能通过远程通讯的手段,借助一定的信用确认程序对客户的信用等级进行评估。因此,网络金融机构的信用风险远较传统金融机构中发生的可能性大。客户很可能不履行对电子货币的借贷所应该承当的义务,或者由于客户网络登记所在地金融信用评估系统不健全等原因而造成网络金融机构的信用风险。例如,远程客户可以通过网络来申请贷款,如果网络银行没有完善的程序来审查客户的信用度,那么银行的信用风险势必加大。另外,从电子货币发行者处购买电子货币用于转卖的金融机构,也会由于发行者不兑现电子货币而承担信用风险。

(二)网络金融特殊风险

随着综合应用系统(BIS)在金融系统逐步推广,联机网络系统正逐步由以市地分行为数据中心向省域数据中心集中,并实现全国数据大集中,最终实现全球金融信息的流通,数据中心的集中使金融系统的网络安全管理重点发生了新的变化。因此,网络金融的发展使我们面临着不同于传统金融的新的特殊金融风险。网络金融特殊风险从其原因上可以分为业务、计算机通讯技术和人为操作导致的三个方面的风险。

1. 网络金融业务风险

网络金融业务风险主要是指网络金融因基于虚拟金融服务而形成的金融业务风险。主要包括:法律风险、注意力分散风险和信誉风险。

(1) 法律风险

网络金融的法律风险来源于违反相关法律规定、规章和制度的可能性,或者来源于有关交易各方的法律权利和义务的不明确性。网络金融业务牵涉到的商业法律,包括消费者权益保护法、财务披露制度、隐私保护法、知识产权保护法和货币发行制度等。当前,网络金融业务在许多国家处于快速发展阶段,大多数国家无法及时建立配套的法律法规体系与之相适应,缺乏相应的网络消费者权益保护管理规则及试行条例,造成了网络金融机构在开展业务时无法可依,存在着相当大的法律风险。例如,网络银行可能因为业务需要而收集客户的个人资料,如果客户的个人资料被有意或无意地不当使用,客户就有可能对网络银行提起隐私权保护的诉讼。网络金融机构通过互联网在其他国家开展业务,对当地的法规可能不甚了解更加剧了法律风险。例如,网络银行通过国际互联网吸引国外客户,发售的电子货币可能在注册地以外流通,使得银行未能遵守该国法律,造成预想不到的法律方面的纠纷。此外,有关网络的法律仍不完善,比如电子合同和数字签名的有效性,而且各国情况不一样,这也加大了网络金融的法律风险。

(2) 注意力分散风险

网络金融机构要实现盈利目标,就必须吸引大量的客户。由于网络的普遍性与公平性,个体消费者在众多网站面前享有充分的自由选择权,同时,由于网络金融的虚拟性又使其失去了传统金融在营销过程中与客户进行面对面感情交流的机会,造成客户与网络金融机构之间的亲和力下降,当网络金融机构链接不到足够的电子商城或知名网站而无法形成一定数量的固定浏览群体时,就会产生网络金融机构客户流失、收益下降的可能。

(3) 信誉风险

网络金融的信誉风险主要源自网络金融自身,可能来自网络金融出现巨额损失时,或是在网络金融的支付系统出现安全问题时,社会公众难以恢复对网络金融交易能力的信心,使金融机构无法建立良好的客户关系。一旦网络金融提供的虚拟金融服务品种不能满足公众所预期的水平,且在社会上产生广泛的不良反应时,就形成了网络金融的信誉风险。或者,如果网络金融的安全系统曾经遭到破坏,无论这种破坏的原因是来自内部还是来自外部,都会影响社会公众对网络金融的商业信心。

信誉风险不仅仅是针对某一家网络金融而言的,也可能是对整个网络金融业界而言的。在特定的经济环境下,一旦出现全球性对网络金融信誉的信任危机,就可能导致整个网络金融服务市场的危机。

2. 网络金融技术风险

网络金融是基于电子信息系统基础上运行的金融服务形式,因此,电子信息系统的技术和管理方面的风险就成为网络金融天生的不可回避的风险。具体的相关风险介绍如下:

(1) 技术选择风险

任何网络金融机构都必须选择一种技术解决方案来支撑网上业务的开展,因而存在所选择的技术在解决方案设计上可能出现缺陷被错误操作的风险。例如,在与客户的信息传输中,如果网络金融机构使用的系统与客户终端的软件互相不兼容,那么,就存在着传输中断或速度降低的可能。当各种网络金融的解决方案纷纷出台,不同的信息技术公司大力推动各自的解决方案时,金融机构选择与哪家公司合作,采用哪种解决方案来进行网络金融业务的开展,都将存在的一种潜在风险。一旦选择错误,则可能使其所经营的网络金融业务处于技术陈旧、网络过时的竞争劣势,造成巨大的技术机会损失,甚至是巨大的商业机会损失。另一方面,由于网络技术的高度知识化和专业化,或出于对降低机构运营成本的考虑,网络金融机构往往会依赖银行外部的技术力量来解决内部的技术或管理难题。如聘请金融机构之外的专家来实现支持和操作各种网上业务活动。这种做法适应了网络金融的发展要求,但也会使网络金融机构暴露在可能出现的风险之中。因为外部的技术支持者可能并不一定具备满足网络金融机构要求的足够能力,他们还有可能因为自身的财务困难等原因而终止提供服务,这势必会对网络金融机构提供高质量的虚拟服务构成威胁。

可以说,在网络金融机构的风险中,最具有技术性的风险是信息技术选择失误造成的风险。

(2) 系统安全风险

网络金融的系统安全风险来自三个方面:

第一,来自网络金融机构自身计算机系统的不确定性。例如,1985年11月,美国纽约银行的证券结算系统软件发生故障,使整个系统陷入瘫痪。结果,银行对顾客委托购入政府债券的资金回收信息不能对外授信,使得购入政府债券的资金停滞入账。而另一方面,该行与他行之间的证券交割及其票款的支付和往日一样,在联邦银行的账户中自动进行。因此,该行的存款准备金账户出现透支。而当故障排除后,一夜间从纽约联邦银行融资226亿美元,借入金额相当于该行自有资本的23倍,资产总额的2倍以上。结果,包括这一天的利息,该行损失达500万美元。

根据对发达国家不同行业的调查,计算机系统不确定性因素对不同行业造成的损失各不相同(如表9-1),其中对银行业和零售业影响最大,其次是信用卡服务授权机构和制造业。由此可以看出,发达国家银行业和零售业已在相当程度上依赖于信息系统的运行。信息系统的平稳、可靠运行,成为网络金融系统安全的重要保障。这一风险不仅会给网络金融机构带来直接的经济损失,而且会影响到网络金融机构的企业形象和客户对他的信任度。

表 9-1　企业信息系统及硬件故障的机会成本

信息系统停机 1 小时的平均损失		磁盘阵列破坏 1 小时的平均损失	
行业/服务项目	机会损失（万美元）	行　业	机会损失（万美元）
零售业	645	银行业	29 301
信用卡服务授权机构	260	制造业	26 761
800 业务	199	保险业	17 093
目录销售中心	9	运输业	9 435
飞机订票系统	8.55		
自动柜员机服务	1.45		

资料来源：王维安等.网络金融.高等教育出版社，2002：140

第二，来自网络金融机构内外部的数字攻击所带来的对网络银行正常运转的威胁。由于网络金融的进行必须依靠计算机和因特网，所有交易资料都在计算机内存储，又由于因特网的 TCP/IP 协议在实现上力求简单高效，对安全考虑先天不足，能够不留痕迹地伪造、篡改、复制，且成本极低，对非法入侵者吸引力巨大。因而网络金融很容易受到来自其内部和外部的数字攻击，面临着与传统金融完全不同的安全性挑战。尽管有关网络银行安全的解决方案及技术不断涌现，但是，随着金融系统网络化覆盖面的扩大、服务项目的增多，"黑客"通过因特网侵入金融机构电脑系统或专用金融网络袭击网络银行的可能性越来越大，危害越来越严重，表现为：

潜在攻击者增多。网络银行及开展网络金融业务的机构可能面对的外部攻击来自上亿的"网民"，而且这个数字还在增长。

攻击手段不断翻新，带有高度的技术复杂性。如不具备相当程度的计算机知识，很难发现和对付。

攻击范围增大。由于综合网络系统固有的技术特征——内在关联性，只要突破了一项业务的系统"堡垒"，就可能在整个综合网络内"畅行无阻"。

多数计算机终端犯罪，不会留下有关笔迹、相貌等个人特征的数据，给确认犯人带来困难。据美国《时代》杂志的调查，一般银行强盗案的损失金额平均仅为 3 200 美元，一般诈骗案的损失金额平均也只有 23 000 美元，而计算机犯罪案的损失金额则平均高达 50 万美元；据保守统计，在美国银行每年因电脑黑客侵袭带来的损失在 20 亿美元以上。

网络金融机构不仅容易受到来自安全网络之外黑客的攻击，还会面临内部职员的欺诈行为招致的风险。例如，网络金融机构内部的某些职员利用他们的职业优势，有目的地获取客户的私人资料，并使用客户的账户进行各种风险性投资，如炒卖股票、外汇和期货等，将交易风险直接转嫁到客户身上。他们也可能直接偷窃电子货币，让客户蒙受损失，或者制造各种假的电子货币从网络银行处获取利益。同时，由于网络经济条件下的电子交易十分发达，透支也就显得越来越容易。据统计，仅美联储电子转账系统每天就有平均 400 亿美元的透支。这样，只要其中一家银行发生支付困难，就会导致整个支付系统的链条中断，形成透支风险。

第三,来自计算机病毒破坏的风险。计算机病毒普遍具有较强的再生异化功能,一接触就可通过网络扩散与传染。一旦某个程序被感染,很快整台机器、整个网络也会被感染。现阶段计算机病毒越来越多,病毒的入侵往往会造成网络主机的系统崩溃、数据丢失等严重后果。如果不能有效防范计算机病毒,一旦某个程序被感染,将会毁坏网络金融交易的所有数据,给网络金融业务的正常运转带来致命威胁。

(3) 操作风险

操作风险主要涉及网络金融服务客户账户的授权使用、风险管理系统及其与其他银行和客户间的信息交流、真假电子货币的识别等。如没有经过明确授权使用账户,可能会导致客户直接的经济损失。

网络金融机构职员对业务的漫不经心,或其客户的疏忽都可能导致严重的操作风险,从而危及网络金融系统的总体安全。网络金融机构还可能因客户欠缺网络安全方面的知识而面临相当高的操作风险。例如,客户在某些没有安全防护措施的场合使用私人信息,如身份鉴定、信用卡号、银行账号等,容易被他人窃取而导致账号泄密,使客户和银行双方都蒙受损失。据 VISA 国际组织发布的调查结果显示,有 85% 的网上银行事故是由于消费者的操作失误造成。此外,如果网络金融机构的职员和客户不能够充分理解银行采用的新软件而进行误操作也会给金融机构或客户自身带来操作风险。

三、网络金融风险特征

网络技术的发展使得网络金融在运行的过程中具有自身独特的风险特征。从某种意义上来说,网络金融的兴起使得金融业的自身脆弱性明显加大。具体来说拥有以下几点基本特征。

(一) 扩散速度加快

高科技的网络技术所具有的快速远程处理功能,为便捷快速的金融服务提供了强大的技术支持,但也加快了支付清算风险的扩散速度。网络内流动的并不是现实货币资金,而是数字符号信息,因此当风险在非常短的时间内爆发时进行预防和化解十分困难。在"纸质"结算中,对于出现的偶然性差错或失误有一定的时间进行纠正,而在网络中这种回旋余地却大大缩小,进而加大了风险的扩散面和补救成本。

(二) 外部因素作用显著

信息网络技术的应用,使得各国金融市场的地理界限变得模糊并进而消除,其相互之间的依赖性也在不断加强。各种金融风险在国家之间、市场之间相互转移、扩散,一国遭受金融风险受内因决定的同时,外部因素的作用日益显著。网络金融市场风险外部因素的来源渠道主要有三类:一类是信息网络本身带来的虚拟渠道;一类是如国际贸易、国际投资、商业信贷、外汇市场、货币市场、投机资本袭击等实际的传输渠道;一类是无形的渠道,主要是对市场信心的影响,如信用评级机构对一国金融机构信用评级的降级,或是国际投机者利用网络故意制造对一国金融市场不利的消息,都有可能导致市场信心的崩溃,形成极大的金融风险,甚至发生金融危机。这在东南亚金融危机中得到了充分的印证。

（三）金融系统风险日益突出，金融风险交叉"传染"的可能性增加。

系统风险是指由于受政治及社会心理等因素的影响，一个或多个银行出乎预料地倒闭，而导致的在整个银行体系中引发"多米诺骨牌"式的坍塌危险。

在网络金融出现以前，在一国国内可以通过分业、设置市场屏障或特许等方式，将风险隔离在一个个相对独立的领域内，分而代之，但在网络金融条件下，这种"物理"隔离的有效性正在大大减弱。在国际上，各国金融业务和客户的相互渗入和交叉，巨额国际投机资本的游弋，使国与国之间的风险相关性日益加强。

（四）金融危机的突发性和破坏性加大

当金融交易越来越多地通过互联网络进行时，这些全天24个小时连续运转的交易系统，在给投资人提供便利的同时，也容易造成全球范围内影响更大、更广、更深的金融市场风险。在网络经济条件下，只要敲几下键盘，资金就可以到达地球的任何角落。在如此快捷的融资条件下，市场波动的突发性和剧烈性是可想而知的。一些超级金融集团，为实现利润最大化，利用国际金融交易网络平台，进行大范围的国际投资和投机活动。这些集团了解金融监管法律法规，能利用相关的法律、法规差异逃避各国金融当局的监管，加之拥有先进的通信设施和巨大资金，有一定能力操纵市场，转嫁危机，加大了金融危机爆发的可能性和突发性。危机一旦形成就会迅速波及相关的国家和市场。具体表现在全球金融市场的三个方面：

1. 国际投机资本借助网络在全球金融市场上兴风作浪

1997年东南亚金融危机的爆发，通过全球网络高速流动的巨额资本，有相当一部分是高度投机性的资本，如占银行自有资产三分之二的"衍生资本"、冲击力高达数千亿美元的"套利基金"等等。它们正压得世界金融业透不过气来，再加上现代国际金融协调机制不完善，导致网络化的国际金融市场变得空前敏感和脆弱。

在2007年，全球衍生资本总额已超过676万亿美元。如此数额巨大的衍生资本中，尽管只有一小部分有实际风险，但累计起来风险却很大。在信息瞬息万变、反馈很不规则的情况下，很容易触发意外的抛售风潮，从而造成危险后果。不仅如此，衍生资本还有一种连锁风险，能将世界级金融机构和公司都紧密地拴在一起。金融链条上的任何薄弱环节或缺口出现问题，都可以引起整个国际金融体系的动荡。

2. 新兴市场脆弱的金融体系难以承受国际投机资本的冲击

20世纪90年代，国际投资中的证券投资超过直接投资，并以更快的速度增长，进一步扩大了经济高速增长的新兴市场国家的资金来源。但与直接投资相比，证券投资具有更大的流动性和投机性。无论是作为其基础的实体经济的波动，还是证券市场本身的变动，在网络金融的条件下，都会引起金融市场的快速反应，并导致全球金融市场的剧烈波动。

此外，由于新兴市场国家在产业发展取得巨大成就、经济实力大大提高的情况下，金融深化的速度远远落后于生产的发展，从而使其金融体系在国际投机资本的冲击下显得十分脆弱。金融深化发展有限，银行体系中存在着过多不良债权，金融市场的发展存在着泡沫等等情况，都会在开放中由潜在的问题爆发为现实的问题。

3. 各金融市场运行机制的步调不一难以承受投机资本的快速流动

目前,由于网络金融市场产生时间不长,它的发展还相当有限,网络金融还没有完全取代传统金融市场,存在网络金融市场与传统金融市场并存的状态;同时,发达国家和发展中国家,各自经济的发达程度和网络金融的发展水平不同,存在网络金融市场与传统金融市场之间、发展中国家与发达国家金融市场间的双重不和谐。发展中国家金融市场的结构体系和运行程序,在许多方面要远远低于当今西方世界成熟市场的发展标准。在网上,纽约股票交易所每天可以轻而易举地处理数十亿股,再加上美国股票交易所和证券交易商协会自动报价系统,交易数额之巨,实在是令人咋舌,套利基金等投机资本的流动更为迅速。如果金融市场的运行机制抵抗风险的能力不强,那么就很难承受这些资本的大进大出。在金融市场日益国际化、一体化、网络化的今天,适当地模仿发达国家的成功经验,有利于全球各金融市场的运行步调趋于一致,以更好地促进全球网络金融市场一体化的发展。

(五)网络金融风险的可控性降低

在国际金融日渐一体化的背景下,一国的金融监管当局面对的是一个开放的金融市场。网络金融市场的形成和发展也使得各国金融机构不再受地域限制,业务活动领域不断扩展,造成金融机构业务功能和组织结构的复杂化,这无疑会增加监管的难度。而且,一国的金融监管当局在实施监管措施时,会涉及不同国家的金融活动主体的利益,这就需要各国金融监管进行合作和协调,这也必然增加各国监管的难度。这些原因的综合就会使一国金融风险的可控性大大降低。

四、网络金融风险成因

网络金融风险,无论是一般风险还是特殊风险,其产生的原因可以归纳为网络金融机构自身、客户、计算机网络系统、法律法规不够健全和中央银行监管五个方面。

(一)网络金融机构自身

网络金融是20世纪90年代中后期才出现的新生事物,在网络金融规模和客户迅速扩大的同时,网络金融机构对网络金融的经营和管理无论是在经营管理理念,还是在经营管理策略方面都缺乏足够的经验,这就不可避免地产生一系列问题,因此导致网络金融面临的各种风险。

(二)客户信用

网络金融风险来自客户信用方面的原因主要是由于社会信用体系不够健全。在一个金融交易体系中,当所有的参与者不讲信用,却不必为失信支付代价或只需支付很小代价时,整个社会将要为此付出高昂的代价。当前我国社会金融运行中,客户、企业与银行之间的信用观念相对欠缺,比较混乱的信用管理导致在我国很多企业不愿采用信用结算的方式。

(三)网络系统

网络金融相比于传统金融,是建立在充分开放、管理松散和不设防护的公共网络上面,网络金融"3A"(Anytime、Anywhere、Anyway)的客户服务使其更容易受到攻击,受攻击的范围更大,方法也更加隐蔽。

网络金融的货币是以电子货币的形式出现的,电子货币的活动在网络中主要表现为数据的存储和传输。无论是存储或是传输,任何一个环节出现问题,都会影响数据的真实性和正确性,进而影响电子货币活动的准确性,最终导致网络金融产生难以估量的损失。

从网络金融产生的基础和发展来看,网络系统方面所造成的风险是网络金融随时都会面临和必须应对的。

(四)立法滞后

作为一种迅速崛起的新型金融产业组织形式,网络金融的立法往往滞后而不能给予及时、全面的法律规范。另外,网络金融的国际性和跨国性,需要一个与国际接轨的法律体系,但很多国家的法律制度建设距此还有相当大的距离。

(五)中央银行监管方面

网络金融完全突破了传统金融的经营模式,特别是其不受地域和时间的限制,所有业务都以数字化的形式在线运行,金融机构和客户之间的往来全部以不见面的方式进行,各项金融业务可以在瞬间完成,巨额资金可以不受国界制约实现跨国流通,特别能使那些国际游资更加疯狂、投机地自由进出各国金融体系。这样的情况使得金融监管当局传统的现场检查和非现场监管方式失去效应。中央银行对本国的资金流向无法把握,各类金融产品及其衍生产品更加无从监管,很容易造成一国中央银行监管不力而爆发金融风险。

第二节 网络金融监管

一、网络金融监管的含义和目的

网络金融的出现改变了金融机构的服务手段,使金融机构的效率得到了很大程度上的提高。但其特有的基础注定了它的脆弱性,风险波及的范围更广,破坏力更大,过程更加迅猛。在金融自由化、网络化的大背景下,网络金融监管是指金融监管当局为维护金融体系的安全稳定,保护存款人的利益,推动经济的发展,制定并依据各种法规措施对以计算机网络为技术支撑的金融活动所实施的监督管理。

网络金融监管的目的与传统金融监管相比变化不大,依然是四个主要方面:

(一)维护银行间公平有效的竞争

各国金融监管当局应该创造一个适度的竞争环境,这种适度的竞争环境既可以经常保持银行的经营活力,同时又不至于引起银行业经营失败破产倒闭,导致经济震动。为此中央银行金融监管要为银行业创造一个公平、高效、有序竞争的环境。

(二)保护存款人的利益

加强网络银行的监管,使存款者能确保自己应得的那部分利益。

(三)确保金融秩序安全

金融业是一个庞大的网络系统,它们之间存在着密切联系,因此一家系统出了问题很可能引起连锁反应,导致一系列银行和金融机构经营困难,所以中央银行金融监管的首要目标就是要维护金融体系的安全和稳定。

（四）保证中央银行货币政策的顺利实施

货币政策是当今各国宏观调控的主要手段,以银行金融业为中介,以中央银行为实施主体。中央银行对网络金融的监管应该要有利于货币政策的顺利执行,发行电子货币要有利于金融业对中央银行的调节手段及时准确地传导。

二、网络金融监管的基本原则

为了实现网络金融监管的四个主要目标,网络金融监管在传统金融监管的基本原则上需要抓住以下五项原则。

（一）充分依赖金融企业和市场的自我管理与规范

网络经济的特性已打破了由监管当局制定游戏规则的固有模式,与金融机构合作,充分依赖金融企业和市场的自我管理与规范,是未来金融监管当局需要遵守的一条基本原则。在网络经济中,一切发展得如此之快,任何由管理当局单方面制定的规则,都有可能出现在尚未形成法案之前,规制对象已发生改变的情况,使监管总是滞后于网络金融的创新与发展。即使网络金融监管规则本身没有问题,金融企业也可能利用网络的全球性,进行离岸经营。如果再考虑到网络有效匿名性、海量的数据和浩如烟海的内容,则金融监管缜密也是相当有限的,如果金融企业（被监管者）不配合,不愿自我约束,而是千方百计设法逃避、应付、对抗,那么管理当局单方面的外部强制监管难以达到预期效果。金融监管者只有承担起网络金融发展的合作者、促进者和协调者的角色,加强网络基础设施建设、金融信息沟通,提供积极的服务,才能在这一过程中实现其管理的职能。

（二）统一监管的原则

在网络经济条件下,不同类型的金融机构在开展网络金融业务方面存在相互交叉,一些业务按传统的方法甚至很难划定其所属的业务类型。在这种情况下,形成多个监管主体监管的模式,要么形成监管重复,要么造成监管真空,同时也将加大被监管者和公众的交易成本。统一的监管主体不仅可提供一个公平一致的监管环境,使被监管者避免不同监管机构间的意见分歧和信息要求上的不一致,而且使公众在与金融机构发生纠纷时,有明确的诉求对象。监管客体也需要由仅包括金融机构扩展到同时涵盖一些提供资讯和支付清算服务的非金融机构。电子货币和网上金融的发展,使得一些非金融机构开始涉足诸如短期电子商业信贷、中介支付、投资理财顾问等金融或准金融业务,金融监管的范围自然随之扩大。监管的重点也需要由资产负债和流动性管理转向金融交易的安全性和客户信息的保护。对于网络金融业务,金融交易信息传输和保存的安全性,客户个人信息、交易信息和财务信息的安全性,自然成为监管者首要考虑的问题。

（三）合理适度竞争的原则

竞争是市场经济条件下的基本规律,是优胜劣汰的有效机制。金融管理当局的管理重心应放在创造适度竞争环境上。既要避免金融业高度垄断、排斥竞争,导致丧失效率和活力;又要防止出现过度竞争、破坏性竞争,引起种种不负责任的冒险行为和道德风险的发生,从而波及金融业的安全和稳定,引起社会经济生活的剧烈动荡。为此,网络金融监管的目标应是创造一个公平、高效、适度、有序的竞争环境。

(四)经济效益与安全稳定相结合的原则

要求网络金融机构安全稳健地经营业务是金融监管的中心目的,所制定的金融法规体系和一系列控制指标体系都应着眼于金融业的安全、稳健及风险防范。但网络金融的发展毕竟在于满足经济高速发展的需要,追求发展就必须讲求效益。因此,金融监管必须切实地将防范风险同促进网络金融机构的效益协调起来。

(五)监管的国际协调性原则

从根本上说,网络的实质是信息化、全球化和一体化。随着网络在世界范围内的延伸,从长远来看,各国监管当局都将面临跨国性的金融业务和客户,网络金融监管的国际性协调日益重要。它要求金融管理当局不仅要尽可能避免金融资产的价格扭曲,还要放松对利率、汇率的管制,更重要的是建立与国际金融体系中其他金融体制相适应的新规则和合乎国际标准的市场基础设施,如信息的真实披露、资金的实时清算等,以提高金融管理的透明度。这是适应网络经济发展的有力保障。

此外,金融监管当局还应注意如何顺应不断变化的市场环境,跟踪网络技术发展,对过时的监管内容、方式、手段等及时进行调查。

专栏 9-1

西方金融业监管模式的总结

主要以英国、美国和澳大利亚的三种金融监管模式为代表。

英国式统一监管模式。这种模式对于不同的金融行业、金融机构和金融业务,不论是审慎监管还是业务监管,均由一个统一的超级监管机构负责,这个机构便是中央银行或单独成立的金融监管局。英国于1998年进行金融监管体制改革,在合并原有的9个金融服务业监管机构的基础上成立新的金融监管服务局(FSA),成为集银行、证券和保险等监管职责于一身的一元化金融监管机构。统一监管模式具有降低成本、机动灵活等诸多优点,而且监管者责任认定明确,监管对象明晰,监管制度统一公平。当然,统一的监管模式也有不足之处:制度安排需要有一个集权式的庞大的监管机构,容易造成信息滞后,降低监管效率。目前,采用这一监管模式的国家或地区还有日本、韩国、中国台湾等。

美国式伞形监管模式。1999年《金融服务现代化法案》颁布以后,美国改进原有的分业监管体制,形成一种介于分业监管和统一监管之间的新的监管模式。这种模式也被称为"双重多头"监管模式。在这种模式下,金融控股公司的各子公司根据业务的不同接受不同的行业监管机构的监管。联邦储备理事会为金融控股公司伞状监管者,负责评估和监控混业经营的金融控股公司的整体资本充足性、风险管理内控措施和程序的有效性以及集团风险对存款子公司的潜在影响等。另外,美国的州政府在银行业、保险业和证券业方面也具有一定的监管权限,尤其是对保险机构享有全面的监管权。联邦和各州政府即为美国金融业具有监管权力的双重监管者。而"多头",指的是美联储、证监会、保险监管局、期货监管委员会等多个部门负责具体的监管职责。美国崇尚自由,在政治和文化上都反对权力的过分集中,推崇权利的分散和制约,"双重多头"的伞形监管模式符合美国的历史文化,意图既保证金融市场的创新和自由,又促进监管者的专业化。这种监管模式对于传统的分业经营模式十分有效。然而,此次金融危机的爆发说明,这种监管制度的安排显然无法有效监管高度混业经营的金融市场,并化解其运行过程中的潜在风险。也就是说,美国介于分业监管与统一监管之间的监管模式,在金融企业混业经营高度发展的情况下,不但无法进行有效监管,甚至有可能由于其无法合理配置监管资源、明确监管权限和有效协调监管机制造成内部协调低效和分工不明确而延误化解金融风险的时机,并导致金融体系风险的进一步累加,最终导致危机的爆发。

不完全统一监管模式。这类监管模式介于统一监管和分业监管之间,主要包括牵头监管模式和双峰监管模式。牵头监管模式是在实行分业监管的同时,由几个主要监管机构建立及时磋商协调机制,为防止混业中的监管真空和协调不同的监管机构的监管,指定某一监管机构为主监管机构或牵头监管机构,负责组织工作,巴西是典型的牵头监管模式。双峰监管模式是设置两类监管机构,一类负责对所有金融机构进行审慎监管,控制金融体系的系统性金融风险,另一类负责对不同金融业务监管,澳大利亚和奥地利是这种模式的代表。

三、网络金融监管的内容与措施

(一)网络金融监管的基本内容

对网络金融的监管可以分为两个方面,一是针对网络金融机构提供的服务进行监管;二是针对网络金融对国家金融安全和其他管理领域形成的影响进行监管。由于网络金融的特殊性,对其监管的内容目前应主要体现在带有全局性的问题上。

1. 对网络金融的服务程式和真实性的监管

实际上,网络金融机构可以更准确地被定义为一种先进的网络金融服务系统,对该系统中金融服务的确切性、真实性、合规性的监管应是网络金融监管的重点。首先,网络金融机构的业务应符合国家的金融政策,尤其是要控制网络金融机构利用其相对于传统金融服务方式的低成本优势进行不正当竞争。其次,对于网络金融机构提供的各项金融服务,因各金融机构发展特色及侧重点各异,名义上相似的金融服务实际在内容上大相径庭;特别是使用该项服务的用户若接受不同的协议,必将造成整个服务提供的混乱。因此,应形成一套规范化的"行业服务规范",对在线支付、网上保险、网上证券交易等各种网络金融服务进行条例式的规定。网络金融的优势之一在于将服务的空间范围极大地扩展从而吸引客户。服务标准的制定是整合网络金融资源的基础。这些标准的制定应由最高监管机构负责,同时赋予这些标准以强制性色彩。

就服务的真实性监管而言,应当建立网络金融交易确认系统。对于每一笔网络金融业务,用户有权利提出交易确认。

2. 对网络金融系统安全的监管

影响网络金融发展最关键的因素是安全问题,如何确保交易安全是网络金融发展需克服的最大障碍。

(1) 强制要求网络金融机构采取防火墙、虚拟保险箱和其他加密技术来保护自己和客户利益不受损害。

(2) 建立安全评估监管组织体系。成立技术委员会,并对网络金融的系统安全进行资格认证和日常监管,规范系统分布安全。

(3) 日常监管维护。实施网络安全的控制和管理。

(4) 从政策上规定网络金融机构的风险责任分摊机制。在网络金融业务中,有的损失比较容易分摊责任,有的则比较困难,如人力不可抗拒的灾害事件、黑客入侵等造成的损失。从长远发展看,监管者应让网络金融机构承担大部分此类风险,以迫使金融机构不能以高度技术化的系统安全为借口损害客户利益。

3. 对消费者的权益进行监管

(1) 避免网络金融机构利用自身的隐蔽行动优势向消费者推销不合格的服务或低质量高风险的金融产品,损害消费者利益。网络金融机构对客户资料和账户交易资料有保密的义务,未经客户许可或特定执法机关执法要求,不可以将客户资料向第三方提供。

(2) 考虑与网络金融高技术服务特点相应的责任。由于网络金融服务隐含了对高效率时间利用和使用便捷的承诺,客户通过网络金融完成金融交易时责任一方对损害的赔偿不仅应包括对市场交易直接成本的赔偿,还应包括对市场交易效率成本的合理赔偿。比如,消费者接受网上银行业务和参与电子货币行为的动机在于其便利和效率,如果因为网上银行人为或技术的原因,丧失应有的便利性,不能及时获得流动性,不能按预期的高效率实现支付结算功能等,那么除了由此造成的直接损失外,间接损失也应该适当考虑由事先承诺提供这些便利的金融机构来承担。

4. 对利用网络金融方式进行犯罪的监管

网络金融及电子商务的特点在于用户的分散、隐匿,向开户账户键入一串代码,就可享受各式金融服务,资本也可实现跨国流动。这就为网络"洗钱"、公款私存、偷税漏税等犯罪活动提供了便利。基于网络金融的飞速发展,犯罪分子无疑会进行充分的"网络犯罪创新",各国中央银行及早防范并进行监管是整个网络安全健康发展的重要一环。为防范网络金融犯罪,中央银行可以通过立法,并建立自身的数字认证中心,签发代表网络主体身份的"网络身份证",来对参与网络金融交易的企业和个人进行识别,以加强对进入网络系统的资金来源和流向的合法性审核。

5. 对网络金融跨境金融服务的监管

中央银行应该明确规定,对网络金融机构的金融服务进行服务种类的阻断,只允许其提供符合金融分业监管的特定业务;也应对网络金融服务进行服务地域的阻断,只允许其提供覆盖本国允许对外的地域的金融服务。如有可能,应要求网络金融机构提供全球并账运作资料,而不仅仅是东道国分支机构资料,才能全面监管网络金融机构在本国和全球的金融活动。

除此之外,跨境业务涉及"洗钱"、走私、转移国有资产等问题。因此,对网络金融跨境业务的监管是与大多数国家当前的金融监管水平、外汇制度等相适应的。

6. 对网络金融的市场准入和市场退出的监管

(1) 市场准入。传统金融业是一种实行许可证制度的特殊行业,而在以金融自由化、网络化、全球化为特征的网络金融时代,金融业生存的环境将大大改变。由于网络金融降低了市场进入成本,削弱了现有传统金融机构所享有的竞争优势,扩大了竞争所能达到的广度和深度。这种相对公平的竞争可能会吸引非金融机构和高科技公司分享这片市场,提供多种金融产品和服务。为解决众多的机构提供网络金融服务的市场准入问题,要从准入标准、注册制度、地域界定、业务范围等方面确立起相应的准入制度。

(2) 市场退出。网络信息传播速度快、范围广,使网络金融机构易受突发事件的影响,并有可能导致经营失败。网络经济的低可变成本、积累效应、先发优势等特点,使将来的网络金融市场必然是几家高流量的网站主导的市场,一些网络金融机构也不得不放弃或退出这一领域。与传统金融机构不同,网络金融机构的市场退出,不仅涉及存贷款等金融资产的损失或转移,同时多年积累的客户交易资料、消费信息、个人理财方式、定制资讯等,也面临着重新整理、分类和转移的要求。当出现意外时,极有可能面临损失。由此,对网络金融市场退出的监管也应引起格外重视。

(二) 网络金融监管的主要措施

根据上文所列出的网络金融监管六大方面的内容,各国政府在应对网络金融风险时可以采取相应的六项监管措施。

1. 加强网络金融的政策法律建设

法律体系的真空是目前各国政府对网络金融缺乏足够管理能力的根本原因之一。互联网和电子商务已经发展多年,但世界各国至今没有制定有关互联网的完整的法律体系。尽管目前联合国国际贸易法委员会已经完成了示范电子商务法的制定工作,意在建立统一、通用的电子商务规则。但它本身并不是法律,只是作为一个示例,希望各主要国家将这样的规则纳入自己国家的法律体系中。网络金融涉及的法律总是十分复杂广泛,涵盖电子合同的法律有效性、知识产权保护、个人隐私权保护和安全保证等方面。考虑到网络金融的特点,在具体制定网络金融法律、法规时,应特别注意以下几方面的规则。

(1) 市场准入方面

法律需设置必要的准入条件,以确保金融交易的安全,对于一些特殊的交易有必要作出特别的要求,包括:

① 网络金融机构的技术设施条件。如要求有确认合法交易对象、防止篡改交易信

息、防止信息泄露等技术。

② 完善的交易操作规程。

③ 交易种类的区分及许可与限制等。当然,网络金融业务准入机制的构筑,既要体现对交易安全的维护,又要体现法律对公平竞争及效率的追求。

(2) 电子签名的合法性

网络金融服务过程中交易指令能否真实反映当事人的意志,很大程度上取决于电子指令真实性、完整性的认定。为此,对电子签字的法律效应需要法律上的统一性和确定性,明确安全签字的构成要求,规定当事人对有关电子签名风险的责任。

(3) 交易证据问题

网络交易的无纸化使得纠纷发生时证据提供甚为困难,由于数据电文的真实性直接影响到数据电文的证据效力,法制有必要强制要求当事人来维护。网络金融机构对有关服务的信息处理过程负有管理责任,而且它直接拥有各种有关交易的重要网络化信息,法律有必要要求金融机构维护好有关电文的真实性。这不仅对解决未来发生的纠纷有重要意义,而且对金融监管机构、税务、审计部门的执法也是极为必要的。

(4) 明确事故、故障造成损失时当事者的责任

网络金融服务的正常开展对服务系统的依赖性极强,追究网络系统的事故和障碍所引发的法律责任是金融机构和客户都十分关注的问题。法律有必要对此进行规范,明确各种不同情况下的损失分担责任,对免责范围作出规定。

除了法律、法规之外,金融监管当局本身尚需要针对网络金融业务制定相应的风险监管指引、准则和监管手册等。监管当局对于认为可推广的技术操作系统、标准、风险管理手段等,或者那些如不加以适当的管理就有可能形成系统性风险的业务流程,或是计划的检查项目等,以指引、公告的方式发布,随情况的变化及时调整。对于一些潜在的、监管当局认为有可能扩展但不确定的风险因素,采用警示的方式,对有关金融机构传达必要的信息。例如,2004年9月,香港金融管理局提醒市民留意一封假冒香港上海汇丰银行有限公司的电子邮件,以防被窃取账号及密码,就是很好的监管范例。

2. 健全非现场监管体系

在网络金融面前,现行金融监管体系中的现场监管的效力相对弱化。网络金融服务的发展、金融交易的虚拟化使金融活动失去了时间和地域的限制,交易对象变得难以明确,交易时间和速度加快,现场检查的难度将会加大,非现场检查愈加显示出其重要作用。

非现场监管具有覆盖面宽、连续性强的特点,通过非现场监管有利于发现新问题、新情况和对现场检查的重点提出参考意见;有利于信息的收集,并对金融机构的潜在问题提出预测、预警。非现场监管的特点将使其成为网络金融环境中的一种有效的监管方式。为此,金融监管当局要逐步从现场稽核监管为主转到以现场稽核监管和非现场稽核监管相结合,并以非现场稽核监管为主的轨道上来,拓宽非现场稽核的检查面,缩短检查周期,把事后稽核监管转变为事前稽核监管,为现场监管提供预警信号。在具体措施上,需要实现金融机构的业务信息系统与监管当局监测系统的联网,使报表格式统一化和数

据转换接口标准化,建立科学的监控指标体系,由计算机将大量的金融业务数据进行自动分析,综合评估金融机构内部业务发展的风险状况,以达到非现场稽核监管高效准确的目的。

3. 严格规范网络金融的信息披露要求

由于金融机构在网上金融交易中处于主导地位,掌握金融交易的记录,消费者和客户处于一个明显的信息不对称的被动地位。同传统金融机构的信息披露相比,对网络金融的信息披露要求应当更加严格,特别要强调其信息披露的公开性。网络金融机构应及时向社会公众发布其经营活动和财务状况的有关信息,良好的信息披露制度可以促使投资者和存款人对其运作状况进行充分的了解,影响他们的投资和存款行为,发挥社会公众对网络金融机构的监督制约作用,促使其稳健经营和控制风险。总之,因特网上的虚拟金融服务需要有不断创新的信息披露方法来维持有效的信息监管。

4. 确立权威、统一的监管主体

在网络金融条件下,金融监管主体由多主体向统一主体转变,统一进行监管也将成为一种自然的要求。由于不同类型的金融机构在开展网络金融业务方面存在相互交叉,一些业务按传统的方法很难划定其所属的业务类型。在这种情况下,多个监管主体的模式,要么形成监管重复,要么造成监管真空,同时也将加大被监管者和社会公众的交易成本。统一的监管主体不仅可以提供一个公平一致的监管环境,使被监管者避免不同监管机构间的意见分歧和信息要求上的不一致,而且使公众在与金融机构发生纠纷时,有明确的诉求对象。在统一的监管主体下,监管客体也由仅包括金融机构,扩展到同时涵盖一些提供资讯服务的非金融机构。网络金融和电子货币的发展,使得一些非金融机构开始提供诸如支付中介、投资理财顾问等金融或准金融业务,从而使金融监管的范围随之扩大。监管的重点,由资产负债和流动性管理转向金融交易的安全性和客户信息的保护。对于网络金融业务来说,金融交易信息传输和保存的安全性、客户个人信息和财务信息的安全性,自然成为监管者应首要考虑的问题。

5. 建立统一的金融认证中心

电子商务活动中,为保证交易、支付活动的真实可靠,需要有一种机制来验证活动中各方的真实身份。目前,最有效的方式是由权威的认证机构为参与电子商务的各方发放证书。金融认证中心是为了保证金融交易活动而设立的认证机构,其主要作用是对金融活动的个人、单位和事件进行认证,保证金融活动的安全性。

金融认证中心扮演着金融交易双方签约、履约的监督管理角色,交易双方有义务接受认证中心的监督管理。在整个网络金融服务过程中,认证机构有着不可取代的地位和作用。在网络金融交易过程中,认证机构是提供身份验证的第三方机构,它不仅要对网络金融交易双方负责,还要对整个网络金融的交易秩序负责。因此这是一个十分重要的机构。

(1) 金融认证中心的主要功能

① 证书的颁发。认证中心接收、验证用户的数字证书申请,将申请的内容进行备案,并根据申请的内容确定是否受理该数字证书申请。如果中心接受该申请,则进一步确定

给用户颁发何种类型的证书。

② 证书的更新。认证中心可以定期更新所有用户的证书,或者根据用户的请求更新证书。

③ 证书的查询。

④ 证书的作废。当用户的私钥由于泄密等原因造成证书需要申请作废时,认证中心根据用户的请求确定是否将该证书作废。

⑤ 证书的归档。一般来说,不能将作废的证书简单地丢弃,因为有时可能需要验证以前的某个交易过程中产生的数字签名,这时就需要查询作废的证书。基于此种考虑,认证中心还应当具备管理作废证书的功能。

(2) 金融认证中心相关的法律法规

鉴于金融认证中心在网络金融中的重要地位和作用,有必要制定相关的法律法规,对其严格管理:

① 认证中心必须以信誉为基础,获得公认的权威可靠性。

② 认证中心以独立于认证用户和参与者的第三方的地位证明网上交易的合法有效性。其本身不从事商业银行等业务,不进行网上采购和消费活动。

③ 认证中心必须严格履行自己的义务和责任,发挥授信、信誉补偿和金融交易控制作用,认证中心通过向用户颁发证书来确定用户在网上交易的合法可靠性。

④ 认证中心必须确保认证信息的安全,包括管理、储存、传输过程中的安全。

⑤ 认证中心必须保护用户有关信息和秘密,不能以任何方式泄露私人信息。

⑥ 认证中心必须依据国家有关金融、网络、信息、安全等规定进行活动。

对于一个大型的应用环境,认证中心往往采用一种多层次的分级结构,各级认证中心类似于各级行政机关。上级认证中心负责签发和管理下级认证中心的证书,最下一级的认证中心直接面向最终用户。处在最高层的认证中心是公认的权威。

在我国,中国人民银行已联合 13 家金融机构成立了中国金融认证中心(简称 CFCA),并于 2000 年 4 月投入使用。到 2005 年 6 月 30 日止,CFCA 已和十余家全国性商业银行、近 20 家券商建成覆盖全国的认证服务体系,业务领域已延伸至银行、证券、税务、保险、企业集团、政府机构、电子商务平台等金融和非金融行业。关于 CFCA 更多相关知识,可以参看中国金融认证中心网站(http://www.cfa.com.cn)的相关内容。

6. 加强网络金融监管的国际合作与协调

从根本上说,网络经济的实质是信息化、全球化和一体化,随着网络在世界范围内的延伸,从长远来看,各国监管当局都将面临跨国性的业务和客户,金融监管的国际性协调日益重要。它要求管理当局不仅要尽可能避免金融资产的价格扭曲,还要放松对利率、汇率的管制,更重要的是建立与国际体系中其他金融体制相适应的新规则和合乎国际标准的市场基础设施。网络经济条件下金融业务发展将全球一体化,金融监管也将走向全球一体化,未来的金融监管必须由各国通力合作才能完成。

(1) 跨国法律适用与管辖权的国际使用和协调

网络的国际化、全球化促成了以网络为基础的金融业务及其有关法律问题的国际化。在这种背景下,因各国法律对消费者、金融机构的权利和义务的规定存在差别,而各国的司法管辖又有其固定的范围,使得法律、管辖权的冲突成为不可避免的问题。为此有必要重视和加强在这一领域的国际合作,我国也应积极参与这方面的合作。

(2) 网络金融业务标准的国际协调

目前提供网络金融业务的国家,都面临着如何选择业务标准,避免将来因不能与国际上通行的标准相兼容而成为一个"孤岛"。目前在大多数国家,这些标准由银行业建立并控制,虽然这些标准基本上都是建立在诸如 HTML、HTTP 和 SSL 等国际通用的网络协议基础之上,但它们之间仍有不少差别,如何确保兼容性是金融当局和金融机构必须面对的一个大问题。从网络金融长远发展的角度出发,各国在这一方面需要统一协调运作,相互交换和分享有关金融业务、产品标准的信息。

(3) 打击网络金融犯罪的国际合作

网络金融中金融市场已高度国际化,大部分金融交易都依赖于电子网络,在网络技术快速发展中难免存在技术漏洞,这为许多不法分子利用现代高科技手段和金融机构在跨国业务中的薄弱环节进行窃取、诈骗等犯罪活动提供了可乘之机。尽管一国政府可能推出各种打击措施,但如果缺少国际合作,其力量仍是有限的。从技术上讲,国际合作完全可以对付这类犯罪。国际合作的主要内容是,利用现代通信技术和电子技术加强各国监管当局之间的信息沟通,规范业务合作的程序,通过国际协调创造金融活动的国际准则等。

(4) 控制网络国际短期资本流动的协调

国际投机资本在金融危机中所扮演的角色在东南亚金融危机中已再次为人们所认识。随着网络金融的发展,金融市场高度国际化、网络化,证券市场、交易所跨越国界,再加上国际投机资本交易的隐蔽性和复杂性,任何一国的金融当局都难以有效地对其进行抑制。当前,多数国家政府对于应付本国金融投机都有一套办法,但对于应付国际投机无论在实力上和制度上都力不从心。要成功地抵御网络国际投机资本的猖獗行为,必须形成一个国际性的约束监管机制。

(5) 汇率的国际协调

在网络金融条件下,国内金融市场与国际金融市场不可分割地交织在一起,资本规模迅速增长,流动速度不断加快,国际金融业务量大大超过国际贸易额,加之金融风险强烈的扩散效应,汇率波动所造成的影响已经远远不只是贸易与投资领域,还会导致国际金融市场巨大的资本流动,进而成为诱发世界金融动荡和金融危机的重要因素,并对整个世界经济和各国的经济发展产生难以估量的影响。因此,汇率的国际协调已经成为国际社会防范网络金融风险和金融危机的一个重要组成部分。

四、网络金融监管的复杂性

网络金融所借助的互联网技术的复杂性、高速发展的特点及其产生的特殊风险,使得网络金融监管更加复杂化,监管的难度更大,挑战更多。

(一) 网络金融的虚拟性,使得监管当局对这种虚拟金融交易的合法性检查存在难度

网络金融机构主要通过大量无纸化操作进行交易,不仅无凭证可查,而且一般都设

有密码,使监管当局无法收集到相关资料做进一步的稽核审查和监控。同时,许多金融交易在网上进行,其电子记录可以不留任何痕迹地加以修改,使确认该交易的过程复杂化。监管当局对金融业务难以核查,造成监管数据不能准确反映金融机构的实际经营状况,即一致性遭到破坏。在网络金融条件下,监管当局原有的对传统金融机构进行注册管理的标准也难以实施,网络金融机构可以注册一家机构,但是它可以通过多个终端,获得众多分支机构的服务效果。

(二)法律缺陷问题

一方面,随着世界经济一体化的进程,网络金融呈现爆炸式的发展速度;另一方面,世界各国尤其是发展中国家推出网络金融相关法律的步伐上跟不上日新月异的网络金融业务。

这一点在我国表现得尤其明显。尽管我国每年都有与网络金融相关的各种法律出台,但相比于国外的同类法律和我国迅猛发展的网络金融业务,仍然有较大缺口。多年来,我国已经制订了一些有关网络金融的法规和规范性文件,主要包括《银行卡业务管理办法》(1999年6月)、《电子签名法》(2004年8月)、《电子认证服务管理办法》(2005年2月)、《电子支付指引(一)》(2005年6月)、《电子银行业务管理办法》(2006年1月)、《电子银行安全评估指引》(2006年1月)、《外资银行管理条例实施细则》(2006年11月)等,但仍存在不少问题。

我国的网络金融法是由传统金融法演变而来,较为滞后;缺乏电子票据、网络保险等法律制度;网络金融法针对表层问题多,缺乏深层规范,层级较低。

比如,2006年3月1日正式施行的《电子银行业务管理办法》虽有很大进步,但与新加坡货币局2001年7月发布的《网络银行业务技术风险管理条例》相比,还不够详细、具体,仍需完善。

(三)网络金融机构的跨国经营给金融监管带来新的挑战

互联网使得金融机构可以轻松地进入外国市场。虽然传统的金融机构一直以来也提供跨国金融服务,但互联网增加了各国当局在监管责任上的模糊性,使得网络金融所处的法律环境更为复杂,目前还难以制定各个国家和地区都遵守的国际法制。各国对网络金融监管的严厉程度不一,究竟是采用东道国的法律来进行监管,还是由母国根据其法律来监管的问题还没有一致的标准。这种情况可能导致对网络金融的跨国活动监管不充分。但是,不管怎样,有一点是很明确的,如果没有母国监管当局的合作,东道国要监督或控制网络金融机构在本国的活动是十分困难的,因为它在本国可能不设立分支机构,而仅仅通过互联网来提供服务。

(四)对网络金融监管的力度把握同样较为困难

如果对网络金融实施严格的监管,虽然可以有效地降低网络金融的风险,但是也可能降低国内金融业的竞争力,造成金融业的衰败。网络金融机构的竞争力在一定程度上依赖于技术进步和业务创新,过早或过于严格的管制都有可能抑制这种创新。

同时,网络金融的模糊疆界和相对较低的转移成本,使监管形成了一个竞争性市场,据有关统计研究,网络金融的资金和客户,都会向"软"规则的国家(地区)迁移。侧重于保护本国的监管政策，会造成社会资源和福利的损失。因此，监管机构在引入新规则和政策时，应注重在保证网络金融安全、可靠运行的同时，不抑制适当的金融创新和金融机构的竞争力。

【能力训练】

1. 网络金融风险与传统金融风险相比有哪些特点？
2. 为什么人们总说网络金融风险具有"放大效应"？具体表现在哪些方面？
3. 网络金融风险监管应遵循哪些原则？存在哪些难度？
4. 你认为网络金融风险的监管应采取哪些措施？
5. 阅读以下文字，分析该案例反映了网络金融时代金融风险的哪些特征？香港政府在对来自美国雷曼公司的迷你债券的监管措施方面存在哪些不足？

2008年9月22日上午，约50名雷曼兄弟迷你债券的香港小投资者，跟金管局、零售银行代表及信托人开会，讨论有关债券的处理安排，要求政府介入保障投资者的资产。迷你债券小投资者计划向消委会投诉，透过集体诉讼方式向发售迷你债券的银行追讨损失。

会议于22日上午9时许举行，参加会议的有约50名雷曼迷你债券的小投资者，金管局助理总裁李令翔、部分债券的受托人汇丰银行的代表，以及各分销银行的代表。金管局助理总裁李令翔会后表示，已跟迷你债券投资者达成共识，金管局已向销售迷你债券的银行发出指引，要求他们主动向受影响客户解释情况，并设立专线及网上表格供市民投诉。

李令翔又说，金管局将调查银行是否使用不当手法销售迷你债券，但他补充即使银行违规，局方只会作出纪律行动，并无权要求银行向消费者赔偿。

协助小投资者的民主党主席何俊仁会后表示，估计香港21间银行出售有关产品，金管局现在未能确定受影响的投资者。他又透露，销售迷你债券的7间银行及1间金融机构派出代表出席会议，但没有在会上发言。

另一名提供协助的民主党候任立法会议员甘乃威透露，迷你债券小投资者22日晚举行会议，之后会向消委会投诉，希望通过集体诉讼方式向发售迷你债券的银行追讨。同时，也不排除报警求助，要求调查事件是否涉及商业罪案。

投资者乐先生购入约100万迷你债券，担心会血本无归，并批评政府没有妥善监管金融产品的推销手法，对香港的金融制度失去信心。他批评，在目前的情况下，银监会、证监会等监管机构全部都拒绝受理，这只会损害市民对香港金融体系的信心。

作为雷曼迷你债券受托人的汇丰银行行政总裁霍嘉治表示，已经设立电话热线供投资者查询，但汇丰只是债券的受托人，投资者应跟债券的分销商联络，而有关金融产品推销手法与投资者购买债券前没了解有关风险的投诉则应由金管局处理。

资料来源：http://news.cnfol.com/080922/101,1279,4799375,00.shtml

6. 阅读以下文字,分析该案例表现了网络金融风险的哪种特征?从哪个角度说明了网络金融监管的复杂性?并用自己的观点谈谈在材料中研究员尼娜所说"如果通过国际组织运作有效,将是最划算的"的必要性。

2009年1月,奥巴马还有几天就要带着美国人民的无限期望就任总统了,他首当其冲的任务当然是拯救在痛苦中挣扎的美国经济。美国《华盛顿观察》周刊13日载文称,奥巴马给经济开出的药方是另一场罗斯福式的"新政"。然而,摆在奥巴马面前的将是一场比罗斯福更大的挑战。因为罗斯福基本上是用国家政策治理国家经济,奥巴马要对付的却是一个全球化的经济和金融体系,没有国际化的配合,美国将一事无成。

"更重要的是,我们今天面对的威胁,比60年前都更需要国际合作。"美国著名智库美国进步中心(Center for American Progress)的高级研究员尼娜·哈齐吉安(Nina Hachigian)说,"另外,通过参与再造国际组织的努力,美国将会赢得其推行国际目标所需要的信誉。在今天的经济形势下,应该注意到,如果通过国际组织运作有效,将是最划算的。"

事情还要从美国国际集团(AIG)这个显赫一时的美国第一大保险公司说起。美国政府已经花费纳税人1 000多亿美金来拯救者家濒临破产的保险业巨人,可是大多数美国纳税人还是没搞清楚美国国际集团是如何陷入困境的。更加令人困惑的是,美国的保险业是一个受到高度监管的行业,业内公司的一举一动似乎都在50个州的保险监管机构的"严密"监视之下,为什么在美国这些监管机构的眼皮底下会发生如此的违规行为呢?

也许我们该问的不是"为什么",而是哪里出了问题?把整个美国国际集团拖下水的是被称为"信用—违约交换"(credit-default swaps)的金融衍生产品。操作这一金融产品的部门不在美国,而是在受到监管极少的金融自由之都——伦敦。

即使在美国,美国国际集团和其他金融机构推出的这种金融衍生产品也受到监管机构的特别宽大,几乎可以"逍遥法外"。对于美国国际集团远在伦敦的部门,美国各州的保险监管部门更有着鞭长莫及的感觉。虽然理论上,因为美国国际集团在美国也有存储和贷款业务,还应该受到美国存储监管办公室(U. S. Office of Thrift Supervision)的监督,但是这个向来监管松弛的办公室虽然有权监督美国国际集团在伦敦的业务,却从来没有认真执行过。同样,对这个保险业巨头拥有监管权的还有法国的银行监管机构,因为美国国际集团在法国有银行业务,但是连美国人自己都不管的事,法国人又怎么愿意"狗拿耗子"呢?

实际上,美国国际集团在伦敦的金融部门处在无人监管的状态下。就是在这种国际监管的大杂烩中,美国国际集团的这个金融部门几乎可以在伦敦为所欲为。那些声称有权对该部门进行监管的监管结构从来没有把手伸到伦敦,而英国本身的监管机构根本就不愿意申明自己有权监控美国国际集团在伦敦的分支机构。

资料来源:http://world.people.com.cn/GB/8675092.html

第十章 金融网络系统与网络金融安全

【本章要点】 本章对目前国际上具有代表性的金融网络系统：SWIFT 系统、Fedwire 系统、CHIPS 系统、中国国家金融网 CNFN 进行了概括。提出了网络金融安全问题，并从网络信息安全技术、网络与应用系统安全技术、网络安全协议三个方面对其进行了阐述。这三个方面又分别包括了许多技术。事实上，针对网络金融的每个应用和每项技术都要考虑安全问题，都有相应的安全机制蕴含其中，针对这些安全机制的技术一般都是融为一体的，一起构成了一个网络金融安全体系。

【本章重点与难点】 了解国际上的 SWIFT 系统、CHIPS 系统、Fedwire 系统，中国国家金融网的结构和三级节点处理功能，中国国家现代化支付系统的发展和各项功能。网络金融所面临的威胁和攻击，金融机构计算机安全的技术构成和金融网络安全技术。

【基本概念】 SWIFT 系统　CHIPS 系统　CNFN 系统 Fedwire 系统　病毒防治技术　防火墙技术 入侵检测　身份验证　数字证书技术　加密技术　数字签名技术　数字时间戳技术　SSL 安全协议　SET 安全协议

第一节　主要金融网络系统简介

一、国际主要金融网络系统

（一）SWIFT

环球银行电信协会 SWIFT(Society for Worldwide Interbank Financial Telecommunication)是国际上最重要的金融通信网络之一。

为适应国际贸易发展的需要，20 世纪 70 年代初期，欧洲和北美的一些大银行，开始对通用的国际金融电文交换处理程序进行可行性研究。研究结果表明，应该建立一个国际化的金融处理系统，该系统要能正确、安全、低成本和快速地传递标准的国际资金调拨信息。于是，美国、加拿大和欧洲的一些大银行于 1973 年 5 月正式成立 SWIFT 组织，负责设计、建立和管理 SWIFT 国际网络，以便在该组织成员间进行国际金融信息的传输和确定路由。1977 年夏，完成了环球同业金融电信网络（SWIFT 网络）系统的各项建设和开发工作，并正式投入运营。

SWIFT 组织的总部设在比利时。其创始会员为欧洲和北美洲 15 个国家的 239 个大银行。之后，其成员银行数逐年迅速增加。从 1987 年开始，非银行的金融机构，包括经纪人、投资公司、证券公司和证券交易所等，也开始使用 SWIFT。到 2007 年 6 月为止，

SWIFT的服务已经遍及207个国家,接入的金融机构超过8100家。

1980年SWIFT连接到香港。我国的中国银行于1983年加入SWIFT,是SWIFT组织的第1034家成员行,并于1985年5月正式开通使用,成为我国与国际金融标准接轨的重要里程碑。之后,我国的各国有商业银行及上海和深圳的证券交易所,也先后加入SWIFT。进入90年代后,除国有商业银行外,中国所有可以办理国际银行业务的外资和侨资银行以及地方性银行纷纷加入SWIFT。SWIFT的使用也从总行逐步扩展到分行。1995年,SWIFT在北京电报大楼和上海长话大楼设立了SWIFT访问点SAP(SWIFT Access Point),它们分别与新加坡和香港的SWIFT区域处理中心主节点连接,为用户提供自动路由选择。为更好地为亚太地区用户服务,SWIFT于1994年在香港设立了除美国和荷兰之外的第三个支持中心,这样,中国用户就可得到SWIFT支持中心讲中文的员工的技术服务。

1. SWIFT组织

SWIFT的成员行每个季度支付一次通信费用。通信费是基于路由和通信量定价的。在1981年,由少于325个字符组成的一条正常信息在20分钟内提交时,费用是18 BF(当时,1 BF约等于2美分)。传输比325个字符长的信息(有的财务报表可长达2000个字符)时,按比例增加费用。高优先权的信息增收特别费(在1981年时为36 BF)。

SWIFT的组织成员分为3类:

第一,会员银行(Member Bank):每个环球银行金融通信协会会员国中,获有外汇业务经营许可权银行的总行,都可以申请成为环球银行金融通信协会组织中的会员行。会员行有董事选举权,当股份达到一定份额后,有董事的被选举权,中国在环球银行金融通信协会组织中的持股数为1066股(2001年数字)。

第二,附属会员银行(Sub-member Bank):会员银行在境外的全资附属银行或持股份额达90%以上的银行可以申请成为环球银行金融通信协会组织的附属会员银行。

第三,参与者(Participant):世界主要的证券公司、旅游支票公司、电脑公司和国际中心等一些非金融机构,可以根据需要申请成为环球银行金融通信协会组织的参与者。目前,中国已有中国银行、中国农业银行、中国工商银行、中国建设银行、交通银行、中信实业银行和中国投资银行7家中资银行成为环球银行金融通信协会会员银行,有9家外资银行为附属会员银行。

2. SWIFT提供的通信服务

SWIFT的目标是,在所有金融市场,为其成员提供低成本、高效率的通关服务,以满足成员金融机构及其终端客户的需求。现在,包括我国在内的全球的外汇交易电文,基本上都是通过SWIFT传输的。这里需要指出的是,SWIFT仅为全球的金融系统提供通信服务,不直接参与资金的转移处理服务。

SWIFT提供的服务包括:

(1) 提供全球性通信服务。196个国家和地区的7457个金融机构SWIFT网络连接。

(2) 提供接口服务。使用户能以低成本、高效率地实现网络存取。

（3）存储和转发电文(Store-and-forward Messaging)服务。2001年转发的电文达15亿条。

（4）交互信息传送(Interactive Message)服务。为提高服务的响应性和灵活性，1997年SWIFT宣布，计划开发基于IP的产品和服务，包括交互信息传送服务，作为存储和转发电文服务的补充。SWIFT在2000年开始提供这种交互服务。

（5）文件传送服务。1992年开始提供银行间的文件传送IFT(Interbank File Transfer)服务，用于传送处理批量支付和重复交易的电文。

（6）电文路由(Message Routing)服务。通过SWIFT传输的电文可同时拷贝给第三方，以便能由第三方进行电子资金转账处理，或转道另一网络完成支付结算、或证券交易结算、或外汇交易结算处理。

（7）具有冗余的通信能力为客户提供通信服务。SWIFT的设计能力是每天传输1 100万条电文，而当前每日传送500万条电文，这些电文划拨的资金以万亿美元计。

3. SWIFT支付电文的传输过程

在SWIFT金融网络系统中，支付电文的传输过程为：如果香港的一家成员银行（源行，即业务发生行），欲通过SWIFT向伦敦的一家成员行（目标行，即业务结束行）发送一份汇款电文，源行的计算机系统将电文发往香港的区域处理中心，然后经由美国弗吉尼亚州操作中心(USA Operating Centers)和荷兰阿姆斯特丹操作中心(Netherlands Operating Centers)发往伦敦区域处理中心(London Regional Processor)，再由后者将电文发送到目标行的计算机系统中去。

4. SWIFT系统的特点

主要是：

第一，SWIFT可连接全世界五大洲超过8000家银行，可以方便地直接沟通客户与世界各地办事机构的联系。SWIFT的服务项目全天24小时都可利用，且不管其地理位置如何。

第二，由于SWIFT系统可以成为银行董事会和海外办事机构之间可靠的通信系统，从而使全球性的金库和保险管理系统得到了发展。此外，经过SWIFT所收到的客户财务报表和支付报表，可以作为银行现金管理资料的基础，以增强对客户的服务。

第三，标准化格式能够进行自动化通信处理，避免了各地区银行间语言及翻译问题。

第四，理论上、技术上和程序上的保密性，保障了SWIFT网络的安全，避免了外来的干扰。

第五，SWIFT的实践证明，建立一个满足各成员国共同业务要求的系统，可以使成本降低到最低水平，且安全性和可靠性保持最高。

第六，SWIFT具有较强的检测、检索能力。如同世界上各个大型的经营国际业务的银行一样，我国所有发生国际结算业务的银行机构都必须加入SWIFT组织，在这个全球性的自动化网络中取得一个席位，也就在国际银行间的交往中占有了一个位置，在互利中保护自身的利益，从而促进国际结算业务的发展。这已成为形势发展的需要，同时也将是所有产生国际结算业务的银行机构、非银行金融机构的必由之路。

更多SWIFT相关知识请登录SWIFT官方网站http://www.swift.com/进行

查阅。

（二）Fedwire

美国联邦储备通信系统 Fedwire(Federal Reserve Communication System)是美国的第一个支付网络。这个通信系统属于美国联邦储备体系(Federal Reserve System)所有，并由其管理。它作为美国国家级的支付系统，用于遍及全美12个储备区的1万多家成员银行之间的资金转账。它实时处理美国国内大额资金的划拨业务，并逐笔清算资金，每天平均处理的资金及传送证券的金额超过1万亿美元，每笔金额平均30万美元。

1. Fedwire 的处理功能

Fedwire 的功能齐全，它不仅提供资金调拨处理，还具有清算功能。所以 Fedwire 不仅提供大额资金支付功能，还使跨行转汇得以最终清算。此外，Fedwire 还提供金融信息服务。

通过该系统传输和处理的信息主要有以下几种：

(1) 资金转账 FT(Funds Transfer)

即将储备账户余额从一个金融机构划拨到另一个金融机构的户头上。这些资金几乎全是大额资金。其进行的资金转账过程，是通过联邦储备成员的联邦储备账户实现的。因此，资金转账的结果将直接影响成员行持有的联邦储备账户的储备余额水平。

这样，通过 Fedwire 结算的资金立即有效并立即可用。这也使 Fedwire 成为可使用在美国的任何资金转账（包括来自 CHIPS 和其他支付网络的资金转账）实现最终清算的唯一网络系统。

(2) 美国政府和联邦机构的各种证券(Securities Transfer)交易

实现多种债券（如政府债券、企业债券、国际组织债券等）的发行、交易清算的电子化，以降低成本和风险，它是一个实时的交割与支付同时进行的全额贷记转账系统。

(3) 联邦储备体系的管理信息和调查研究信息

(4) 自动清算(ACH)业务

(5) 批量数据传送(Bulk Data)

2. Fedwire 的特点

(1) Fedwire 的资金转账是实时、全额、连续的贷记支付系统，即支付命令随时来随时处理，而不需等到既定时间统一处理，且每笔支付业务都是不可取消和无条件的。

(2) 在线交易与非在线交易结合交易业务量大的 Fedwire 用户往往采用专用线路与 Fedwire 相连，中等或较小业务量的 Fedwire 用户则通常采用共享租赁线路或拨号方式与 Fedwire 连接，而只有一些业务量非常小的用户通过代理行或脱机电话方式向 Fedwire 发送支付指令。

(3) Fedwire 的资金转账能为用户提供有限的透支便利(Capped Intraday Credit)，它根据各商业银行的一级资本来匡算其最大透支额。只有出现超过透支额的支付业务时，该支付命令才处于等待或拒绝状态。Fedwire 的这一措施解决了商业银行的资金流动性问题，提高了支付系统的效率，能实现及时的资金转移，但同时也给中央银行带来了一定的支付风险，当某支付方发生清偿危机时，中央银行将承担全部风险。为了降低中央银行的信用风险,避免商业银行利用中央银行提供的透支便利转嫁风险,从1994年4起,联邦储备银行开始对在其账户上的透支收取一定的费用,开始时年利率为24%,至1996年已提高到年利率60%,用以控制商业银行的日间信贷。

(4)高速通过Fedwire进行的资金转账,从寄出方发出,到接收方收到,几秒钟、最多几分钟就可完成。

更多相关内容请登录http://www.federalreserve.gov/进行查阅。

(三) CHIPS

CHIPS是Clearing House Interbank Payment System的缩写,是"纽约清算所银行同业支付系统"的简称,由纽约清算所协会(NYCHA)经营。纽约是世界上最大的金融中心,国际贸易的支付活动多在此地完成。因此,CHIPS也就成为世界性的资金调拨系统。现在,世界上90%以上的外汇交易,是通过CHIPS完成的。可以说,CHIPS是国际贸易资金清算的桥梁,也是欧洲美元供应者进行交易的通道。

1. CHIPS的历史

鉴于纽约地区资金调拨交易量迅速增加,纽约清算所于1966年研究建立CHIPS系统,1970年正式创立。当时,采用联机作业方式,通过清算所的交换中心,同9家银行的42台终端相连。1982年,成员行共有位于纽约地区的银行100家,包括纽约当地银行、美国其他地区银行及外国银行。到90年代初,CHIPS发展是由12家核心货币银行组成,有140家金融机构加入的资金调拨系统。目前,全球95%左右的国际美元交易通过该系统进行清算。以前CHIPS每天只有一次日终结算,其最终的结算是通过Fedwire中储备金账户的资金转账来完成的。2001采用新系统后,CHIPS已逐步成为实时清算系统。

2. CHIPS的系统参与者

(1)清算用户:在联邦储备银行设有储备账户,能直接使用该系统实现资金转移。目前共19个。

(2)非清算用户:不能直接利用该系统进行清算,必须通过某个清算用户作为代理行,在该行建立账户实现资金预算。

由于CHIPS作为一个私营的支付清算系统,在以美元进行的交易结算和清算方面,已成为一种国际通用方式,相对于Fedwire,有很强的替代性。各国银行在纽约设有分行者,都想加入CHIPS系统。面对日益增多的参加银行,为了清算能快速完成,纽约清算所决定,由该所会员银行利用其在纽约区联邦储备银行的存款准备金账户,代理各参加银行清算。因此,在CHIPS清算体制下,非参加银行可由参加银行代理清算,参加银行又由会员银行代理清算,层层代理,构成了庞大复杂的国际清算网。

3. CHIPS系统处理资金调拨的过程

CHIPS系统的资金调拨处理过程并不复杂。例如,纽约的A行经国际线路SWIFT网(CHIPS交易量的80%是靠SWIFT进入和发出),接收到某个国家甲银行的电子付款指示,要求A行于某日扣其往来账,并将此款拨付给在纽约B行设有往来账户的他国乙银行。如果A行和B行均为CHIPS的成员行,则这笔资金调拨可通过图10-1所示的方法完成。

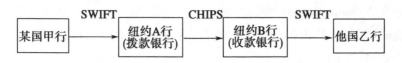

图 10-1　CHIPS 系统国际资金调拨过程

4. CHIPS 的特点

主要是：

(1) 允许事先存入付款指示。参加银行除了可在当日调拨资金外，CHIPS 还允许参加银行事先将付款指示存入中央计算机系统，然后等到 Value Date（解付日）当日才将此付款通知传送到收款银行。如前述，任何资金调拨需经拨款银行下达"解付"命令后，CHIPS 的中央计算机系统才会于解付日将此付款通知传送给收款银行。未下达解付命令前，拨款银行有权取消该笔付款指示。

(2) 完善的查询服务功能。由于中央计算机系统能即时将每笔资金调拨情况存入文件，因此各参加行的账务管理员，可随时查询自己银行的每笔提出或存入的金额，并及时调整自己的头寸。

(3) 自动化程度高。CHIPS 设计了一个灵活的记录格式，以方便发报行和收报行能进行高效的计算机自动处理。这样，参与行的支付信息可在不同系统之间流动，而无需人工干预。例如，CHIPS 接受 SWIFT 的标识码，并可自动地与 CHIPS 的通用标识码相互参照。

(4) 安全性好。CHIPS 将四台 Unisys Al5 大型计算机组成两套系统，实行两套系统互为备份，每套系统又是双机互为备份。两套系统分别安装在不同的地方，并用高速线路连接。为保证不间断的电源供应，由蓄电池储备，并以双内燃发电机系统保证。

更多 CHIPS 相关知识请登录 CHIPS 官方网站 http://www.chips.org 进行查阅。

图 10-2 以两家美国银行之间的金融交易为例，更好地说明 SWIFT，Fedwire，CHIPS 三大金融网络系统的工作。

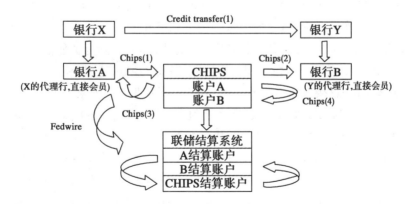

图 10-2　金融网络系统协同工作实例

图中，银行 X 欠银行 Y 资金，

X、Y 不是 CHIPS 直接会员，需要代理行；

X、Y 通过 SWIFT 系统与 A、B 银行建立起联系；

A、B 通过 Fedwire 向 CHIPS 划拨资金；

信息流通过 SWIFT，Fedwire 转入 CHIPS 系统，资金流通过(1)、(2)、(3)和(4)四个渠道在 CHIPS 系统中流动。

最终通过 CHIPS 系统向银行 A、B 划拨资金。

二、我国金融网络系统

在中国人民银行的卫星通信网和全国电子联行系统建设的基础上，以世界银行技术援华项目为契机，我国银行正在建设中国国家金融通信网(CNFN，China National Financial Network)和中国国家现代化支付系统(CNAPS，China National Advance Payment System)。CNFN 和 CNAPS 是我国当前阶段金融网络系统建设的核心。

(一) CNFN

中国国家金融网 1995 年开始建立，是我国金融电子化建设的核心，是在中国人民银行的卫星通讯网和全国电子联行系统基础上连接中央银行及各商业银行、非银行金融机构的全国性计算机网络系统。这一网络系统可为各银行提供方便、快捷、安全的金融服务，为加强中央银行的宏观调控及金融监管提供了信息支持。中国国家金融网络(CNFN)是以我国各类金融信息的传输为基点，提供公用数据通信服务而设计的网络。CNFN 网络结构和独立、完善的网络管理系统，使其不仅具有普通公用网可靠性高、稳定性强的特点，而且也具备专网封闭性和效率高的特点。CNFN 以提供网络基础设施为目标，以开放的系统结构使用户的各类计算机处理系统，通过网络的连接运行公共的应用程序。在提供数据通信服务的基础上，CNFN 能够开展金融专用的 E-mail、储存转发传真、EDI 等增值业务，为我国金融领域办公自动化提供方便、快捷的服务。

1. CNFN 的网络结构

CNFN 整个网络分为二级三层，该网络由国家处理中心(NPC，National Processing Center)、省市处理中心(CPC，City Processing Center)、县级处理中心(CLB，Country Level Bank)三个层次节点构成，分为国家级主干网络和以城市为中心的区域网络两级。CNFN 分设两个国家处理中心，即北京主站和无锡主站，二者互为备份，有同样的结构和处理能力。在正常工作情况下，由主用 NPC(北京主站)控制、管理全网。一旦发生灾难，备用 NPC(无锡主站)就接管瘫痪了的主用 NPC 的所有业务。国家级主干网是一级处理节点(国家处理中心)与二级处理节点(省市处理中心)之间的广域网络，由中国人民银行卫星通信网和邮电部门 X.25 公用数据网共同构成，实行"天"、"地"互为备份。而区域级网(中国国家金融网区域级网)是二级处理节点(省市处理中心)与三级处理节点(县级处理中心)之间的广域网络，在邮电部门提供的 X.25 公用数据传输网的基础上组建金融虚拟专用网，使整个金融网对内能覆盖所有的分行并应用于所有的业务，对外能联通 SWIFT，使中国国家金融网融入 SWIFT，实现与世界金融的接轨。

在 CNFN 的三级节点中，全国处理中心内 NPC 负责整个系统的控制与管理，负责应用处理；省市处理节点 CPC 和县处理节点 CLB 主要完成信息采集、传输、转发及必要的应用处理。

(1) NPC 的结构与功能

NPC 是 CNFN 的全国管理中心,也是中国国家现代支付系统 CNAPS 各应用系统的全国处理中心。因此 NPC 是 CNFN 的心脏,为确保 NPC 的安全,系统中的设备集成在互为备份的双桥局域网内。

NPC 的主要功能包括:

① 数据库管理。负责保持完整的 CNAPS 账户数据库。

② 完成交易处理。来自业务发起行的所有支付信息,都要通过 CNFN 网络发送到 NPC,然后依据应用系统的要求进行处理,再转发到接收行。

③ NPC 作为 CNAPS 的通信主站和控制中心,负责系统管理和网络管理。

④ 实现灾难恢复。发生灾难时,保证将事务处理从在用 NPC 切换到备用 NPC。

为实现上述功能,在 NPC 设置了中国金融软件开发中心(CFDC)、系统控制中心(SCC)、网络控制中心(NCC)、数据管理中心和应用系统控制中心(ASC)。

CFDC 的长远目标,是要全面支持 CNAPS/CNFN 的运行、维护和管理等软件版本的升级和配置。该中心具有应用软件开发环境、软件模拟测试环境和培训中心。

SCC 的主要功能是终端用户管理,提供专门的应用支持服务:应用软件和网络软件管理,提供与软件开发中心的接口,远程应用软件的分配的配置管理,提供应用系统与终端用户之间的支持接口,对网络和应用系统进行计费统计等。

NCC 的主要功能包括:网络监控、网络故障诊断和恢复;卫星通信网络和地区通信网络的集成;网络管理,网络用户监管等。

数据库管理中心负责集中管理数据库。

ASC 主要包括如下分中心:

① 资金清算处理分中心,集中管理、控制全国清算账户,统一处理同城、异地的大额、小额批量支付系统资金清算和日终对账等。② 银行卡全国授权处理分中心,负责跨行银行卡授权信息的交换处理和财务统计,传送查询授权信息和支付名单等。③ 政府债券簿记系统处理分中心,负责无纸政府债券的报价、交割清算和托管处理。④ 管理信息处理分中心,负责宏观货币政策信息的采集、分类、汇总和统计处理。

(2) CPC 的功能

对 CNFN 来说,省市处理中心 CPC 是国家主干网络与区域网络的交汇节点,是区域网络内终端用户访问主干网和 NPC 的登录、分发节点。

CPC 的主要功能有:提供金融业务处理纸票据截留服务,各种传输信息的登录和分发,区域内一级和三级节点的信息转发,必要的业务、会计财务处理,区域通信网的控制和管理等。CPC 由物理分离的如下应用处理分中心组成:同城清算所、城市清算处理中心、城市银行卡授权中心、城市政府债券簿记中心、城市金融管理信息处理中心。

CPC 的各分处理中心,全都采用互为备份的双桥局域网的客户机—服务器结构,以适应应用系统的扩充,方便票据截留和开放性系统环境要求。

(3) CLB 的功能

CLB 的主要功能包括:金融业务处理纸票据截留服务,各种传输信息的登录和分发,县内金融信息向二级处理节点转发,必要的业务和会计财务处理,必要的通信控制和管理。

中国国家金融网络(CNFN)的建设,将是一项跨世纪工程。CNFN 的试点阶段采用世界银行的贷款,由通过国际竞争性招标选择,由日本 NTT 公司承建,并由多家公司提供网络设备。中国国家金融网络(CNFN)传输网络将是我国最大的分组交换与帧中继网络之一。在中国人民银行的领导下,各商业银行及金融机构的参与和支持下,中国国家金融网络 CNFN 将按谋划逐步地建成,并趋于完善,全方位地为我国金融界广大用户,提供各类数据通信服务。

(二) CNAPS

国家现代化支付系统是中国人民银行推广应用的,建立在 CNFN 信息网络基础之上的新一代金融网络系统,主要提供跨行的支付清算服务,支持债券交易、同业拆借、外汇交易等金融市场的资金清算和银行卡信息交换、同城票据交换等资金清算。国家现代化支付系统是由商业银行为社会提供的下层支付服务系统和中央银行为商业银行提供的上层支付资金清算系统组成。CNAPS 是集金融服务、金融经营管理和金融宏观货币政策职能于一体,以中国国家金融网络(CNFN)为支持通信网络,主要由上层交付资金清算系统组成的综合性金融网络系统。

1. CNAPS 参与者

CNAPS 的参与者分直接参与者和间接参与者两类。直接参与者包括:中国人民银行各级机构、在中国人民银行开设有资金清算账户的商业银行和非银行金融机构的各级分支机构。间接参与者是指没有在人民银行开设资金清算账户,而委托直接参与者代理其进行支付清算业务的单位和个人。间接参与者可以是银行、非银行金融机构、在商业银行或非银行金融机构开设有账户的广大银行客户,包括工商企业、政府机关、公共事业部门和个人。

2. CNAPS 中的金融应用系统

CNAPS 建设中需要支持与集成中国金融系统中的如下全国金融网络应用系统:大额实时支付系统(HVPS)、小额批量支付系统(BEPS)、银行卡授权系统(BCAS)、政府证券簿支付系统(GSBES)、金融管理信息系(FMIS)、国际支付系统(IPS)。

(1) 大额实时支付系统 HVPS

HVPS(High Value Payment System)是逐笔实时处理的全额清算系统,用于处理同城和异地的跨行与行内的大额贷记支付,以及处理时间紧急的其他贷记业务,主要用于行际和行内的清算资金余额转账,企业之间的资金调拨,投资支付和其他大额资金支付。

在中央银行开设有备用金或清算账户的金融机构,可通过该系统及时划拨大额资金,例如证券市场和货币市场的资金调拨与结算;银行内部和银行之间的资金头寸调拨等。这种支付活动金额巨大、风险大,要求实时、逐笔、金额最终完成。考虑到系统的安全,我国商业银行必须在中央银行保持一定比例的法定储备金,中央银行将允许大额支付系统的参与者在限额内出现日间透支,但是不允许出现隔夜透支。对账户余额不足的支付指令,采用排队等待机制,有足够的资金进入该账户时则自动支付。

中央银行通过该系统,能对我国 80% 的资金进行直接的监督和控制,能对每个清算账户资金头寸进行实时跟踪，实现有效的宏观调控。因此，该系统对社会经济、支付体系和金融体系本身的平稳运作关系重大，对系统的安全性要求非常高。特别是异地的大额支付，经过的节点多，链路长，保证安全的难度更大。为保证系统的绝对安全，每笔支付过程经过的每个节点，都要有严格的报文登录控制手段，登录操作者的身份鉴别，每笔支付报文的有效性、合法性检查，要对支付报文和确认报文进行严格的跟踪、法律确认，保证交接的严密性。

(2) 小额批量电子支付系统 BEPS

BEPS(Bulk Electronic Payment System)适用于诸如付款到收款存在时间差的支付、预先授权的循环支付(如代发工资，代付房租、水电费、电话费等)以及截留票据的借记和贷记支付等。它可处理同城和异地的跨行与行内的电子支付服务。这类支付金额不大，时间性要求不高，但交易批数大，为提高效率和降低成本，一般采用批处理方式，净额结算资金。BEPS 可有效地加快资金流动，减少现金、支票和各种票据的流通量，降低风险性，节约转账成本，方便客户。该系统的输入方式，既允许纸凭证(如支票等)输入，也允许基于脱机或联机电子输入。如果采用纸凭证输入，最佳的方案是先经票据自动清分机阅读和清分，将这些物理凭证转换成逻辑凭证，然后再以电子的方式进行电子支付处理。

(3) 银行卡授权系统 BCAS

CNFN 全国处理中心是 BCAS(Bank Card Authorization System)的全国银行卡授权中心，二三级处理中心是当地区域范围内的银行卡卡授权系统的信息交换中心。

(4) 政府证券簿记支付系统 GSBES

GSBES(Government Securities Book Entry System)是证券信息的存储、传递系统，可用于所有形式证券的保管和交易。中央银行作为国家的财政代理，只提供政府债券的发行和清算服务，包括报价、交割、清算、托管等的簿记。中央银行通过买入和卖出政府债券实施其货币政策。在证券簿记系统进行证券交易的同时，通过大额实时支付系统完成资金从买方到卖方的转移，做到证券交割和资金结算同步完成。

(5) 金融管理信息系统(FMIS)

通过 FMIS(Financial Management Information System)采集、汇总、加工、提炼支付业务处理过程产生的信息，能及时、全面、准确地收集各类金融信息，如信贷资金信息、流动资金信息、货币发行回笼信息、财政金库信息、外汇管理信息等。

(6) 国际支付系统 IPS

IPS(International Payment System)与 SWIFT 有接口，国际支付信息通过 SWIFT 网络传送和国外代理银行账户，完成资金结算。

第二节　金融网络系统的信息安全

一、网络金融安全问题概述

(一) 网络金融面临的威胁和攻击

1. 对实体的威胁和攻击

对实体的威胁和攻击主要指对金融机构计算机及其外部设备和网络的威胁和攻击,如各种自然灾害、人为破坏、设备故障、电磁干扰、战争破坏以及各种媒体的被盗和丢失等。对实体的威胁和攻击,不仅会造成国家财产的重大损失,而且会使系统的机密信息严重破坏和泄漏。因此,对系统实体的保护是防止对信息威胁和攻击的首要一步,也是防止对信息威胁和攻击的天然屏障。

2. 对金融信息的威胁和攻击

对信息的威胁和攻击主要有两种,即信息泄漏和信息破坏。

(1)信息泄漏是指偶然地或故意地获得(侦收、截获、窃取或分析破译)目标系统中信息,特别是敏感信息,造成泄漏事件。

(2)信息破坏是指由于偶然事故或人为破坏,使信息的正确性、完整性和可用性受到破坏,如系统的信息被修改、删除、添加、伪造或非法复制,造成大量信息被破坏、修改或丢失。

3. 计算机犯罪

计算机犯罪是利用暴力和非暴力形式,故意泄露或破坏系统中的机密信息,以及危害系统实体和信息安全的不法行为。暴力形式是对计算机设备和设施进行物理破坏,如使用武器摧毁计算机设备,炸毁计算机中心建筑等。而非暴力形式是利用计算机技术知识及其他技术进行犯罪活动。

目前全世界每年被计算机罪犯盗走的资金达200多亿美元,许多发达国家每年损失几十亿美元,计算机犯罪损失常常是常规犯罪的几十至几百倍。Internet上的黑客攻击从1986年首例发现以来,以几何级数增长。计算机犯罪具有以下明显特征:采用先进技术、作案时间短、作案容易且不留痕迹、犯罪区域广、内部工作人员和青少年犯罪日趋严重等。

4. 计算机病毒

计算机病毒是利用程序干扰或破坏系统正常工作的一种手段,它的产生和蔓延给计算机系统的可靠性和安全性带来严重威胁和巨大的损失。

(二)网络金融安全要求

在网络金融活动中,商家、消费者及金融机构通过开放的计算机网络连接在一起,相互间的交易信息要通过网络传递,从而对网络传输中数据的安全和保密提出了更高的要求。尤其对于电子支付中的敏感数据,更须确保其万无一失。针对前面存在的安全隐患问题,一项网络金融活动必须做到以下的安全控制要求。

1. 有效性

在网络金融活动中,其信息的有效性将直接关系到个人、企业或国家的经济利益和声誉。因此,需要对网络故障、操作错误、计算机病毒及黑客攻击等所产生的潜在威胁加以控制和预防,以保证贸易数据在某个时刻、某个执行点是有效的;同时参与对象的真实身份需要核实,特别是在电子支付中,应该确认对方的信用卡、账户是否真实有效。

2. 机密性

网络金融活动中的金融信息直接代表着个人、企业或国家的商业机密,不能被他人或机构随意获取。因此,必须要通过某种加密技术预防非法信息存取和信息被非法窃取,保证信息的机密性。

3. 完整性

金融交易过程中,数据在传输过程中的丢失、重复或传送的次序差异也会导致各方信息的不同。信息的完整性将影响到贸易各方的交易和经营策略,保持贸易各方信息的完整是网络金融与商务应用的基础。因此,要预防对信息的随意生成、修改和删除,同时要防止数据传送过程中信息的丢失和重复,并保证信息传送次序的统一。

4. 不可否认性

网络金融活动直接关系到交易对象的资金安全,如何防止交易双方发生抵赖是一个很大的问题。在传统交易中,双方通过在合同、契约或单据等书面文件上手写签名或印章进行鉴别,确定合同、契约、单据的可靠性并预防抵赖行为的发生,即"白纸黑字"。在无纸化的交易方式下,在交易信息的传输过程中必须为参与交易的个人、企业或国家提供可靠的标识。

(三) 网络金融安全交易体系

根据网络金融安全控制要求,必须形成一套完整的安全交易体系。一般而言,一项网络金融活动大致包括三个方面:交易信息必须通过计算机网络进行传输;在网络上传输的信息需要进行加密;进行商务活动的双方必须得到某种身份认证,保证交易的安全性。

以网上支付为例,网上金融活动主要涉及电子货币的支付问题,包括诸如电子支票系统、电子现金以及银行卡系统等。互联网的开放性使得网上金融交易面临种种危险。因此,其安全建议体系必须保障上述过程的安全性。

通常,网络金融活动的信息安全体系包括基本加密技术、安全认证技术以及安全应用标准与协议三大层次。在此安全体系之上便可以建立网络金融与商务活动的支付体系和各种业务应用系统。具体关系如图10-3。

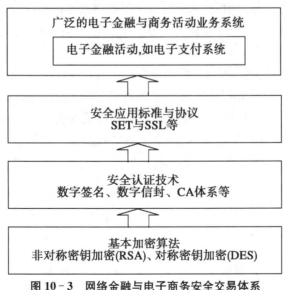

图10-3 网络金融与电子商务安全交易体系

（四）网络金融安全技术应用

网络金融活动的安全防范主要包括安全技术与安全标准两大主题。

1. 网络安全技术

计算机网络安全是网络金融的基础，一个完整的商务系统应建立在安全的网络基础设施之上。网络安全技术所涉及的方面比较多，如加密技术、防火墙技术、入侵检测、漏洞检测技术等。

2. 网络安全标准

网络金融的一个重要特征是在线金融交易，为了保证在线交易的安全，需要采用各种加密技术和身份认证技术，从而创造出值得信赖的电子交易环境。现实中，不同企业会采用不同的手段和方法来实现，这就要求有一种统一的标准来支持不同的方式，才能支持广泛的网络金融交易活动的顺利进行。目前，在网络金融活动中，广泛应用的安全标准技术主要有两种：安全电子交易协议 SET 和安全套接层协议 SSL。

二、网络信息安全技术

（一）加密技术

加密技术是保证网络与信息安全的核心技术之一。而密码学是研究计算机信息加密、解密及其变换的科学，是数学和计算机的交叉学科，主要包括编码学和密码分析学。人们利用加密算法和密钥对信息编码进行隐藏，而密码分析学则是主要研究如何破译密文以得到相应的明文。

1. 加密技术基础

（1）加密算法与解密算法。加密的基本思想是伪装明文以隐藏其真实信息，即将明文 X 伪装成密文 Y。通信的信息和数据称为明文，转换成局外人难以识别的形式，即为密文。伪装明文的操作称为加密，加密时所使用的信息变换规则称为加密算法。合法接收者将密文恢复出原明文的过程称为解密。解密时所使用的信息变换规则称为解密算法。

（2）密钥。在加密学中，加密算法和解密算法是在一组密钥的控制下进行操作用来控制加解密的过程。密钥是由数字、字母或特殊符号组成的字符串。加密和解密过程中使用的密钥分别称为加密密钥和解密密钥。密钥可视为密码算法中的可变参数。从数学的角度来看，如果改变了密钥，也就改变了明文和密文之间等价的数学函数关系。整个加密和解密过程可以用图 10-4 表示。

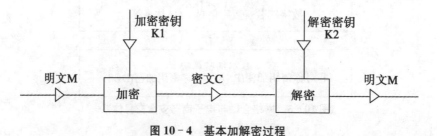

图 10-4 基本加解密过程

2. 加密技术分类

以密钥为标准,可将密码系统划分为对称密钥密码体系与非对称密钥密码体系。

(1) 对称加密技术

对称加密又叫私有密钥加密,其特点是数据的发送方和接收方使用同一把私有密钥,即把明文加密成密文和把密文解密成明文用的是同一把私有密钥。

使用私有密钥进行对称加密的过程是:

① 发送方用自己的私有密钥对要发送的信息进行加密;

② 发送方将加密后的信息通过网络发送给接收方;

③ 接收方用发送方进行加密的那把私有密钥对接收到的加密信息进行解密,得到信息明文。

常见的对称加密算法有数据加密标准(DES)、高级加密标准(AES)、三重 DES 和 Rivest 密码。

(2) 非对称加密技术

非对称加密又叫公开密钥加密,需要采用在数学上相关的密钥对(公开密钥对和私有密钥对)来对信息进行加解密。

非对称加密技术与对称技术相比,需要使用一对相关的密钥:一个用来加密,另一个用来解密。该技术的基础是:密钥对与相应的系统联系在一起,其中私有密钥由系统保密持有,而公开密钥则是公开的,但由公开密钥不能推断出私有密钥。

依据公开密钥是做加密密钥还是解密密钥,非对称加密系统有两种基本模式:加密模式和验证模式。

在加密模式中,非对称密钥系统对于信息的加密和解密过程是:

① 发送方用接收方的公开密钥对要发送的信息进行加密;

② 发送方将加密后的信息通过网络发送给接收方;

③ 接收方用自己的私有密钥对接收到的加密信息进行解密,得到信息明文。整个加解密过程如图 10-5。

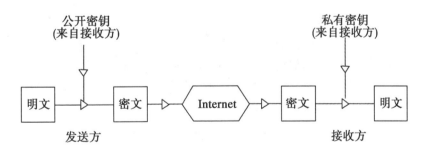

图 10-5 非对称加密技术:加密模式

在此过程中,只有真正的接收方才能解开密文,因为私有密钥是在接收方的手中。

在验证模式中,公开密钥系统对于信息的加密和解密过程是:

① 发送方用自己的私有密钥对要发送的信息进行加密;

② 发送方将加密后的信息通过网络传送给接收方;

③ 接收方用发送方的公开密钥对接收到的加密信息进行解密,得到信息明文。
整个加解密过程如图 10-6。

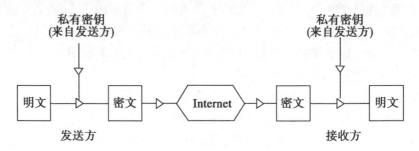

图 10-6　非对称加密技术:验证模式

在这个过程中,任何能够成功的解密接收到的密文的接收方,都能肯定该信息确实来自发送方,因为只有发送方才拥有与解密公钥相对应的加密私钥,从而验证了该信息确实来自发送方。

对于非对称密钥加密系统来说,如果只是使用其中一种模式,那就无法在保障信息机密性的同时又验证发送方的身份,但在电子商务的安全中又需要同时实现这两个目的。为此,需要将两种模式结合起来使用。

两种模式的结合使用过程如下:
① 发送方用自己的私有密钥对要发送的信息进行加密,得到一次加密信息;
② 发送方再用接收方的公开密钥对已加密的信息再次加密;
③ 发送方将两次加密后的信息通过网络传送给接收方;
④ 发送方用自己的私有密钥对接收到的两次加密信息进行解密,得到一次加密信息;
⑤ 接收方再用发送方的公开密钥对一次加密信息进行解密,得到信息明文。
整个过程如图 10-7。

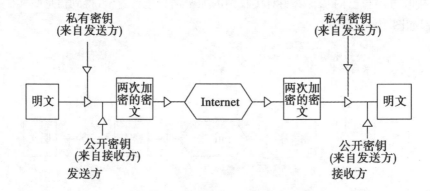

图 10-7　加密模式与验证模式的混合

在此过程中,发送方为了证明该信息确实是自己发送的,所以用了自己的私有密钥来对信息加密,同时为了让只有真正的接收方才能解开该信息,所以用了接收方的公开密钥再次对已加密的信息进行加密。接收方收到信息后,首先用自己的私有密钥解开该密文,从而保障了信息的机密性,随后接收方再用发送方的公开密钥对已解密一次的信息再次解密,得到真正的信息,从而保证了发送方身份的验证。

(3) 混合密码技术

非对称密码和对称密码是两种不同的技术,用来解决不同的问题,它们有各自的特长和缺点,不能简单地进行优劣比较。对称密码算法适合加密数据,其速度快并且对选择密文攻击不敏感,密钥简单但难以管理,在用于大量资料的加密的时候能发挥特长。非对称密码可适应网络的开放性要求,密钥管理问题简单,但需要数字证书和可靠的第三者,因此处理速度较慢,在用来加密小文件和对信息签名等不太严格保密工作的应用时能发挥特长,尤其可方便地实现数字签名和验证。

由于公开密钥加密必须要由两个密钥的配合使用才能完成加解密的全过程,从而有助于加强数据的安全性。但是,公开密钥加密也有其缺点,主要是加密和解密的速度慢,用公开密钥加密算法解密同样的数据要花费的时间是利用私有密钥加密算法的1 000倍。因此,公开密钥加密不适合对大量的文件信息进行加密,一般只适用于对少量数据进行加密。将公开密钥加密与私有密钥加密算法结合起来使用,才能起到扬长避短的作用。

混合密码体系就是利用对称加密算法加密大量输入数据以提高机密性保障,然后利用公钥加密对称密钥,如果想使多个接收者都能使用该信息,可以对每一个接收者利用其公钥加密一份对称密钥,从而提供存取控制功能。因此,混合密码系统可同时提供机密性保障和存取控制。

(二) 数字认证技术

数字认证技术是为了满足网络金融系统的安全而采取的一种常用的安全技术,它位于网络金融活动安全交易体系的第二个层次,主要包括数字签名、数字时间戳、数字证书以及生物统计学身份识别等技术。

(1) 数字签名技术

对文件进行加密只解决了传送信息的保密问题,而防止他人对传输的文件进行破坏,以及如何确定发信人的身份还需要采取其他手段,这一手段就是数字签名。在电子商务安全保密系统中,数字签名技术有着特别重要的地位,在电子商务安全服务中的源鉴别、完整性服务、不可否认服务中,都要用到数字签名技术。在电子商务中,完善的数字签名应具备签字方不能抵赖、他人不能伪造、在公证人面前能够验证真伪的能力。

实现数字签名有很多方法,目前数字签名采用较多的是公钥加密技术。

数字签名与书面文件签名有相同之处,采用数字签名,能确认两点:第一,信息是由签名者发送的;第二,信息自签发后到收到为止未曾作过任何修改。

这样数字签名就可用来防止电子信息因易被修改而有人作伪,或冒用别人名义发送信息,或发出(收到)信件后又加以否认等情况发生。

应用广泛的数字签名方法主要有三种,即:RSA签名、DSS签名和Hash签名。这三种算法可单独使用,也可综合在一起使用。数字签名是通过密码算法对数据进行加、解密变换实现的,用DES算法、RSA算法都可实现数字签名。但三种技术或多或少都有缺陷,或者没有成熟的标准。

(2) 数字时间戳技术

数字时间戳技术就是数字签名技术的一种应用。在金融电子商务交易文件中,时间是十分重要的信息。在书面合同中,文件签署的日期和签名一样均是十分重要的防止文件被伪造和篡改的关键性内容。数字时间戳服务是金融电子商务安全服务项目之一,能提供金融电子文件的日期和时间信息的安全保护,由专门的机构提供。

如果在签名时加上一个时间标记,即是有数字时间戳的数字签名。数字时间戳是一个经加密后形成的凭证文档,它包括三个部分:需加时间戳的文件的摘要;时间戳收到文件的日期和时间;时间戳的数字签名。

(3) 数字证书技术

数字证书就是网络通讯中标志通讯各方身份信息的一系列数据,其作用类似于现实生活中的身份证。它由一个权威机构发行,人们可以在交往中用它来识别对方的身份。最简单的证书包含一个公开密钥、名称以及证书授权中心的数字签名。一般情况下证书中还包括密钥的有效时间,发证机关(证书授权中心)的名称,该证书的序列号等信息,证书的格式遵循 ITUT X.509 国际标准。

一个标准的 X.509 数字证书包含以下一些内容:证书的版本信息;证书的序列号,每个证书都有一个唯一的证书序列号;证书所使用的签名算法;证书的发行机构名称,命名规则一般采用 X.500 格式;证书的有效期,现在通用的证书一般采用 UTC 时间格式,它的计时范围为 1950—2049;证书所有人的名称,命名规则一般采用 X.500 格式;证书所有人的公开密钥;证书发行者对证书的签名。

使用数字证书,通过运用对称和非对称密码体制等密码技术建立起一套严密的身份认证系统,从而保证信息除发送方和接收方外不被其他人窃取;信息在传输过程中不被篡改;发送方能够通过数字证书来确认接收方的身份;发送方对于自己的信息不能抵赖。

使用数字证书的优点是保证信息的保密性、交易者身份的确定性、不可否认性、信息的不可修改性。

数字证书是由认证中心颁发的。认证中心是一家能向用户签发数字证书以确认用户身份的管理机构。为了防止数字凭证的伪造,认证中心的公共密钥必须是可靠的,认证中心必须公布其公共密钥或由更高级别的认证中心提供一个电子凭证来证明其公共密钥的有效性,后一种方法导致了多级别认证中心的出现。

数字证书颁发过程如下:用户产生自己的密钥对,并将公共密钥及部分个人身份信息传送给一家认证中心。认证中心在核实身份后,将执行一些必要的步骤,以确信请求确实由用户发送而来,然后认证中心将发给用户一个数字证书,该证书内附了用户及其密钥等信息,同时还附有对认证中心公共密钥加以确认的数字证书。当用户想证明其公开密钥的合法性时,就可以提供这一数字证书。

(4) 认证中心

在网络金融活动中,无论是数字时间戳还是数字证书的发放,都不是靠交易双方自已完成,而是必须由一个值得大家信赖且独立的第三方机构,即认证中心(Certification Authority,CA)签发的。认证中心类似于现实生活中公证人的角色,它具有权威性和公正性。当通信双方都信任同一个CA时,两者就可以通过CA得到双方的公开密钥,从而进行秘密通信、签名、检验和解密。

本质上来说,CA的作用就如同公安机关,它颁发的网络用户的电子身份(Electronic Identity)就如同公安机关颁布的身份证。用户被颁发了电子身份之后就说明其被CA所信任,该电子身份就成了数字证书。

认证中心CA主要由以下三部分组成:

注册服务器:通过Web Server建立的站点,可为客户提供24×7不间断的服务。客户在网上提出证书申请和填写相应的证书申请表。

证书申请受理和审核机构:负责证书的申请和审核。它的主要功能是接受客户证书申请并进行审核。

认证中心服务器:是数字证书生成、发放的运行实体,同时提供发放证书的管理、证书的废止、列表(CRL)的生成和处理等服务。

CA的核心功能就是发放和管理数字证书,具体描述如下:

① 接收验证最终用户数字证书的申请。② 确定是否接受最终用户数字证书的申请——证书的审批。③ 向申请者颁发、拒绝颁发数字证书——证书的发放。④ 接收、处理最终用户的数字证书更新请求——证书的更新。⑤ 接收最终用户数字证书的查询、撤销。⑥ 产生和发布证书废止列表(CRL)。⑦ 数字证书的归档。⑧ 密钥归档。⑨ 历史数据归档。

CA的一个重要应用与密钥管理机制相关。密钥管理是解决电子商务安全问题的重要环节,为此,世界各国在经多年研究后,初步形成了一套完整的解决方案,即目前被广泛应用的公钥基础结构(Public Key Infrastructure,PKI)。PKI采取证书管理公钥,结合一定标准的鉴别框架来实现密钥管理,通过CA把用户的公钥及其他标示信息捆绑在一起,在网上验证用户的身份,保证网上数据的保密性和完整性。

专栏 10-1

使用网上银行应巧用"数字证书"

国庆长假将至,而长假往往是网上银行交易的高峰期,也是各类网银欺诈案件的高发期。中国金融认证中心副总经理曹小青近日在重庆举行的2009放心安全使用网银联合宣传年巡展活动上说,消费者放心安全使用网上银行,除了配合使用银行提供的安全工具、养成良好的网银习惯外,一定要学会使用数字证书。

"现在,不少消费者在使用网银时仍然习惯性地依赖密码,仅此远远不够。"曹小青说,安全的做法是使用数字证书给自己的账号加一道锁,同时最好使用银行提供的USBKEY,这样就能够切断病毒木马的攻击,从而保证资金的安全。

据介绍,数字证书相当于用户网上交易的身份证,它是建立在密码保护之上的安全性更高的安全机制,当用户在使用数字证书进行交易时,系统会通过多重加密保障交易信息不被篡改、劫持,以保证用户交易的安全。曹小青说,中国金融认证中心发放的数字证书具有法律效力,有赔付承诺,能够提供有法律依据的数字签名,能更好地为用户规避网银使用风险;如果数字证书因加密机制被破解致使用户遭受损失,用户可向中国金融认证中心索赔。

中国金融认证中心是经中国人民银行和国家信息安全管理机构批准成立的国家级第三方安全认证机构,目前国内开设网上银行业务的89家银行中,已有78家银行纳入了中国金融认证中心建设的"统一金融安全认证体系"。曹小青说,由CFCA联合18家银行为网银安全推出"网银绿色通道",由EV证书、网银病毒专杀工具和反欺诈联动机制三大核心体系构成,分别从反钓鱼网站、反病毒木马盗窃和打击网银犯罪等三个层次为用户提供全方位保护。

摘自:http://bank.hexun.com/2009-09-18/121141560.html　2009.09.18

(5) 生物统计学身份识别

网络金融中识别一个人的身份最常用的是基于口令的解决方案,如数字证书或智能卡以及手机上的SIM卡等。为了确保口令安全,必须使口令难以被猜测,这也使它难以记忆;目前使用的电子设备越来越多,众多口令使大家易于遗忘,造成了使用上的不安全和不方便。

生物统计学技术包括指纹、虹膜、视网膜扫描以及语音识别等,它依据人的物理特性且不依赖任何能被拷贝的文件或可被破译的口令,不需要用户记忆任何口令。若能解决成本问题,将为目前网络金融交易中的身份验证提供一个可行的解决方案。

三、网络与应用系统安全技术

(一) 防火墙技术

1. 防火墙定义

防火墙就是介于内部网络和不可信任的外部网络之间的一系列部件的组合,它是不同网络或网络安全域之间信息的唯一出入口,根据企业的总体安全策略控制出入内部可信任网络的信息流;而且防火墙本身具备很强的抗攻击能力,是提供信息安全服务和实现网络和信息安全的基础设施。

在逻辑上,防火墙是一个过滤器、限制器,而且还是一个智能分析器。在安全策略的指导和保证网络畅通的前提下,从逻辑上有效地隔离内部网络和外部网络之间的活动,尽可能保证内部网络的安全。防火墙并不是真正的墙,它是一类安全防范措施的总称,是一种有效的网络安全模型,是机构总体安全策略的一部分。

简单地说,防火墙是在安全策略指导下的一种安全防御措施,策略是防火墙的核心。

2. 防火墙的功能

一个成功的防火墙产品应该具有下述基本功能:

(1) 强化公司的安全策略。每一个公司在实施网络安全系统之前都会根据自身业务、安全的需要来规划网络安全策略。相应的防火墙安全规则和策略就可以让公司的安全策略真正落实到实处,从安全技术上得以实现。

(2) 实现网络安全的集中控制。防火墙介于内部网络和外部网络之间,内部网络不再直接暴露给外部不可信任网络,防火墙的安全水平就决定了该内部网络的安全水平。这样就实现了从分散的安全管理到集中的安全管理,使安全管理变得更加方便,易于控制。

(3) 实现网络边界安全。防火墙物理地隔离了可信任网络和不可信任网络,是可信任网络和不可信任网络之间数据包唯一的出入口,从而强制所有在这两个网络之间的数据流必须经过防火墙,并受到防火墙的检查,保证只有安全的数据流才能通过。

(4) 记录网络之间的数据包。防火墙还有一项重要功能就是把所有进出的数据包实时地记录下来,并保存到日志当中。有了日志,网络管理员就可以在任何时候来判断是否有不安全的数据包进入到企业的可信任网络中。

3. 防火墙的分类

根据防火墙所采用的技术不同,可以将它分为四种基本类型:包过滤型、网络地址转换型、代理型和监测型。

(1) 包过滤型。包过滤型产品是防火墙的初级产品,其技术依据是网络中的分包传输技术。网络上的数据都是以"包"为单位进行传输的,数据被分割成一定大小的数据包,每一个数据包中都会包含一些特定信息,如数据的源地址、目标地址、TCP/UDP源端口和目标端口等。防火墙通过读取数据包中的地址信息来判断这些"包"是否来自可信任的安全站点,一旦发现来自危险站点的数据包,防火墙便会将这些数据拒之门外。系统管理员也可以根据实际情况灵活制订判断规则。

包过滤技术的优点是简单实用,实现成本较低,在应用环境比较简单的情况下,能够以较小的代价在一定程度上保证系统的安全。但包过滤技术的缺陷也是明显的。包过滤技术是一种完全基于网络层的安全技术,只能根据数据包的来源、目标和端口等网络信息进行判断,无法识别基于应用层的恶意侵入。

(2) 网络地址转换。网络地址转换是一种用于把IP地址转换成临时的、外部的、注册的IP地址标准。它允许具有私有IP地址的内部网络访问因特网。它还意味着用户不需要为其网络中每一台机器取得注册的IP地址。

(3) 代理型。代理型防火墙也可以称为代理服务器,它的安全性要高于包过滤型产品,并已经开始向应用层发展。代理服务器位于客户机与服务器之间,完全阻挡了二者间的数据交流。从客户机来看,代理服务器相当于一台真正的服务器;而从服务器来看,代理服务器又是一台真正的客户机。当客户机需要使用服务器上的数据时,首先将数据请求发给代理服务器,代理服务器再根据这一请求向服务器索取数据,然后再由代理服务器将数据传输给客户机。由于外部系统与内部服务器之间没有直接的数据通道,外部的恶意侵害也就很难伤害到企业内部网络系统。

(4) 监测型。监测型防火墙是新一代产品,这一技术实际已经超越了最初的防火墙定义。监测型防火墙能够对各层数据进行主动、实时的监测,在对这些数据加以分析的基础上,监测型防火墙能够有效地判断出各层中的非法侵入。同时,这种检测型防火墙产品一般还带有分布式探测器,这些探测器安置在各种应用服务器和其他网络的节点之中,不仅能够检测来自网络外部的攻击,同时对来自内部的恶意破坏也有极强的防范作用。据权威机构统计,在针对网络系统的攻击中,有相当比例的攻击来自网络内部。因此,监测型防火墙不仅超越了传统防火墙的定义,而且在安全性上也超越了前两代产品。

(二) 入侵检测系统

一般防范网络攻击最常见的方法是防火墙。然而,防火墙系统的局限性导致它还需要可以主动监视内部网络安全的巡警,那就是入侵检测系统(IDS)。

1. 入侵检测系统概念

入侵检测系统(Intrusion Detection System,IDS)从计算机网络系统中的关键点收集信息,并分析这些信息,利用模式匹配或异常检测技术来检查网络中是否有违反安全策略的行为和遭到袭击的迹象。

入侵检测系统是信息与网络系统安全的主要设备之一;是防火墙系统的一个重要的补充;是一个实时的网络违规识别和响应系统。它位于被保护的内部网络和不安全的外部网络之间或位于内部网络的敏感部位,通过实时截获网络数据流,寻找网络违规模式和未授权的网络访问尝试。

2. 入侵检测系统的功能

入侵检测系统被认为是继防火墙系统之后的第二道安全大门,是动态的安全检测技术。一个合格的入侵检测系统应该具备以下功能:

(1) 监视用户和系统的运行状况,查找非法用户和合法用户的越权操作;
(2) 检测系统配置的正确性和安全漏洞,并提示管理员修补漏洞;
(3) 对用户的非正常活动进行统计分析,发现入侵行为的规律;
(4) 系统程序和数据的一致与正确性;
(5) 识别攻击的活动模式,并向网管人员报警;
(6) 对异常活动的统计分析;
(7) 操作系统审计跟踪管理,识别违反政策的用户活动。

3. 入侵检测系统的分类

根据信息源的不同,IDS可以分为基于主机的入侵检测和基于网络的入侵检测两大类。

(1) 基于主机的入侵检测系统。基于主机的入侵检测系统重点就是对关键系统文件和可执行文件的入侵检测。而对关键系统文件和可执行文件的入侵检测的一个常用方法,则是通过定期检查效验和来进行的,以便发现意外的变化。

基于主机的入侵检测系统具有检测准确率高、适用于被加密以及切换的环境、近于实时的检测和响应、不要求额外的硬件设备、监视特定的系统活动等优点。

（2）基于网络的入侵检测系统。基于网络的入侵检测系统通常利用一个运行在混杂模式下网络的适配器来实时监视并分析通过网络的所有通信业务。基于网络的IDS一般由控制中心和网络探测器两部分构成。

网络探测器是入侵检测系统中检测部分的核心。通过对网络进行实时监听收集网络上的信息，并对这些信息进行实时的分析，看是否对被保护的网络构成威胁，然后按照预先定义的策略自动报警，阻断和记录日志等。

控制中心是入侵检测系统的管理和配置工具，同时，它也接收来自网络探测器的实时报警信息，控制中心还提供将实时报警信息转发至邮件信箱的功能。控制中心可以编辑、修改和分发下属网络探测器和下属分控制中心的策略定义。

基于网络的IDS攻击分析模块通常使用4种常用技术来识别攻击标志：模式匹配；频率或穿越阈值；次要事件的相关性；统计学意义上的异常现象检测。

基于网络的IDS具有成本较低、反应速度快、能检测基于主机的系统漏掉的攻击，能检测未成功的攻击和不良意图以及操作系统无关性、占用资源少等优点。

基于网络和基于主机的入侵检测系统都有其各自优势，一般的网络安全解决方案都同时采用了基于主机和基于网络的两种系统。许多用户在对内部网络进行入侵检测分析时，一般给IDS配置基于网络的入侵检测。而对于DNS、E-mail和Web服务器而言，虽然它们处于内部网络，但又必须与外部网络交互，不可能对其进行全部屏蔽，所以应当在各个服务器上安装基于主机的入侵检测系统。

四、网络安全协议

目前，安全套接层（Secure Socket Layer，SSL）和安全电子交易（Secure Electronic Transaction，SET）应用广泛，是网络金融活动的两种主要网络安全协议。

（一）安全套接层协议SSL

1. SSL安全协议提供的服务

SSL安全协议最初是由Netscape Communication公司设计开发的，又叫"安全套接层（Secure Sockets Layer）协议"，主要用于提高应用程序之间数据的安全系数。SSL协议的整个概念可以被总结为：一个保证任何安装了安全套接字的客户和服务器间事务安全的协议，它涉及所有TC/IP应用程序。

SSL安全协议主要提供三方面的服务：

（1）用户和服务器的合法性认证。认证用户和服务器的合法性，使得它们能够确信数据将被发送到正确的客户机和服务器上。客户机和服务器都有各自的识别号，这些识别号由公开密钥进行编号，为了验证用户是否合法，安全套接层协议要求在握手交换数据时进行数字认证，以此来确保用户的合法性。

（2）加密数据以隐藏被传送的数据。安全套接层协议所采用的加密技术既有对称密钥技术，也有公开密钥技术。在客户机与服务器进行数据交换之前，交换SSL初始握手信息,在 SSL 握手信息中采用了各种加密技术对其加密,以保证其机密性和数据的完整性,并且用数字证书进行鉴别。这样就可以防止非法用户进行破译。

(3) 保护数据的完整性。安全套接层协议采用 Hash 函数和机密共享的方法来提供信息的完整性服务,建立客户机与服务器之间的安全通道,使所有经过安全套接层协议处理的业务在传输过程中能全部、完整、准确无误地到达目的地。

2. SSL 的体系结构

SSL 不是一个单独的协议,它包括两个协议子层,即 SSL 记录协议和在记录协议之上的三个子协议(SSL 握手协议、SSL 密码更新协议和 SSL 报警协议)。如表 10-1 所示,其中最重要的两个子协议是记录协议和握手协议。

表 10-1 SSL 体系结构

应用层		
SSL 握手协议	SSL 密码更新协议	SSL 报警协议
SSL 记录协议		
TCP		
IP		

记录协议定义了要传输的数据的格式,它从高层 SSL 子协议收到数据后,对它们进行封装、压缩、认证和加密。

SSL 握手协议是位于 SSL 记录协议之上的最重要的子协议,被 SSL 记录协议所封装。该协议允许服务器与客户机在应用程序传输和接受数据之前互相认证,协商加密算法和密钥,SSL 握手协议包括在初次建立 SSL 连接时,使用 SSL 记录协议在支持 SSL 协议的服务器与支持 SSL 协议的客户机之间交换的一系列信息。

SSL 中两个重要的概念是 SSL 会话和 SSL 连接。

连接:提供某种类型服务的数据传输。在 SSL 中,这样的连接是点对点的。连接是短暂的,每个连接与一个会话相联系。

会话:SSL 的会话是客户和服务器之间的关联,会话通过握手协议来创建。会话定义了加密安全参数的一个集合,该集合可以被多个连接所共享。会话可以用来避免为每个连接重新进行安全参数协商。

3. SSL 协议的安全交易过程

首先,客户端将自己的交易信息和私有信息(信用卡号及密码)发送给商家。然后,商家自己处理客户的交易信息,并将客户的私有信息转发给银行,由银行来鉴定这些信息的真实性和合法性。如果验证没有问题的话,会将这次交易涉及的款项进行转账,并将结果通知给商家,告诉商家客户已经付款成功了。当商家得到已经成功付款的消息后,会通知客户已经成功地进行了这次交易,这样整个交易过程就结束了。过程如图 10-8 所示。

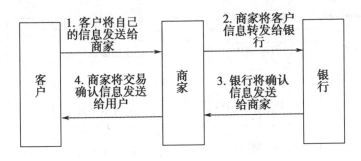

图 10-8 SSL 的安全交易过程图

SSL 协议存在的主要问题是此协议有利于商家，难以保证客户资源的安全性。客户的信息首先传到商家，商家再传至银行，对客户的认证是必要的，整个过程缺少了对商家的认证。更可能的是，黑客能够通过商家服务器窃取顾客的信用卡号等信息。

（二）安全电子交易协议 SET

1. SET 协议概述

安全电子交易 SET(Security Electronic Transaction)是一种电子支付过程标准，由 Visa、IBM、Netscape、Microsoft 及其他业界主流于 1996 年 2 月合作制定，是专为网络金融业务安全制定的标准，用以保护网上交易的每一个环节。

SET 应用在 Internet 环境下，给出了一套电子交易的过程规范。通过 SET 这一套完备的网络安全协议，可以实现网络金融业务中的加密、认证机制、密钥管理机制等，保证在开放网络上使用信用卡进行在线购物的安全。由于 SET 提供商户和收单银行的认证，确保了交易数据的安全、完整可靠和交易的不可否认性，特别具有保护消费者信用卡号不暴露给商户的优点，因此它成为目前公认的信用卡网上交易的国际标准。

SET 协议的重点是确保商户和消费者的身份及行为的认证和不可抵赖性，其理论基础是不可否认机制，采用的核心技术包括 X.509 数字证书标准与数字签名、报文摘要等。

SET 协议使用数字证书对交易各方的合法性进行验证，使用数字签名技术确保数据的完整性和不可否认性。SET 协议还利用双重签名技术对 SET 交易过程中消费者的支付信息和订单信息分别签名，使得商户看不到支付信息，只能对用户的订单信息解密，而金融机构看不到交易内容，只能对支付和账户信息解密，从而充分保证消费者的账户和订购信息的安全性。

SET 通过制定标准和采用各种技术手段，解决了一直困扰电子商务发展的安全问题，包括购物与支付信息的保密性、交易支付完整性、身份认证和不可抵赖性等，在电子交易环节上提供了更大的信任度、更完整的交易信息、更高的安全性和更少受欺诈的可能性。

2. SET 购物流程

SET 协议是一个开放式的网络标准。支持多个对象在 Internet 上安全可靠地传送商贸和金融信息。SET 最主要的使用对象在消费者和商店、商店和收单银行之间，如图 10-9。

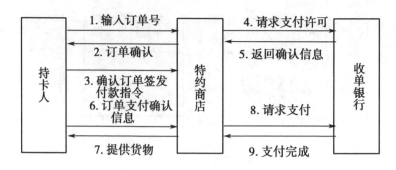

图 10-9 SET 安全购物流程

一个典型的应用 SET 协议过程如下：

（1）消费者利用个人计算机通过 Internet 选定所要购买的物品，并在计算机上输入订货单，订货单上包括在线商店、购买物品名称及数量、交货时间以及地点等相关信息。

（2）通过电子商务服务器与有关在线商店联系，在线商店作出应答，告诉消费者所填订货单的货物单价、应付款数、交货方式等信息是否准确。

（3）消费者选择付款方式，确认订单签发付款指令，此时 SET 开始介入。在 SET 中，消费者必须对订单和付款指令进行数字签名，同时利用双重签名技术保证商家看不到消费者的账号信息。

（4）在线商店接受订单后，向消费者所在银行请求支付认可。信息通过支付网关到收单银行，再到电子货币发行公司确认。

（5）电子货币公司批准交易后，返回确认信息给在线商店。

（6）在线商店发送订单确认信息给消费者。消费者端软件可记录交易日志，以备将来查询。

（7）在线商店发送货物或提供服务。

（8）在线商店通知收单银行将钱从消费者的账号转移到商店账号。

（9）收单银行在认证操作和支付操作中间一般会有一个时间间隔。

前两步与 SET 无关，从第三步 SET 开始介入作用，一直到第九步，在处理过程中通信协议、请求信息的格式、数据类型的定义等 SET 都有明确的规定。在操作的每一步，消费者、在线商店、支付网关都通过认证中心来验证通信主体的身份。所以，可以简单认为 SET 协议充分发挥了认证中心的作用，以维护在任何开放网络上的电子商务参与者所提供信息的真实性和保密性。

3. SSL 与 SET 的区别

相比 SSL 协议，SET 协议是一个相对复杂的协议，因为它需要非常详细并且准确地对交易各方存在的各种关系作出描述。SET 在保护公共网络和互联网上有关银行卡支付交易的安全性方面是作为一种基于消息流的协力来作用的，它在协议中规定了加密信息的格式以及完成一笔有关银行卡交易的双方彼此传输信息的规则。所以说 SET 不仅仅是一个简单的网络协议，它还说明交易双方所持有的数字证书的合法性，希望得到数字证书以及相应信息各方应有的动作和与每一次交易紧密相关的责任分担。可以说，

SET 协议已经在国际上被大量使用,并得到各方认同。只是大多数在 Internet 上的网络金融业务客户并没有真正使用或完全使用 SET 协议,主要原因是 SET 协议不能像 SSL 协议那样内置于浏览器或者服务器当中。SET 与 SSL 的区别具体来说表现在四个方面:

(1) 在认证要求方面,早期的 SSL 没有提供商家身份认证机制,发展中的 SSL 虽然可以实现浏览器和 Web 服务器双方的身份验证,但仍不能实现多方认证;相比之下,SET 安全要求较高,所有参与 SET 交易的成员都必须申请数字证书进行身份识别。

(2) 安全性方面,SET 协议规范了整个商务活动的流程,从持卡人到商家,到支付网关,到认证中心以及结算中心之间的信息流走向都有着严密的标准,对加密和认证措施也有着严密标准,最大限度保证了商务性、服务性、协调性和集成性。而 SSL 只对持卡人与商店端的信息交换进行了加密保护,可以看做是用于传输的那部分的技术规范。从电子商务特性来看,SSL 并不具备商务性、服务性、协调性和集成性。

(3) 在网络层协议位置方面,SSL 是基于传输层的通用安全协议,SET 位于应用层,对网络上其他各层也有涉及。

(4) 在应用领域方面,SSL 主要是和 Web 应用一起工作,而 SET 是为信用卡交易提供安全。所以,如果网络金融业务是一个涉及多方交易的过程,则 SET 更安全、更通用。

SET 的主要缺陷在于:SET 要求在银行网络、商店服务器、顾客的个人电脑上安装相应的软件。这给顾客、商家和银行增加了许多费用,成为被广泛接受的障碍。另外 SET 还要求必须向各方发放证书,这也成为其被快速广泛推广的障碍之一。

【能力训练】

1. 请分别介绍国际主要金融网络系统 SWIFT 系统和 CHIPS 系统的功能,并加以比较。

2. 比较 Fedwire 与 CHIPS 金融网络系统的作用范围和各自特点。

3. 金融网络安全技术有哪些?你认为目前我国金融网络安全技术与措施存在哪些问题?

4. EIS(电子联行系统)作为我国金融网络系统的第一次尝试,在中国的网络金融发展过程中起到了里程碑式的作用。尽管在 2005 年,电子联行系统被 CNAPS 中的大额支付系统所取代,目前电子联行号和电子联行系统以及天地对接等已被取消不再使用了,但它在 20 多年中对金融电子化所起的推动作用是不可磨灭的。阅读下述材料,思考大额支付系统与 EIS 相比所取得的进步。

全国电子联行系统(EIS)是中国人民银行在支付系统现代化建设中的第一次尝试,其主要设计思想是要克服由于纸票据传递迟缓和清算流程过分繁琐造成的大量在途资金,从而加速资金周转,减少支付风险。

运行规则:

电子联行系统采用 VSAT 卫星通讯技术,在位于北京的全国总中心主站和各地人民银行分/支行的小站之间传递支付指令。目前,已有 600 个人民银行分/支行联结入网,计划该系统将联结全国的 2 000 多家人民银行分/支行。该系统的设计可以处理跨行和行内、贷记和借记异地支付业务,但目前主要处理跨行贷记支付交易。1996 年底,该系统每天处理 30 000 笔支付,金额约为 300 亿元。

系统的参与者:

所有在人民银行分/支行开设有账户的商业银行分行,以及人民银行各分/支行都可以参加电子联行系统,办理自己或代表其客户发出的支付指令。只是由于系统覆盖范围的限制,一些金融机构至今仍然无法利用该系统提供的服务。人民银行拥有并运行这一系统。

处理的交易类型:

目前,全国电子联行系统只办理该系统参与者之间的贷记转账,这包括全部异地跨行支付、商业银行行内大额支付以及人民银行各分支机构之间资金划拨。

交易处理环境:

全国电子联行系统是一个分散式处理系统,所有账务活动(账户的贷记和借记)都发生在人民银行分/支行,即发报行和收报行,全国总中心主要作为报文信息交换站。

全国电子联行系统的设计是针对当时中国通讯设施的特殊情况,采用了 VSAT 卫星通讯技术,建立了人民银行专用的卫星通讯网,通过卫星通讯链路联结各分/支行卫星通讯小站的基于 PC 机的处理系统。

转账系统的运行:

电子联行系统的业务流程可以概括如下:

——汇出行(商业银行分/支行)把支付指令提交到(手工或电子方式)当地发报行(人民银行分/支行);

——发报行将支付指令经账务处理(借记汇出行账户)后送入系统,经卫星通讯链路传输到全国清算总中心;

——清算总中心(实际作为信息交换中心)将支付指令按收报行分类后,经卫星通讯发送到收报行;

——收报行接收到支付指令后,按汇入行分类;

——收报行为每一家汇入行生成支付凭证和清单,送汇入行。

摘自中国人民银行网站

5. 阅读下述案例,并思考作为发展中国家,我国在网络金融的快速发展中还应注意哪些方面。

微软日前宣布停止 Windows Live Messenger 在古巴、叙利亚、伊朗、苏丹和朝鲜的服务,理由是美国认为这 5 个国家是敌对国家,或是危害到其国家利益。境外机构服务安全隐患由此暴露。

网络安全专家指出,当前我国网络信息防护体系的重要环节——服务器证书,绝大部分采用境外机构服务,不仅增添了广大民众的网上财产安全风险,更增加了国家网络金融安全和信息安全保障的不确定因素。

服务器证书是实现网上支付密码等网民私密信息安全传输的重要保障,应用领域广泛,并全面覆盖财税、金融、保险、IT等行业。

据中国反钓鱼网站联盟统计,当前我国服务器证书使用量约20 000张,集中分布在银行、证券等金融行业,并且九成以上由境外机构颁发。

网络安全专家指出,透过微软MSN服务事件可以看到,我国亿万网民正在或即将使用网络金融业务,但核心安全环节——服务器证书却几乎依赖境外服务,这不仅增添了广大民众的网上财产安全风险,更增加了国家网络金融和信息安全保障的不确定因素。

针对目前我国数字证书市场的情况,国家密码管理局专家表示:"业界和用户应使用自主密码技术和合法的产品,部署和建设自主可控密码安全体系,构建繁荣、诚信的中国互联网秩序。"据了解,我国自主研发的网址卫士服务,已经通过全球最权威、最严谨的Webtrust安全标准审计,并且得到微软IE等世界主流浏览器的信任,成为我国符合国际标准、实现服务本地化、审核资料不外泄的服务器证书产品。

网络安全专家呼吁,我国网络金融安全业务依赖境外服务的局面亟待改善,希望有关方面进一步加大网址卫士等国产服务器证书产品的扶持和推广力度,积极防范和杜绝类似"微软MSN服务"事件在我国网络金融服务上演的可能性。

资料来源:http://it.people.com.cn/GB/42891/42894/9471529.html

附件一

电子货币发行与清算办法(征求意见稿)

第一章 总 则

第一条 为规范支付清算组织的电子货币发行与清算行为,保障电子货币发行与清算活动中当事人的合法权益,促进支付服务市场健康发展,根据《中华人民共和国中国人民银行法》、《支付清算组织管理办法》等法律、行政法规,制定本办法。

第二条 中华人民共和国境内电子货币发行、清算及其他相关活动适用本办法,但中国人民银行另有规定的除外。

第三条 本办法所称电子货币是指存储在客户拥有的电子介质上、作为支付手段使用的预付价值。根据存储介质不同,电子货币分为卡基电子货币和网基电子货币。卡基电子货币是指存储在芯片卡中的电子货币。网基电子货币是指存储在软件中的电子货币。仅在单位内部作为支付手段使用的预付价值,不属于本办法所称电子货币。

第四条 本办法所称发行机构是指取得电子货币发行与清算业务许可的支付清算组织。本办法所称购买人是指使用货币资金购买电子货币用于支付的单位和个人。本办法所称特约商户是指与发行机构约定,接受电子货币进行交易的单位。

第五条 电子货币按实收人民币货币资金等值发行。

第六条 发行机构可以发行记名的电子货币或不记名的电子货币。

仅适用于对单一商品和服务进行支付的卡基电子货币方可不记名发行。

第七条 发行机构应当建立独立的电子货币发行、清算业务处理系统,对电子货币发行和交易信息进行集中管理。发行机构同时发行记名电子货币和不记名电子货币的,应当建立相互分离的电子货币发行、清算业务处理系统,对记名、不记名电子货币的发行和交易信息分别管理。发行机构应当具备系统应急措施和灾难恢复处理能力,确保电子货币发行与清算业务的连续性。

第八条 发行机构应当确保电子货币存储介质的唯一性,防止存储介质被伪造、变造。发行机构不对遗失、灭失的电子货币存储介质挂失,不向购买人偿付遗失、灭失存储介质内的电子货币。

第九条 购买人与特约商户之间进行交易,应当使用发行机构规定的交易设备。

第十条 电子货币存储介质和交易设备应当遵循国家规定的标准。国家未制定相关标准的,应当遵循行业标准。

第十一条 购买人应当在发行机构指定场所使用电子货币进行支付,并妥善保管电子货币存储介质。

第十二条 特约商户应当保证电子货币受理环境的安全性。

第十三条 发行机构应当确保电子货币交易记录的完整性、一致性。

第十四条 伪造、变造的电子货币不具有支付效力。发行机构发现购买人使用伪造、变造电子货币的,应当终止其使用电子货币的权利。

第十五条　发行机构应当对购买人的身份信息和交易记录保密,不得向其他单位或个人泄露,但为履行反洗钱等义务及国家法律、行政法规和有关规章制度另有规定的除外。

第十六条　发行机构应当明确电子货币发行与清算业务的收费项目及收费标准,不得以电子货币方式收取费用。

第十七条　发行机构不得代任何单位或者个人冻结、扣划电子货币,不得停止购买人的正常支付,但国家法律另有规定的除外。

第十八条　支付清算组织、其他单位和个人在电子货币发行、清算及其他相关活动中必须遵守国家的法律、行政法规和本办法的各项规定,不得损害社会公众利益。

第十九条　中国人民银行负责批准电子货币发行与清算业务。中国人民银行分支机构负责对支付清算组织申请开展电子货币发行与清算业务初步审查,并依法对电子货币发行、清算及其他相关活动进行监督、管理。

第二章　发行资格

第二十条　申请发行电子货币的,应当具备下列条件:
(一)依法取得《支付清算业务许可证》。(二)流动资产不少于待偿电子货币总额的10%。(三)自有资金不少于待偿电子货币总额的8%。营业期未满一年的,自有资金不少于待偿电子货币总额。(四)具备电子货币发行与清算业务管理办法及操作规程。(五)具备符合要求的营业场所、安全保障措施和与电子货币发行、清算有关的其他设施。(六)中国人民银行规定的其他条件。

第二十一条　申请人申请开展电子货币发行与清算业务,应当向所在地中国人民银行分支机构提交下列材料:(一)公司法定代表人签署的书面申请;(二)电子货币业务说明;(三)电子货币交易、清算、差错处理等业务处理说明;(四)电子货币发行与清算风险管理措施及内控制度;(五)截止申请时连续两年经会计事务所审计的财务会计报告;(六)中国人民银行要求的其他材料。前款第(二)、(三)、(四)项内容发生变更的,发行机构应当报中国人民银行备案。

第二十二条　电子货币业务说明应当包括但不限于以下内容:(一)电子货币存储介质类型;(二)电子货币发行总额;(三)存储介质号码的编制规则;(四)收费项目及收费标准;(五)与特约商户协议样本。

第二十三条　发行机构决定终止电子货币发行、清算及其他相关业务的,应当至少提前90日报告中国人民银行分支机构,并提交下列材料:(一)公司法定代表人签署的书面申请;(二)营业执照(副本)复印件;(三)《支付清算业务许可证》复印件;(四)特约商户债务清偿方案、购买人电子货币赎回方案及有关各方当事人合法权益保障方案;(五)中国人民银行要求的其他资料。准予终止的,发行机构应当按照中国人民银行的批复完成终止工作并予以公告。

第二十四条　出现下列情况之一的,发行机构应当终止电子货币发行与清算业务:(一)发行机构丧失从事支付清算业务的资格;(二)发行机构丧失电子货币发行与清算能力；(三) 中国人民银行规定的其他情形。

第三章 发行与回收

第二十五条 单位和个人购买记名电子货币，应当使用实名。

购买人是单位的，应当凭有效单位证明文件，法定代表人或单位负责人、经办人有效身份证件购买记名电子货币。单位证明文件包括企业法人营业执照、企业营业执照、个体工商户营业执照以及国家有关文件规定的登记证书、政府主管部门的批文或证明等。单位代个人购买的，应当出具加盖单位公章及法定代表人或单位负责人签章的公函，说明购买理由。购买人是个人的，应当凭有效个人身份证件购买电子货币。个人身份证件包括居民身份证或临时身份证、军人身份证件、武装警察身份证件、户口簿、港澳居民往来内地通行证、台湾居民来往大陆通行证、护照、外国人永久居留证等符合法律、行政法规以及国家有关文件规定的其他有效证件。

第二十六条 记名电子货币的发行机构应当在电子货币发行、清算业务处理系统中记载购买人的身份信息。购买人是单位的，发行机构应当记载购买人的名称、住所、证明文件号码，法定代表人或单位负责人姓名、身份证件名称、身份证件号码、联系人姓名、身份证件名称、身份证件号码、联系方式，电子货币存储介质号码等信息。购买人是个人的，发行机构应当记载购买人的姓名、国籍、身份证件名称、身份证件号码、联系方式，电子货币存储介质号码等信息。

个人代他人购买电子货币的，发行机构应当核对并记载代理人和被代理人的身份信息。购买人相关信息变更的，应当及时通知发行机构。

第二十七条 发行机构应当在收到购买人的货币资金后交付电子货币，并向购买人出具购买凭证。购买凭证应当载明购买日期、购买金额、存储介质号码等事项。发行机构应当记载购买人购买电子货币的方式。采取转账方式购买的，还应当记载购买人使用的银行账户信息。发行机构应当采取现金或货币资金转账的方式向购买人收取服务费，并向购买人出具服务费发票。发行机构不得设置电子货币有效期限，不得限制使用次数，不得计付利息。

第二十八条 存储介质内的记名电子货币金额不得超过10 000元人民币。

存储介质内的不记名电子货币金额不得超过1 000元人民币。

第二十九条 发行机构应当书面告知购买人下列事项：(一) 发行机构名称、住所、服务电话；(二) 电子货币使用方式及受理范围；(三) 收费项目和收费标准；(四) 购买人的权利、义务；(五) 争议处理方式；(六) 中国人民银行要求的其他内容。

第三十条 发行机构应当在商业银行开立电子货币发行资金专用存款账户，账户名称为发行机构名称后加"电子货币发行资金"字样。发行机构应当将电子货币发行资金专用存款账户开立情况报中国人民银行分支机构备案。

第三十一条 发行机构发行电子货币取得的货币资金，应当存入电子货币发行资金专用存款账户。电子货币发行资金专用存款账户的资金仅能用于电子货币回收以及规定的投资项目。电子货币发行资金的投资项目包括银行定期存款，信用风险加权系数为零且流动性充足的金融票据和资产项目。发行机构的电子货币发行资金投资总额不得超过自有资金的5倍。发行机构应当将电子货币发行资金的使用、投资情况报中国人民银行分支机构备案。

第三十二条 电子货币发行资金专用存款账户利息、电子货币发行资金的投资收益归发行机构所有。

第三十三条 购买人要求发行机构回收电子货币的,应当凭有效身份证件在发行机构指定场所办理。发行机构回收不记名的卡基电子货币的,应当记载购买人的身份证件信息。发行机构应当为特约商户开立交易账户,与特约商户约定电子货币的回收周期等事项。

第三十四条 发行机构应当按照回收的电子货币金额从其电子货币发行资金专用存款账户等值支付购买人或特约商户。购买人最近一次使用现金方式购买电子货币的,发行机构应当支付现金,但支付现金的金额不得超过最近一次购买的电子货币金额,超出部分应当转入购买人使用的银行结算账户。购买人最近一次使用转账方式购买电子货币的,发行机构应当将资金转入购买人使用的银行结算账户。发行机构应当将资金转入特约商户使用的银行结算账户,不得向特约商户支付现金。

第四章 电子货币的使用

第三十五条 发行机构应当了解特约商户的经营背景、经营范围、财务状况、资信等,核实其法定代表人或单位负责人、授权代理人的身份,并对特约商户受理电子货币的情况进行监督、检查。

第三十六条 发行机构应当与特约商户签订电子货币受理协议。受理协议应当包括但不限于以下内容:(一)特约商户基本信息;(二)协议有效期限;(三)协议终止条件;(四)协议终止后的债务清偿方式;(五)交易设备保管及使用要求;(六)收费项目及收费标准;(七)交易数据保密要求;(八)交易凭证保管要求;(九)各类损失情况下的经济责任;(十)清算、差错处理方式;(十一)争议处理方式。

第三十七条 特约商户应当在营业场所张贴标识,告知受理的电子货币种类。

第三十八条 发行机构或其认定的机构提供交易设备的,应当负责交易设备的布放和日常维护,并向特约商户提供操作指导。

购买人通过自有设备进行交易的,应当自行维护交易设备。

第三十九条 购买人应当在发行机构指定的特约商户,按照发行机构规定的方式使用电子货币。

第四十条 发行机构应当明确交易模式和交易要素。交易要素应当包括但不限于以下事项:(一)交易日期和交易序号;(二)付款人信息;(三)收款人信息;(四)交易金额和余额;(五)附言等其他信息。

第四十一条 发行机构应当通过交易设备向购买人返回交易处理结果。交易结果的告知方式可以采取但不限于以下方式:(一)交易设备打印的纸质凭证;(二)交易设备屏幕显示的结果;(三)交易设备发出的声音;(四)其他方式提示的结果。

打印纸质凭证的,特约商户应当要求购买人在凭证上签章或签字确认。

第四十二条 特约商户同意撤销交易的,应当通过发行机构将相应的电子货币退还购买人。特约商户应当告知购买人退还期限。

第四十三条 发行机构或特约商户提前终止受理协议的,应当提前60日书面通知对方。经双方同意后,方可终止协议。受理协议终止后,发行机构应当按照协议约定清偿债务,并及时公告已终止协议的特约商户名单。

特约商户应当对协议有效期内发生的交易信息承担保密责任。

第四十四条 购买人的电子货币存储介质超过使用期限或毁损的,应当凭有效身份证件、过期或毁损的存储介质在发行机构指定场所办理更换。

第四十五条 发行机构应当将过期或毁损存储介质内的电子货币转入为购买人更换的存储介质,告知购买人转账期限、转账金额等事项。

第四十六条 发行机构应当与记名电子货币的购买人约定使用电子货币支付的密码、密钥等,不得与不记名电子货币的购买人约定使用电子货币支付的密码、密钥等。密码、密钥等遗忘、遗失,购买人应当凭有效身份证件在发行机构指定场所办理挂失。

第五章 交易的清算

第四十七条 发行机构应当根据交易记录进行清算。

第四十八条 发行机构应当根据交易处理流程确定清算模式,并告知特约商户。

发行机构可以采取实时全额、定时净额等清算模式。

发行机构采取定时清算模式的,应当确定清算场次和清算时点。

第四十九条 发行机构应当与特约商户约定电子货币的清算事项,明确电子货币交易的最终性。清算事项包括但不限于:(一)日切时点;(二)记账时间;(三)记账依据;(四)延期处理。

第五十条 发行机构应当在约定的记账时间将清算结果记入特约商户的交易账户。

第五十一条 发行机构应当与特约商户及购买人约定差错处理原则,据实、及时进行差错处理。

第五十二条 两家以上发行机构联网、约定电子货币通用的,应当规范、统一电子货币存储介质、交易设备的技术标准。

第五十三条 电子货币联网通用的,应当报中国人民银行批准。

第五十四条 联网的发行机构应当通过协议明确联网方式、交易处理流程、清算方式、清算事项、交易记录保存方式及保存期限、差错处理及争议处理方式、权利与义务等。

第五十五条 联网的发行机构可以采取双边或多边的方式进行清算。

第五十六条 发行机构委托其他发行机构或支付清算组织代理发行机构之间的电子货币清算的,应当与清算代理机构签订代理清算协议。变更清算代理机构的,应当报中国人民银行备案。

第五十七条 发行机构应当告知特约商户受理其他发行机构发行的电子货币的相关信息。特约商户同意受理其他发行机构发行的电子货币的,应当与发行机构签订受理协议。

第五十八条　发行机构应当根据会计档案保管要求保存电子货币交易记录。发行机构交易记录保管期限为5年,特约商户交易记录保管期限为1年。

保管期限从交易发生的次年算起。

第五十九条　发行机构应当同时按会计档案保管要求保存下列记录:(一)电子货币发行、清算业务处理系统运行日志;(二)电子货币发行、清算业务处理系统维护、升级、数据修改记录;(三)电子货币存储介质的发放、更换记录;(四)与特约商户的合作协议;(五)交易账户的开、销户记录;(六)中国人民银行要求保留的其他记录。

第六章　纪律与责任

第六十条　发行机构不得向未提交有效身份证明文件的单位和个人出售记名电子货币,否则应当承担行政责任。

第六十一条　发行机构提供或认定的交易设备出现质量问题,造成交易记录无法读取,影响清算的,应当赔偿特约商户的经济损失。

第六十二条　发行机构未按照本办法规定采取必要的技术手段及安全措施,导致电子货币存储介质被伪造、变造,密码、密钥被窃取,电子货币交易记录在传输过程中被截取、篡改,造成购买人或特约商户经济损失、交易信息泄露的,应当承担赔偿责任。

第六十三条　发行机构违反本办法规定对电子货币设置有效期限、使用次数,导致购买人不能正常使用,造成购买人经济损失的,应当承担赔偿责任。

第六十四条　发行机构不得将电子货币发行资金与其他资金混用,不得将电子货币发行资金用于本办法规定以外的其他用途,否则应当承担行政责任。造成购买人或特约商户经济损失的,还应当承担赔偿责任。

第六十五条　发行机构不得拒绝回收电子货币,否则造成购买人或特约商户经济损失的,应当承担赔偿责任。

第六十六条　发行机构不得采取现金方式回收购买人以转账方式购买的电子货币,不得采取现金方式回收特约商户的电子货币,否则应当承担行政责任。

第六十七条　发行机构不得以交易记录以外的其他数据作为清算依据,否则应当承担行政责任。造成特约商户经济损失的,还应当承担赔偿责任。

第六十八条　发行机构未按照本办法规定办理清算,或记账错误,造成特约商户经济损失的,应当计付赔偿金。

第六十九条　发行机构终止电子货币发行与清算,未按照本办法规定采取相应措施保证购买人或特约商户权利,造成购买人或特约商户经济损失的,应当承担赔偿责任。

第七十条　购买人不得冒用他人身份,或使用伪造、变造身份证明文件购买记名电子货币,否则应当承担行政责任。

第七十一条　购买人违反本办法规定将记名电子货币转借他人使用的,应当承担可能的经济责任及法律责任。

第七十二条　购买人未按照本办法规定妥善保管电子货币存储介质,导致存储介质遗失、灭失的,应当自行承担经济损失。

第七十三条 购买人对电子货币存储介质、密码或密钥保管不善,导致他人冒用电子货币造成的经济损失,应当自行承担。

第七十四条 购买人或其他单位和个人不得伪造、变造电子货币,不得使用伪造、变造的电子货币,不得私自设立电子货币交易场所,不得倒卖电子货币。构成犯罪的,应当依法承担刑事责任。情节轻微,不构成犯罪的,应当按照规定承担行政责任。

第七十五条 购买人不得在发行机构指定场所以外的其他场所使用电子货币。购买人未按约定进行交易造成经济损失的,应当自行承担。

第七十六条 特约商户不得违反发行机构规定的程序受理电子货币,否则造成购买人或发行机构经济损失的,特约商户应当承担赔偿责任。

第七十七条 特约商户撤销交易的,不得违反本办法规定采取现金方式退款,否则应当承担行政责任。

第七十八条 特约商户未妥善保管交易设备,造成交易设备丢失或交易记录无法读取,影响清算的,应当自行承担经济损失。

第七章 附 则

第七十九条 本办法由中国人民银行负责解释。

第八十条 本办法自 年 月 日起施行。

附件二

《中华人民共和国电子签名法》

第一章 总 则

第一条 为了规范电子签名行为,确立电子签名的法律效力,维护有关各方的合法权益,制定本法。

第二条 本法所称电子签名,是指数据电文中以电子形式所含、所附用于识别签名人身份并表明签名人认可其中内容的数据。本法所称数据电文,是指以电子、光学、磁或者类似手段生成、发送、接收或者储存的信息。

第三条 民事活动中的合同或者其他文件、单证等文书,当事人可以约定使用或者不使用电子签名、数据电文。当事人约定使用电子签名、数据电文的文书,不得仅因为其采用电子签名、数据电文的形式而否定其法律效力。前款规定不适用下列文书:(一)涉及婚姻、收养、继承等人身关系的;(二)涉及土地、房屋等不动产权益转让的;(三)涉及停止供水、供热、供气、供电等公用事业服务的;(四)法律、行政法规规定的不适用电子文书的其他情形。

第二章 数据电文

第四条 能够有形地表现所载内容,并可以随时调取查用的数据电文,视为符合法律、法规要求的书面形式。

第五条 符合下列条件的数据电文,视为满足法律、法规规定的原件形式要求:(一)能够有效地表现所载内容并可供随时调取查用;(二)能够可靠地保证自最终形成时起,内容保持完整、未被更改。但是,在数据电文上增加背书以及数据交换、储存和显示过程中发生的形式变化不影响数据电文的完整性。

第六条 符合下列条件的数据电文,视为满足法律、法规规定的文件保存要求:(一)能够有效地表现所载内容并可供随时调取查用;(二)数据电文的格式与其生成、发送或者接收时的格式相同,或者格式不相同但是能够准确表现原来生成、发送或者接收的内容;(三)能够识别数据电文的发件人、收件人以及发送、接收的时间。

第七条 数据电文不得仅因为其是以电子、光学、磁或者类似手段生成、发送、接收或者储存的而被拒绝作为证据使用。

第八条 审查数据电文作为证据的真实性,应当考虑以下因素:(一)生成、储存或者传递数据电文方法的可靠性;(二)保持内容完整性方法的可靠性;(三)用以鉴别发件人方法的可靠性;(四)其他相关因素。

第九条 数据电文有下列情形之一的,视为发件人发送:(一)经发件人授权发送的;(二)发件人的信息系统自动发送的;(三)收件人按照发件人认可的方法对数据电文进行验证后结果相符的。当事人对前款规定的事项另有约定的,从其约定。

第十条 法律、行政法规规定或者当事人约定数据电文需要确认收讫的,应当确认收讫。发件人收到收件人的收讫确认时,数据电文视为已经收到。

第十一条 数据电文进入发件人控制之外的某个信息系统的时间,视为该数据电文的发送时间。收件人指定特定系统接收数据电文的,数据电文进入该特定系统的时间,视为该数据电文的接收时间;未指定特定系统的,数据电文进入收件人的任何系统的首次时间,视为该数据电文的接收时间。当事人对数据电文的发送时间、接收时间另有约定的,从其约定。

第十二条 发件人的主营业地为数据电文的发送地点,收件人的主营业地为数据电文的接收地点。没有主营业地的,其经常居住地为发送或者接收地点。当事人对数据电文的发送地点、接收地点另有约定的,从其约定。

第三章 电子签名与认证

第十三条 电子签名同时符合下列条件的,视为可靠的电子签名:(一)电子签名制作数据用于电子签名时,属于电子签名人专有;(二)签署时电子签名制作数据仅由电子签名人控制;(三)签署后对电子签名的任何改动能够被发现;(四)签署后对数据电文内容和形式的任何改动能够被发现。当事人也可以选择使用符合其约定的可靠条件的电子签名。

第十四条 可靠的电子签名与手写签名或者盖章具有同等的法律效力。

第十五条 电子签名人应当妥善保管电子签名制作数据。电子签名人知悉电子签名制作数据已经失密或者可能已经失密时,应当及时告知有关各方,并终止使用该电子签名制作数据。

第十六条 电子签名需要第三方认证的,由依法设立的电子认证服务提供者提供认证服务。

第十七条 提供电子认证服务,应当具备下列条件:(一)具有与提供电子认证服务相适应的专业技术人员和管理人员;(二)具有与提供电子认证服务相适应的资金和经营场所;(三)具有符合国家安全标准的技术和设备;(四)具有国家密码管理机构同意使用密码的证明文件;(五)法律、行政法规规定的其他条件。

第十八条 从事电子认证服务,应当向国务院信息产业主管部门提出申请,并提交符合本法第十七条规定条件的相关材料。国务院信息产业主管部门接到申请后经依法审查,征求国务院商务主管部门等有关部门的意见后,自接到申请之日起四十五日内作出许可或者不予许可的决定。予以许可的,颁发电子认证许可证书;不予许可的,应当书面通知申请人并告知理由。申请人应当持电子认证许可证书依法向工商行政管理部门办理企业登记手续。取得认证资格的电子认证服务提供者,应当按照国务院信息产业主管部门的规定在互联网上公布其名称、许可证号等信息。

第十九条 电子认证服务提供者应当制定、公布符合国家有关规定的电子认证业务规则,并向国务院信息产业主管部门备案。电子认证业务规则应当包括责任范围、作业操作规范、信息安全保障措施等事项。

第二十条 电子签名人向电子认证服务提供者申请电子签名认证证书,应当提供真实、完整和准确的信息。电子认证服务提供者收到电子签名认证证书申请后,应当对申请人的身份进行查验,并对有关材料进行审查。

第二十一条　电子认证服务提供者签发的电子签名认证证书应当准确无误,并应当载明下列内容:(一)电子认证服务提供者名称;(二)证书持有人名称;(三)证书序列号;(四)证书有效期;(五)证书持有人的电子签名验证数据;(六)电子认证服务提供者的电子签名;(七)国务院信息产业主管部门规定的其他内容。

第二十二条　电子认证服务提供者应当保证电子签名认证证书内容在有效期内完整、准确,并保证电子签名依赖方能够证实或者了解电子签名认证证书所载内容及其他有关事项。

第二十三条　电子认证服务提供者拟暂停或者终止电子认证服务的,应当在暂停或者终止服务九十日前,就业务承接及其他有关事项通知有关各方。电子认证服务提供者拟暂停或终止电子认证服务的,应当在暂停或者终止服务六十日前向国务院信息产业主管部门报告,并与其他电子认证服务提供者就业务承接进行协商,作出妥善安排。电子认证服务提供者未能就业务承接事项与其他电子认证服务提供者达成协议的,应当申请国务院信息产业主管部门安排其他电子认证服务提供者承接其业务。电子认证服务提供者被依法吊销电子认证许可证书的,其业务承接事项的处理按照国务院信息产业主管部门的规定执行。

第二十四条　电子认证服务提供者应当妥善保存与认证相关的信息,信息保存期限至少为电子签名认证证书失效后五年。

第二十五条　国务院信息产业主管部门依照本法制定电子认证服务业的具体管理办法,对电子认证服务提供者依法实施监督管理。

第二十六条　经国务院信息产业主管部门根据有关协议或者对等原则核准后,中华人民共和国境外的电子认证服务提供者在境外签发的电子签名认证证书与依照本法设立的电子认证服务提供者签发的电子签名认证证书具有同等的法律效力。

第四章　法律责任

第二十七条　电子签名人知悉电子签名制作数据已经失密或者可能已经失密未及时告知有关各方、并终止使用电子签名制作数据,未向电子认证服务提供者提供真实、完整和准确的信息,或者有其他过错,给电子签名依赖方、电子认证服务提供者造成损失的,承担赔偿责任。

第二十八条　电子签名人或者电子签名依赖方因依据电子认证服务提供者提供的电子签名认证服务从事民事活动遭受损失,电子认证服务提供者不能证明自己无过错的,承担赔偿责任。

第二十九条　未经许可提供电子认证服务的,由国务院信息产业主管部门责令停止违法行为;有违法所得的,没收违法所得;违法所得三十万元以上的,处违法所得一倍以上三倍以下的罚款;没有违法所得或者违法所得不足三十万元的,处十万元以上三十万元以下的罚款。

第三十条　电子认证服务提供者暂停或者终止电子认证服务，未在暂停或者终止服务六十日前向国务院信息产业主管部门报告的，由国务院信息产业主管部门对其直接负责的主管人员处一万元以上五万元以下的罚款。

第三十一条　电子认证服务提供者不遵守认证业务规则、未妥善保存与认证相关的信息，或者有其他违法行为的，由国务院信息产业主管部门责令限期改正；逾期未改正的，吊销电子认证许可证书，其直接负责的主管人员和其他直接责任人员十年内不得从事电子认证服务。吊销电子认证许可证书的，应当予以公告并通知工商行政管理部门。

第三十二条　伪造、冒用、盗用他人的电子签名，构成犯罪的，依法追究刑事责任；给他人造成损失的，依法承担民事责任。

第三十三条　依照本法负责电子认证服务业监督管理工作的部门的工作人员，不依法履行行政许可、监督管理职责的，依法给予行政处分；构成犯罪的，依法追究刑事责任。

第五章　附　则

第三十四条　本法中下列用语的含义：(一)电子签名人，是指持有电子签名制作数据并以本人身份或者以其所代表的人的名义实施电子签名的人；(二)电子签名依赖方，是指基于对电子签名认证证书或者电子签名的信赖从事有关活动的人；(三)电子签名认证证书，是指可证实电子签名人与电子签名制作数据有联系的数据电文或者其他电子记录；(四)电子签名制作数据，是指在电子签名过程中使用的，将电子签名与电子签名人可靠地联系起来的字符、编码等数据；(五)电子签名验证数据，是指用于验证电子签名的数据，包括代码、口令、算法或者公钥等。

第三十五条　国务院或者国务院规定的部门可以依据本法制定政务活动和其他社会活动中使用电子签名、数据电文的具体办法。

第三十六条　本法自2005年4月1日起施行。

发布部门：全国人大常委会

发布日期：2004年8月28日

实施日期：2005年4月1日

附件三

电子银行业务管理办法

第一章 总 则

第一条 为加强电子银行业务的风险管理,保障客户及银行的合法权益,促进电子银行业务的健康有序发展,根据《中华人民共和国银行业监督管理法》、《中华人民共和国商业银行法》和《中华人民共和国外资金融机构管理条例》等法律法规,制定本办法。

第二条 本办法所称电子银行业务,是指商业银行等银行业金融机构利用面向社会公众开放的通讯通道或开放型公众网络,以及银行为特定自助服务设施或客户建立的专用网络,向客户提供的银行服务。电子银行业务包括利用计算机和互联网开展的银行业务(以下简称网上银行业务),利用电话等声讯设备和电信网络开展的银行业务(以下简称电话银行业务),利用移动电话和无线网络开展的银行业务(以下简称手机银行业务),以及其他利用电子服务设备和网络,由客户通过自助服务方式完成金融交易的银行业务。

第三条 银行业金融机构和依据《中华人民共和国外资金融机构管理条例》设立的外资金融机构(以下通称为金融机构),应当按照本办法的规定开展电子银行业务。在中华人民共和国境内设立的金融资产管理公司、信托投资公司、财务公司、金融租赁公司以及经中国银行业监督管理委员会(以下简称中国银监会)批准设立的其他金融机构,开办具有电子银行性质的电子金融业务,适用本办法对金融机构开展电子银行业务的有关规定。

第四条 经中国银监会批准,金融机构可以在中华人民共和国境内开办电子银行业务,向中华人民共和国境内企业、居民等客户提供电子银行服务,也可按照本办法的有关规定开展跨境电子银行服务。

第五条 金融机构应当按照合理规划、统一管理、保障系统安全运行的原则,开展电子银行业务,保证电子银行业务的健康、有序发展。

第六条 金融机构应根据电子银行业务特性,建立健全电子银行业务风险管理体系和内部控制体系,设立相应的管理机构,明确电子银行业务管理的责任,有效地识别、评估、监测和控制电子银行业务风险。

第七条 中国银监会负责对电子银行业务实施监督管理。

第二章 申请与变更

第八条 金融机构在中华人民共和国境内开办电子银行业务,应当依照本办法的有关规定,向中国银监会申请或报告。

第九条 金融机构开办电子银行业务,应当具备下列条件:(一)金融机构的经营活动正常,建立了较为完善的风险管理体系和内部控制制度,在申请开办电子银行业务的前一年内,金融机构的主要信息管理系统和业务处理系统没有发生过重大事故;(二)制定了电子银行业务的总体发展战略、发展规划和电子银行安全策略,建立了电子银行业务风险管理的组织体系和制度体系;(三)按照电子银行业务发展规划和安全策略,建立了电子银行业务运营的基础设施和系统,并对相关设施和系统进行了必要的安全检测和业务测试;(四)对电子银行业务风险管理情况和业务运营设施与系统等,进行了符合监管要求的安全评估;(五)建立了明确的电子银行业务管理部门,配备了合格的管理人员和技术人员;(六)中国银监会要求的其他条件。

第十条　金融机构开办以互联网为媒介的网上银行业务、手机银行业务等电子银行业务,除应具备第九条所列条件外,还应具备以下条件:(一)电子银行基础设施设备能够保障电子银行的正常运行;(二)电子银行系统具备必要的业务处理能力,能够满足客户适时业务处理的需要;(三)建立了有效的外部攻击侦测机制;(四)中资银行业金融机构的电子银行业务运营系统和业务处理服务器设置在中华人民共和国境内;(五)外资金融机构的电子银行业务运营系统和业务处理服务器可以设置在中华人民共和国境内或境外。设置在境外时,应在中华人民共和国境内设置可以记录和保存业务交易数据的设施设备,能够满足金融监管部门现场检查的要求,在出现法律纠纷时,能够满足中国司法机构调查取证的要求。

第十一条　外资金融机构开办电子银行业务,除应具备第九条、第十条所列条件外,还应当按照法律、行政法规的有关规定,在中华人民共和国境内设有营业性机构,其所在国家(地区)监管当局具备对电子银行业务进行监管的法律框架和监管能力。

第十二条　金融机构申请开办电子银行业务,根据电子银行业务的不同类型,分别适用审批制和报告制。(一)利用互联网等开放性网络或无线网络开办的电子银行业务,包括网上银行、手机银行和利用掌上电脑等个人数据辅助设备开办的电子银行业务,适用审批制;(二)利用境内或地区性电信网络、有线网络等开办的电子银行业务,适用报告制;(三)利用银行为特定自助服务设施或与客户建立的专用网络开办的电子银行业务,法律法规和行政规章另有规定的遵照其规定,没有规定的适用报告制。金融机构开办电子银行业务后,与其特定客户建立直接网络连接提供相关服务,属于电子银行日常服务,不属于开办电子银行业务申请的类型。

第十三条　金融机构申请开办需要审批的电子银行业务之前,应先就拟申请的业务与中国银监会进行沟通,说明拟申请的电子银行业务系统和基础设施设计、建设方案,以及基本业务运营模式等,并根据沟通情况,对有关方案进行调整。进行监管沟通后,金融机构应根据调整完善后的方案开展电子银行系统建设,并应在申请前完成对相关系统的内部测试工作。内部测试对象仅限于金融机构内部人员、外包机构相关工作人员和相关机构的工作人员,不得扩展到一般客户。

第十四条　金融机构申请开办电子银行业务时,可以在一个申请报告中同时申请不同类型的电子银行业务,但在申请中应注明所申请的电子银行业务类型。

第十五条　金融机构向中国银监会或其派出机构申请开办电子银行业务,应提交以下文件、资料(一式三份):(一)由金融机构法定代表人签署的开办电子银行业务的申请报告;(二)拟申请的电子银行业务类型及拟开展的业务种类;(三)电子银行业务发展规划；(四)电子银行业务运营设施与技术系统介绍；(五)电子银行业务系统测试报告；(六)电子银行安全评估报告；(七)电子银行业务运行应急计划和业务连续性计划；(八)电子银行业务风险管理体系及相应的规章制度；(九)电子银行业务的管理部门、管理职责，以及主要负责人介绍；(十)申请单位联系人以及联系电话、传真、电子邮件信箱等联系方式；(十一)中国银监会要求提供的其他文件和资料。

第十六条　中国银监会或其派出机构在收到金融机构的有关申请材料后，根据监管需要，要求商业银行补充材料时，应一次性将有关要求告知金融机构。金融机构应根据中国银监会或其派出机构的要求，重新编制和装订申请材料，并更正材料递交日期。

第十七条　中国银监会或其派出机构在收到金融机构申请开办需要审批的电子银行业务完整申请材料3个月内，作出批准或者不批准的书面决定；决定不批准的，应当说明理由。

第十八条　金融机构在一份申请报告中申请了多个类型的电子银行业务时，中国银监会或其派出机构可以根据有关规定和要求批准全部或部分电子银行业务类型的申请。对于中国银监会或其派出机构未批准的电子银行业务类型，金融机构可按有关规定重新申请。

第十九条　金融机构开办适用于报告制的电子银行业务类型，不需申请，但应参照第十五条的有关规定，在开办电子银行业务之前1个月，将相关材料报送中国银监会或其派出机构。

第二十条　金融机构开办电子银行业务后，可以利用电子银行平台进行传统银行产品和服务的宣传、销售，也可以根据电子银行业务的特点开发新的业务类型。金融机构利用电子银行平台宣传有关银行产品或服务时，应当遵守相关法律法规和业务管理规章的有关规定。利用电子银行平台销售有关银行产品或服务时，应认真分析选择适应电子银行销售的产品，不得利用电子银行销售需要对客户进行当面评估后才能销售的，或者需要客户当面确认才能销售的银行产品，法律法规和行政规章另有规定的除外。

第二十一条　金融机构根据业务发展需要，增加或变更电子银行业务类型，适用审批制或报告制。

第二十二条　金融机构增加或者变更以下电子银行业务类型，适用审批制：(一)有关法律法规和行政规章规定需要审批但金融机构尚未申请批准，并准备利用电子银行开办的；(二)金融机构将已获批准的业务应用于电子银行时，需要与证券业、保险业相关机构进行直接实时数据交换才能实施的；(三)金融机构之间通过互联电子银行平台联合开展的；(四)提供跨境电子银行服务的。

第二十三条　金融机构增加或变更需要审批的电子银行业务类型，应向中国银监会或其派出机构报送以下文件和资料(一式三份)：(一)由金融机构法定代表人签署的增加或变更业务类型的申请；(二)拟增加或变更业务类型的定义和操作流程；(三)拟增加或变更业务类型的风险特征和防范措施；(四)有关管理规章制度；(五)申请单位联系人以及联系电话、传真、电子邮件信箱等联系方式；(六)中国银监会要求提供的其他文件和资料。

第二十四条 业务经营活动不受地域限制的银行业金融机构（以下简称全国性金融机构），申请开办电子银行业务或增加、变更需要审批的电子银行业务类型，应由其总行（公司）统一向中国银监会申请。按照有关规定只能在某一城市或地区内从事业务经营活动的银行业金融机构（以下简称地区性金融机构），申请开办电子银行业务或增加、变更需要审批的电子银行业务类型，应由其法人机构向所在地中国银监会派出机构申请。外资金融机构申请开办电子银行业务或增加、变更需要审批的电子银行业务类型，应由其总行（公司）或在中华人民共和国境内的主报告行向中国银监会申请。

第二十五条 中国银监会或其派出机构在收到金融机构增加或变更需要审批的电子银行业务类型完整申请材料3个月内，做出批准或者不批准的书面决定；决定不批准的，应当说明理由。

第二十六条 其他电子银行业务类型适用报告制，金融机构增加或变更时不需申请，但应在开办该业务类型前1个月内，参照第二十三条的有关规定，将有关材料报送中国银监会或其派出机构。

第二十七条 已经实现业务数据集中处理和系统整合（以下简称数据集中处理）的银行业金融机构，获准开办电子银行业务后，可以授权其分支机构开办部分或全部电子银行业务。其分支机构在开办相关业务之前，应向所在地中国银监会派出机构报告。未实现数据集中处理的银行业金融机构，如果其分支机构的电子银行业务处理系统独立于总部，该分支机构开办电子银行业务按照地区性金融机构开办电子银行业务的情形管理，应持其总行授权文件，按照有关规定向所在地中国银监会派出机构申请或报告。其他分支机构只需持其总行授权文件，在开办相关业务之前，向所在地中国银监会派出机构报告。外资金融机构获准开办电子银行业务后，其境内分支机构开办电子银行业务，应持其总行（公司）授权文件向所在地中国银监会派出机构报告。

第二十八条 已开办电子银行业务的金融机构按计划决定终止全部电子银行服务或部分类型的电子银行服务时，应提前3个月就终止电子银行服务的原因及相关问题处置方案等，报告中国银监会，并同时予以公告。金融机构按计划决定停办部分电子银行业务类型时，应于停办该业务前1个月内向中国银监会报告，并予以公告。金融机构终止电子银行服务或停办部分业务类型，必须采取有效的措施保护客户的合法权益，并针对可能出现的问题制定有效的处置方案。

第二十九条 金融机构终止电子银行服务或停办部分业务类型后，需要重新开办电子银行业务或者重新开展已停办的业务类型时，应按照相关规定重新申请或办理。

第三十条 金融机构因电子银行系统升级、调试等原因，需要按计划暂时停止电子银行服务的，应选择适当的时间，尽可能减少对客户的影响，并至少提前3天在其网站上予以公告。受突发事件或偶然因素影响非计划暂停电子银行服务，在正常工作时间内超过4个小时或者在正常工作时间外超过8个小时的，金融机构应在暂停服务后24小时内将有关情况报告中国银监会，并应在事故处理基本结束后3日内，将事故原因、影响、补救措施及处理情况等，报告中国银监会。

第三章 风险管理

第三十一条 金融机构应当将电子银行业务风险管理纳入本机构风险管理的总体框架之中,并应根据电子银行业务的运营特点,建立健全电子银行风险管理体系和电子银行安全、稳健运营的内部控制体系。

第三十二条 金融机构的电子银行风险管理体系和内部控制体系应当具有清晰的管理架构、完善的规章制度和严格的内部授权控制机制,能够对电子银行业务面临的战略风险、运营风险、法律风险、声誉风险、信用风险、市场风险等实施有效的识别、评估、监测和控制。

第三十三条 金融机构针对传统业务风险制定的审慎性风险管理原则和措施等,同样适用于电子银行业务,但金融机构应根据电子银行业务环境和运行方式的变化,对原有风险管理制度、规则和程序进行必要的和适当的修正。

第三十四条 金融机构的董事会和高级管理层应根据本机构的总体发展战略和实际经营情况,制订电子银行发展战略和可行的经营投资战略,对电子银行的经营进行持续性的综合效益分析,科学评估电子银行业务对金融机构总体风险的影响。

第三十五条 在制定电子银行发展战略时,金融机构应加强电子银行业务的知识产权保护工作。

第三十六条 金融机构应当针对电子银行不同系统、风险设施、信息和其他资源的重要性及其对电子银行安全的影响进行评估分类,制定适当的安全策略,建立健全风险控制程序和安全操作规程,采取相应的安全管理措施。对各类安全控制措施应定期检查、测试,并根据实际情况适时调整,保证安全措施的持续有效和及时更新。

第三十七条 金融机构应当保障电子银行运营设施设备,以及安全控制设施设备的安全,对电子银行的重要设施设备和数据,采取适当的保护措施。(一)有形场所的物理安全控制,必须符合国家有关法律法规和安全标准的要求,对尚没有统一安全标准的有形场所的安全控制,金融机构应确保其制定的安全制度有效地覆盖可能面临的主要风险;(二)以开放型网络为媒介的电子银行系统,应合理设置和使用防火墙、防病毒软件等安全产品与技术,确保电子银行有足够的反攻击能力、防病毒能力和入侵防护能力;(三)对重要设施设备的接触、检查、维修和应急处理,应有明确的权限界定、责任划分和操作流程,并建立日志文件管理制度,如实记录并妥善保管相关记录;(四)对重要技术参数,应严格控制接触权限,并建立相应的技术参数调整与变更机制,并保证在更换关键人员后,能够有效防止有关技术参数的泄漏;(五)对电子银行管理的关键岗位和关键人员,应实行轮岗和强制性休假制度,建立严格的内部监督管理制度。

第三十八条 金融机构应采用适当的加密技术和措施,保证电子交易数据传输的安全性与保密性,以及所传输交易数据的完整性、真实性和不可否认性。金融机构采用的数据加密技术应符合国家有关规定,并根据电子银行业务的安全性需要和科技信息技术的发展,定期检查和评估所使用的加密技术和算法的强度,对加密方式进行适时调整。

第三十九条 金融机构应当与客户签订电子银行服务协议或合同,明确双方的权利与义务。在电子银行服务协议中,金融机构应向客户充分揭示利用电子银行进行交易可能面临的风险,金融机构已经采取的风险控制措施和客户应采取的风险控制措施,以及相关风险的责任承担。

第四十条　金融机构应采取适当的措施和采用适当的技术,识别与验证使用电子银行服务客户的真实、有效身份,并应依照与客户签订的有关协议对客户作业权限、资金转移或交易限额等实施有效管理。

第四十一条　金融机构应当建立相应的机制,搜索、监测和处理假冒或有意设置类似于金融机构的电话、网站、短信号码等信息骗取客户资料的活动。金融机构发现假冒电子银行的非法活动后,应向公安部门报案,并向中国银监会报告。同时,金融机构应及时在其网站、电话语音提示系统或短信平台上,提醒客户注意。

第四十二条　金融机构应尽可能使用统一的电子银行服务电话、域名、短信号码等,并应在与客户签订的协议中明确客户启动电子银行业务的合法途径、意外事件的处理办法,以及联系方式等。已实现数据集中处理的银行业金融机构开展网上银行类业务,总行(公司)与其分支机构应使用统一的域名;未实现数据集中处理的银行业金融机构开展网上银行类业务时,应由总行(公司)设置统一的接入站点,在其主页内设置其分支机构网站链接。

第四十三条　金融机构应建立电子银行入侵侦测与入侵保护系统,实时监控电子银行的运行情况,定期对电子银行系统进行漏洞扫描,并建立对非法入侵的甄别、处理和报告机制。

第四十四条　金融机构开展电子银行业务,需要对客户信息和交易信息等使用电子签名或电子认证时,应遵照国家有关法律法规的规定。金融机构使用第三方认证系统,应对第三方认证机构进行定期评估,保证有关认证安全可靠和具有公信力。

第四十五条　金融机构应定期评估可供客户使用的电子银行资源充足情况,采取必要的措施保障线路接入通畅,保证客户对电子银行服务的可用性。

第四十六条　金融机构应制定电子银行业务连续性计划,保证电子银行业务的连续正常运营。金融机构电子银行业务连续性计划应充分考虑第三方服务供应商对业务连续性的影响,并应采取适当的预防措施。

第四十七条　金融机构应制定电子银行应急计划和事故处理预案,并定期对这些计划和预案进行测试,以管理、控制和减少意外事件造成的危害。

第四十八条　金融机构应定期对电子银行关键设备和系统进行检测,并详细记录检测情况。

第四十九条　金融机构应明确电子银行管理、运营等各个环节的主要权限、职责和相互监督方式,有效隔离电子银行应用系统、验证系统、业务处理系统和数据库管理系统之间的风险。

第五十条　金融机构应建立健全电子银行业务的内部审计制度,定期对电子银行业务进行审计。

第五十一条　金融机构应采取适当的方法和技术,记录并妥善保存电子银行业务数据,电子银行业务数据的保存期限应符合法律法规的有关要求。

第五十二条　金融机构应采取适当措施,保证电子银行业务符合相关法律法规对客户信息和隐私保护的规定。

第五十三条　金融机构应针对电子银行业务发展与管理的实际情况,制订多层次的培训计划,对电子银行管理人员和业务人员进行持续培训。

第四章　数据交换与转移管理

第五十四条　电子银行业务的数据交换与转移,是指金融机构根据业务发展和管理的需要,利用电子银行平台与外部组织或机构相互交换电子银行业务信息和数据,或者将有关电子银行业务数据转移至外部组织或机构的活动。

第五十五条　金融机构根据业务发展需要,可以与其他开展电子银行业务的金融机构建立电子银行系统数据交换机制,实现电子银行业务平台的直接连接,进行境内实时信息交换和跨行资金转移。

第五十六条　建立电子银行业务数据交换机制的金融机构,或者电子银行平台实现相互连接的金融机构,应当建立联合风险管理委员会,负责协调跨行间的业务风险管理与控制。所有参加数据交换或电子银行平台连接的金融机构都应参加联合风险管理委员会,共同制定并遵守联合风险管理委员会的规章制度和工作规程。联合风险管理委员会的规章制度、工作规程、会议纪要和有关决议等,应抄报中国银监会。

第五十七条　金融机构根据业务发展或管理的需要,可以与非银行业金融机构直接交换或转移部分电子银行业务数据。金融机构向非银行业金融机构交换或转移部分电子银行业务数据时,应签订数据交换(转移)用途与范围明确、管理职责清晰的书面协议,并明确各方的数据保密责任。

第五十八条　金融机构在确保电子银行业务数据安全并被恰当使用的情况下,可以向非金融机构转移部分电子银行业务数据。(一)金融机构由于业务外包、系统测试(调试)、数据恢复与救援等为维护电子银行正常安全运营的需要而向非金融机构转移电子银行业务数据的,应当事先签订书面保密合同,并指派专人负责监督有关数据的使用、保管、传递和销毁;(二)金融机构由于业务拓展、业务合作等需要向非金融机构转移电子银行业务数据的,除应签订书面保密合同和指定专人监督外,还应建立对数据接收方的定期检查制度,一旦发现数据接收方不当使用、保管或传递电子银行业务数据,应立即停止相关数据转移,并应采取必要的措施预防电子银行客户的合法权益受到损害,法律法规另有规定的除外;(三)金融机构不得向无业务往来的非金融机构转移电子银行业务数据,不得出售电子银行业务数据,不得损害客户权益利用电子银行业务数据谋取利益。

第五十九条　金融机构可以为电子商务经营者提供网上支付平台。为电子商务提供网上支付平台时,金融机构应严格审查合作对象,签订书面合作协议,建立有效监督机制,防范不法机构或人员利用电子银行支付平台从事违法资金转移或其他非法活动。

第六十条　外资金融机构因业务或管理需要确需向境外总行(公司)转移有关电子银行业务数据的,应遵守有关法律法规的规定,采取必要的措施保护客户的合法权益,并遵守有关数据交换和转移的规定。

第六十一条 未经电子银行业务数据转出机构的允许,数据接收机构不得将有关电子银行业务数据向第三方转移。法律法规另有规定的除外。

第五章 业务外包管理

第六十二条 电子银行业务外包,是指金融机构将电子银行部分系统的开发、建设,电子银行业务的部分服务与技术支持,电子银行系统的维护等专业化程度较高的业务工作,委托给外部专业机构承担的活动。

第六十三条 金融机构在进行电子银行业务外包时,应根据实际需要,合理确定外包的原则和范围,认真分析和评估业务外包存在的潜在风险,建立健全有关规章制度,制定相应的风险防范措施。

第六十四条 金融机构在选择电子银行业务外包服务供应商时,应充分审查、评估外包服务供应商的经营状况、财务状况和实际风险控制与责任承担能力,进行必要的尽职调查。

第六十五条 金融机构应当与外包服务供应商签订书面合同,明确双方的权利、义务。在合同中,应明确规定外包服务供应商的保密义务、保密责任。

第六十六条 金融机构应充分认识外包服务供应商对电子银行业务风险控制的影响,并将其纳入总体安全策略之中。

第六十七条 金融机构应建立完整的业务外包风险评估与监测程序,审慎管理业务外包产生的风险。

第六十八条 电子银行业务外包风险的管理应当符合金融机构的风险管理标准,并应建立针对电子银行业务外包风险的应急计划。

第六十九条 金融机构应与外包服务供应商建立有效的联络、沟通和信息交流机制,并应制定在意外情况下能够实现外包服务供应商顺利变更,保证外包服务不间断的应急预案。

第七十条 金融机构对电子银行业务处理系统、授权管理系统、数据备份系统的总体设计开发,以及其他涉及机密数据管理与传递环节的系统进行外包时,应经过金融机构董事会或者法人代表批准,并应在业务外包实施前向中国银监会报告。

第六章 跨境业务活动管理

第七十一条 电子银行的跨境业务活动,是指开办电子银行业务的金融机构利用境内的电子银行系统,向境外居民或企业提供的电子银行服务活动。金融机构的境内客户在境外使用电子银行服务,不属于跨境业务活动。

第七十二条 金融机构提供跨境电子银行服务,除应遵守中国法律法规和外汇管理政策等规定外,还应遵守境外居民所在国家(地区)的法律规定。境外电子银行监管部门对跨境电子银行业务要求审批的,金融机构在提供跨境业务活动之前,应获得境外电子银行监管部门的批准。

第七十三条 金融机构开展跨境电子银行业务,除应按照第二章的有关规定向中国银监会申请外,还应当向中国银监会提供以下文件资料:(一)跨境电子银行服务的国家(地区),以及该国(地区)对电子银行业务管理的法律规定;(二)跨境电子银行服务的主要对象及服务内容;(三)未来三年跨境电子银行业务发展规模、客户规模的分析预测;(四)跨境电子银行业务法律与合规性分析。

第七十四条 金融机构向客户提供跨境电子银行服务,必须签订相关服务协议。金融机构与客户的服务协议文本,应当使用中文和客户所在国家或地区(或客户同意的其他国语言)两种文字,两种文字的文本应具有同等法律效力。

第七章 监督管理

第七十五条 中国银监会依法对电子银行业务实施非现场监管、现场检查和安全监测,对电子银行安全评估实施管理,并对电子银行的行业自律组织进行指导和监督。

第七十六条 开展电子银行业务的金融机构应当建立电子银行业务统计体系,并按照相关规定向中国银监会报送统计数据。商业银行向中国银监会报送的电子银行业务统计数据、报送办法等,由中国银监会另行制定。

第七十七条 金融机构应定期对电子银行业务发展与管理情况进行自我评估,并应每年编制《电子银行年度评估报告》。

第七十八条 金融机构的《电子银行年度评估报告》应至少包括以下几方面内容:(一)本年度电子银行业务的发展计划与实际发展情况,以及对本年度电子银行发展状况的分析评价;(二)本年度电子银行业务经营效益的分析、比较与评价,以及主要业务收入和主要业务的服务价格;(三)电子银行业务风险管理状况的分析与评估,以及本年度电子银行面临的主要风险;(四)其他需要说明的重要事项。

第七十九条 金融机构的《电子银行年度评估报告》(一式两份)应于下一年度的3月底之前报送中国银监会。

第八十条 金融机构应当建立电子银行业务重大安全事故和风险事件的报告制度,并保持与监管部门的经常性沟通。对于电子银行系统被恶意攻破并已出现客户或银行损失,电子银行被病毒感染并导致机密资料外泄,以及可能会引发其他金融机构电子银行系统风险的事件,金融机构应在事件发生后48小时内向中国银监会报告。

第八十一条 中国银监会根据监管的需要,可以依法对金融机构的电子银行业务实施现场检查,也可以聘请外部专业机构对电子银行业务系统进行安全漏洞扫描、攻击测试等检查。

第八十二条 中国银监会对电子银行业务实施现场检查时,除应按照现场检查的有关规定组成检查组并进行相关业务培训外,还应邀请被检查机构的电子银行业务管理和技术人员介绍其电子银行系统架构、运营管理模式以及关键设备接触要求。检查人员在实施现场检查过程中,应当遵守被检查机构电子银行安全管理的有关规定。

第八十三条 金融机构的总行(公司),以及已实现数据集中处理的金融机构分支机构电子银行业务的现场检查,由中国银监会负责;未实现数据集中处理的金融机构的分支机构,外资金融机构的分支机构,以及地区性金融机构电子银行业务的现场检查,由所在地银监局负责。

第八十四条 中国银监会聘用外部专业机构对金融机构电子银行系统进行检查时，应与被委托机构签订书面合同和保密协议，明确规定被委托机构可以使用的技术手段和使用方式，并指派专人全程参与并监督外部机构的监测测试活动。银监局与拟聘用的外部专业机构签订合同之前，应报请银监会批准。

第八十五条 电子银行安全评估是金融机构开办或持续经营电子银行业务的必要条件，也是金融机构电子银行业务风险管理与监管的重要手段。金融机构应按照中国银监会的有关规定，定期对电子银行系统进行安全评估，并将其作为电子银行风险管理的重要组成部分。

第八十六条 金融机构电子银行安全评估工作，应当由符合一定资质条件、具备相应评估能力的评估机构实施。中国银监会负责制定评估机构开展电子银行安全评估业务的资质条件和电子银行安全评估的相关制度，并负责对评估机构参与电子银行安全评估的业务资质进行认定。

第八十七条 中国银监会对评估机构电子银行安全评估业务资质的认定，不作为评估机构开展电子银行安全评估业务的必要条件。电子银行安全评估机构开展电子银行安全评估业务，如需中国银监会对其资质进行专业认定，应按照有关规定申请办理。

第八十八条 金融机构聘请未经中国银监会认定的安全评估机构实施电子银行安全评估时，应按照中国银监会制定的有关条件和标准选择评估机构，并应于签订评估协议前4周将拟聘用机构的有关情况报中国银监会。

第八章　法律责任

第八十九条 金融机构在提供电子银行服务时，因电子银行系统存在安全隐患、金融机构内部违规操作和其他非客户原因等造成损失的，金融机构应当承担相应责任。因客户有意泄漏交易密码，或者未按照服务协议尽到应尽的安全防范与保密义务造成损失的，金融机构可以根据服务协议的约定免于承担相应责任，但法律法规另有规定的除外。

第九十条 金融机构未经批准擅自开办电子银行业务，或者未经批准增加或变更需要审批的电子银行业务类型，造成客户损失的，金融机构应承担全部责任。法律法规明确规定应由客户承担的责任除外。

第九十一条 金融机构已经按照有关法律法规和行政规章的要求，尽到了电子银行风险管理和安全管理的相应职责，但因其他金融机构或者其他金融机构的外包服务商失职等原因，造成客户损失的，由其他金融机构承担相应责任，但提供电子银行服务的金融机构有义务协助其客户处理有关事宜。

第九十二条 金融机构开展电子银行业务违反审慎经营规则但尚不构成违法违规，并导致电子银行系统存在较大安全隐患的，中国银监会将责令限期改正；逾期未改正，或者其安全隐患在短时间难以解决的，中国银监会可以区别情形，采取下列措施：（一）暂停批准增加新的电子银行业务类型；（二）责令金融机构限制发展新的电子银行客户；（三）责令调整电子银行管理部门负责人。

第九十三条 金融机构在开展电子银行业务过程中,违反有关法律法规和行政规章的,中国银监会将依据有关法律法规和行政规章的规定予以处罚。

第九章 附 则

第九十四条 金融机构利用为特定自助服务设施或客户建立的专用网络提供电子银行业务,有相关业务管理规定的,遵照其规定,但网络安全、技术风险等管理应参照本办法的有关规定执行;没有相关业务规定的,遵照本办法。

第九十五条 本办法实施前,经监管部门批准已经开办网上银行业务的金融机构,其已开办的电子银行业务不需再行审批,但应于本办法实施后1个月内将已开办的电子银行业务类型、开办时间、审批文件等相关材料报中国银监会。本办法实施后,上述机构开办尚未开办的电子银行业务类型,应按本办法的有关规定进行申请或报告。

第九十六条 本办法实施前,已经开办网上银行业务但尚未报批或已经申请但尚未获得监管部门批准的金融机构,其开办的网上银行、手机银行,以及其他以互联网或无线网络为媒介的电子银行业务,应在本办法实施后6个月内按本办法提交有关申请;已经递交申请材料的,应按照本办法的要求补充有关材料。上述机构已经开办适用于报告制的电子银行业务,应于本办法实施后1个月内将已开办的电子银行业务类型、开办时间等报中国银监会。上述机构新开办其他电子银行业务,应遵照本办法的规定。

第九十七条 本办法实施前,未开办网上银行业务但已开办电话银行业务的金融机构,应于本办法实施后1个月内将已开办的电子银行业务类型、开办时间等报中国银监会。上述机构新开办其他电子银行业务,应遵照本办法的规定。

第九十八条 本办法由中国银监会负责解释。

第九十九条 本办法自2006年3月1日起施行。

发布部门:中国银行业监督管理委员会

发布日期:2006年1月26日

实施日期:2006年3月1日

附件四

电子银行安全评估指引(2006年1月26日)

第一章 总 则

第一条 为加强电子银行业务的安全与风险管理,保证电子银行安全评估的客观性、及时性、全面性和有效性,依据《电子银行业务管理办法》的有关规定,制定本指引。

第二条 电子银行的安全评估,是指金融机构在开展电子银行业务过程中,对电子银行的安全策略、内控制度、风险管理、系统安全、客户保护等方面进行的安全测试和管控能力的考察与评价。

第三条 开展电子银行业务的金融机构,应根据其电子银行发展和管理的需要,至少每2年对电子银行进行一次全面的安全评估。

第四条 金融机构可以利用外部专业化的评估机构对电子银行进行安全评估,也可以利用内部独立于电子银行业务运营和管理部门的评估部门对电子银行进行安全评估。

第五条 金融机构应建立电子银行安全评估的规章制度体系和工作规程,保证电子银行安全评估能够及时、客观地得以实施。

第六条 金融机构的电子银行安全评估,应接受中国银行业监督管理委员会(以下简称中国银监会)的监督指导。

第二章 安全评估机构

第七条 承担金融机构电子银行安全评估工作的机构,可以是金融机构外部的社会专业化机构,也可以是金融机构内部具备相应条件的相对独立部门。

第八条 外部机构从事电子银行安全评估,应具备以下条件:(一)具有较为完善的开展电子银行安全评估业务的管理制度和操作规程;(二)制定了系统、全面的评估手册或评估指导文件,评估手册或评估指导文件的内容应至少包括评估程序、评估方法和依据、评估标准等;(三)拥有与电子银行安全评估相关的各类专业人才,了解国际和中国相关行业的行业标准;(四)中国银监会规定的其他从事电子银行安全评估应当具备的条件。

第九条 金融机构内部部门从事电子银行安全评估,除应具备第八条规定的有关条件外,还应具备以下条件:(一)必须独立于电子银行业务系统开发部门、运营部门和管理部门;(二)未直接参与过有关电子银行设备的选购工作。

第十条 中国银监会负责电子银行安全评估机构资质认定工作。电子银行安全评估机构在开展金融机构电子银行安全评估业务前,可以向中国银监会申请对其资质进行认定。

第十一条 金融机构在进行电子银行安全评估时,可以选择经中国银监会资质认定的安全评估机构,也可以选择未经中国银监会资质认定的安全评估机构。金融机构选择经中国银监会资质认定的安全评估机构时,有关安全评估机构的管理适用本指引有关规定。金融机构选择未经中国银监会资质认定的安全评估机构时,安全评估机构的选择标准应不低于第八条、第九条规定的条件要求,并应按照《电子银行业务管理办法》的有关规定,报送相关材料。电子银行安全评估机构无论是否经过中国银监会资质认定,在开展电子银行安全评估活动时,都应遵守有关电子银行安全评估实施和管理的规定。

第十二条 中国银监会每年将组织一次电子银行安全评估机构资质认定工作,评定时间应提前1个月公告。

第十三条 申请资质认定的电子银行安全评估机构,应在中国银监会公告规定的时限内提交以下材料(一式七份):(一)电子银行安全评估资质认定申请报告;(二)机构介绍;(三)安全评估业务管理框架、管理制度、操作规程等;(四)评估手册或评估指导文件;(五)主要评估人员简历;(六)中国银监会要求提供的其他文件、资料。

第十四条 中国银监会收到安全评估机构资质认定申请完整材料后,组织有关专家和监管人员对申请材料进行评议,采用投票的办法评定电子银行安全评估机构是否达到了有关资质要求。

第十五条 中国银监会对评估机构资质评议后,出具《电子银行安全评估机构资质认定意见书》,载明评议意见,对评估机构的资质做出认定。

第十六条 中国银监会出具的《电子银行安全评估机构资质认定意见书》,仅供评估机构与金融机构商洽有关电子银行安全评估业务时使用,不影响评估机构开展其他经营活动。评估机构不得将《电子银行安全评估机构资质认定意见书》用于宣传或其他活动。

第十七条 经中国银监会评议并被认为达到有关资质要求的评估机构,每次资质认定的有效期限为2年。经评议不符合认定资质的,评估机构可在下一年度重新申请资质认定。

第十八条 在资质认定的有效期限内,电子银行安全评估机构如果出现下列情况,中国银监会将撤销已做出的评议和认定意见:(一)评估机构管理不善,其工作人员泄露被评估机构秘密的;(二)评估工作质量低下,评估活动出现重要遗漏的;(三)未按要求提交评估报告,或评估报告中存在不实表述的;(四)将《电子银行安全评估机构资质认定意见书》用于宣传和其他经营活动的;(五)存在其他严重不尽职行为的。

第十九条 评估机构有下列行为之一的,中国银监会将在一定期限或无限期不再受理评估机构的资质认定申请,金融机构不应再委托该评估机构进行安全评估:(一)与委托机构合谋,共同隐瞒在安全评估过程中发现的安全漏洞,未按要求写入评估报告的;(二)在评估过程中弄虚作假,编造安全评估报告的;(三)泄漏被评估机构机密信息,或不当使用被评估机构机密资料的。金融机构内部评估机构出现以上情况之一的,中国银监会将依法对相关机构和责任人进行处罚。

第二十条 中国银监会认可的电子银行安全评估机构,以及有关资质认定、撤销等信息,仅向开展电子银行业务的各金融机构通报,不向社会发布。金融机构不得向第三方泄露中国银监会的有关通报信息,影响有关机构的其他业务活动,也不得将有关信息用于与电子银行安全评估活动无关的其他业务活动。

第二十一条 金融机构可以在中国银监会认定的评估机构范围内,自主选择电子银行安全评估机构。

第二十二条 电子银行主要系统设置于境外并在境外实施电子银行安全评估的外资金融机构,以及需要按照所在地监管部门的要求在境外实施电子银行安全评估的中资金融机构境外分支机构,电子银行安全评估机构的选择应遵循所在国家或地区的法律要求。所在国家或地区没有相关法律要求的,金融机构应参照本指引的有关规定开展安全评估活动。

第二十三条 金融机构应与聘用的电子银行安全评估机构签订书面服务协议,在服务协议中,必须含有明确的保密条款和保密责任。金融机构选择内部部门作为评估机构时,应由电子银行管理部门与评估部门签订评估责任确定书。

第二十四条 安全评估机构应根据评估协议的规定,认真履行评估职责,真实评估被评估机构电子银行安全状况。

第三章 安全评估的实施

第二十五条 评估机构在开始电子银行安全评估之前,应就评估的范围、重点、时间与要求等问题,与被评估机构进行充分的沟通,制定评估计划,由双方签字认可。

第二十六条 依据评估计划,评估机构进场对委托机构的电子银行安全进行评估。电子银行安全评估应真实、全面地评价电子银行系统的安全性。

第二十七条 电子银行安全评估至少应包括以下内容: (一)安全策略;(二)内控制度建设; (三)风险管理状况 (四)系统安全性;(五)电子银行业务运行连续性计划;(六)电子银行业务运行应急计划;(七)电子银行风险预警体系;(八)其他重要安全环节和机制的管理。

第二十八条 电子银行安全策略的评估,至少应包括以下内容:(一)安全策略制定的流程与合理性;(二)系统设计与开发的安全策略;(三)系统测试与验收的安全策略;(四)系统运行与维护的安全策略;(五)系统备份与应急的安全策略;(六)客户信息安全策略。评估机构对金融机构安全策略的评估,不仅要评估安全策略、规章制度和程序是否存在,还要评估这些制度是否得到贯彻执行,是否及时更新,是否全面覆盖电子银行业务系统。

第二十九条 电子银行内控制度的评估,应至少包括以下内容:(一)内部控制体系总体建设的科学性与适宜性;(二)董事会和高级管理层在电子银行安全和风险管理体系中的职责,以及相关部门职责和责任的合理性;(三)安全监控机制的建设与运行情况;(四)内部审计制度的建设与运行情况。

第三十条 电子银行风险管理状况的评估,应至少包括以下内容:(一)电子银行风险管理架构的适应性和合理性;(二)董事会和高级管理层对电子银行安全与风险管理的认知能力与相关政策、策略的制定执行情况;(三)电子银行管理机构职责设置的合理性及对相关风险的管控能力;(四)管理人员配备与培训情况;(五)电子银行风险管理的规章制度与操作规定、程序等的执行情况; (六)电子银行业务的主要风险及管理状况;(七)业务外包管理制度建设与管理状况。

第三十一条 电子银行系统安全性的评估,应至少包括以下内容:(一)物理安全;(二)数据通讯安全;(三)应用系统安全;(四)密钥管理;(五)客户信息认证与保密;(六)入侵监测机制和报告反应机制。评估机构应突出对数据通讯安全和应用系统安全的评估,客观评价金融机构是否采用了合适的加密技术、合理设计和配置了服务器和防火墙,银行内部运作系统和数据库是否安全等,以及金融机构是否制定了控制和管理修改电子银行系统的制度和控制程序,并能保证各种修改得到及时测试和审核。

第三十二条 电子银行业务运行连续性计划的评估,应至少包括以下内容:(一)保障业务连续运营的设备和系统能力;(二)保证业务连续运营的制度安排和执行情况。

第三十三条 电子银行业务运行应急计划的评估,应至少包括以下内容:(一)电子银行应急制度建设与执行情况;(二)电子银行应急设施设备配备情况;(三)定期、持续性检测与演练情况;(四)应对意外事故或外部攻击的能力。

第三十四条 评估机构应制定本机构电子银行安全评定标准,在进行安全评估时,应根据委托机构的实际情况,确定不同评估内容对电子银行总体风险影响程度的权重,对每项评估内容进行评分,综合计算出被评估机构电子银行的风险等级。

第三十五条 评估完成后,评估机构应及时撰写评估报告,并于评估完成后1个月内向委托机构提交由其法定代表人或其授权委托人签字认可的评估报告。

第三十六条 评估报告应至少包括以下内容:(一)评估的时间、范围及其他协议中重要的约定;(二)评估的总体框架、程序、主要方法及主要评估人员介绍;(三)不同评估内容风险权重的确定标准,风险等级的计算方法,以及风险等级的定义;(四)评估内容与评估活动描述;(五)评估结论;(六)对被评估机构电子银行安全管理的建议;(七)其他需要说明的问题;(八)主要术语定义和所采用的国际或国内标准介绍(可作为附件);(九)评估工作流程记录表(可作为附件);(十)评估机构参加评估人员名单(可作为附件)。在评估结论中,评估机构应采用量化的办法表明被评估机构电子银行的风险等级,说明被评估机构电子银行安全管理中存在的主要问题与隐患,并提出整改建议。

第三十七条 评估报告完成并提交委托机构后,如需修改,应将修改的原因、依据和修改意见作为附件附在原报告之后,不得直接修改原报告。

第四章 安全评估活动的管理

第三十八条 金融机构在申请开办电子银行业务时,应当按照有关规定对完成测试的电子银行系统进行安全评估。

第三十九条 金融机构开办电子银行业务后,有下列情形之一的,应立即组织安全评估:(一)由于安全漏洞导致系统被攻击瘫痪,修复运行的;(二)电子银行系统进行重大更新或升级后,出现系统意外停机12小时以上的;(三)电子银行关键设备与设施更换后,出现重大事故修复后仍不能保持连续不间断运行的;(四)基于电子银行安全管理需要立即评估的。

第四十条 金融机构对电子银行外部安全评估机构的选聘,应由金融机构的董事会或高级管理层负责。

第四十一条 已实现数据集中管理的银行业金融机构,其分支机构开展电子银行业务不需单独进行安全评估,在总行(公司)的电子银行安全评估中应包含对其分支机构电子银行安全管理状况的评估。

第四十二条 未实现数据集中管理的银行业金融机构,其分支机构开展电子银行业务且拥有独立的业务处理设备与系统的,分支机构的电子银行系统应在总行(公司)的统一管理和指导下,按照有关规定进行安全评估。

第四十三条 电子银行主要业务处理系统设置在境外的外资金融机构,其境外总行(公司)已经进行了安全评估且符合本指引有关规定的,其境内分支机构开展电子银行业务不需单独进行安全评估,但应按照本指引的有关要求,向监管部门报送安全评估报告。

第四十四条 电子银行主要业务处理系统设置在境内的外资金融机构,或者虽设置在境外但其境外总行(公司)未进行安全评估或安全评估不符合本指引有关规定的,应按规定开展电子银行安全评估工作。

第四十五条 电子银行安全评估工作,确需由多个评估机构共同承担或实施时,金融机构应确定一个主要的评估机构协调总体评估工作,负责总体评估报告的编制。金融机构将电子银行系统委托给不同的评估机构进行安全评估,应当明确每个评估机构安全评估的范围,并保证全面覆盖了应评估的事项,没有遗漏。

第四十六条 金融机构应在签署评估协议后两周内,将评估机构简介、拟采用的评估方案和评估步骤等,报送中国银监会。

第四十七条 中国银监会根据监管工作的需要,可派员参加金融机构电子银行安全评估工作,但不作为正式评估人员,不提供评估意见。

第四十八条 评估机构应本着客观、公正、真实和自主的原则,开展评估活动,并严格保守在评估过程中获悉的商业机密。

第四十九条 在评估过程中,委托机构和评估机构之间应建立信息保密工作机制:(一)评估过程中,调阅相关资料、复制相关文件或数据等,都应建立登记、签字制度;(二)调阅的文件资料应在指定的场所阅读,不得带出指定场所;(三)复制的文件或数据一般也不应带出工作场所,如确需带出的,必须详细登记带出文件或数据名称、数量、带出原因、文件与数据的最终处理方式、责任人等,并由相关负责人签字确认;(四)评估过程中废弃的文件、材料和不再使用的数据,应立即予以销毁或删除;(五)评估工作结束后,双方应就有关机密数据、资料等的交接情况签署说明。

第五十条 金融机构在收到评估机构评估报告的1个月内,应将评估报告报送中国银监会。金融机构报送评估报告时,可对评估报告中的有关问题作必要的说明。

第五十一条 未经监管部门批准,电子银行安全评估报告不得作为广告宣传资料使用,也不得提供给除监管部门以外的第三方机构。

第五十二条 对未按有关要求进行的安全评估,或者评估程序、方法和评估报告存在重要缺陷的安全评估,中国银监会可以要求金融机构进行重新评估。

第五十三条 中国银监会根据监管工作的需要,可以自己组织或委托评估机构对金融机构的电子银行系统进行安全评估,金融机构应予以配合。

第五十四条 中国银监会根据监管工作的需要,可直接向评估机构了解其评估的方法、范围和程序等。

第五十五条 对于评估报告中所反映出的问题,金融机构应采取有效的措施加以纠正。

第五章 附 则

第五十六条 本指引由中国银监会负责解释。

第五十七条 本指引自2006年3月1日起施行。

发布部门:中国银行业监督管理委员会

发布日期:2006年1月26日

实施日期:2006年3月1日

附件五

中国银行业监督管理委员会关于做好网上银行风险管理和服务的通知(银监办发[2007]134号)

各银监局,各政策性银行、国有商业银行、股份制商业银行,邮储银行:近一时期,我国商业银行网上银行业务规模高速增长,服务效率稳步提高,网上资金交易和转移日益频繁,银行客户对电子渠道服务的依赖程度不断加深,为促进网上银行健康持续发展,积极防范针对网上银行的不法活动,维护商业银行和客户权益,现就商业银行做好网上银行风险管理和服务提出如下要求:

一、加强用户身份验证管理。各商业银行最迟于2007年12月31日前应对所有网上银行高风险账户操作统一使用双重身份认证。双重身份认证由基本身份认证和附加身份认证组成。基本身份认证是指网上银行用户知晓并使用,预先注册在银行的本人用户名及口令/密码;附加身份认证是指网上银行用户持有、保管并使用可实现其他身份认证方式的信息(物理介质或电子设备等)。附加身份认证信息应不易被复制、修改和破解。商业银行可根据业务发展需要和风险控制要求对本行网上银行高风险账户操作进行具体界定。高风险账户操作应至少包括:向非本人(不含与本行签订业务合作等法律协议和客户预先约定的指定账户,如:代收费、第三方支付、贷款还款账户等)账户转移资金单笔超过1 000元或日累计超过5 000元。对于身份认证强度相对较弱的网上银行账户操作,商业银行应充分评估风险,相应进一步采取控制措施(如:限制资金转移功能、限定资金转移额度等)进行有效防范。商业银行还应积极研发和应用各类维护网上银行使用安全的技术和手段,保证安全技术和管理水平能够持续适应网上银行业务发展的安全要求。商业银行应综合平衡经济效益和社会效益,不断降低网上银行客户双重身份认证的使用成本,促进双重身份认证的推广普及。对于其他电子银行业务类型,商业银行可依据其安全程度自行确定是否参照网上银行管理,但应保证其他电子银行业务类型不构成网上银行的安全管理漏洞。

二、加强公众网上银行安全教育。商业银行应切实承担起对网上银行客户的安全教育责任,内容应至少包括:(一)通过各种宣传渠道向公众明示本行正确的网上银行官方网址和呼叫中心号码;(二)在本行网站首页显著位置开设网上银行(电子银行)安全教育栏目;(三)印制并向客户配发语言通俗,形象直观的网上银行安全宣传折页或手册;(四)在网上银行使用过程中应在电脑屏幕上向用户醒目提示相关的安全注意事项等。

三、加强网上银行安全防范,及时进行风险提示。商业银行应将扫描查找假冒本行网上银行网站及其他针对电子银行的犯罪活动纳入日常工作程序,定期搜索与本行相关的假冒网站(邮件、电话、短信号码等),检查本行网页上对外链接的可靠性,并开辟专门渠道接受公众举报。发现风险应立即采取防范措施,并通过本行网站及其他渠道向公众进行通报提示。

四、妥善处理客户投诉,减少投诉事件的发生。商业银行应建立规范的网上银行(电子银行)业务投诉处理机制,建立客户投诉的登记、统计制度,指定专门的人员或部门及时处理客户投诉,并对客户投诉情况进行研究分析。对于客户投诉集中的电子银行业务环节和产品,应及时制定有效的解决措施,加以改正。

　　五、加强对第三方机构的法律责任约束。商业银行应加强对与本行系统存在技术和业务连接的第三方机构的管理,通过正式法律协议明确双方的纠纷处理、赔偿等相关法律责任,向客户充分披露银行与第三方机构的业务流程和责权关系,积极防范法律风险和声誉风险。

　　六、其他银行业金融机构开展网上银行(电子银行)业务,应按照本通知中的各项要求执行。请各银监局将本通知转发至辖内各银行业金融机构。

　　发布部门:中国银行业监督管理委员会

附件六

商务部关于网上交易的指导意见(暂行)

网上交易是信息技术与经济发展相结合的产物,是一种新的交易方式,是电子商务的一种重要模式。鼓励开展网上交易有助于提高交易效率,降低交易成本,拉动消费,促进商品和各种生产要素的自由流动,为促进国民经济又好又快发展提供服务。当前,网上交易正在我国城乡市场普及,发展速度快,社会潜力大。为贯彻落实国务院办公厅《关于加快电子商务发展的若干意见》,维护网上交易参与方的合法权益,促进网上交易健康有序发展,特提出以下指导意见。

一、网上交易及其参与方

(一)网上交易 网上交易是买卖双方利用互联网进行的商品或服务交易。常见的网上交易主要有:企业间交易、企业和消费者间交易、个人间交易、企业和政府间交易等。

(二)网上交易参与方 网上交易参与方包括网上交易的交易方和网上交易服务提供者。

1. 网上交易的交易方,具体指:(1)卖方,利用互联网出售商品或服务。(2)买方,利用互联网购买或获得商品或服务。现行法律制度规定从事商品和服务交易须具备相应资格的,交易方应当符合其规定。

2. 网上交易服务提供者,根据其服务内容可以分为:(1)网上交易平台服务提供者,从事网上交易平台运营并为买卖双方提供交易服务。网上交易平台是平台服务提供者为开展网上交易提供的计算机信息系统,该系统包括互联网、计算机、相关硬件和软件等。(2)网上交易辅助服务提供者,为优化网上交易环境和促进网上交易,为买卖双方提供身份认证、信用评估、网络广告发布、网络营销、网上支付、物流配送、交易保险等辅助服务。生产企业自主开发网上交易平台,开展采购和销售活动,也可视为网上交易服务提供者。网上交易平台服务提供者可以同时提供网上交易辅助服务。

二、网上交易的基本原则

(一)遵守国家法律法规 网上交易具有特殊性,可以利用互联网和信息技术订立合同和履行合同,但网上交易的参与各方必须遵守国家相关法律法规,遵守国家信息安全等级保护制度的相关规定和标准。

(二)遵守互联网技术规范和安全规范 网上交易以互联网环境为基础。为保证交易的正常进行,网上交易参与各方,特别是网上交易服务提供者,必须遵守国家制定的互联网技术规范和安全规范。

(三)诚实守信,严格自律 网上交易各参与方必须遵守诚实守信的基本原则,严格自律,健康有序地开展网上交易,不得利用网上交易从事违法犯罪活动。

三、网上交易参与方规范行为

(一)网上交易的交易方

1. 认识网上交易的特点 网上交易通过现代信息技术和互联网进行信息交流、洽谈、签订合同乃至履行,效率高,成本低。但交易方在了解对方真实身份、信用情况、履约能力等方面有一定难度,存在一定的违约和欺诈风险。交易方应认识网上交易的特点,谨慎交易,积极防范风险。

2. 了解交易相对方的真实身份　交易各方在交易前要尽可能多的了解对方的真实身份、信用状况、履约能力等交易信息,可以要求对方告知或向交易服务提供者询问,必要时也可以向有关管理、服务机构查询。交易各方应在适当的时间将自身与交易有关的真实信息告知对方,如:营业执照和特殊业务许可证的有关信息,实体经营地址和真实有效的联系方式。如果一方拒绝提供基本身份信息,另一方要谨慎对待,慎重交易,警惕和防范利用网上交易进行欺诈的行为。

3. 遵守合同订立的各项要求　交易各方采用电子邮件、网上交流等方式订立合同,应当遵守合同法、电子签名法的有关规定,注意下列事项:(1)与数据电文确认收讫有关的事项;(2)以数据电文形式发送的要约的撤回、撤销和失效以及承诺的撤回;(3)自动交易系统形成的文件的法律效力;(4)价款的支付,标的物和有关单据、凭证的交付;(5)管辖法院或仲裁机构的选择,准据法的确定;(6)法律、法规规定的其他事项。交易方采用格式合同的,制定合同的一方应遵守法律、法规关于格式合同的规定,并注意适应网络特点,相对方要仔细阅读合同条款,谨慎操作。

4. 依法使用电子签名　交易各方通过电子签名签订合同的,要遵守电子签名的法律规定,使用可靠的电子签名,选择依法设立的电子认证服务提供者提供的认证服务。

5. 注意支付安全　交易各方选择网上支付方式的,要通过安全可靠的支付平台进行,及时保存支付信息,增强网上支付的安全意识。交易各方进行网下支付的,要充分考虑货到付款、预付货款等方式的特点,注意资金的使用安全。

6. 依法发布广告,防范违法广告　交易各方发布的网络广告要真实合法。浏览广告的一方要增强警惕性和鉴别能力,注意识别并防范以新闻或论坛讨论等形式出现的虚假违法广告。

7. 注意保护知识产权　交易各方要尊重知识产权,依法交易含有知识产权的商品或服务,不得利用网上交易侵犯他人知识产权。

8. 保存网上交易记录　交易各方可以自行保存各类交易记录,以作为纠纷处理时的证据。大宗商品、贵重商品与重要服务的交易,可以生成必要的书面文件或采取其他合理措施留存交易记录。

(二)网上交易服务提供者

1. 具备合法的主体资格　服务提供者提供网上交易相关服务,应遵守国家有关法律规定;需要办理相关审批和登记注册手续的,应依法办理;需要具备一定物质条件的,包括资金、设备、技术管理人员等,应符合要求的条件。

2. 规范服务,完善制度　服务提供者应提供规范化的网上交易服务,建立和完善各项规章制度,如:(1)用户注册制度,(2)平台交易规则,(3)信息披露。

商务部公告 2007 年第 19 号